Das Internet Einmaleins

Browser, eMail, Chat & Co.

Friedrich Kronenberg
Melanie Herzog

Das Internet Einmaleins

Browser, eMail, Chat & CO.

Impressum:

Printed in Germany.

Inhaltsverzeichnis

1

Surfen durch das Internet

Das Internet verändert tiefgreifend unseren Zugang zu Informationen und unsere Kommunikationsgewohnheiten. Viele Millionen Menschen auf der ganzen Welt nutzen in diesem Moment das Internet, um Informationen anzubieten oder abzurufen und um mit anderen Menschen zu kommunizieren.

Das Internet ist nicht mehr alleinige Spielwiese für Wissenschaftler und Studenten – inzwischen haben auch Firmen und Privatpersonen erkannt, wie man das Netz kommerziell und privat einsetzen kann. Der durchschlagende Erfolg des Internets kam mit dem World Wide Web (kurz WWW, Web oder W3). Erdacht von Forschern, um Informationen über das Internet auszutauschen, ist das Web seit einigen Jahren auch bei Privatleuten und Unternehmen der beliebteste Dienst im Internet. Egal, ob Sie gezielt nach Informationen suchen oder zur puren Unterhaltung von Web-Seite zu Web-Seite surfen, im World Wide Web finden Sie einfach alles: aktuelle Wirtschaftsdaten, brandaktuelle Infos über Ihren Lieblingssänger, Bilder, Klänge und elektronische Zeitschriften stehen bereit. Sie können nach Ladenschluß auch noch schnell zu einem Einkaufsbummel durch die überall entstehenden Cybershops aufbrechen und online einkaufen.

Steigen auch Sie in dieses Medium ein, und fahren Sie mit uns auf der Datenautobahn der Zukunft durchs Internet. Sie brauchen kein Netzspezialist zu sein, um den Führerschein für das Internet zu bekommen. Mit den aktuellen, einfach zu bedienenden Windows-Anwendungen kommen Sie kinderleicht an multimediale Informationen und tauschen Nachrichten mit anderen Internet-Nutzern aus.

1.1 Was bietet das Internet?

Das Internet bietet Ihnen eine große Auswahl an Diensten, über die Sie alle denkbaren Inhalte, Texte, Nachrichten, Software und Multimedia-Daten abrufen und bereitstellen können. Um in den Genuß dieses Angebots zu kommen, greifen Sie neben dem Web auf folgende Internet-Dienste zu:

- Dateitransfer (FTP – File Transfer Protocol),
- elektronische Post (eMail),
- Diskussionsforen (NetNews),
- Terminalverbindungen zu entfernten Internet-Rechnern (Telnet) und
- Internet-Konferenzen über die Schriftsprache (Internet-Chat), gesprochene Sprache (Internet-Telefonie und -Audiokonferenz) und Videokonferenzen.

Diese Dienste lernen Sie in diesem Buch kennen. Sie erfahren, wie Sie

- im Netz surfen, spielen und multimediale Angebote betrachten,
- gezielt Informationen finden, abrufen und austauschen,
- auf Dateiarchive zugreifen und Dateien per Mausklick zwischen Internet-Rechnern übertragen,
- per elektronischer Post sekundenschnell, weltweit und preisgünstig multimediale Nachrichten und Dateien senden und empfangen,
- an Online-Diskussionsrunden, Audio- und Videokonferenzen teilnehmen,
- über das Internet zum City-Tarif auf allen Kontinenten telefonieren und
- auf entfernten, leistungsstarken Rechnern arbeiten und in öffentlichen Datenbanken recherchieren.

Einen Ausblick auf die vielfältigen Möglichkeiten im Netz geben wir Ihnen jetzt sofort auf den folgenden »Datenreisen«. Des weiteren sagen wir Ihnen, wo Sie die weiterführenden Einzelheiten finden.

1.1.1 Surfen durch das Web

Den anwenderfreundlichsten Zugang zu den Diensten und Informationen im Internet bietet das Web: Es verbindet Texte, Klänge, Grafiken und Videos zu multimedialen Dokumenten, die sich per Mausklick ohne verschlüsselte Kommandos abrufen lassen. Sie brauchen nur eine einzige Software-Anwendung, den Web-Browser, um in den Genuß der meisten Internet-Dienste zu kommen. Daher beschreiben wir Ihnen die Handhabung des Web-Browsers für jeden Internet-Dienst in diesem Buch sehr detailliert.

Mit dem Web-Browser können Sie durchs World Wide Web surfen und per Mausklick die meist reich bebilderten Informations-Quellen durchstöbern. Sie finden im Web neben tagesaktuellen Nachrichten auch Spiele, Software, Firmen- und Produktdaten, Zeitschriften und vieles mehr.

Begleiten Sie uns auf unserer ersten Surftour durchs Web! Sie sehen auf einer kurzen Datenreise, wie man das Web mit einem Web-Browser erkundet. Die meisten Internet-Nutzer setzen entweder den Netscape Navigator (seit 1997 im Netscape Communicator-Paket) oder den Microsoft Internet Explorer als Web-Browser ein. Mit jedem dieser leistungsstarken Programme navigieren Sie spielerisch durchs Web, merken sich die besten Angebote als Lesezeichen und nutzen problemlos den Kommunikations-Dienst elektronische Post (eMail) und das Diskussions-Forum NetNews und nehmen an Video- oder Audio-Konferenzen teil.

Unsere Reise durchs Web starten wir, wie in Bild 1.1 zu sehen, auf einer Übersichtsseite eines großen Internet-Themenkatalogs (`http://www.bellnet.com/suchen`), die zu Informationen aus vielen Bereichen führt. Von Kunst & Kultur über Sport und Wissenschaft bis zu Wirtschaft bietet diese Seite ein Sprungbrett zu den interessantesten Angeboten im Web. Die Startseite Ihrer Web-Reisen nennt sich Heimatseite (im Fachjargon: Homepage). Bei Ihnen kann die Homepage auch auf eine Web-Seite

- Ihres Internet-Providers,
- der Organisation oder Firma, über die Sie ans Internet angeschlossen sind, oder
- auf die Startseite des Browser-Herstellers, z.B. Netscape oder Microsoft, voreingestellt sein.

Bild 1.1: Starten der Web-Reise von der Heimatseite

Sie sehen auf unserer Homepage – wie auf den meisten Web-Seiten – zahlreiche unterstrichene und farblich hervorgehobene Textstellen und Grafiken. Klicken Sie auf einen dieser Links, folgen Sie dem Verweis auf eine neue Seite und wandern so durchs Web. Durch die Beschriftung des Links können Sie erkennen, wohin die Reise führt. Diese Technik, Dokumente miteinander zu verknüpfen, nennt sich Hypertext.

Hier lesen Sie weiter

Wir beschreiben Ihnen die Arbeitsweise des Hypertextsystems WWW in Kapitel 2.

Alle Tricks, mit deren Hilfe Sie sich schnell mit dem Web-Browser zwischen Web-Seiten hin- und herbewegen und zu bereits besuchten Seiten zurückkehren, finden Sie in Kapitel 4, »Mit dem Browser durch das Web«. Dort lesen Sie auch, wie Sie Ihre Heimatseite auf eine geeignete Web-Seite einstellen und sich besonders interessante Web-Adressen merken.

1.1.2 Informationen suchen

Das umfangreiche Angebot des Internets erschwert das gezielte Suchen nach Informationen. Häufig enden spontane Internet-Sitzungen in einem zwar interessanten, aber nicht sehr zielgerichteten Klicken durchs Web-Land. Sie benötigen gute Suchwerkzeuge, sonst sehen Sie stundenlange bunte Bilder und Videos, ohne daß Sie der gewünschten Information näherkommen. Die einzigen, die vom planlosen Web-Surfen in barer Münze profitieren, sind die Telekom und Ihr Internet-Provider. Deshalb nennen wir in diesem Buch für eine Vielzahl von Themen die besten Einstiegspunkte ins Internet und die umfangreichsten Suchhilfen, mit denen Sie garantiert und ohne langes Suchen fündig werden.

Selbst bei hochspezialisierten Themen können Sie wie in Bild 1.2 mittels sogenannter »Search Engines« (Suchmaschinen) viele Millionen Internet-Dokumente sekundenschnell durchsuchen. In der Abbildung sehen Sie einen kurzen Ausschnitt aus der Liste der Trefferdokumente zum Suchbegriff `Star Trek` bei der Suchmaschine Lycos.

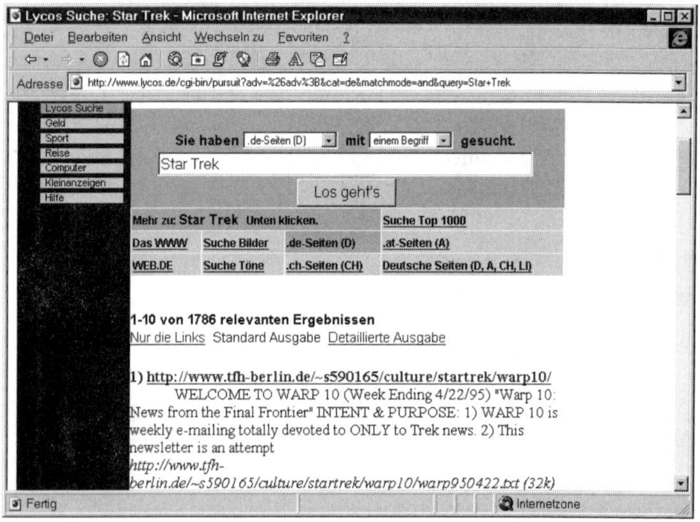

Bild 1.2: Suchen nach Stichwörtern mittels »Search Engine«

Hier lesen Sie weiter

Mit dem gezielten Suchen im Internet beschäftigt sich Kapitel 5, »Informationen im Internet finden«. In diesem Kapitel liefern wir Ihnen deutsche, europäische und internationale Suchhilfen und zeigen, wo Sie am besten nach Multimedia-Daten wie Bildern und Sounds suchen.

1.1.3 Software herunterladen

Das Internet bietet Ihnen nicht nur Informationen in Hülle und Fülle, sondern auch einen riesigen Software-Schatz. In unzähligen großen Software-Archiven lagern Tausende von nützlichen Programmen, die darauf warten, von Ihnen heruntergeladen und getestet zu werden. Meist handelt es sich dabei um Shareware oder zeitlich begrenzte Voll-Versionen, so daß Sie über das Internet vollwertige Anwendungen beziehen können. Aus einigen Archiven können Sie gegen Zahlung mit Kreditkarte sogar Software kaufen und lizenzieren.

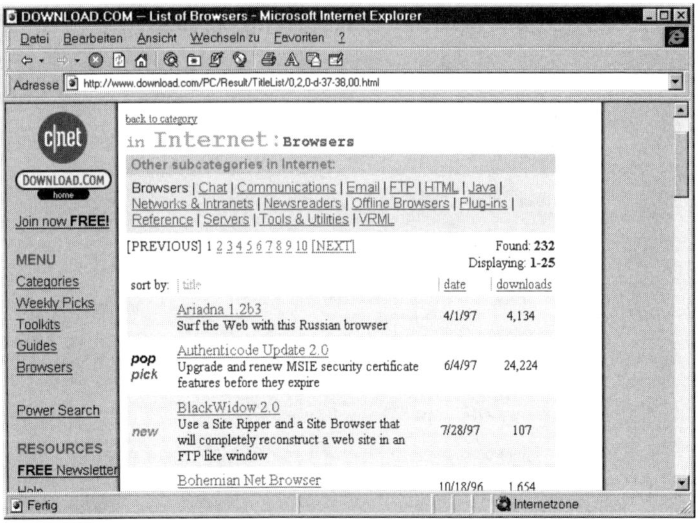

Bild 1.3: Das Software-Angebot auf »www.download.com«

Software-Archive erreichen Sie über die Internet-Dienste World Wide Web (WWW) und File Transfer Protocol (FTP). Beide Dienste sind kinderleicht mit Hilfe eines Browsers zu steuern. In Bild 1.3 sehen Sie Software, die Sie vom Web-Anbieter `www.download.com` auf Ihren PC herunterladen können. Die Software-Quellen im WWW bieten gut strukturierte, tabellarisch aufbereitete und nach Themengebieten geordnete Listen der verfügbaren Software.

Spartanischer und grafisch einfacher gehalten sind die FTP-Archive mit Software-Schätzen, die aber häufig umfangreichere Angebote und sogar ganze Betriebssystem-Software anbieten. Sie können durch das Dateisystem eines FTP-Rechners blättern und sich anhand der Verzeichnisnamen und Begrüßungstexte im Archiv orientieren. In Bild 1.4 sehen Sie die Begrüßungsmitteilung einer der umfangreichsten deutschen FTP-Anbieter unter der Adresse `ftp.germany.eu.net`.

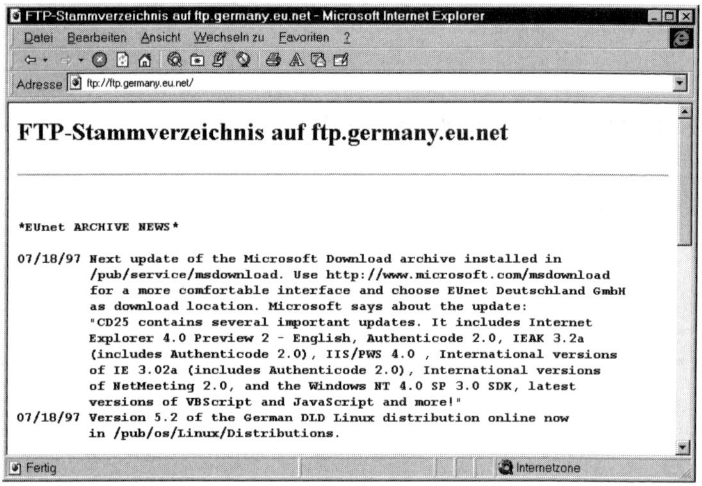

Bild 1.4: Begrüßung auf dem FTP-Server

Hier lesen Sie weiter

In Kapitel 10, »Dateien per FTP herunterladen«, erfahren Sie, wie Sie an die umfangreichen Angebote von FTP-Servern gelangen, Software herunterladen und eigene Dateien zur Verteilung aufspielen.

1.1.4 Shopping im Internet

Das Internet hat längst den Sprung vom Tummelplatz für Studenten zum kommerziellen Werbe- und Verkaufsmedium vollzogen. Jede größere und unzählige kleine Firmen sind im Internet präsent und werben für Ihre Waren und Dienstleistungen. Seit kurzer Zeit kann man aber nicht mehr nur durch bunte Kataloge blättern, sondern auch online »shoppen«. Häufig schiebt man dabei einen virtuellen Warenkorb durch den Cyber-Shop und kann am »Ausgang« die hineingelegten Waren bezahlen und bestellen. Als Zahlungsmittel werden in den meisten Geschäften Kreditkarten akzeptiert – achten Sie dabei darauf, daß der Verkäufer die notwendige Abhörsicherheit garantiert, wenn Sie Ihre Kreditkarten-Daten eingeben.

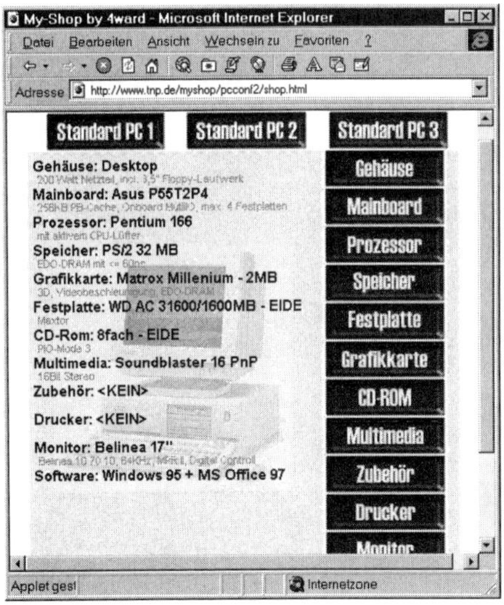

Bild 1.5: Shopping im Internet

1.1.5 Grenzenlose Kommunikation

Im Internet können Sie nicht nur Daten von Internet-Rechnern herunterladen, sondern auch schnell und preisgünstig mit Menschen auf allen Kontinenten kommunizieren. Viele Kommunikationsmittel stehen im Internet zur Verfügung: Sie wählen zwischen zeit-synchronen Konferenzen (Chat) und zeit-versetzten Nachrichtendiensten (z.B. eMail). Vor allem die elektronische Post (eMail) eignet sich zum Austausch von multimedialen Nachrichten. Sie können, wie in Abbildung 1.6 dargestellt, Grafiken an Nachrichtentexte anfügen und innerhalb weniger Sekunden an das andere Ende der Welt senden.

Bild 1.6: Eine eMail mit einer angehängten Grafik

Hier lesen Sie weiter

Die Mensch-zu-Mensch-Kommunikation über das Internet beschreiben wir ausführlich in den Kapiteln 6 bis 8. In Kapitel 6 dreht sich zunächst alles um Online-Konferenzen, bei denen zwei oder mehr

Netzteilnehmer sich zeitgleich unterhalten. Online-Konferenzen können in Textform oder als Audio- und/oder Video-Übertragung durchgeführt werden. Besonders beliebt sind bei Internauten die Chat-Foren, in denen sich Menschen aus aller Welt treffen und miteinander mehr oder weniger ernsthaft diskutieren. Um Telefonkosten einzusparen, telefonieren einige Internet-Nutzer bereits über das Internet in die weite Welt – und das zum Ortstarif! Der einzige Nachteil: Auch Ihr Gesprächspartner muß online sein und eine passende Telefonie-Software einsetzen. Im folgenden Bild sehen Sie eine Adreßliste von Teilnehmern, die wir gerade mit der Kommunikationssoftware Microsoft NetMeeting anrufen können.

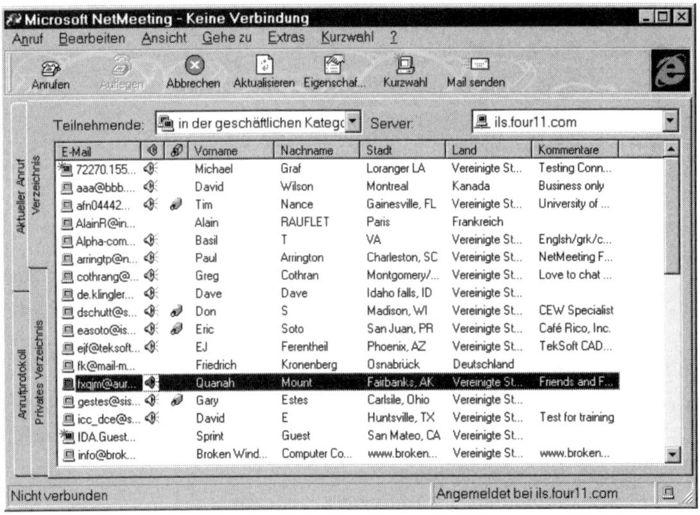

Bild 1.7: Telefonieren über das Internet

In den beiden Kapiteln 7 und 8 stellen wir Ihnen die zeitversetzten Kommunikationsdienste »elektronische Post« und »NetNews« vor. Bei diesen Internet-Diensten müssen die Gesprächspartner nicht gleichzeitig online sein. Nachrichten werden in Postfächern gesammelt, bis Sie sie lesen und ggf. beantworten. Die NetNews sind ein System aus »Schwarzen Brettern«, an die Sie themenbezogen Mitteilungen »anheften« und andere Nachrichten lesen können. Einen besonderen Schwerpunkt legen wir auf »sichere« Kommunikation, d.h., Sie erfahren, wie Sie Ihre vertraulichen eMail-Nachrichten gegenüber fremden Lauschern abhörsicher machen und vor Manipulation schützen.

1.2 Wie komme ich ins Internet?

Bevor Sie durch die Weiten des Internets surfen können, muß Ihr PC und Ihr Internet-Zugang eingerichtet werden. Was Sie alles dafür benötigen und welche Probleme dabei auftreten können, lesen Sie in Kapitel 3, »So kommen Sie ins Internet«. In allen Details erläutern wir, wie Sie einen Direktzugang ins Internet unter Windows einrichten können.

1.3 Was bietet dieses Buch?

In diesem Buch quälen wir Sie nicht mit unnötigem technischen Ballast. Sie finden mit diesem Taschenbuch den besten Weg auf der Datenautobahn und kommen günstig an Informationen und Daten.

Wer noch nie im Internet gesurft hat, wird von der Vielfalt des Angebots zunächst überrascht oder gar erschlagen. Unser Buch hilft Ihnen deshalb vor allem, sich im Internet zu orientieren. In übersichtlichen Datenreisen stellen wir Ihnen die vielen Internet-Dienste der Reihe nach vor. Bei allen Abschnitten geben wir Hinweise, wie Sie weitere und brandaktuelle Informationen zu diesen Themen direkt aus dem Netz bekommen.

Wenn Sie eine über diesen Buchtitel hinausgehende Frage oder Anregungen für die nächste Auflage haben, erreichen Sie die Autoren per eMail an `buch@regionales.net`.

1.4 Schreibweisen

Wir verwenden die folgenden Schreibweisen:

- Menüs und Menüpunkte sind in KAPITÄLCHEN gesetzt. Mehrere aufeinanderfolgende Befehle werden durch einen Punkt verbunden. Zum Beispiel: DATEI • ÖFFNEN.
- Internet-Adressen sowie Quellenangaben zu Internet-Ressourcen sind in der Schriftart `Letter Gothic` gedruckt.
- *DATEINAMEN* werden kursiv und in Großbuchstaben gesetzt.
- Aufzählungen erkennen Sie an den vorangestellten grauen Kästchen.
- Schritt-für-Schritt-Anweisungen erkennen Sie an den vorangestellten Zahlen.
- Listings und Skripts sind in `Letter Gothic` gedruckt.
- Tips, Hinweise und Begriffserklärungen sind grau hinterlegt.

2

Hinter den Kulissen des Internets

Das Internet verbindet viele Millionen von Rechnern rund um den Globus. In diesem Kapitel erfahren Sie, wie und warum dieses weltumspannende Netz der Netze (meist) einwandfrei funktioniert. Sie lernen gleichzeitig die wichtigsten Fachbegriffe kennen, denen Sie beim »surfen durch das Netz« laufend begegnen und werfen einen kurzen, auch für Neueinsteiger verständlichen Blick auf die Technik des Internets.

Dieses Kapitel richtet sich auch an Internet-Einsteiger, die einen ersten, verständlichen Überblick über das »Netz der Netze« suchen. Es ist aber nicht erforderlich, dieses Kapitel vor der ersten Reise durch das Netz zu lesen. Sie können später hierher zurückkommen, um Zusammenhänge und Hintergründe zu verstehen. So, wie Sie Auto fahren, ohne sich um die Arbeitsweise des Motors zu kümmern, können Sie sich ohne Wissen über das Internet die große weite Online-Welt ins Arbeitszimmer holen.

Seit seinen Ursprüngen in den sechziger Jahren wächst die Anzahl der Internet-Teilnehmer explosionsartig. Allein in Deutschland sind es 1999 über 7 Millionen Menschen, die mit Ihnen gemeinsam durchs Internet surfen, miteinander chatten oder beruflich nach Informationen suchen. Neben der Zahl der an das Internet angeschlossenen Teilnehmer und Länder stieg auch die Zahl der angebotenen Dienste konstant an. Heutzutage kann man im Internet:

- elektronische Post versenden und empfangen (electronic Mail, kurz eMail),
- auf weit entfernten (Hochleistungs-) Computern rechnen und Anwendungen nutzen,
- Daten zwischen Rechnern übertragen und Dateisysteme gemeinsam nutzen,
- mit anderen Anwendern zeitsynchron oder zeitversetzt sprechen und diskutieren (z.B. per Internet-Telefonie, Internet-Chat, Net-News und Mailing-Listen),
- Texte oder Multimedia-Informationen im World Wide Web (kurz WWW) abrufen,

- nach Web-Informationen, Software oder eMail-Adressen suchen lassen,
- eigene Seiten mit Informationen, Grafiken, Sounds und Werbung über das Web veröffentlichen,
- Produkte und Dienstleistungen in »virtuellen Shops« kaufen und verkaufen und
- in Dokumentdatenbanken recherchieren.

Vor allem das World Wide Web hat das Internet in den letzten Jahren so richtig populär gemacht, weil es Informationen reich bebildert ins Haus liefert und sich leicht steuern läßt. Die Arbeitsweise dieses Internet-Dienstes stellen wir Ihnen in diesem Kapitel genauer vor, damit Sie wissen, was alles hinter den Kulissen passiert, während Sie bequem per Mausklick durch das Web surfen.

2.1 Wer steuert das Internet?

Auch wenn es im Internet keine zentrale Leitung gibt, kümmern sich internationale Organisationen um den laufenden Betrieb, um zukünftige Trends und allgemein verbindliche Richtlinien. Daneben gibt es die Netz-Administratoren, die ihre Teilnetze pflegen und die allgemeinen technischen Richtlinien vor Ort umsetzen.

Nur wenige Verwaltungsaufgaben sind zentral organisiert. Hierzu gehört das Zuteilen von Internet-Adressen, über die jeder Netz-Rechner weltweit eindeutig angesprochen werden kann. Diese Adressen teilt in den USA das »Network Information Center (NIC)« aus. In anderen Ländern gibt es nationale Ableger des NIC. Für Deutschland kümmert sich das DE-NIC (das Deutsche Network Information Center) um:

- die Vergabe von Internet-Adressen mit der `.de`-Endung und die dazugehörigen Internet-Nummern und
- den Betrieb eines Domain Name Server-Systems mit Verweisen und Informationen zu allen deutschen Teilnetzen.

Neben dem Network Information Center bemüht sich die »Internet Society (ISOC)« um die Ausarbeitung künftiger Standards im Internet und bietet auf Kongressen allen Internet-Interessierten Diskussionsplattformen. Eine Aufgabe des ISOC ist z.B. die Reform des Systems der Internet-Nummern (IP-Nummern), die in Kürze vollständig vergeben sind, und die Erweiterung der Top-Level-Domains.

2.2 Wie sind Internet-Adressen aufgebaut?

Um Web-Seiten, eMails oder beliebige andere Daten im Internet zustellen zu können, braucht jeder Rechner mindestens eine Internet-Adresse. Genauso wie Telefonnummern sind Internet-Adressen weltweit eindeutig, können aber wie öffentliche Parkplätze auch abwechselnd von verschiedenen Personen genutzt werden.

Mit Internet-Adressen werden Sie ständig arbeiten: Sie benutzen sie,

- um sich auf entfernten Rechnern anzumelden oder
- um von WWW-Servern Informationen abzurufen.

Adressen von Netz-Computern können folgendermaßen aussehen:

- `131.173.141.2`
- `hal.cl-ki.uni-osnabrueck.de`
- `www.netscape.com`

Tip: Nicht nur die Netz-Rechner, sondern auch jeder Netz-Teilnehmer hat eine Internet-Adresse, über die er elektronische Post empfängt oder an Online-Dialogen teilnimmt.

Internet-Adressen gibt es als lange, durch Punkte zerlegte Zahlenfolgen (IP-Nummern) und als Namen (Host-Namen). Da sich Menschen Zahlenketten nicht so leicht merken können, werden IP-Nummern auf Host-Namen abgebildet. In unserem Beispiel erreichen Sie über die Internet-Adressen `131.173.141.2` und `hal.cl-ki.uni-osnabrueck.de` denselben Rechner. Der Name läßt sich zwar besser merken, jedoch werden die Rechner intern über IP-Nummern angesprochen.

Die Host-Namen spiegeln die organisatorische Zugehörigkeit eines Rechners wieder. Der Name `hal.cl-ki.uni-osnabrueck.de` setzt sich aus dem Rechner-Namen `hal` und dem Netz-Namen `cl-ki.uni-osnabrueck.de` zusammen. Der Namensteil `cl-ki` steht für ein Teilnetz (im Fachjargon: Sub-Domain) innerhalb der Domain `uni-osnabrueck.de`. Die Endung `.de` kennzeichnet die sogenannte »Top-Level-Domain«.

Top Level-Domains: Wo steht der Internet-Rechner?

Top-Level-Domains sind entweder geographisch oder nach Nutzergruppen organisiert. Die Top-Level-Domain `.de` zeigt, daß der geographische Standort des Rechners in vielen Fällen innerhalb Deutschlands ist – immer mehr Firmen verlagern aber auch `de`-Domains in Länder, in denen das Betreiben eines Web-Servers wesentlich preiswerter ist als bei uns.

Das Zuordnen von Namen zu Nummern ist Aufgabe des »Domain-Name-Service (DNS)«. Domain-Name-Server, die von Providern und großen Unternehmen betrieben werden,

- ordnen die angeschlossenen Rechner nach organisatorischen oder geografischen Merkmalen und
- nennen auf Anfrage die IP-Nummern eines angeschlossenen Rechners.

In Bild 2.1 sehen Sie den baumartigen Aufbau einer Internet-Adresse im Domain-Namen-System.

Domain-Namen werden zentral vergeben. Am Ende jedes Domain-Namens wird die Top-Level-Domain, zu der ein Rechner gehört, angegeben. In den Tabellen 2.1 und 2.2 finden Sie alphabetische Übersichten der wichtigen Top-Level-Domains nach Ländern und Nutzergruppen.

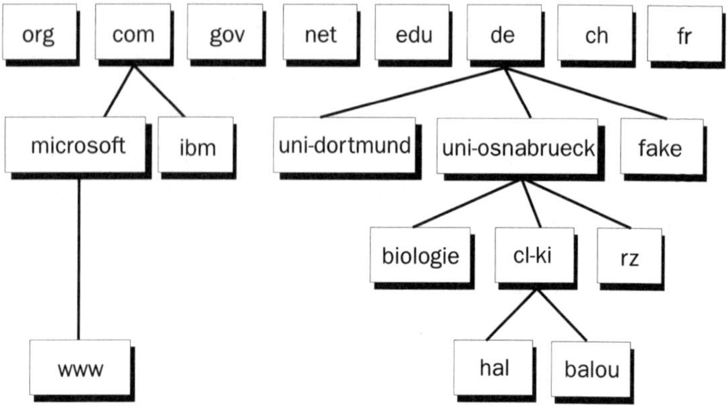

Bild 2.1: Aufbau eines Domain-Namens

Kennung	Land
at	Österreich
ch	Schweiz
de	Deutschland
nl	Niederlande
pl	Polen
uk	Großbritannien

Tabelle 2.1: Top-Level-Domains mit Landeskürzel

Kennung	Nutzergruppe
com	Firmen und kommerzielle Organisationen
edu	Bildungseinrichtungen
gov	US-Regierungsstellen
mil	US-Militär
net	Netzwerkbetreiber
org	nicht-kommerzielle Organisationen

Tabelle 2.2: Top-Level-Domains nach Nutzergruppen

Hinweis: Die Einführung neuer, internationaler Top-Level-Domains steht unmittelbar bevor und soll den Engpaß an den noch verfügbaren »Domain«-Namen zunächst beheben. Geplant sind unter anderem `.firm` für kommerzielle Anbieter sowie `.shop` für virtuelle Web-Shops.

2.3 Wie kommen die Daten auf meinen PC?

Im Internet werden zwischen sehr verschiedenen Computern ausgetauscht, unabhängig von Größe, Prozessorfamilie und Betriebssystem. Der reibungslose Fluß der Datenströme durch das Internet wird durch eine einheitliche Sprache aller beteiligten Rechner, die TCP/IP-Protokolle, geregelt. Protokolle sorgen dafür, daß Daten, die auf der einen Seite versendet werden, auf der anderen Seite fehlerfrei ankommen und verteilt eintreffende Teildaten wieder zusammengesetzt werden. Daten werden nur erfolgreich übertragen, wenn der Sender das gleiche Übertragungsprotokoll verwendet wie der Empfänger.

Im Internet hat sich in den 70er Jahren eine ganze Protokoll-Familie entwickelt. Diese Sammlung von Protokollen nennt sich TCP/IP-Protokolle (Transmission Control Protocol/Internet Protocol). TCP/IP wird sowohl von PCs mit DOS, Windows und OS/2 als auch von UNIX-Workstations oder Großrechnern verstanden. Es zerlegt die zu übertragenden Daten in handliche Pakete, numeriert diese der Reihe nach und versendet sie (unter Umständen über verschiedene Übertragungswege) an den Empfänger. Dort werden die Pakete auf Vollständigkeit und Fehlerfreiheit geprüft und in der richtigen Reihenfolge zusammengesetzt. Damit Datenpakete zugeordnet werden können, haben sie Absender- und Empfängeradresse.

Dieses Prinzip der Datenpakete trägt entscheidend zur Ausfallsicherheit des Internets bei: Die Datenpakete wählen ihren Weg durchs Internet völlig unabhängig voneinander. Wenn ein »Daten-Weg« zu einem bestimmten Zeitpunkt nicht mehr befahrbar ist, können Pakete auf anderen Routen zum Ziel gelangen. Einzelne Pakete können beim

Transport sogar beschädigt werden, aber dadurch werden die übertragenen Daten nicht insgesamt unbrauchbar. Teile der TCP/IP-Protokoll-Familie stellen sicher, daß fehlende oder fehlerhafte Datenpakete erkannt und nachgefordert werden.

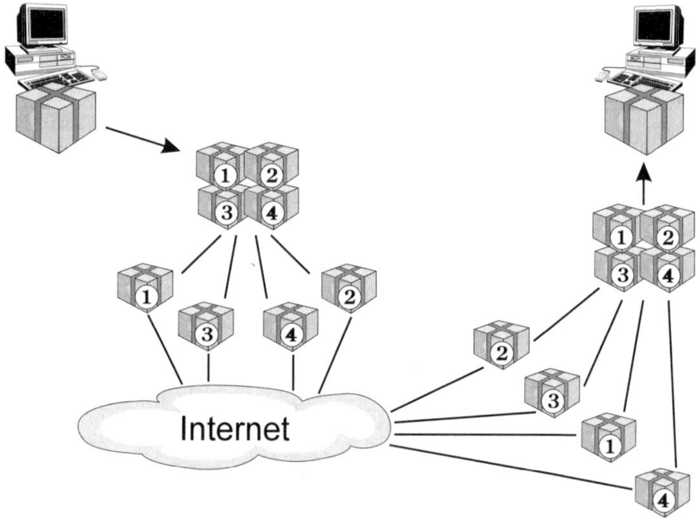

Bild 2.2: Das Prinzip der Datenpakete in TCP/IP

TCP/IP ist der »Lastenesel« des Internets: Es bietet die Grundlage für den Datenaustausch über Internet-Dienste, wie WWW, FTP oder Telnet. Die Protokolle dieser Internet-Anwendungen setzen auf TCP/IP auf. Da alle Teil-Protokolle der TCP/IP-Familie und die der Internet-Dienste aufeinander aufbauen, wird die Protokollsammlung in Form eines Schichtenmodells dargestellt. TCP/IP selbst wird in diesem Modell in verschiedene Schichten unterteilt, so daß die zahlreichen Probleme bei einer sicheren und fehlerfreien Datenübertragung in überschaubare Teilaufgaben zerlegt werden können. Es ergibt sich eine Schichtung, bei der die »untersten« Ebenen (d.h. die Bitübertragung) noch nahe an der Hardware und der physikalischen Übertragung von Signalen liegen. Die oberen Schichten kümmern sich hingegen nicht mehr um Details der genutzten Übertragungswege, sondern sind für Fehlerfreiheit und Unversehrtheit der Daten (Sicherungs-Schicht und Netzwerk-Schicht) zuständig. Auf einer plattformunabhängigen Anwendungsschicht können Internet-Dienste angeboten werden, ohne daß sich diese um die Einzelheiten der notwendigen Datenübertragung kümmern müssen.

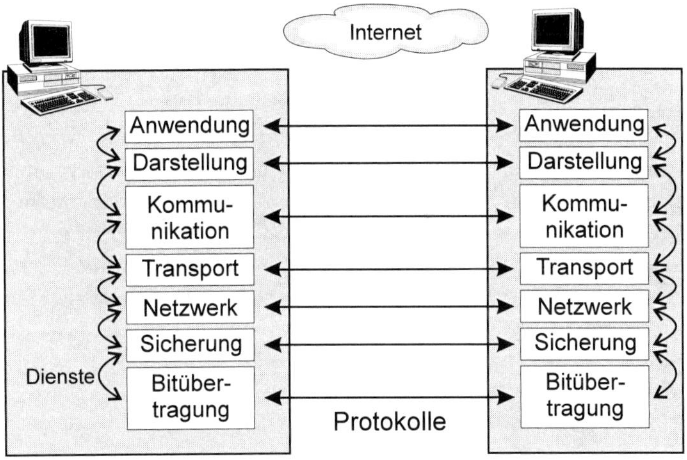

Bild 2.3: Zerlegung der Datenübertragung in ein Schichtenmodell

Der Programmcode von TCP/IP ist allen Software-Entwicklern im Netz frei zugänglich und kann jederzeit erweitert werden. Im Unterschied zu firmeneigenen Übertragungsprotokollen ist TCP/IP ein offener Standard, der von zahlreichen Interessengruppen überwacht und ausgebaut wird.

Im folgenden beschreiben wir die wesentlichen (und namengebenden) Komponenten der TCP/IP-Protokollfamilie:

- Transmission Control Protocol (TCP) und
- Internet Protocol (IP).

Außerdem stellen wir zwei Protokolle vor, die für Internet-Verbindungen über Telefon- und Fest- oder Mobilfunknetze genutzt werden:

- SLIP (Serial Line IP) und
- PPP (Point-to-Point Protokoll).

TCP

Das »Transmission Control Protocol (TCP)« stellt sicher, daß Datenpakete vollständig und fehlerfrei zwischen Sender und Empfänger ausgetauscht werden. Die Kommunikationspartner übertragen und empfangen ihre Daten über »Ports« (Anschlüsse) ihres Systems. An verschiedenen Ports warten unterschiedliche Empfänger (im Netz: Internet-Dienste) auf Anfragen und nehmen eingehende Datenpakete an oder versenden selbst Daten über den Anschluß. Jeder Internet-Dienst erwartet an einem voreingestellten Port anrufende Rechner. Einige Internet-Dienste und ihre Port-Nummern stellt Tabelle 2.3 zusammen. TCP vermittelt am Rechner ankommende Datenpakete an den richtigen Port.

Port	Internet-Dienst
21	Dateitransfer per FTP
23	Terminalverbindung zum Rechner per Telnet
25	Elektronische Post (eMail)
70	Informationsdienst GOPHER
80	WWW-Server

Tabelle 2.3: Internet-Dienste und Port-Nummern

IP

Das »Internet Protocol« (IP) ist für das Zerlegen der von TCP übergebenen Datenströme in Datenpakete zuständig. Jedes Datenpaket erhält einen »Paketkopf« (Header) mit Absender- und Empfängeradresse in Form der eindeutigen IP-Nummer (siehe Abschnitt 2.2).

IP schleust Datenpakete anschließend mit sogenannten Routing-Informationen von Rechner zu Rechner durchs Internet. Anders als bei leitungsvermittelter Datenübertragung, bei der Sender und Empfänger tatsächlich miteinander verbunden sind, ist bei der Paketvermittlung keine direkte Verbindung zwischen den Kommunikationspartnern erforderlich. Die Datenpakete werden anhand des Paketkopfs (Header) über mehrere Zwischenstationen ans Ziel weitervermittelt (geroutet). In jedem Teilnetz des Internets gibt es mindestens einen Rechner, der IP-Datenpakete an andere Rechner weiterleitet und Daten aus einem Teilnetz in ein anderes Teilnetz vermittelt. Rechner, die Datenpakete zwischen Netzen übertragen und damit den weiteren Reiseweg eines Datenpakets durchs Netz steuern, heißen Router (gesprochen: [rauta]) oder Gateway.

Sie können sich selbst ein Bild davon machen, welche Zwischenstationen ein Datenpaket durchlaufen muß, um von Ihrem PC über den Internet-Provider bis zum Zielrechner zu gelangen. Hierzu steht Ihnen unter Windows das Kommando `tracert` zur Verfügung (unter Unix: `traceroute`). Rufen Sie diesen Befehl aus einem DOS-Fenster auf, und nennen Sie in der Kommandozeile den zu erreichenden Zielrechner. Das folgende Bild zeigt Ihnen den Weg zwischen unserem Internet-Provider in Osnabrück und dem Internet-Host `www.regionales.net` in den USA. Zu jedem Router-Eintrag erhalten Sie einen Zeitstempel in Millisekunden, der einen ersten Anhaltspunkt zur Bewertung von Geschwindigkeit und Leistungsfähigkeit einer Internet-Verbindung liefert.

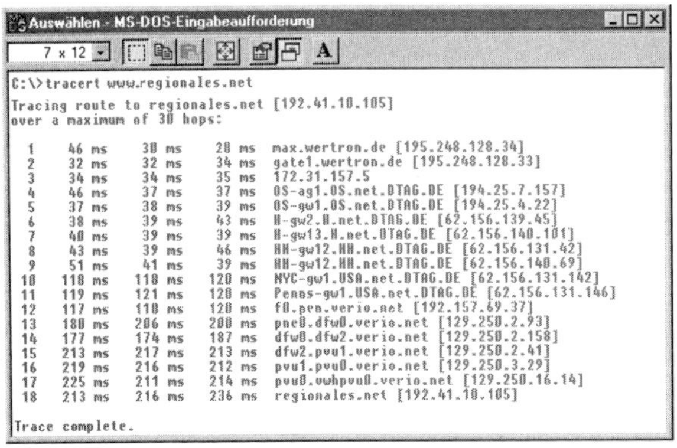

Bild 2.4: Verfolgen des Transportwegs zum Host www.regionales.net

SLIP und PPP

Um Datenpakete per Modem oder ISDN-Karte zu versenden, benötigt man ein weiteres Protokoll. Ihr Internet-Dienstanbieter unterstützt deshalb SLIP (Serial Line IP) oder PPP (Point-to-Point-Protokoll). Jedes dieser Protokolle ermöglicht das Versenden von TCP/IP-Datenpakten über Stand- oder Wählverbindungen in analogen und digitalen Fest- und Mobilfunk-Telefonnetzen. Windows 9x unterstützt beide Protokolle – die inzwischen weitgehend durch das neuere PPP ersetzte SLIP-Unterstützung müssen Sie aber bei Bedarf manuell nachinstallieren.

2.4 Wie nutze ich das Netz ohne Gefahren für meinen PC?

Binden Sie Ihrem Rechner ins Internet ein, sollten Sie sich mit dem Thema Sicherheit auseinandersetzen. Ein großes Sicherheitsloch sind aktive Internet-Dienste, die ohne Wissen des PC-Betreibers auf dem Rechner laufen. Hierzu gehören auch FTP- oder WWW-Dienste, die das Betriebssystem automatisch startet. Wenn diese Internet-Dienste aktiv sind, ist Ihr Rechner während der Anbindung ans Netz für andere Internet-Nutzer erreichbar. Bedenken Sie, daß die Kommunikation im Internet immer in beide Richtungen läuft: Sie können nicht nur Informationen abrufen, sondern auch Daten zum Abruf bereitstellen.

Damit keine Unbefugten Ihre privaten Daten ausspionieren können, sollten Sie Internet-Dienste, z.B. Web-Server, wirklich nur dann starten, wenn Sie tatsächlich Daten anbieten möchten. Nur ausgewählte Verzeichnisse dürfen über das Internet zugänglich sein, wenn Sie die Dienste fehlerfrei eingerichtet haben – sonst laufen Sie in Gefahr, daß jemand Ihre vertraulichen Daten ausspioniert.

Aber auch wenn Sie keine Server-Dienste anbieten, sondern nur durchs Web surfen wollen, gibt es Schwachstellen und Sicherheitslücken, die Ihren PC und damit Ihre Daten gefährden:

- Fehlende oder leicht zu erratende Paßworte gewähren Fremden unerlaubt Zugriff auf Ihr System,
- Daten werden durch importierte Software, die per FTP, WWW oder eMail auf den lokalen Rechner kommt, gelöscht oder manipuliert,
- Sicherheitslücken und Programmierfehler in Betriebssystemen, Anwendungsprogrammen und Internet-Software öffnen Spionen, Saboteuren oder Hackern Zugang zu Ihren Daten oder bringen Ihren Rechner zum Absturz.

Tip: Trotz aller Tips, die Sie in den folgenden Abschnitten finden werden, bleibt immer ein Restrisiko, wenn Sie Ihren PC ans Internet anschließen. Es ist wichtig, sich bewußt zu machen, daß das Nutzen moderner Kommunikationswege mit Risiken behaftet ist und ständige Vorsicht geboten ist.

Sichere Paßwörter

Viele Anwender wählen zu einfache Paßwörter, um vertrauliche Daten vor Zugriff zu schützen. Diese Paßwörter können entweder

- leicht erraten werden, weil es sich ganz einfach um den Namen von Freund oder Freundin handelt, oder
- sind leicht zu »knacken«, indem man Tausende Wörter automatisch als mögliches Paßwort ausprobiert.

Wollen Sie Unbefugten den Zugang zu Ihrem System so schwer wie möglich machen, sollten Sie folgende Hinweise berücksichtigen:

- Geben Sie Ihr Paßwort nicht an andere Menschen weiter.
- Paßwörter sollten aus acht oder mehr Zeichen bestehen. Kürzere Paßwörter sind durch Ausprobieren leichter zu erraten.
- Setzen Sie Ihr Paßwort kunterbunt aus Klein- und Großbuchstaben, Ziffern und Sonderzeichen zusammen. Vermeiden Sie aber Umlaute und Sonderzeichen, die sich nicht auf jeder Tastatur wiederfinden.

- Wählen Sie Paßwörter, die sich so leicht merken lassen, daß Sie sie nicht aufschreiben müssen. Das beste Paßwort nutzt nichts, wenn Sie einen Aufkleber mit Ihrem Geheimwort auf Ihrer Tastatur anbringen. Bilden Sie zum Beispiel aus allen Anfangsbuchstaben eines Sprichworts einen Geheimcode: So wird aus »Wer anderen eine Grube gräbt, fällt selbst hinein!« die Zeichenfolge »Wa1Gg,fsh!«.
- Ändern Sie Paßwörter in regelmäßigen Abständen, und verwenden Sie keine identischen Kennungen gleichzeitig auf verschiedenen Systemen.

Importierte Dateien prüfen

Das Internet hält Unmengen an Software bereit. Sie können per WWW, FTP (Dateitransfer) oder eMail Dateien auf Ihren lokalen Rechner herunterladen und dann nutzen. Häufig wissen Sie dabei nichts über die Herkunft und die Programmierer der Software. Wenn Sie an einen Bösewicht geraten, kann das Ausführen einer aus dem Internet importierten Datei schlimme Folgen haben: Hinter der Fassade einer vielversprechenden Software kann sich z.B. ein Virus verbergen, der Ihr gesamtes Dateisystem zerstören will. Die folgenden Hinweise verringern die Gefahr, daß heruntergeladene Dateien auf Ihrem PC Schaden anrichten:

- Prüfen Sie alle importierten Dateien mit aktueller Anti-Viren-Software, bevor Sie Archive auspacken, Programme starten oder Software installieren.
- Beziehen Sie Software, wenn möglich, von »offiziellen« Quellen: Den Netscape Navigator laden Sie beispielsweise am besten direkt vom Netscape-Server `www.netscape.com` oder von einem der offiziellen »Mirrors« (Server, die das Netscape-Angebot komplett kopieren) herunter.
- Sichern Sie Daten in regelmäßigen Abständen auf entfernbare Speichermedien (Disketten, Streamer Tapes, CD-ROM, DAT-Bänder u.ä.), damit Sie im Notfall Ihr System ohne gravierenden Datenverlust wiederherstellen können.

- Gefahren gehen von Programmen wie z.B. ActiveX-Controls und Java-Applets aus, die über das Internet auf Ihren PC übertragen und dort sofort ausgeführt werden. Diese Programme haben zwar nur sehr wenige Rechte auf Ihrem lokalen Rechner, da diese Programmiertechnik aber sehr jung ist, sind mit Sicherheit noch längst nicht alle Sicherheitslöcher erkannt und gestopft.

Tip: Sie können das Ausführen von ActiveX und Java-Applets auf Ihrem Rechnern unterbinden und so die Sicherheit Ihres Systems erhöhen. Die erhöhte Sicherheit erkaufen Sie sich mit einer geringeren Interaktivität der geladenen Web-Seiten. Das Ausschalten von ActiveX und Java-Applets stellen wir Ihnen in Kapitel 4 vor.

Internet-Software aktualisieren

Als Vorbeugung gegen Gefahren, die durch Programmierfehler und Sicherheitslücken in Internet-Software entstehen, sollten Sie sich ständig darüber informieren, welche Aktualisierungen (Updates) und Ausbesserungen (Patches) für diese Programme bereitstehen. Mit einer aktuellen Software-Version werden viele der bestehenden Sicherheitslücken geschlossen und die Chance, daß ein Angreifer auf Ihrem System erfolgt hat, sinkt erheblich.

Die beste Quelle für Update-Informationen ist immer der Web-Server des jeweiligen Software-Produzenten. Größere Hersteller, wie Microsoft oder Netscape, bieten umfangreiche Support- und Sicherheits-Foren an, in den aktuelle Probleme diskutiert und die erforderlichen Software-Updates (meist kostenlos) bereitgestellt werden.

Als sicherheitsbewußter Anwender sollten Sie aber die Finger von Beta- und Preview-Versionen lassen, da hier meist noch unentdeckte Sicherheitsprobleme schlummern. Steigen Sie also erst auf eine neue Programmversion um, wenn diese als Final-Version freigegeben wird.

2.5 Wie arbeitet das WWW?

Der weltweite Verbund von hypertextbasierten Informationssystemen World Wide Web (WWW, Web oder W3) bereitet Schätze vieler Internet-Rechner multimedial auf. Sie können ohne verschlüsselte Kommandozeilen und komplizierte Adressen durchs Netz surfen und von Dokument zu Dokument wandern.

Um an alle Informationen des WWW heranzukommen, benötigen Sie:

- einen leistungsfähigen Direktzugang zum Internet über SLIP/PPP-Telefonverbindungen oder eine Anbindung über lokale Netzwerke
- und einen WWW-Browser (Netscape Navigator/Internet Explorer).

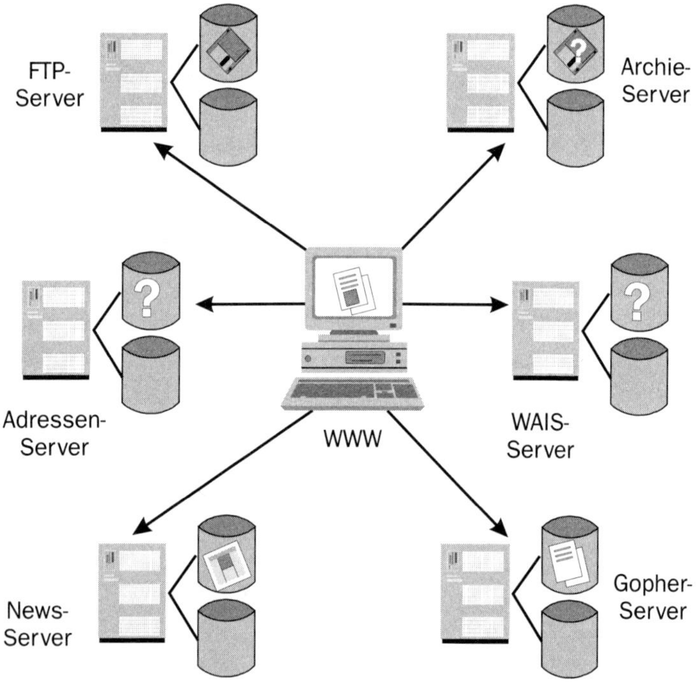

Bild 2.5: Alle Dienste unter dem Dach des WWW-Browsers

WWW-Browser (engl. browse = blättern) laden und zeigen Hypertext-Seiten an. Neben Textinformationen präsentieren viele WWW-Browser auch Grafiken, Videos, Sounds und Animationen. Diese Daten ruft Ihr Browser von WWW-Servern ab, auf denen die Informationsschätze lagern. Über den WWW-Browser können Sie außerdem zahlreiche weitere Internet-Dienste nutzen. Aus diesem Grund sind WWW-Browser Allround-Werkzeuge für das Internet.

In diesem Abschnitt finden Sie Hintergrundinformationen zur Entstehung und Arbeitsweise von Hypertextsystemen, WWW-Browsern und WWW-Servern.

Das WWW ist ein recht junger Internet-Dienst. 1989 wurde das Web im Europäischen Zentrum für Teilchenphysik (CERN) erdacht. Ziel war es, ein hausinternes Informationssystem zu schaffen, das

- Informationen der verschiedensten Art (Texte, Grafiken, Videos, Töne) miteinander verbindet und
- leicht zu bedienen ist.

Wenn Sie bereits mit dem Hilfe-System von Windows gearbeitet haben, werden Sie auch schnell mit dem WWW zurechtkommen.

So arbeiten Internet-Dienste: Server und Browser

Als WWW-Nutzer benötigen Sie einen WWW-Browser (»Client«), um Informationen von WWW-Servern abzurufen. Dieses Prinzip des Zusammenspiels von Clients, die Informationen abrufen, und Servern, die Dienste bereithalten, führt zu einer Client-Server-Architektur. Clients und Server im WWW verständigen sich über das »Hypertext Transfer Protocol (HTTP)«. Die WWW-Browser rufen per HTTP Dokumente oder Grafiken ab, und die WWW-Server versenden im Gegenzug mit HTTP Daten an den Web-Browser.

Ihr WWW-Browser versteht neben HTTP noch weitere Internet-Protokolle, so daß Sie ihn auch gleich für weitere Internet-Dienste, wie Dateitransfer (FTP) oder das textbasierte Informationssystem GOPHER, einsetzen können.

So gelangen Sie an Browser-Software: Zahlreiche WWW-Browser, darunter auch den Netscape Navigator und den Microsoft Internet Explorer, können Sie aus dem Internet kostenlos abrufen. Wenn Sie überhaupt noch keinen (älteren) WWW-Browser zur Verfügung haben, um aktuelle Browser-Software herunterzuladen, nutzen Sie den Internet-Dienst FTP – ein ganz einfach gehaltenes FTP-Kommando erreichen Sie über das DOS-Fenster Ihres Windows-PCs. Mit FTP können Sie Software aus Datei-Archiven auf Ihren lokalen PC laden. Mehr zum FTP-Dienst finden Sie in Kapitel 10.

Querverweise (Hyperlinks)

Multimediale Dokumente des WWWs sind durch Querverweise (Hyperlinks) miteinander verbunden. Querverweise auf einer Seite können zu anderen Dokumenten führen, die zusätzliche oder verwandte Informationen anbieten. Per Mausklick auf Querverweise wandern Sie ganz einfach durchs Web.

Das Prinzip der Hyperlinks hat Vorteile gegenüber dem traditionellen Buchdruck: Ein Text kann durch verdeckte zusätzliche Informationen, die per Mausklick abrufbar sind, angereichert werden. Die Quelle und Art dieser Zusatzinformationen ist dabei unwichtig. Hyperlinks können Sie zu Texten, Grafiken, Sounds, Videos oder anderen Präsentationsformen führen, die

- auf demselben Rechner wie das Ausgangsdokument oder
- auf einem beliebigen anderen Rechner

bereitliegen.

Sie erkennen Querverweise als

- farbig hervorgehobene, unterstrichene Textstellen,
- grafische Elemente wie Icons oder Schaltflächen oder
- Bildausschnitte innerhalb größerer Grafiken (z.B. auf Landkarten).

HTML – Die Sprache des WWWs

Dokumente, die über das WWW bereitgestellt werden, sind in einer Beschreibungssprache namens »Hypertext Markup Language (HTML)« geschrieben. Mit HTML werden Texte formatiert und Multimedia-Daten, wie Grafiken oder Sounds, in Dokumente eingebunden. Die Gestaltungsmöglichkeiten mit HTML sind sehr umfangreich.

Sie können sich zu jedem Dokument, das Ihr Web-Browser anzeigt, mit einem Menübefehl (ANSICHT • SEITENQUELLTEXT oder VIEW • SOURCE) den dazugehörigen HTML-Quellcode anzeigen lassen.

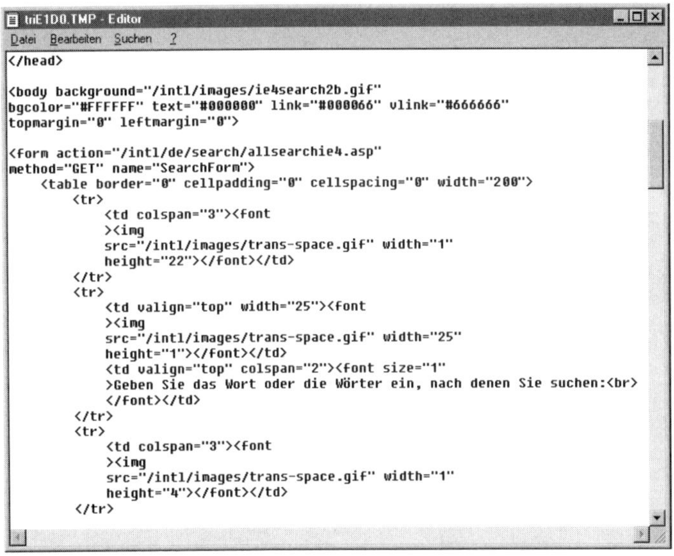


```
</head>

<body background="/intl/images/ie4search2b.gif"
bgcolor="#FFFFFF" text="#000000" link="#000066" vlink="#666666"
topmargin="0" leftmargin="0">

<form action="/intl/de/search/allsearchie4.asp"
method="GET" name="SearchForm">
    <table border="0" cellpadding="0" cellspacing="0" width="200">
        <tr>
            <td colspan="3"><font
            ><img
            src="/intl/images/trans-space.gif" width="1"
            height="22"></font></td>
        </tr>
        <tr>
            <td valign="top" width="25"><font
            ><img
            src="/intl/images/trans-space.gif" width="25"
            height="1"></font></td>
            <td valign="top" colspan="2"><font size="1"
            >Geben Sie das Wort oder die Wörter ein, nach denen Sie suchen:<br>
            </font></td>
        </tr>
        <tr>
            <td colspan="3"><font
            ><img
            src="/intl/images/trans-space.gif" width="1"
            height="4"></font></td>
        </tr>
```

Bild 2.6: Ein Blick hinter die Kulissen auf den HTML-Quelltext

Lernen Sie HTML: Wenn Sie selbst Dokumente über das WWW bereitstellen möchten, empfehlen wir das ECON-Taschenbuch zu Microsoft Frontpage. In diesem Buch lernen Sie das Gestalten von Web-Dokumenten kennen, ohne daß Sie die umfangreiche Sprache HTML selbst lernen müssen.

3

So gelangen Sie ins Internet

In diesem Kapitel stellen wir Ihnen die Zugangsarten zum Internet vor, geben Tips, wie Sie den Internet-Zugang über Internet-Provider oder Online-Dienste einrichten und Probleme beim Internet-Zugang erkennen und beheben.

Bevor Sie durchs Internet surfen können, muß Ihr Internet-Zugang eingerichtet sein. Ist dies noch nicht der Fall, oder planen Sie erst Ihren Internet-Zugang, lesen Sie in diesem Abschnitt die technischen Hintergründe zum Internet-Zugang. Die Praxis, d.h. das Einrichten des Internet-Zugangs über einen Provider mit dem Internet-Wizard von Windows, folgt im Anschluß.

3.1 Internet-Zugänge verstehen

Der Internet-Zugang verbindet Ihren PC z.B. über eine Wählverbindung, Standleitung oder über ein lokales Netzwerk (LAN) mit dem Netz der Netze und ermöglicht das Versenden und Empfangen von Daten.

Dieser Abschnitt informiert,

- wie ein Internet-Zugang funktioniert,
- welche Zugangsarten es gibt und welche Zugangsart Sie fürs Surfen durch das Internet benötigen,
- welche »Internet Service Provider« (ISPs) Internet-Zugänge anbieten und wie Sie den richtigen Provider auswählen.

Leidvolle Erfahrungen zeigen uns, daß man am besten mehrere Zugänge hat, da Internet-Provider und erst recht Online-Dienste nicht so zuverlässig sind, wie wir es z.B. von Telefonnetzen gewohnt sind.

Haben Sie bereits funktionierende Zugänge, können Sie diesen Abschnitt überschlagen. Kämpfen Sie noch mit technischen Problemen bei Ihrem Internet-Zugang, finden Sie hier Hintergrundinformationen zur Arbeitsweise von Internet-Zugängen.

3.1.1 So funktionieren Internet-Zugänge

Internet-Zugänge erlauben es Ihrem PC, Daten ins Internet zu senden und von dort zu empfangen. Verbindungen zwischen lokalem PC und Internet setzen zwei Komponenten voraus:

- physikalischer Kontakt über eine feste oder mobile Telefonverbindung per Modem oder ISDN-Karte zum Rechner des Providers
- und Protokoll-Software, die über diesen Kontakt Daten von und zum Internet transportiert.

Die Verbindung arbeitet nach folgendem Prinzip:

1. Zugang zum Internet bieten Rechner des Providers, die ständig an das Internet angeschlossen sind. Diese Rechner bezeichnet man als Internet-Gateways, da sie die Brücke zwischen Ihrem PC und allen anderen Internet-Rechnern schlagen. Internet-Gateways selbst sind über Stand-, Wähl- oder Netzwerk-Verbindungen mit anderen Internet-Gateways verbunden, die die Daten selbst an weitere Internet-Gateways weiterleiten.
2. Sie bauen eine Telefonverbindung zwischen Ihrem PC und einem Modem oder einer ISDN-Karte Ihres Internet-Gateways auf.
3. Über diese Verbindung überträgt Ihr PC Daten ins Internet oder empfängt von anderen Internet-Rechnern Daten.

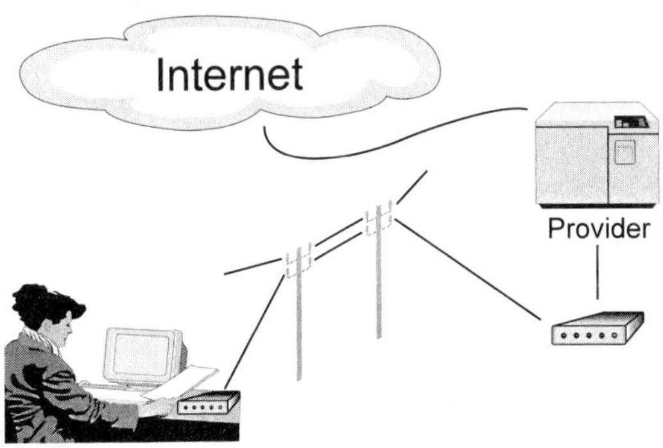

Bild 3.1: So funktioniert ein Internet-Zugang

4. Sie beenden Ihre Anbindung ans Internet, indem Sie die Telefonverbindung zum Internet-Gateway trennen.

3.1.2 Wege ins Internet

Bevor Sie Ihren PC fit für das Internet machen, suchen Sie sich einen »Internet Service Provider« (Internet-Dienstanbieter, kurz ISP) oder einen Online-Dienst, der Ihnen den Zugriff auf das Internet ermöglicht. Einfacher haben es Schüler und Studenten, deren Schule oder Uni bereits kostenfreie Zugänge anbietet. Als Privatperson können Sie auch mit nicht-kommerziellen Internet-Vereinen Kontakt aufnehmen. Diese bieten zwar nicht die gleiche Nutzer-Unterstützung wie kommerzielle Provider, sind aber meist um einiges preiswerter.

Mit der Liberalisierung des Telekommunikationsmarktes treten auch einige der neuen Telefongesellschaften als Internet-Provider auf. Sie wählen sich dann nicht bei einem Provider vor Ort ein, sondern nutzen die Internet-Einwahl der Telefongesellschaft. Anstelle fester Monatsgebühren erhalten Sie dann eine minutengenaue Abrechnung auf der nächsten Telefonrechnung. Diese sogenannten IP-Call-by-Call-Dienste lohnen sich aber meist nur für den Gelegenheitssurfer. Sobald Sie mehrere Stunden pro Monat online sind (und das passiert schneller als Sie vielleicht denken), lohnt sich der Schritt zu einem Provider oder Online-Dienst.

Die kommerziellen Provider bieten Ihnen verschiedene Zugangsarten, die sich in Leistungsfähigkeit, Preis, Komfort und Art der nutzbaren Dienste unterscheiden. Die verbreitetste Zugangsart ist die Direktverbindung per PPP-Protokoll, die auch Windows von Hause aus unterstützt. Es gibt aber auch andere, inzwischen veraltete Zugangsformen, wie den reinen Terminal-Zugang, der noch aus der Zeit der Großrechner stammt, oder den bei Mailbox-Netzen verbreiteten Offline-Zugang, bei dem sich nur eMail und NetNews nutzen ließen.

Auch wenn Ihr Provider noch diese Uralt-Zugänge bietet, sollten Sie auf einen Direktzugang über SLIP/PPP-Verbindungen (siehe Abschnitt 3.2) bestehen, der das Versenden und Empfangen von Daten über TCP/IP-Protokolle erlaubt. Terminal- oder Offline-Zugänge zu eMail und NetNews reichen nicht aus, wenn Sie durch das World Wide Web surfen möchten und entsprechen nicht mehr dem aktuellen Stand der Technik.

Offline-Zugang

Offline-Zugänge stellen einen kurzen Kontakt zu einem Internet-Rechner her, welcher ein- und ausgehende Daten zwischenspeichert. Zwischen diesen Kontakten arbeiten Anwender offline, d.h., sie schreiben und lesen eMails und NetNews ohne aktive Netzanbindung und stellen nur zum Versenden einen Kontakt zum Internet her. Mit diesem Zugang können Sie nur zeitversetzte Dienste wie eMail, Mailing-Listen und NetNews nutzen. Internet-Dienste wie WWW oder Online-Konferenzen, die eine Online-Anbindung erwarten, können Sie mit dieser Zugangsart nicht nutzen. Offline-Zugänge sind vor allem bei Mailbox-Netzen verbreitet, während Internet-Provider diese veraltete Zugangsart nicht mehr im Programm haben.

Terminal-Zugang

Beim Terminal-Zugang arbeiten Anwender direkt auf dem Internet-Rechner des Providers. Der lokale PC wird nur als »Terminal«, d.h. als Datenein- und Datenausgabegerät, genutzt. Mit diesem Zugang können Sie nur die Internet-Dienste nutzen, die auf dem Netz-Rechner des Providers angeboten werden. Sie können auf Ihrem PC keine eigene Internet-Software, wie den Netscape Navigator, nutzen, um aufs Internet zuzugreifen.

Leider reichen die Übertragungsmöglichkeiten beim Terminal-Zugang zwischen lokalem PC und Internet-Rechner des Providers meist nur für zeichenorientierte ASCII-Anwendungen. Internet-Dienste, die stark grafikorientiert sind, lassen sich nur sehr eingeschränkt nutzen. Wenn Sie beispielsweise über eine Terminalverbindung durch das WWW surfen möchten, müssen Sie einen textorientierten WWW-Browser wie Lynx auf dem Internet-Host nutzen. Dabei geht die multimediale Aufbereitung vieler Web-Seiten verloren.

Aus diesem Grund sind Terminal-Zugänge nicht ausreichend, wenn Sie multimedial durchs WWW surfen möchten.

Zugang über Online-Dienste

Millionen Anwender nutzen kommerzielle Online-Dienste wie T-Online, America Online (AOL) oder CompuServe, um durchs Internet zu surfen. Online-Dienste bieten ihren Kunden neben eigenen Informations- und Kommunikationsangeboten seit Jahren eine Schnittstelle ins Internet. Möchten Sie das Internet häufig oder professionell nutzen, sollten Sie aber prüfen, ob Sie auf das Anbieter-interne Angebot nicht besser verzichten wollen und über einen Internet-Provider eine leistungsfähigere und preiswertere Internet-Anbindung erhalten.

Der große Vorteil der Online-Dienste ist die (welt-)weite und meist flächendeckende Verbreitung von Zugangs-Rechnern. Die Anbieter haben in den größeren Städten Einwahlknoten. Für internationale Anbieter gilt dies sogar für viele Länder, so daß Online-Dienste besonders interessant für Menschen sind, die viel reisen und dabei übers Internet Kontakte aufrechterhalten. T-Online ist besonders für Anwender außerhalb großer Städte interessant, weil ein bundesweit einheitlicher Telefontarif geboten wird. Durch die geringen festen Monatsbeiträge und damit bereits bezahlte Freistunden eigenen sich Online-Dienste auch gerade für Gelegenheitssurfer, die nur wenige Minuten am Tag online sind.

Direktverbindung ins Internet

Direktzugänge machen Ihren PC zu einem eigenständigen Internet-Knoten. Über Protokolle für Telefonverbindungen wie SLIP oder PPP (siehe Kapitel 2) wird der lokale Rechner ein Teil des Internets, der nicht nur Daten abrufen, sondern auch selbst anbieten kann. Über einen SLIP/PPP-Zugang bekommt Ihr PC eine eigene IP-Nummer und ist für die Dauer der Verbindung für andere Internet-Rechner voll erreichbar.

Sie haben mit dieser Zugangsart uneingeschränkten Zugriff aufs Internet, da Sie Internet-Anwendungen (»Clients«) wie den Netscape Navigator oder den Microsoft Internet Explorer lokal installieren und nutzen können.

Im Vergleich zu anderen Zugangsarten ist dieser Zugang nicht um ein vielfaches teuerer. Sparsame Menschen können sich auf zeitversetzte Dienste wie eMail und NetNews beschränken und so wie mit einem Offline-Zugang arbeiten, um Telefonkosten zu verringern. Wenn Sie hingegen stundenlang online durchs Web surfen, freut sich die Telekom bei dieser Zugangsart.

Direktverbindungen ins Internet ermöglichen auch mehrere der neuen Telefonanbieter. Sie wählen sich einfach unter der Zugangsnummer der Telefongesellschaft ein, nennen eine vom Anbieter vorgegebene Benutzerkennung und ein Paßwort und erhalten eine vollwertige PPP-Verbindung ins Netz, auf der Sie nach Herzenslust surfen oder eMails senden können. Durch die immer noch relativ hohen Minutenpreise ist diese Art von Internet-Zugang nur für Gelegenheitssurfer empfehlenswert oder um von unterwegs aufs Internet zuzugreifen, ohne eine Fernverbindung zum heimischen Provider herstellen zu müssen. Abgerechnet wird die Internet-Nutzung meist über Ihre Telefonrechnung – spezielle Provider-Verträge oder schriftliche Anmeldungen sind nicht erforderlich, um diese IP-Call-by-Call-Dienste zu nutzen.

3.1.3 Der Internet-Anbieter (Provider)

Die richtigen und günstigsten Anbieter zu finden, ist im unübersichtlichen Tarif-Durcheinander nicht ganz leicht. In diesem Abschnitt wollen wir Ihnen dabei ein bißchen helfen.

So finden Sie Ihren Anbieter

Treffen Sie zunächst die Entscheidung über die richtige Zugangsart: Wenn Sie durchs WWW surfen wollen, kommt nur der Direktzugang in Frage. Wenn Sie nur eMail und NetNews nutzen werden, reicht auch ein veralteter Offline-Zugang. Sie versperren sich mit diesem Zugang aber den Weg, wenn Sie irgendwann mehr im Internet tun wollen. Nur beim Direktzugang steht nichts im Weg: Sie besorgen sich aktuelle und passende Internet-Software und schon ist ein neuer Internet-Dienst verfügbar.

Haben Sie sich für eine Zugangsart entschieden, finden Sie heraus, welche Anbieter es in Ihrer unmittelbaren Umgebung (im City- oder Region-50-Bereich der Telekom) gibt. Da Telekom-Kosten häufig den größten Kostenfaktor ausmachen, ist ein Provider vor Ort fast immer günstiger als ein entfernter Dienstanbieter mit niedrigeren Nutzungsgebühren. Findet sich kein geeigneter regionaler Provider, suchen Sie einen überregionalen oder nationalen Anbieter, z.B. einen Online-Dienst mit Einwahlknoten in Ihrer Nähe. In großen Städten ist das kein Problem, aber auch in ländlichen Regionen und in Kleinstädten gibt es inzwischen Provider. Vergessen Sie auch nicht Online-Dienste wie T-Online oder AOL in die Planung einzubeziehen, da sie über eine Vielzahl von Einwahlknoten verfügen. T-Online erreichen Sie sogar bundesweit zum Ortstarif.

Eine Übersicht der deutschen Internet-Provider finden Sie online im WWW unter der Adresse `http://www.rrzn.uni-hannover.de/inet-zu-de.html`.

3.1.4 Hilfe beim Preisvergleich

Haben Sie einige Provider in die engere Wahl gezogen, sollten Sie sorgfältig die Preise vergleichen. Je nachdem, welche Internet-Dienste Sie in welchem Umfang nutzen, unterscheiden sich die Preise von Internet-Anbietern erheblich. Wenn Sie große Datenmengen aus dem Internet abrufen, sind für Sie andere Aspekte preisentscheidend als für Nutzer, die sich mit eMail zufriedengeben. Damit Sie sich nicht im Dschungel der Tarife verlaufen, hier nun einige Tips:

- Vergessen Sie nie die Telefongebühren. Ist ein billigerer Anbieter nicht im City-Bereich erreichbar, ist der Preisvorteil schnell dahin.
- Nutzen Sie hauptsächlich zeitversetzte Dienste wie eMail und NetNews und surfen nur selten durchs WWW, achten Sie auf niedrige Grundgebühren. Nehmen Sie ruhig höhere leistungsbezogene Gebühren in Kauf. eMail und NetNews erzeugen bei durchschnittlicher Nutzung ein recht geringes Datenaufkommen.

- Surfen Sie hingegen viel durchs WWW, können leistungs- und zeitbezogene Gebühren teuer werden: Über Dienste wie WWW oder FTP bewegen Sie schnell viele Megabytes an Daten durchs Netz. Sie können mit höheren Grundgebühren gut leben, wenn Ihnen hohes Datenaufkommen nicht in Rechnung gestellt wird.

- Prüfen Sie ob Ihr Provider zwischen Datenverkehr im Inland und Ausland unterscheidet. Wenn Sie häufig Daten aus den USA, z.B. aktuelle Software abrufen, wählen Sie einen Provider der den ausländischen Datentransfer nicht separat berechnet.

- Wenn Sie sich hauptsächlich für eMail und weniger fürs WWW interessieren, nutzen Ihnen 10 Freistunden pro Monat wenig. Sie sind nur wenige Augenblicke zur Datenübertragung ans Internet angeschlossen, so daß Sie das Freikontingent mit elektronischen Nachrichten kaum aufbrauchen werden.

- Anders sieht das bei fanatischen WWW-Anhängern aus. Das Kontingent an Freistunden überschreitet man beim Surfen von Seite zu Seite oder Chatten schnell. Für WWW-Surfer gilt: Je mehr Freistunden desto besser! Einige Provider schlagen beim Überschreiten der Freistunden-Grenze richtig zu.

- Achten Sie auf die Übertragungsraten der Anbieter. Ihr Provider sollte einen Zugang über ISDN oder mindestens 33.6 KBaud im analogen Netz anbieten. Weniger Übertragungskapazität zerrt an den Nerven, weil Sie zu lange auf Informationen warten müssen und macht die Internet-Nutzung teurer, weil die Telefonverbindung unnötig lange gehalten werden muß. Testen Sie auch, ob der Provider selbst über leistungsfähige Datenleitungen ans übrige Internet angeschlossen ist. Ist das nicht der Fall, brauchen Sie mehr Online-Zeit, um Daten abzurufen.

- Einige super-billige Provider sparen bei der Anzahl der Einwahlknoten. Die Folge: Die wenigen Modems sind ständig belegt. Sie kommen nur zu nachtschlafender Zeit oder mit viel Glück durch. Der preiswerteste Anschluß bringt wenig, wenn Sie ihn nicht nutzen können. Daher sollten Sie sich immer über die Anzahl der verfügbaren Modems und ISDN-Einwählpunkte informieren.

- Nutzen Sie die Probeangebote vieler Provider. Testen Sie, ob die Einwählnummern rund um die Uhr zuverlässig erreichbar und die Übertragungsraten ausreichend sind.

Ein Provider allein deckt selten alle Bedürfnisse ab. Unter Umständen müssen Sie Kunde mehrerer Internet-Anbieter werden.

3.2 Internet-Zugänge einrichten

Haben Sie sich für einen Internet-Provider entschieden, wenden Sie sich an dessen Kundenbetreuung und beantragen einen Benutzer-Zugang. Sie erhalten dann

- die Einwählnummern des Providers,
- Ihre Benutzer-Kennung und ein Anfangspaßwort, mit denen Sie sich am Internet-Rechner des Providers identifizieren,
- Ihre eMail-Adresse,
- technische Daten für die Einwählverbindung (z.B. Ihre eigene IP-Nummer, IP-Nummer des zuständigen DNS-Servers, Namen von eMail- und NetNews-Servern).

Bevor Sie ans Einrichten der Zugangssoftware gehen, sollten Sie prüfen, ob Sie alle notwendigen Daten vom Provider erhalten haben.

Viele Provider liefern Ihnen mit den Anmeldeunterlagen auch die notwendige und vorkonfigurierte Verbindungssoftware.

Tips zu Hard- und Software: Die Software, mit der Sie die Verbindung zum Internet-Rechner herstellen, sollte bei der Anmeldung kostenlos bereitgestellt werden. Will der Provider diese separat berechnen, suchen Sie sich am besten gleich einen anderen Dienstanbieter.
Manche Provider bieten Einsteigern auch Komplettpakete mit Hardware zur Netzanbindung (Modem oder ISDN-Karte). Prüfen Sie diese Paketangebote genau. Hardware gibt es im Elektronik-Supermarkt häufig billiger.

Sind die Daten vollständig, installieren Sie die Zugangssoftware. Um über einen Internet-Anbieter einen Direktzugang herzustellen, benötigen Sie Software, die eine PPP-Verbindung zum Internet-Host des Providers aufbaut. Diese sogenannte Socket-Software wird bei den meisten aktuellen Betriebssystemen wie Windows 98/NT oder Linux gleich mitgeliefert und kann bei Bedarf von CD-ROM installiert werden.

3.2.1 Zugangsdaten eintragen

Beim Einrichten der Zugangssoftware müssen Sie folgende Daten eintragen:

- Die numerische Internet-Adresse, die Ihrem PC beim Anmelden zugewiesen wird. Fehlt diese Angabe, vergibt der Internet-Host des Providers diese Adressen ggf. dynamisch, d.h. bei jeder Anwahl erneut, ohne daß Sie einen Wert fest vorgeben müssen.
- Die numerische Internet-Adresse des Domain-Name-Servers Ihres Providers. Dieser Rechner übersetzt Rechner-Namen in numerische Adressen.
- Die numerische Internet-Adresse des Gateway-Rechners Ihres Anbieters. Dieser Rechner leitet alle eingehenden und ausgehenden Datenpakete (siehe Kapitel 2) weiter.
- Der Domain-Name Ihres Providers. Diesen Namen brauchen Sie unter anderem, um Rechner (z.B. den Mail-Server) im Netz des Providers anzusprechen.
- Den seriellen Port, an den Ihr Modem angeschlossen ist und die Baudrate, die dieser Port verträgt (19.600 bei älteren PCs, 28.800 oder weit höher bei neueren Rechnern).
- Die Einwählnummer Ihres Anbieters.
- Ihre Benutzer-Kennung (u.a. für Zugang zum Gateway und Mail-Server) und Ihr geheimes Paßwort.

3.2.2 Zugang einrichten mit dem Internet-Wizard

Unter Windows unterstützt Sie der Internet-Zugangs-Assistent beim Einrichten des Zugangs. Starten Sie den Zugangs-Assistenten aus dem Startmenü über die Befehlsfolge PROGRAMME • ZUBEHÖR • INTERNET-PROGRAMME • INTERNET-SETUP-ASSISTENT. In einer Reihe von Einzelschritten werden alle erforderlichen Verbindungsdaten von Ihnen abgefragt und im Anschluß ein neues Symbol im DFÜ-Netzwerk erzeugt. Sie kommen jeweils zum folgenden Teilschritt, indem Sie auf die Schaltfläche WEITER klicken.

Um den Internet-Zugang über einen Provider einzurichten, gehen Sie so vor:

1. Bei der Wahl des Installationsverfahrens wählen Sie die Option MANUELL, um alle Zugangsdaten selbst einzutragen. Aktivieren Sie die Option AUTOMATISCH, versucht der Assistent für Sie automatisch einen Provider in Ihrer Nähe zu ermitteln – da die Liste der Provider aber recht unvollständig ist, bringt Sie diese Hilfestellung meist nicht weiter.

2. Wählen Sie im Dialogfenster VERBINDUNGSAUFBAU nun die Option ÜBER MODEM VERBINDEN, wenn Ihr Rechner nicht über das Netz Ihrer Firma oder Organisation permanent ans Internet angebunden ist.

3. Im Schritt INTERNET MAIL sollten sich für die Option NEIN, WINDOWS MESSAGING NICHT VERWENDEN entscheiden. Sie können zu einem späteren Zeitpunkt die für Sie geeignete eMail-Software frei wählen, mit der Sie elektronische Post lesen und schreiben möchten. Bei der Installation des Web-Browsers können Sie beispielweise die eMail-Komponente (z.B. Outlook Express beim Internet Explorer) gleich mitinstallieren lassen.

4. Im Anschluß werden alle Dateien installiert, die für die von Ihnen vorgegebene Art der Verbindung erforderlich sind. An dieser Stelle müssen Sie die Windows-Installations-CD-ROM einlegen, wenn die benötigte PPP-Software nicht schon installiert ist.

5. Ist die Software aufgespielt, geben Sie im nächsten Schritt einen frei wählbaren Namen für den Anbieter ein.

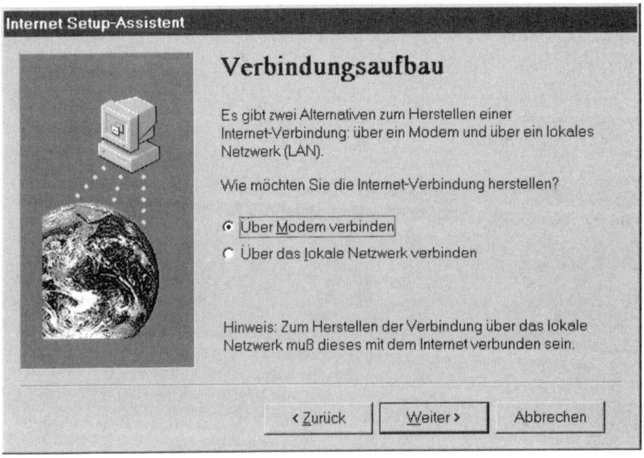

Bild 3.2: Art des Verbindungsaufbaus festlegen

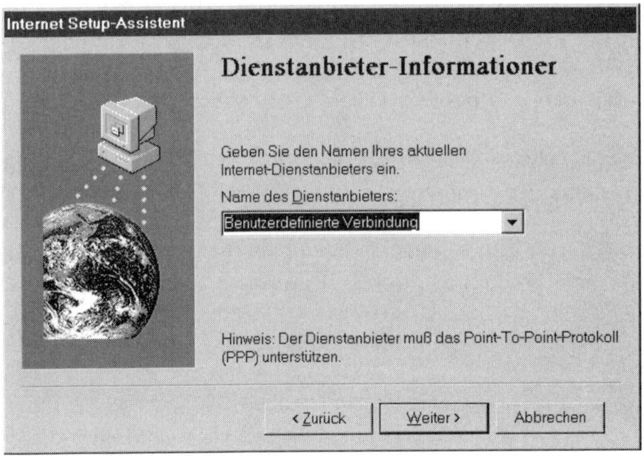

Bild 3.3: Namen des Dienstanbieters eintragen

6. Tragen Sie anschließend im Fenster RUFNUMMER die Telefonnummer Ihres Zugangsrechners ein, der anzuwählen ist, um ins Internet zu gelangen. Sie sollten auch dann die Orts- und Länderkennzahl eintragen, wenn sich die Rufnummer im gleichen Ortsnetz befindet – so gibt es keine Probleme, sollten Sie künftig den Standort des Rechners wechseln. Es entstehen keine zusätzlichen Telefonkosten, wenn Sie diese Kennzahlen voranstellen, obwohl sie nicht zwingend erforderlich sind.

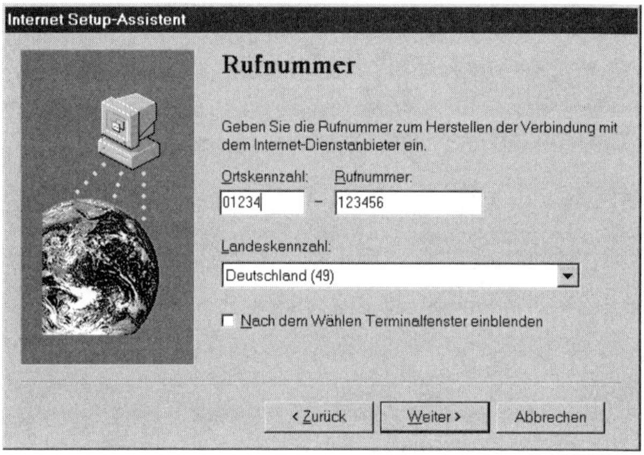

Bild 3.4: Telefonnumer des Einwählknotens angeben

7. Nennen Sie Ihre vom Provider vorgegebene Benutzerkennung und das Paßwort (siehe Bild 3.5).

8. Tragen Sie die Ihnen zugewiesene, numerische Internet-Adresse ein. Wenn der Zugangsrechner IP-Adressen dynamisch verteilt, wählen Sie die Option AUTOMATISCHE ZUWEISUNG.

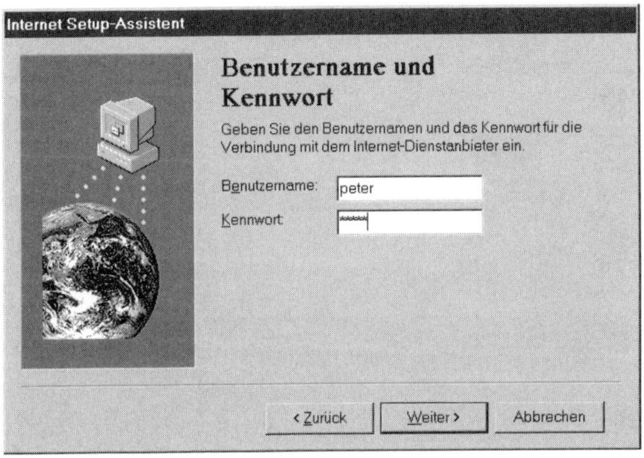

Bild 3.5: Benutzernamen und Paßwort des Internet-Zugangs

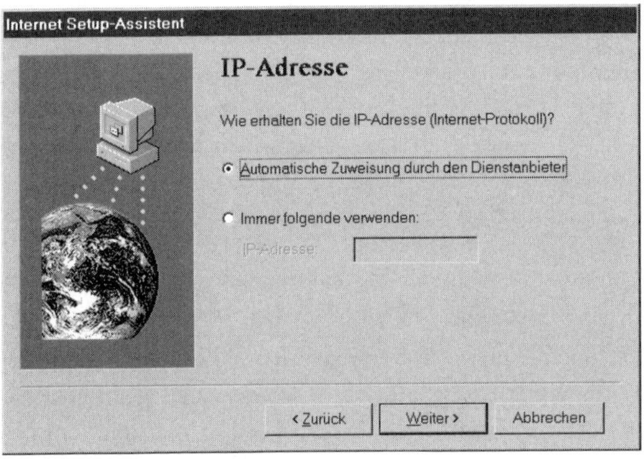

Bild 3.6: Eigene IP-Adresse eintragen

9. Geben Sie die IP-Adresse des DOMAIN-NAME-SERVERS ein. Kennen Sie die Adresse eines weiteren DNS-Rechners, fügen Sie diese alternativ ein. Dadurch können Internet-Adressen, die Sie eingeben, den intern verwendeten IP-Nummern zugeordnet werden. Vergessen Sie diese Angabe, sind Internet-Rechner ausschließlich über ihre Nummernfolge, z.B. 131.123.45.6, erreichbar.

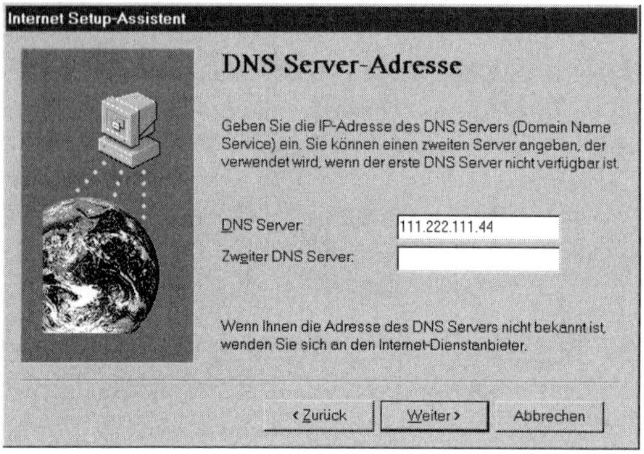

Bild 3.7: Eintragen des Domain-Name-Servers

10. Nun ist Ihr Internet-Zugang eingerichtet. Klicken Sie auf FERTIGSTELLEN, um die Konfiguration zu beenden. Anschließend muß Ihr PC neu gestartet werden, und Sie können den Verbindungsaufbau zum Provider testen, indem Sie auf das zur neuen Verbindung gehörige Symbol im DFÜ-Netzwerk klicken. Sie können alle zu diesem Zeitpunkt eingegebenen Verbindungsparameter über die SYSTEMSTEUERUNG und den Auswahlpunkt NETZWERK nachträglich ändern.

3.3 Internet-Zugang über Online-Dienste

Online-Dienste bieten Ihnen nicht nur das hauseigene Informationsangebot, sondern ermöglichen Ihnen auch einen Zugang zum Internet, allerdings meist gegen eine zusätzliche Gebühren. Viele Online-Dienste bieten inzwischen einen vollwertigen Direkt-Zugang ins Internet – also weit mehr als den Zugriff auf Internet-eMail und Net-News. Der wesentliche Unterschied zwischen den eigenen Informationsangeboten und den Daten aus dem Internet besteht darin, daß die Angebote innerhalb des Online-Dienstes nur von den zahlenden Teilnehmern des Dienstes genutzt werden können.

Zu den großen Online-Diensten in Deutschland zählen:

- **T-Online** (früher unter den Namen BTX und Datex-J bekannt): Träger dieses Dienstes ist die Deutsche Telekom. Teilnehmermäßig ist T-Online mit mehreren Millionen Kunden der führende europäische Online-Dienst. Dieser Online-Dienst ist vor allem durch seine Vorreiterrolle beim Home-Banking erfolgreich geworden.
- **CompuServe**: Träger dieses weltweiten Online-Dienstes ist CompuServe Inc. aus den USA. Das Angebot richtet sich vor allem an professionelle Internet-Anwender.
- **AOL**: America Online versteht sich als familienfreundlicher Anbieter für Privatpersonen und ist durch einen besonders einfachen Zugang zu allen Diensten gekennzeichnet. Über eine intuitive zu bedienende, bewußt unkonventionell gehaltene Oberfläche lassen sich alle Funktionen steuern. Besonders wichtig ist bei AOL der sogenannte Community-Aspekt: Jeder Teilnehmer ist Mitglied der weltumspannenden Online-Gemeinde und in die zahllosen Ereignisse eingebunden. Vor allem diskussionsfreudige Chatter finden bei AOL ein großes Forum von Gleichgesinnten.

Das Einrichten des Internet-Zugangs über die Online-Dienste ist meist unproblematisch. Sie erhalten vom Dienstanbieter vorkonfigurierte Installationsprogramme, in die Sie nur noch die notwendigen Setup-Informationen eintragen. Einige Online-Dienste, wie z.B. T-Online, haben sogar einen aktuellen Web-Browser lizenziert, so daß Sie gleich durchs Internet surfen können. Liefert Ihr Online-Dienst keine Browser-Software, müssen Sie ihn, wie in Kapitel 4 beschrieben, nachträglich installieren.

3.4 Probleme beim Internet-Zugang beheben

Haben Sie Probleme beim Zugang zum Internet? Der folgende Maßnahmenkatalog hilft Ihnen, Probleme zu beheben oder zumindest Fehlerquellen einzugrenzen:

- Überprüfen Sie zunächst, ob Sie die Angaben Ihres Providers korrekt im Setup Ihrer Zugangssoftware eingetragen haben.
- Prüfen Sie die Steckverbindung Ihres Modems am PC einerseits und an der Telefondose andererseits. Ist das Modem wirklich eingeschaltet?
- Versucht das Modem bzw. die ISDN-Karte bei der Anwahl überhaupt, eine Verbindung herzustellen? Sie erkennen dies beim Modem am hektischen Blinken der Lämpchen. Schalten Sie bei externem Modem den Lautsprecher ein, damit Sie den Verbindungsaufbau verfolgen können. Bei ISDN-Karten können Sie einen Selbsttest ausführen, um sicherzugehen, daß die Karte ansprechbar ist und herauswählen kann.
- Kommt keine Verbindung zustande, prüfen Sie das Setup von Modem bzw. ISDN-Karte unter Windows über EINSTELLUNGEN • SYSTEMSTEUERUNG • MODEMS. Stimmen die Nummern des seriellen Ports und die Baudrate beim Modem bzw. die CAPI-Port-Einstellung der ISDN-Karte?
- Wenn eine Verbindung aufgebaut wird, das Anmelden aber scheitert, prüfen Sie die Benutzerdaten (Kennung und Paßwort). Wird Ihre Registrierung erst ab einem bestimmten Datum gültig, oder ist Ihr Zugang noch nicht freigeschaltet?
- Stimmt die Einwählnummer? Wählen Sie sie mit einem normalen Telefon an. Hören Sie eine Stimme, sind Sie vermutlich falsch!
- Stellen Sie sicher, daß die Einwählnummer des Anbieters nicht besetzt ist. Hier hilft der Anruf mit einem normalen Telefon.
- Hilft alles nichts, haben Sie evtl. Bekannte, die beim selben Provider Kunde sind. Haben diese die Zugangsprozedur erfolgreich hinter sich gebracht, können sie Ihnen sicherlich weiterhelfen.
- Sind Sie geduldig, mögen Warteschleifen-Musik und scheuen hohe Telefonkosten nicht, dann wenden Sie sich an die Hotline Ihres Anbieters oder sprechen Sie mit einem Ausdruck Ihrer Konfigurationsdaten persönlich vor.

4 Mit dem Browser durch das Web

Der beliebteste und anwenderfreundlichste Dienst im Internet ist das World Wide Web (kurz Web oder WWW). Es verbindet Texte, Klänge, Grafiken und Videos zu multimedialen Dokumenten, die sich kinderleicht per Mausklick abrufen lassen.

Angeboten werden im WWW entweder digitalisierte Formen Ihnen schon bekannter Informationen (wie zum Beispiel Zeitungen und Zeitschriften) oder ganz neue Informations- und Erlebniswelten (wie zum Beispiel virtuelle Städte).

Für diese aufwendige Verpackung der Informationen müssen große Datenmengen übertragen werden. Viele WWW-Seiten sind mit Bildern, Sounds oder sogar Videos illustriert und werden dann schnell einige hundert KByte groß.

Es gibt zwei ganz verschiedene Möglichkeiten, sich im WWW zu bewegen:

- Wenn Sie an einem Abend ein wenig Zeit haben, können Sie sich anstatt fernzusehen ja einmal 1 bis 2 Stunden im WWW tummeln. So lernen Sie am besten die Fülle des Angebots kennen. Bei der nächsten Suche nach einem bestimmten Thema wird Ihnen dies sicherlich weiterhelfen.
- Wenn Sie gezielt nach einer bestimmten Information suchen, verwenden Sie am besten die verschiedenen Suchhilfen des WWWs. Hierbei kommt man mit einem einfachen Klicken in der Regel nicht viel weiter.

In diesem Kapitel zeigen wir Ihnen verschiedene Wege zu den Informationen des Internets. Dabei geben wir Tips, wie man kostengünstig »webbt«. Wir zeigen Ihnen auch einige der interessantesten Angebote im WWW. Über WWW erhalten Sie u.a.

- Zeitschriften,
- Produkt- und Firmeninfos,
- Stadt- und Landesinformationen,
- aktuelle Nachrichten und

- Dokumente über Hunderte anderer Themen aus den Bereichen Sport, Freizeit, Reise, Fernsehen und Kino, Musik, Computer usw.

Um im WWW an Informationen heranzukommen, benötigen Sie

- einen Direkt-Zugang mit hoher Übertragungskapazität, d.h., Ihr lokaler Rechner muß das TCP/IP-Protokoll verstehen und über eine SLIP/PPP-Verbindung (siehe Kapitel 2 und 3) mit anderen Internet-Knoten verbunden sein,
- sowie eine Zugangs-Software, den sogenannten WWW-Viewer oder WWW-Browser.

Mit dem Web-Browser können Sie gleichzeitig auch die meisten anderen Internet-Dienste nutzen. In diesem Kapitel lernen Sie, mit den beiden beliebtesten Web-Browsern, dem Netscape Navigator 4 und dem Microsoft Internet Explorer, durchs Netz zu surfen. Sie können sich für einen der beiden Browser entscheiden oder aber auch beide parallel auf einem System testen. Jeder der Web-Browser erfüllt seinen Zweck gut – die Unterschiede liegen meist in kleinen Details, die Sie als Einsteiger kaum interessieren. Der Navigator ist Teil der Anwendungs-Suite Netscape Communicator, zu der weitere Internet-Werkzeuge (darunter ein eMail-, ein NetNews-Programm und ein HTML-Editor) gehören.

Damit Sie sich beim Surfen nicht verirren,

- lernen Sie die wichtigen Schaltflächen und Funktionen der Browser kennen,
- navigieren mittels Hyperlinks und WWW-Adressen zielgerichtet durchs Web,
- blättern zwischen bereits besuchten Web-Seiten hin und her,
- nutzen den temporären Speicher für Web-Seiten, um schnell und kostengünstig bereits besuchte Web-Dokumente zu sichten,
- ordnen interessante Web-Angebote in einer Lesezeichen-Liste,

- werfen einen Blick in die Zukunft des Online-Shoppings und Online-Bankings,
- nutzen Online-Hilfen und
- setzen Hilfsprogramme rund ums Web ein.

4.1 Web-Browser installieren und einrichten

Bevor Sie richtig loslegen, müssen Sie den Internet Explorer oder Navigator zunächst auf Ihrem PC installieren und einrichten.

Sie erhalten die aktuellsten Versionen der Browser-Software über die Web-Sites der Hersteller Netscape und Microsoft:

Browser-Software	Download-Adresse
Netscape Navigator bzw. Communicator (diverse Betriebssysteme)	http://home.de.netscape.com/de/ ftp://ftp.cs.tu-berlin.de/pub/net/www/netscape/communicator/
Navigator für OS/2 Warp	http://www.internet.ibm.com/browsers/netscape/warp/
Navigator für Open VMS	http://www.openvms.digital.com/openvms/products/ips/
Microsoft Internet Explorer	http://www.microsoft.de/ie/

Tabelle 4.1: Laden Sie Browser-Software auf Ihren PC

Um den Navigator einzusetzen, müssen Sie das Anwendungspaket Netscape Communicator oder den Navigator als Einzelkomponente herunterladen und installieren.

Sind die Übertragungswege zu den Browser-Herstellern überfüllt, versuchen Sie Ihr Glück z.B. bei `www.download.com`. Dort finden Sie in der Abteilung Web-Browser eine Übersicht der »Mirror-Sites«, d.h. der Web-Server, die die Browser-Software offiziell vom Hersteller beziehen und das unveränderte Angebot auf dem eigenen Server »spiegeln«.

Wenn Sie nicht bereits einen (älteren) Browser installiert haben, mit dem Sie an die Daten gelangen, bitten Sie einen Freund mit Online-Zugang die Software herunterzuladen und auf CD-ROM zu brennen. Da der Standard-Installationsumfang beider Browser über 15 MB umfaßt, ist ein Abzug auf Disketten unhandlich und zeitaufwendig. Sie finden die aktuellen Browser auch regelmäßig auf den CD-Beigaben von Computer-Zeitschriften.

Achten Sie beim »Download« und Installieren der Software darauf, daß Sie die für Ihre Rechnerplattform, Ihr Betriebssystem und Ihre Sprache richtige Version finden. Insbesondere beim Microsoft Internet Explorer müssen Sie den Explorer in derselben Sprache wie Ihr Betriebssystem wählen, ansonsten sind einige Komponenten nicht installierbar.

4.1.1 Netscape Communicator installieren

Der Netscape Communicator ist für eine große Zahl von Rechner-Architekturen und Betriebssystemen verfügbar (Tabelle 4.2). Auf diesen Plattformen werden eine Vielzahl von sprachspezifischen Versionen angeboten. Im Endausbau plant Netscape, zumindest folgende Sprachen zu unterstützen:

- Dänisch
- Deutsch
- Englisch
- Französisch
- Italienisch
- Japanisch
- Koreanisch
- Niederländisch
- Portugiesisch
- Spanisch
- Schwedisch

Architektur	Betriebssystem
Intel 486 oder neuere	Windows 3.x / 95 / NT, BSDI
Apple 68020 (Mindestanforderung) oder Power PC	Macintosh System 7.1 oder neuer
Digital Alpha	Digital Unix 3.2, 4.0 und Windows NT 4
Hewlett-Packard 700-series	HP-UX 9.03, 9.05, 10.x
IBM RS/6000	AIX 3.2.5, 4.x
Silicon Graphics MIPS	IRIX 5.3, 6.2, 6.3
Sun SPARC	Solaris 2.4 + 2.5, SunOS 4.1.3

Tabelle 4.2: Unterstützte Hardware-Plattformen

Netscape vertreibt den Navigator sowohl als eigenständige Browser-Software als auch im Communicator-Paket mit einer Reihe weiterer nützlicher Internet-Anwendungen. Das Communicator-Paket gibt es in zwei Ausführungen, die sich im Umfang der enthaltenen Komponenten und der Größe der herunterzuladenden Installationsdatei unterscheiden:

- Netscape Communicator (Standard Edition) und
- Netscape Communicator Professional Edition

Die »Professional Edition« enthält alle Features und Komponenten der »Standard Edition« und bietet zusätzliche Terminplanungs- und Verwaltungsfähigkeiten. Sie benötigen die Professional Edition, wenn Sie in einem Unternehmen mit einer großen Zahl Netscape Communicator-Installationen den Administrationsaufwand für die Netscape Software reduzieren oder aus dem Browser Verbindungen zu IBM-Großrechnern herstellen möchten.

So installieren Sie den Netscape Communicator

Die Installationsdatei des Netscape Communicators erhalten Sie vom Netscape-Server oder auf CD als selbstentpackendes Archiv. Starten Sie das Setup des Communicators, werden Sie nach einigen Sekunden vom Installationsprogramm mit einem Copyright-Hinweis begrüßt. In kleinen Schritten fragt der Communicator die wichtigen Informationen ab:

1. Zunächst wählen Sie aus, ob Sie ein Standard-Setup (Option: RECOMMENDED) oder ein benutzergesteuertes Setup (Option: CUSTOM) durchführen möchten. Wir entscheiden uns für das etwas umständlichere benutzergesteuerte Setup, bei dem wir jedoch den Umfang der Installation und die wichtigsten Parameter selbst bestimmen können – so kann man den Navigator optimal an die eigene Hard- und Softwareausstattung anpassen.

2. Anschließend vergeben Sie einen Verzeichnispfad, unter dem die Programmdateien abgelegt werden. Möchten Sie vorhandene ältere Navigator-Versionen noch nicht überschreiben, sollten Sie einen neuen Verzeichnisnamen angeben. Mit der BROWSE-Schaltfläche können Sie Ihre vorhandene Verzeichnisstruktur nach einem geeigneten Zielverzeichnis absuchen. Üblicherweise installiert man unter Windows 95/NT alle Anwendungen unterhalb des Ordners *\PROGRAMME*.

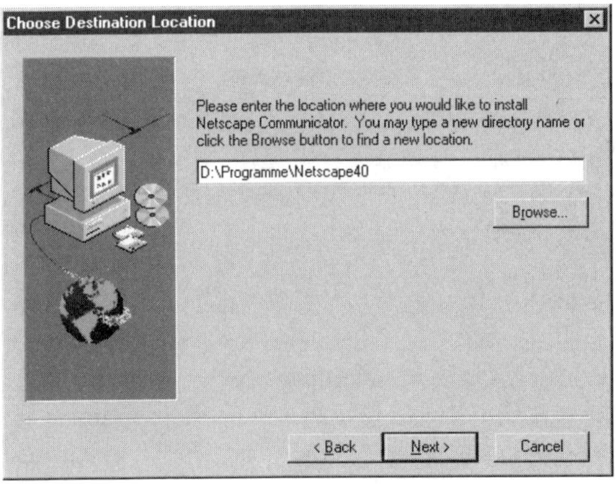

Bild 4.1: Programmverzeichnis auswählen

3. Im nächsten Schritt entscheiden Sie, in welcher Programmgruppe die Symbole für die Communicator-Anwendungen erzeugt werden sollen. Das Installationsprogramm schlägt Ihnen eine neue Programmgruppe mit dem Namen »Netscape Communicator«

vor. Übernehmen Sie diesen Vorschlag, finden Sie nach der Installation eine entsprechende Gruppe im START-Menü von Windows 95/NT wieder.

4. Sie erhalten nun eine Zusammenfassung der eingegebenen Setup-Daten. Mit der Schaltfläche BACK können Sie die Einstellungen noch ändern, klicken Sie dagegen auf INSTALL, wird der Installationsvorgang gestartet.

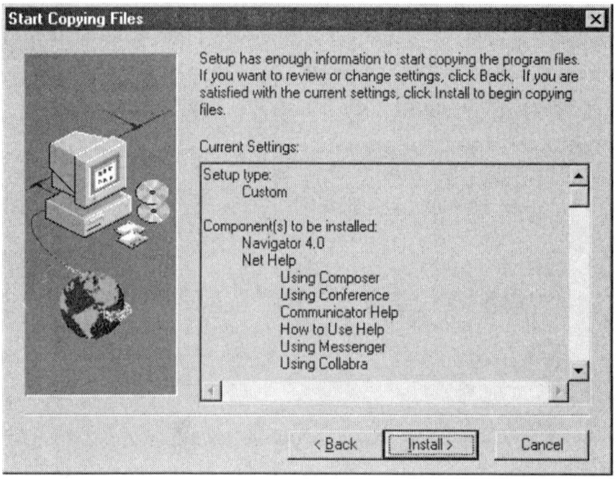

Bild 4.2: Setup-Daten überprüfen

5. Während des Kopiervorgangs zeigt Ihnen das Installationsprogramm, welche der Komponenten gerade eingerichtet wird. Nachdem alle Dateien in den Zielordner bewegt sind, informiert Sie ein Fenster (Bild 4.4) darüber, daß Sie die Programme im Communicator-Paket über die Symbole der Programmgruppe (Bild 4.5) oder direkt aus dem angegebenen Programmverzeichnis starten können.

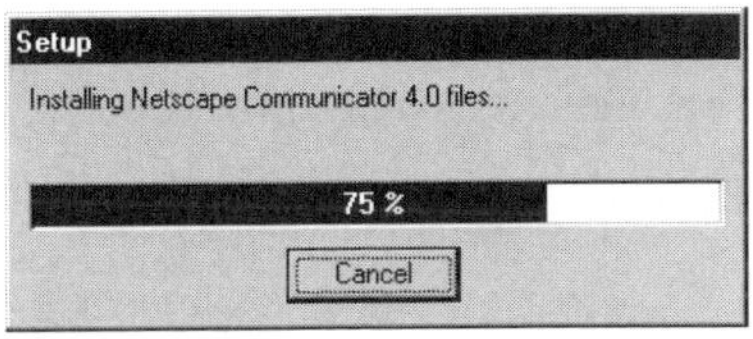

Bild 4.3: Angaben zum Installationsfortschritt

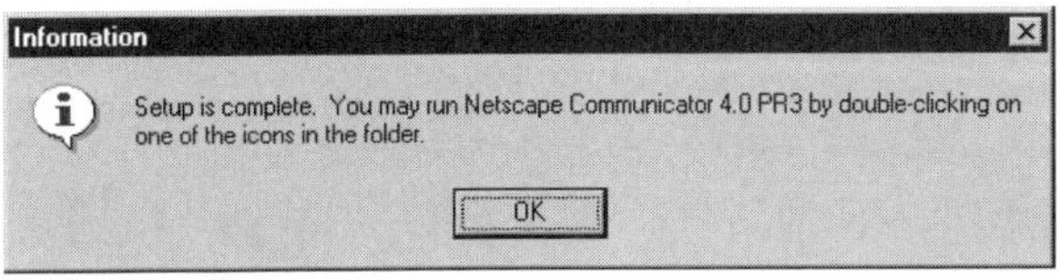

Bild 4.4: Installation ist komplett

Bild 4.5: Symbole in der Programmgruppe

4.1.2 Netscape Navigator konfigurieren

Beim ersten Starten des Navigators können Sie eine Reihe von Einstellungen vornehmen, um die Arbeitsweise des Browsers an die System-Ressourcen Ihres PCs und Ihrer Internet-Verbindung anzupassen. Zusätzlich ändern Sie über die Navigator-Konfiguration das Erscheinungsbild des Browsers, so daß Sie z.B.

- bei einem kleinen Monitor und geringer Bildschirmauflösung mehr Platz für das Anzeigen von Web-Seiten gewinnen,
- von einer individuell eingestellten Startseite aus surfen und
- Web-Seiten in besser lesbaren Schriften präsentiert bekommen.

Alle Einstellungen erreichen Sie über den Menüpunkt EDIT • PREFERENCES. Wie im Bild 4.6 gezeigt, gliedern sich die »Preferences« baumartig in verschiedene Abschnitte auf, die Sie – wie Sie es aus dem Windows Explorer kennen – zur besseren Lesbarkeit anzeigen oder verdecken können. Klicken Sie auf das Symbol »+«, um eine Rubrik zu öffnen, oder auf »-«, um sie wieder zu schließen.

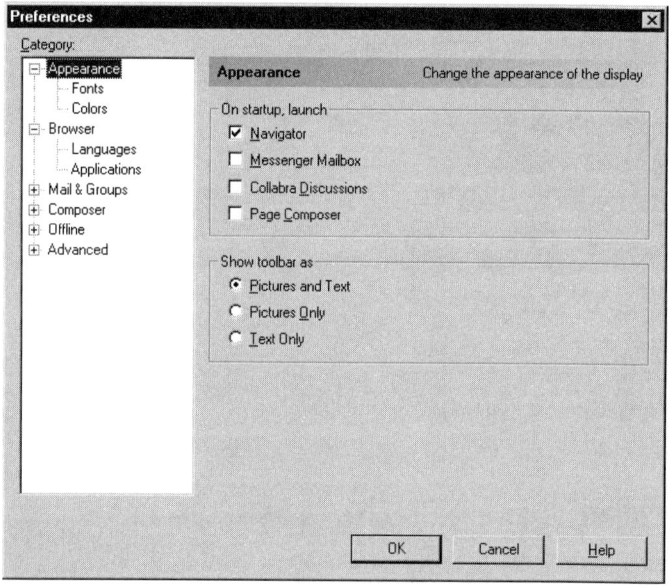

Bild 4.6: PREFERENCES des Netscape Navigators

4.1.3 MS Internet Explorer 4 installieren

Wie schon beim Netscape Communicator/Navigator wird auch der Internet Explorer 4 in einer Vielzahl verschiedener Versionen ausgeliefert. Sie erhalten das Installationspaket des Internet Explorers entweder direkt aus dem Internet vom Web-Server `www.microsoft.com/ie` oder (z.B. beim Neukauf eines PCs) auf einer CD-ROM. Achten Sie darauf, daß Sie eine Sprachversion wählen, die zur Sprache Ihres Windows-Betriebssystems paßt. Haben Sie diese Hürde überwunden, entscheiden Sie sich, welchen Programmumfang Sie (bei der Übertragung aus dem Internet herunterladen und) installieren möchten.

Microsoft bietet Ihnen drei Alternativen:

- Minimal-Version: Umfaßt nur den Web-Browser und einige Multimedia-Erweiterungen.
- Standard-Version: Enthält weitere Komponenten wie z.B. das eMail- und NetNews-Programm Outlook Express.
- Voll-Version: Hier erhalten Sie alles, was Microsoft im Umfeld seines Browsers bietet. Diverse Multimedia-Erweiterungen, wie Video-Player und Virtual Reality-Viewer, gehören ebenso dazu wie Konferenz-Software.

Microsoft unterstützt Sie bei der Installation mit einem sogenannten »Active Setup«. Vor der eigentlichen Installation starten Sie dieses Setup-Programm, das nach vorhandenen Internet Explorer-Versionen sucht und die Konfiguration Ihres Systems ermittelt. Ausgehend von diesen Daten wählen Sie mit dem Setup-Programm den Installationsumfang (Bild 4.7).

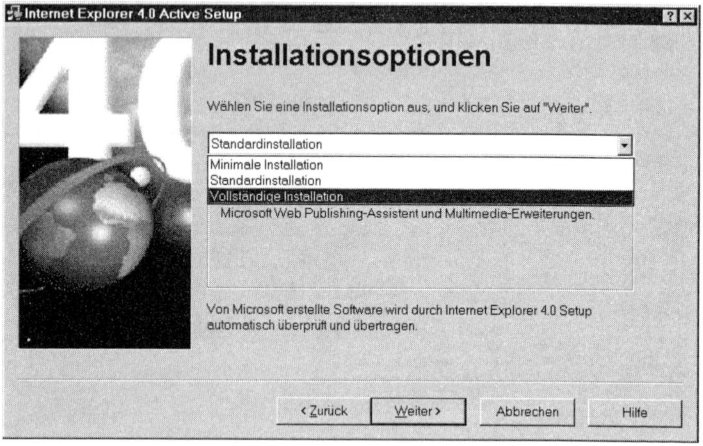

Bild 4.7: Einstellen des Installationsumfangs

Übertragen Sie die Internet-Explorer-Software aus dem Internet wird Ihnen anschließend eine Liste der verfügbaren Mirror-Sites präsentiert aus der Sie eine Software-Quelle wählen, die Ihnen hohe Übertragungsraten bietet. Im Regelfall sollten Sie einen Rechner wählen, der geographisch oder organisatorisch »nah« ist.

Das Herunterladen der umfangreichen Installations-Dateien kann je nach Internet-Anbindung einige Minuten oder mehrere Stunden dauern. Sollte Ihre Verbindung während des Datentransfers zusammenbrechen, können Sie mit dem Active Setup die begonnene Übertragung fortsetzen und müssen nicht den gesamten Download wiederholen. Findet das Active Setup Reste eines vorangegangenen Installationsversuchs, schlägt er Ihnen wie in der Abbildung 4.9 vor, die Übertragung wieder aufzunehmen.

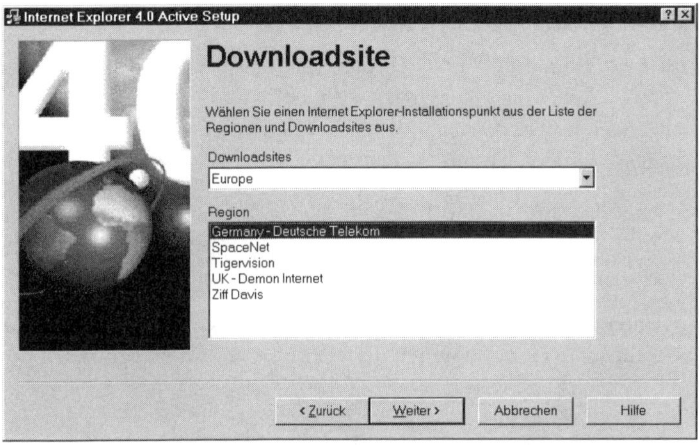

Bild 4.8: Auswählen der Software-Quelle

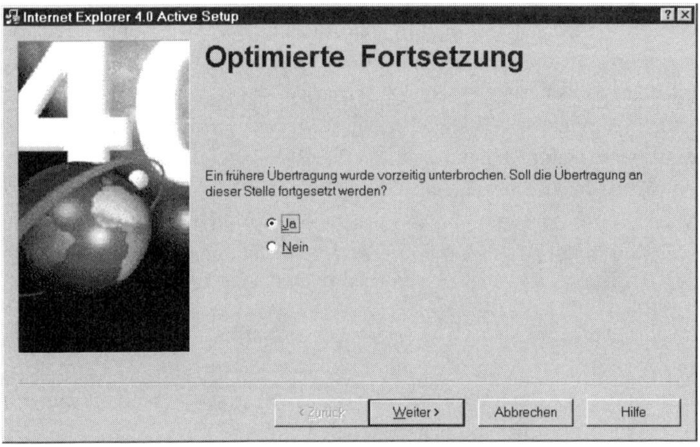

Bild 4.9: Abgebrochene Übertragung wiederaufnehmen

Nachdem alle Installationsdaten auf Ihren lokalen PC heruntergeladen sind, startet die Installation des Internet Explorers. In einem Status-Fenster werden Sie über den Installationsfortschritt informiert.

4.1.4 Internet Explorer konfigurieren

Das Erscheinungsbild und die Sicherheitseinstellungen des Internet Explorers lassen sich über ANSICHT • INTERNETOPTIONEN auf einer Reihe von Registerkarten einstellen. Interessant sind vor allem die Themen SICHERHEIT und NAVIGATION:

- Im Abschnitt SICHERHEIT können Sie festlegen, welche aktiven Web-Inhalte, die potentielle Gefahrenquellen darstellen, ausgeführt werden dürfen.
- Unter NAVIGATION können Sie eine individuelle Startseite einstellen, von der aus Sie Ihre Reisen durch das Web beginnen.

4.1.5 Navigator 4 und Internet Explorer 4 im Vergleich

Der Markt der Web-Browser ist heiß umkämpft! Vor allem die beiden Erzrivalen Microsoft (mit dem Internet Explorer) und Netscape (mit Navigator und Communicator) ringen um Marktanteile. Bevor Bill Gates alles auf die Karte Internet gesetzt hat, war Netscape mit seinem Navigator noch ganz allein Marktführer. Mit den Internet Explorer-Versionen 4 und der noch 1999 erscheinenden Version 5 versucht Microsoft, den Netscape Navigator auszustechen und selbst Marktführer zu werden. In diesem Kampf überschlagen sich die Software-Schmieden mit laufend neuen Versionen und unzähligen neuen Merkmalen.

Im Vergleich zu Ihren Vorgängern haben Netscape und Microsoft Ihre Browser optisch aufgewertet. Die Oberflächen sind auf dem aktuellen Stand der Technik. Über Schaltflächen lassen sich alle wichtigen Browser-Funktionen mit einem einzelnen Mausklick ausführen. Die wesentlichen Neuerungen liegen aber unter der Oberfläche.

Eine wichtige Erweiterung, die sogenannten Abonnements, bietet der Internet Explorer im Vergleich zum Navigator 4. Sie können einzelne Web-Seiten oder ganze Web-Sites »abonnieren«. Diese werden dann in festen Intervallen auf Ihren lokalen PC heruntergeladen. Anschließend können Sie diese Seiten ohne aktive Internet-Anbindung in aller

Ruhe lesen. Abonnements sind vor allem für die Web-Surfer interessant, die regelmäßig bestimmte Web-Seiten, z.B. Online-Zeitungen, aufsuchen. Diese Nutzergruppe kann Kosten sparen, indem sie diese Seiten zum günstigen Nachttarif der Telekom aktualisiert und tagsüber offline, d.h. ohne Internet-Anbindung, liest.

Beide Programmpakete unterstützen die umstrittenen Push-Techniken. Den Unterschied zwischen Push-Diensten und dem herkömmlichen Web kann man sich am Beispiel der Medien »Zeitung« und »Fernsehen« verdeutlichen. Beim Lesen einer Zeitung wählen Sie wie beim Web-Surfen aktiv die Inhalte aus, die Sie interessieren. Sie suchen sich Artikel (oder Web-Seiten) heraus, die Sie interessieren – andere beachten Sie nicht. Anders ist es beim Fernsehen oder beim Nutzen von Push-Diensten: In diesem Fall entscheiden Sie sich für einen »Kanal« und konsumieren – meist passiv – das Angebot, das gerade übertragen wird. Typische Anbieter von Push-Kanälen liefern z.B. Sport- oder Wirtschaftsnachrichten.

Diese Web-Fernsehkanäle sind in den Internet Explorer als sogenannte »Channels« gut integriert. Der Internet Explorer unterstützt zudem das verbreitete »Channel Definition Format«, das zur Standardisierung eingereicht wurde. Im Unterschied hierzu entwickelte Netscape ein eigenes Format und liefert mit dem Netcaster eine separate Software-Komponente, mit der Sie Push-Kanäle empfangen können.

4.2 So arbeiten Sie mit dem Browser

Nachdem Ihr Web-Browser installiert und einsatzbereit ist, starten wir unsere erste Datenreise durchs Web. Zunächst machen wir Sie noch mit den Oberflächen und Bedienelementen der Browser vertraut.

Bedienelemente der Web-Browser

Im Bild 4.10 sehen Sie die Bedienelemente des Netscape Navigators. Der Internet Explorer bietet dieselben Funktionen hinter anderen Icons.

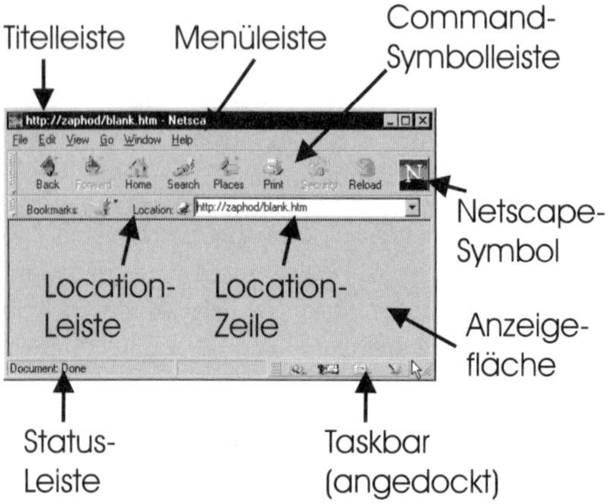

Bild 4.10: Oberflächenelemente des Browserfensters

In der Titelleiste sehen Sie den Dokument-Titel der aktuell geladenen Web-Seite. Die Menüleiste bietet Zugriff auf alle Kommandos. Sie lernen die wichtigsten Menübefehle noch in diesem Kapitel kennen.

Beim schnellen Navigieren im Web helfen Ihnen die Symbolleisten (»Toolbars«) im oberen Fensterbereich. Mit einem einzigen Mausklick können Sie Kommandos ausführen und sich zwischen Web-Seiten bewegen. Die Symbole ändern sowohl im Internet Explorer als auch im Netscape Navigator ihre Farben und werden dreidimensional hervorgehoben, wenn Sie mit dem Mauszeiger darüberwandern.

Schaltflächen

Die Symbolleisten der Browser bieten Ihnen einen einfachen Zugriff auf die wichtigsten Navigations- und Übertragungsfunktionen

führt zurück zur zuvor besuchten Web-Seite. Sie können dieses Symbol nur dann aktivieren, wenn Sie im Laufe der Web-Sitzung mehr als eine Seite besucht haben. Halten Sie die Maustaste längere Zeit über diesem Symbol gedrückt, können Sie aus einer Liste der zuvor besuchten Seiten auswählen und so sekundenschnell zu früheren Stationen Ihrer Surf-Tour zurückkehren.

ruft die im Verlauf der Web-Sitzung nachfolgend besuchte Seite auf. Dieses Symbol ist nur dann verfügbar, wenn Sie mindestens einmal zurückgeblättert haben. Halten Sie auch hier die Maustaste einige Sekunden über diesem Symbol gedrückt, präsentiert sich eine Liste der Web-Seiten, die Sie im Anschluß an die aktuell gezeigte Seite gesichtet haben.

bringt Sie zur voreingestellten Startseite zurück. Beim Netscape Navigator führt Sie das HOME- / STARTSEITE-Symbol standardmäßig zur Web-Startseite der Firma Netscape. Sie können jedoch auch selbst eine geeignete Web-Adresse als Start-Dokument einstellen.

Tip: Wenn Sie den Mauszeiger einige Zeit auf den BACK-/ZURÜCK-, FORWARD-/VORWÄRTS- oder HOME-/STARTSEITE-Symbolen ruhen lassen (ohne eine Maustaste zu drücken), lesen Sie in einem Textfeld die Web-Adresse bzw. den Titel des Dokuments, zu dem Sie per Mausklick kommen können.

zeigt eine Übersichtsseite, von der aus Sie zahlreiche Suchhilfen im Internet (siehe Kapitel 5) erreichen und mit denen Sie das Web nach Schlagworten durchsuchen können.

druckt das aktuell angezeigte Dokument. Nach dem Aktivieren können Sie über ein Dialogfeld die DRUCKOPTIONEN festlegen.

Über das RELOAD/AKTUALISIEREN/NEU LADEN-Symbol fordern Sie die aktuell angezeigte Web-Seite erneut aus dem Internet an. Wählen Sie diese Schaltfläche, wenn die Übertragung des Dokuments vorzeitig unterbrochen, eine Seite unvollständig übertragen oder das Dokument zwischenzeitlich aktualisiert wurde. Ganz sicher gehen Sie bei einer Aktualisierung, wenn Sie die Umschalt-Taste [⇧] halten, während die auf RELOAD klicken. So werden alle Seitenelemente neu aus dem Internet geladen und damit aktualisert – selbst wenn Ihr Browser diese bereits im lokalen Zwischenspeicher (Cache) vorrätig hat.

Wählen Sie diese Schaltfläche, um die laufende Übertragung eines Dokuments abzubrechen. Bereits empfangene Teile werden angezeigt. Bei Netscape Navigator erscheint dieses Symbol im Wechsel mit dem RELOAD-Icon.

Tip: Machen Sie sich vor der ersten WWW-Reise mit der Symbolleiste vertraut. Über die Schaltflächen können Sie sich schnell und einfach durch das WWW bewegen und Übertragungen, die zu lange dauern, unterbrechen.

Beide Web-Browser zeigen Ihnen in der LOCATION/ADRESSE-Symbolleiste die Web-Adresse des geladenen Dokuments.

Sie können in die LOCATION/ADRESSE-Zeile auch die Web-Adresse eines Dokuments schreiben, das Sie direkt laden möchten. Web-Adressen sehen Sie immer häufiger in Medien, auf Visitenkarten und in Briefen. Möchten Sie eine Adresse ausprobieren, tragen Sie diese direkt in die LOCATION-Zeile ein. Auf die Anfangszeichen `http://` können Sie dabei getrost verzichten, da die aktuellen Browser-Versionen diese automatisch ergänzen.

Tip (zu Web-Adressen): Details über den Aufbau von Web-Adressen (»URLs«) erfahren Sie im Abschnitt 4.4.

Statusleiste

Den unteren Abschluß des Browser-Fensters bildet die Statusleiste. Dort informiert Sie der Browser, wenn Verbindungen zu einem Web-Server hergestellt werden und zeigt den Übertragungs-Fortschritt beim Laden von Web-Seiten an (Bild 4.11). Ist ein Dokument vollständig bei Ihnen eingetroffen, erhalten Sie z.B. die Mitteilung `Document: Done`.

Bild 4.11: Übertragungs-Fortschritt in der Statuszeile

Bewegen Sie den Mauszeiger über einen Hyperlink, sehen Sie in der Statuszeile die Web-Adresse des Sprungziels (Bild 4.12).

Die Statusleiste ist die Informationszentrale des Browsers. Hier erhalten Sie Informationen

- zu Hyperlinks,
- zur Erreichbarkeit von Web-Servern,
- zur Ladezeit von Grafiken und Multimedia-Komponenten und
- zu Sicherheitszertifikaten.

Bild 4.12: Web-Adresse des Sprungziels in der Statusleiste

4.3 Navigieren durch das Web

In diesem Abschnitt zeigen wir, wie Sie problemlos durch das Web surfen können. Online-Reisen sind auch ohne Netzwerk-Kenntnisse möglich, weil Informationsangebote wie in einem Spinnennetz miteinander verknüpft sind. Sie bewegen sich per Mausklick entlang der Fäden dieses Netzes von Seite zu Seite. »Hyperlinks« verknüpfen die einzelnen Web-Dokumente miteinander. Diese Verweise können im WWW durch farbige, unterstrichene Textstellen oder grafische Elemente dargestellt werden. Klicken Sie auf einen Hyperlink, dann

- öffnet sich ein neues Web-Dokument,
- erscheint eine Grafik,
- wird eine Video- oder Sound-Datei abgespielt oder
- startet die Übertragung einer Datei.

Was im Einzelfall geschieht, sollte aus der Beschriftung des Hyperlinks hervorgehen. Die Web-Hyperlinks arbeiten ganz ähnlich wie das Hilfesystem eines Windows-Programms. Auch auf den Windows Hilfe-Seiten finden Sie farblich hervorgehobene, unterstrichene Texte, die wie Schalter funktionieren. Sie zeigen nach dem Anwählen weitere Informationen zu einem entsprechenden Inhalt an. Es können ganze Hilfeseiten oder nur kleine Textboxen mit Erläuterungen folgen.

Vorsicht: Nicht alle Hyperlinks im WWW sind farbig und unterstrichen! Einige Web-Anbieter machen es den Internauten nicht leicht, Hyperlinks zu erkennen, da sie die farbige Hervorhebung von Textstellen oder Grafiken abstellen. Anbieter, die viel Wert auf ein ausgefeiltes Layout legen, knüpfen z.B. Hyperlinks an Grafiken, ohne daß diese mit einem farbigen Rahmen deutlich gekennzeichnet werden.

4.3.1 Wohin führt ein Hyperlink?

Sie erkennen am Mauszeiger, ob eine Textstelle oder eine Grafik ein Hyperlink ist: Verwandelt sich der Mauszeiger wie in Bild 4.13 zu einer Hand, handelt es sich um einen weiterführenden Verweis. Die Adresse und die Art des zu öffnenden Dokuments zeigt dabei die Statusleiste des Browsers. So erkennen Sie anhand der Internet-Adresse, ob Sie sich mit dem Verweis über den Ozean oder in heimischen Gefilden bewegen.

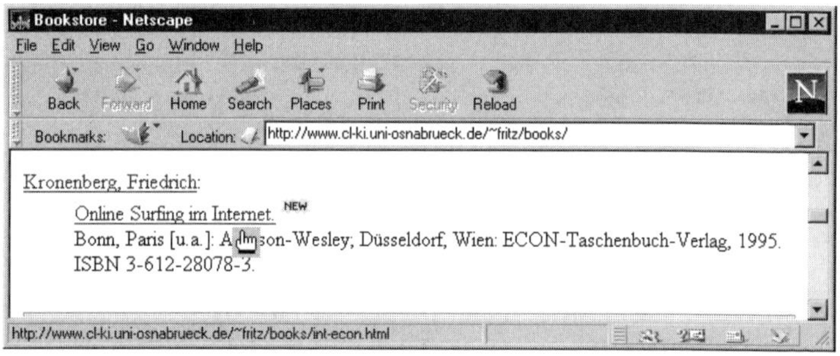

Bild 4.13: Hyperlinks erkennen

Wenn Sie per Mausklick ein WWW-Dokument abrufen, überträgt der Browser die Seite vom WWW-Server auf Ihren lokalen PC und zeigt die zuvor in der Statusleiste eingeblendete Web-Adresse in der LOCATION/ADRESSE-Zeile an.

Die Art der zu öffnenden Datei erkennen Sie in der Statusleiste an der Namenserweiterung des Sprungziels. Die Endungen *.GIF* und *.JPG* deuten an, daß ein Hyperlink zu einer Grafik führt. Wenn die Web-Adresse des Sprungziels mit *.HTM*, *.HTML* oder *.SHTML* endet, öffnen Sie per Mausklick ein neues Web-Dokument. Ihr Web-Browser kann noch zahlreiche weitere Dateiformate anzeigen.

Führt ein Hyperlink, z.B. beim Dateitransfer, zu einem unbekannten Dateityp, kann der Browser die Datei häufig nicht selbst anzeigen, sondern nur speichern (Bild 4.14). Mit einem für dieses Dateiformat geeigneten »Viewer« öffnen und sichten Sie anschließend die übertragene Datei.

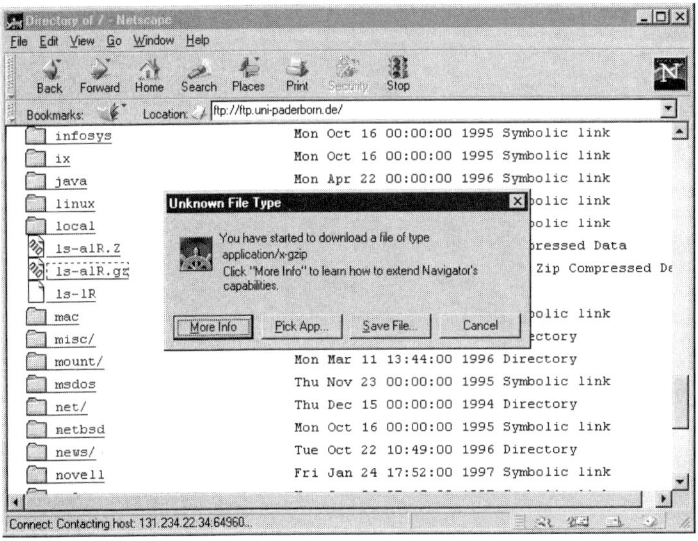

Bild 4.14: Unbekannte Dateiformate speichern

Tip: Der Navigator kann externe »Viewer« automatisch starten, wenn er auf einen Dateityp trifft, den er selbst nicht anzeigen kann. Hierzu müssen Sie in den Konfigurationseinstellungen per Hand Hilfsprogramme für die entsprechenden Dateitypen angeben. Die notwendigen Einstellungen nehmen Sie unterhalb der Rubrik NAVIGATOR im Abschnitt ANWENDUNGEN vor.

Ein Hyperlink ruft nicht nur Informationen ab, die auf demselben Rechner abgelegt sind, sondern kann auch

- auf Web-Seiten anderer WWW-Server zeigen,
- auf beliebige andere Multimedia-Informationen (Bild, Video, Klang, Text usw.) irgendwo im Internet verweisen oder
- auf Daten zeigen, die über einen anderen Internet-Dienst (z.B. FTP) erreichbar sind.

Hier lesen Sie weiter: Unter dem Dach des WWW-Browsers können Sie zahlreiche Internet-Dienste nutzen. Mehr zu den vielfältigen Internet-Fähigkeiten des Browsers finden Sie in den folgenden Kapiteln.

So erkennen Sie bereits besuchte Hyperlinks

Nachdem Sie einige Zeit von Hyperlink zu Hyperlink gesurft sind, geht irgendwann der Überblick verloren, welche Verweise Sie bereits geöffnet haben und welche noch nicht. Damit Sie nicht mehrfach dasselbe Web-Dokument öffnen, werden bereits besuchte Hyperlinks in einer anderen Farbe angezeigt als noch nicht geöffnete Verweise.

4.3.2 So wird eine Web-Seite im Browser aufgebaut

Erreichen Sie über einen Hyperlink eine neue Web-Seite, lädt der Browser vom anbietenden WWW-Server alle notwendigen Text- und Grafikdateien. Auf Ihrem Bildschirm erscheint das neue Dokument schrittweise, wobei (meist) zunächst der Text einer Seite angezeigt wird und anschließend die einzelnen Grafiken nachgeladen werden. So können Sie bereits Teile der Web-Seite lesen, während Sie noch auf Grafiken warten.

Die Länge der Wartezeit, bis eine Web-Seite vollständig übertragen ist, hängt von

- der Geschwindigkeit Ihres Internet-Zugangs,
- der Leistungsfähigkeit der Internet-Anbindung Ihres Providers,
- der Auslastung sämtlicher Übertragungsleitungen zum WWW-Server und
- der Größe und Anzahl der zu ladenden Text- und Multimedia-Dateien ab.

Sie können in der Statusleiste mitverfolgen, wie die Übertragung eines Dokuments voranschreitet.

So schonen Sie Ihren Geldbeutel: Sie verkürzen die Wartezeit beim Laden von Dokumenten und beschleunigen den Seitenaufbau, indem Sie das Übermitteln von Grafiken im Setup des Browsers ausschalten. So sparen Sie teure Online-Zeit. Da viele Web-Angebote grafische Navigationselemente einsetzen, ist es danach aber nicht ganz so einfach, von Seite zu Seite zu surfen.

4.3.3 Lang genug gewartet!

Manchmal dauert das Übertragen einer Web-Seite einfach zu lange. Wenn Sie nicht länger auf ein Dokument warten können, brechen Sie die laufende Verbindung per Mausklick auf das STOP-Symbol ab und versuchen es später erneut.

Sind einzelne Teile der Seite bereits angekommen, werden sie anschließend angezeigt.

4.3.4 Arbeiten mit dem Verlaufsprotokoll

Im Laufe einer Web-Reise öffnen Sie viele Dokumente. Ihr Weg durchs Web wird vom Browser im Verlaufsprotokoll (HISTORY/ HISTORIE) aufgezeichnet. Sie können über die HISTORY Ihren Weg nachvollziehen und auf besuchte Seiten zurückkehren.

Sie erfahren in diesem Abschnitt, wie Sie durch das Verlaufsprotokoll Ihrer Web-Reise blättern und auf die Gesamtliste aller Stationen zurückgreifen.

4.3.5 Blättern zwischen besuchten Web-Seiten

Sie kennen bereits die Möglichkeit, mit der BACK/ZURÜCK-Schaltfläche vorangegangene Web-Seiten aufzusuchen. Diese Funktion greift auf die HISTORY zu und bringt Sie bis zum Ausgangspunkt Ihrer Reise zurück. Mit der FORWARD/VORWÄRTS-Funktion kommen Sie entsprechend wieder zu den nachfolgend gesichteten Seiten.

Tip: Über die rechte Maustaste erreichen Sie in Kontextmenüs ganz schnell und ohne die Maus bewegen zu müssen weitere Back- und Forward-Funktionen.

Die Zurück- und Vorwärts-Funktionen blättern schrittweise durch die HISTORY. Sie können sich das bisherige Verlaufsprotokoll Ihrer Web-Reise aber auch in einer langen Liste ansehen und so direkt vorhergehende Seiten ansteuern.

Sie erreichen mehrere, unterschiedlich ausführliche Versionen des Verlaufsprotokolls durch

- Aufklappen des LOCATION/ADRESSE-Textfelds,
- Öffnen des GEHE/GO-Menüs im Navigator bzw. Klicken auf das Verlaufssymbol (Bild 4.15),
- Halten der Maustaste über den BACK/ZURÜCK- und FORWARD/ VORWÄRTS-Schaltflächen und

- Öffnen des HISTORY-Fensters über WINDOW • HISTORY (im Communicator oder Navigator) bzw. des Verlaufs-Ordners über ANSICHT • EXPLORERLEISTE • VERLAUF (im Internet Explorer).

Die unmittelbar zuvor direkt eingegebenen Web-Adressen sind am schnellsten über die LOCATION/ADRESSE-Symbolleiste erreichbar. Am rechten Ende der LOCATION-Zeile können Sie, wie in Bild 4.16, das Textfeld aufklappen und die Web-Adressen aus einer Adreßliste wählen.

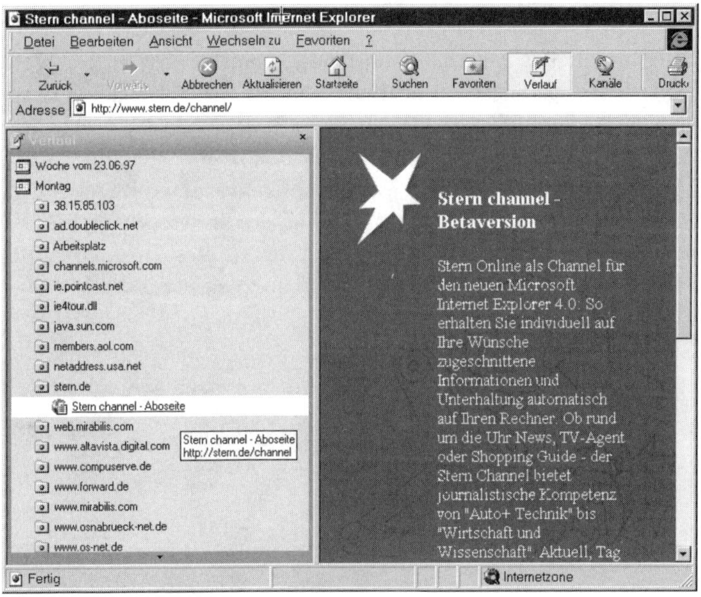

Bild 4.15: Blick in den Verlaufs-Ordner des Internet Explorers

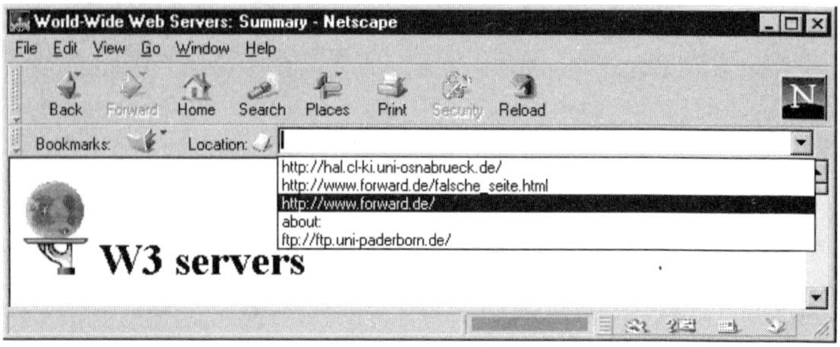

Bild 4.16: Web-Adressen über das LOCATION-Feld schnell auswählen

Diese Abkürzung hilft Ihnen aber nur, wenn Sie sich an die Web-Adresse des Dokuments erinnern, zu dem Sie zurück möchten. Wenn Sie einige Stunden kreuz und quer durchs Web surfen, reicht diese Anzeige nicht aus, um die Vielzahl der besuchten Seiten aufzulisten. Möchten Sie zu weit zurückliegenden Stationen Ihrer Reise zurück, sollten Sie das gesamte Verlaufsprotokoll des Browsers öffnen. In einem separaten Fenster werden Web-Adressen plus Dokument-Titel angezeigt und können angewählt werden. So sieht das Verlaufsprotokoll im Netscape Navigator aus:

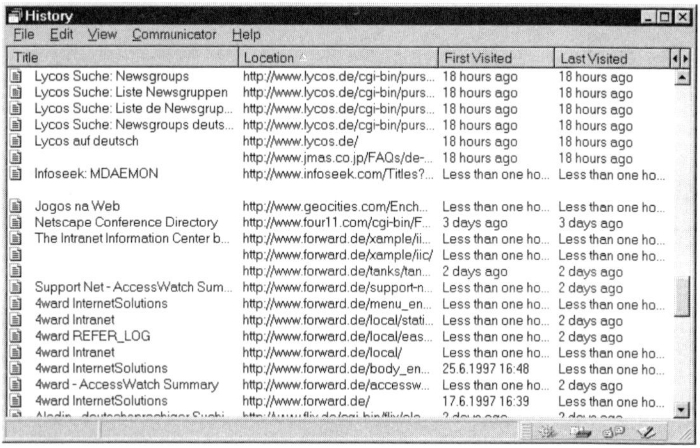

Bild 4.17: Das vollständige Verlaufsprotokoll im HISTORY-Fenster

Übersichtlicher präsentiert sich das Verlaufsprotokoll beim Internet Explorer. Klicken Sie auf das VERLAUF-Symbol, dann wird die Anzeigefläche des Browsers geteilt: In der rechten Fensterhälfte sehen Sie weiterhin das aktuell geladene Web-Dokument, im linken Bereich öffnet sich zusätzlich eine nach Tagen und Wochen geordnete Übersicht besuchter Web-Server. Wählen Sie einen Wochentag, und klikken Sie auf die Internet-Adresse, auf der das gesuchte Angebot bereitsteht. Nun sehen Sie eine Liste der Web-Seiten und Grafiken, die Sie schon einmal besucht haben.

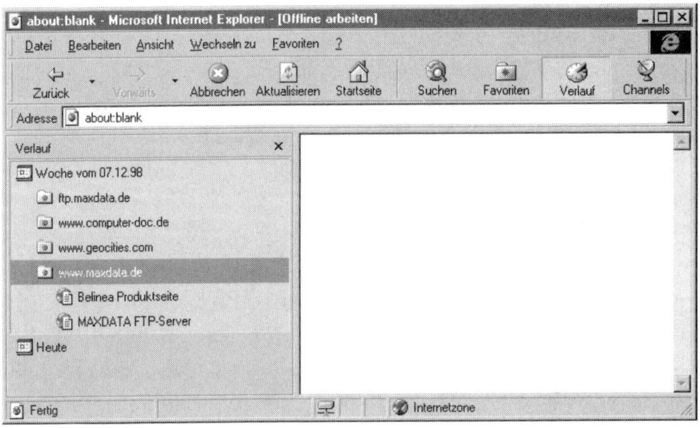

Bild 4.18: Darstellung des Verlaufsprotokolls im Internet Explorer

4.4 Direktzugriff auf Web-Adressen

Auf den ersten Web-Reisen gehen die meisten Internauten nicht zielgerichtet vor, sondern »surfen« von Seite zu Seite und von Thema zu Thema. So kommt man eher zufällig zu interessanten Web-Angeboten. Sie können Web-Seiten, die Sie interessieren, aber auch direkt, d.h. ohne langes Klicken auf Hyperlinks, aufrufen. Hierzu benötigen Sie die genaue Adresse der zu öffnenden Web-Seite. Diese Web-Adressen begegnen uns im Alltag immer häufiger:

- In Medien und auf Plakaten werben Unternehmen mit Ihrer WWW-Adresse.
- Auf Visitenkarten und Briefbögen finden Sie Adressen, die persönliche oder Unternehmens-Informationen bereithalten.
- Freunden teilen wir interessante Web-Adressen mit und informieren uns gegenseitig über neue Angebote zu gemeinsamen Hobbies.

Wenn Sie auf Web-Adressen direkt zugreifen möchten, erfahren Sie in diesem Abschnitt

- wie Web-Adressen aufgebaut sind,
- wie Sie Web-Seiten zielgerichtet laden,
- wie Sie Adreßinformationen zu Dokumenten abrufen und wie Sie
- auf fehlerhafte Web-Adressen und »umgezogene« Seiten reagieren.

4.4.1 Adressen im WWW

Mit dem Aufbau von Internet-Adressen haben wir Sie bereits in Kapitel 2 vertraut gemacht. Während Internet-Adressen nur Netz-Rechner eindeutig kennzeichnen, sind Web-Adressen bis auf die Ebene kleinster Informationen aufgegliedert. Im Fachjargon nennt man Adressen, mit denen man im Internet auf Informationen zugreifen kann, UNIFORM RESOURCE LOCATORS (URLs).

Ein URL setzt sich aus

- der Kennung für das zur Übertragung notwendige Internet-Protokoll,
- der Adresse des Servers, der die Information bereitstellt, und
- dem vollständigen Verzeichnis- und Dateinamen des Dokuments zusammen.

Sie können dem Browser Web-Adressen im URL-Format angeben. Dieses Format sieht allgemein so aus:

```
[<protokoll>://]<server-adresse>/[<verzeichnispfad>/][<dateiname>]
```

Die Angabe eines Protokolls, Verzeichnispfads oder Dateinamens darf auch fehlen.

Sparen Sie sich Tipparbeit: Geben Sie kein Protokoll an, verwendet der Navigator das Übertragungsprotokoll HTTP, mit dem im Web standardmäßig Hypertextseiten bewegt werden. Anstelle von `http://www.bamboo.de/` können Sie auch die Kurzform `www.bamboo.de` eingeben und damit Tipparbeit sparen!

Verzichten Sie auf den Verzeichnispfad und Dateinamen, laden Sie die Begrüßungsseite vom angegebenen Rechner. Startseiten von WWW-Servern heißen meist `index.html` oder `welcome.html`. Von diesen Übersichtsseiten können Sie sich weiter vorarbeiten. Die Internet-Adresse des Servers dürfen Sie in dem URL nicht auslassen, damit der Browser weiß, von welchem Internet-Rechner Daten abzurufen sind.

Wenn Sie beispielsweise die Seite `Ziel1.html` vom WWW-Server `www.inter.net` aus dem Verzeichnis `/pfad/verzeichnis` abrufen möchten, lautet die URL:

```
http://www.inter.net/pfad/verzeichnis/Ziel1.html
```

`http` ist die Abkürzung für HYPERTEXT TRANSFER PROTOCOL (siehe Kap. 2). Achten Sie auf Groß- und Kleinschreibung bei Verzeichnis- und Dateinamen, da die meisten WWW-Server hier unterscheiden.

Benötigen Sie das Übertragungsprotokoll eines anderen Internet-Dienstes (z.B. FTP), tragen Sie es am Anfang der Adresse ein (z.B. `ftp://` für File Transfer Protocol). Auf diese Weise nutzen Sie andere Internet-Dienste als WWW mit dem Browser.

4.4.2 Web-Dokumente öffnen

Kennen Sie von Freunden oder aus Zeitschriften bereits einige Web-Adressen, die Sie unbedingt ausprobieren möchten? Wir zeigen Ihnen in diesem Abschnitt, wie Sie diese Adressen mit dem Browser direkt erreichen.

Heute morgen haben wir in der Frankfurter Rundschau die Web-Adresse dieser Tageszeitung gefunden und wollen nun gleich testen, wie umfangreich und aktuell die Online-Version ist. Der URL der Frankfurter Rundschau lautet `http://www.fr-aktuell.de/`. Am einfachsten ist das Öffnen dieses Dokuments, wenn wir den URL direkt in die LOCATION-Zeile des Browsers schreiben. Wir bestätigen die Adresse mit der [↵]-Taste und kurze Zeit später erscheint die Seite.

Bild 4.19: WWW-Seite der Frankfurter Rundschau direkt öffnen

Tip: Nutzen Sie das direkte Anwählen von Dokumenten, um nicht von Seite zu Seite bis zum gewünschten Dokument wandern zu müssen. Alternativ können Sie sich auch Lesezeichen (Bookmarks) auf interessante Web-Angebote legen, um diese schnell wiederzufinden. Mehr über Lesezeichen lesen Sie im Abschnitt 4.6.

4.4.3 Informationen zum Web-Dokument

Zu jedem angezeigten Dokument können Sie Informationen über

- Aufbau und Struktur,
- Abstammung (URL),
- Erstellungsdaten und
- Sicherheits-Aspekte

abrufen.

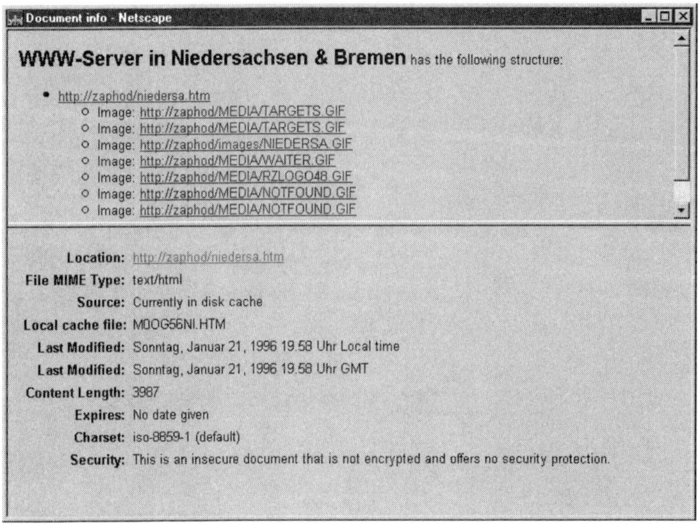

Bild 4.20: Informationen zum aktuellen Dokument

Sie sehen in Bild 4.20 die zu einer Seite verfügbaren Informationen. Im oberen Fensterbereich erkennen Sie die Baumstruktur des angezeigten Dokuments. Von jeder einzelnen Komponente (z.B. Grafiken) erfahren Sie deren URL. Der untere Fensterbereich zeigt zahlreiche Felder mit Angaben

- zur Quelle des Dokuments (»LOCATION«),
- zur Dokument-Art (»MIME-TYPE«),

- zur Verfügbarkeit im lokalen Zwischenspeicher (»SOURCE/CACHE FILE«),
- zum letzten Änderungsdatum (»LAST MODIFIED«),
- zur Größe des Web-Dokuments (»CONTENT LENGTH«),
- zur verwendeten Zeichencodierung (hier: ISO-8859-1) und
- zum Sicherheitsstatus der Übertragung des Dokuments (im Beispiel: ein unsicheres Dokument, das ohne Verschlüsselung übertragen wurde und keine Sicherungsmechanismen aufweist).

4.4.4 Tippfehler in URLs und nicht gefundene Dokumente

Der eingegebene URL muß hundertprozentig stimmen: Wenn Sie sich in der Adresse vertippen oder ein Dokument auf dem Web-Server umbenannt wurde, erhalten Sie eine Mitteilung, daß das angeforderte Dokument nicht gefunden wurde. Der genaue Wortlaut der Fehlermeldung ist je nach Server und Browser unterschiedlich. Meist sieht die Mitteilung wie in Bild 4.21 aus:

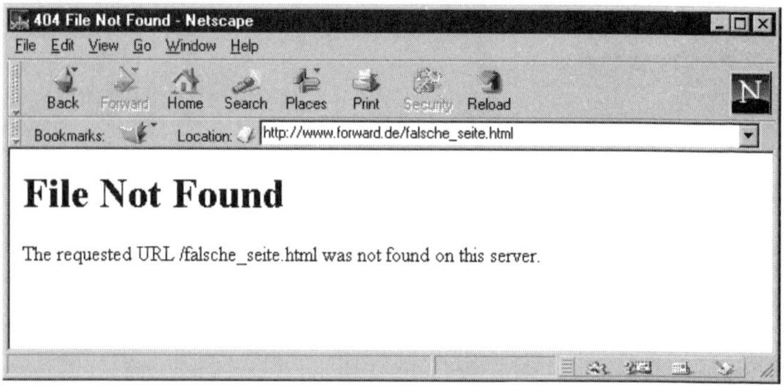

Bild 4.21: Dokument nicht gefunden

Ist der Name des Web-Servers falsch geschrieben, meldet der WWW-Browser nach einiger Zeit, daß es keinen Server unter diesem Namen gibt. Der Netscape Navigator öffnet ein Hinweisfenster wie in Bild 4.22. Korrigieren Sie den Fehler, und versuchen Sie es dann erneut.

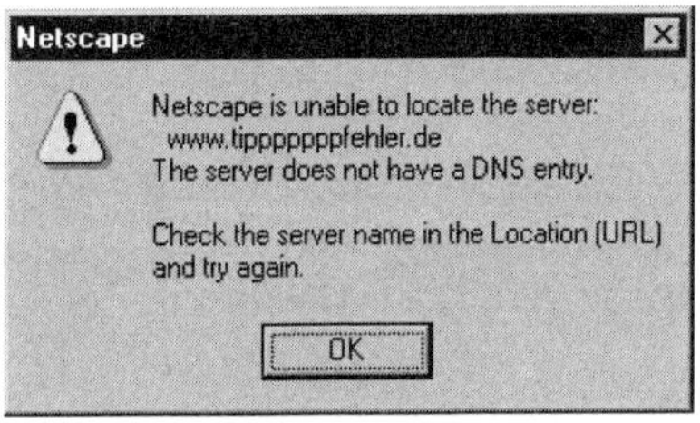

Bild 4.22: Tippfehler im Namen des Web-Servers

4.5 Die Heimatseite

»Lost in Hyperspace« – Dieses Gefühl überkommt viele Web-Surfer regelmäßig, wenn man nach stundenlangem Web-Surfen nicht mehr weiß, nach was man gesucht hat und auf welchen Pfaden man zur aktuellen Web-Seite gelangt ist. Ist der bisherige Suchweg zu unübersichtlich oder sitzt man in Sackgassen fest, ist ein Klick auf die HOME/STARTSEITE-Schaltfläche die beste Entscheidung. Sie kommen so zu Ihrer »Heimatseite« zurück und können einen neuen Anlauf nehmen.

Da die Heimatseite immer wieder Ihr Startpunkt für Web-Reisen ist, sollten Sie eine individuelle Startseite einstellen, die auf Ihre Surfgewohnheiten maßgeschneidert ist. Besonders gute Startseiten sind die Übersichtsseiten großer Web-Kataloge. Von diesen Seiten finden Sie Verweise zu einer Vielzahl an Themen und erreichen Suchmaschinen. Nicht für jeden Surfer gut geeignet sind die beim Netscape Navigator oder Internet Explorer voreingestellten Startseiten – die »Portal«-Seiten der Firmen Netscape bzw. Microsoft. Deutschsprachige Web-Surfer wählen gerne regional oder organisatorisch naheliegende Seiten in ihrer Muttersprache, die auch lokale oder nationale Informationen bereithalten. Für unsere Web-Reisen haben wir das Verzeichnis deutschsprachiger Web-Seiten bei Bellnet als Startseite eingestellt (`http://www.bellnet.com/suchen.htm`).

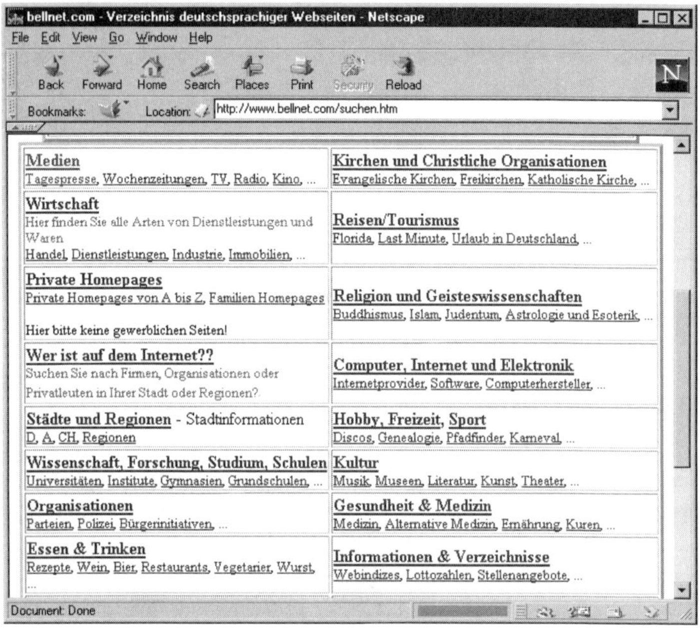

Bild 4.23: Themenübersicht als Startseite für Web-Reisen

Startseite einstellen

Sie können die voreingestellte Startseite Ihres Browsers jederzeit ändern. Im Netscape Navigator gehen Sie dazu folgendermaßen vor:

1. Wählen Sie den Menübefehl BEARBEITEN • EINSTELLUNGEN (EDIT • PREFERENCES).

2. Öffnen Sie die Rubrik NAVIGATOR.

3. Tragen Sie in das Textfeld im Abschnitt ANFANGSSEITE (HOME-PAGE) die Web-Adresse der gewünschten Startseite ein, oder klicken Sie auf AKTUELLE SEITE VERWENDEN (USE CURRENT PAGE), wenn Sie die momentan gezeigte Seite als Heimatseite einstellen möchten.

Im Microsoft Internet Explorer:

1. Wählen Sie im Internet Explorer den Menübefehl ANSICHT • OPTIONEN.
2. Wechseln Sie auf die Registerkarte ALLGEMEIN.
3. Tragen Sie im Textfeld STARTSEITE die Adresse der gewünschten Seite ein, oder stellen Sie das aktuell angezeigte Dokument als Startseite ein.

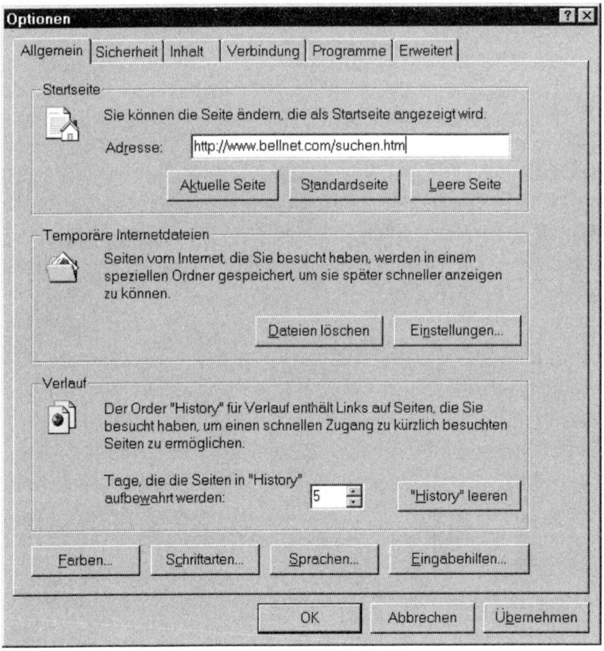

Bild 4.24: Einstellen der Startseite im Internet Explorer

Mit jedem Start des Browsers wird die angegebene Seite aus dem Internet für Sie geladen. Sie können aber auch eine Seite einstellen, die lokal auf Ihrer Festplatte gespeichert ist – in diesem Fall erhalten Sie keine Fehlermeldung beim Start des Web-Browsers, falls keine Internet-Verbindung besteht. Mit einem HTML-Editor können Sie sich auf diesem Weg eine individuelle Startseite, auf der Ihre meistgenutzten Web-Angebote aufgelistet sind, selbst zusammenbauen.

4.6 So finden Sie interessante Seiten wieder

Auf Ihren Reisen durchs Web entdecken Sie Seiten, die Sie ganz besonders faszinieren. Damit Sie diese Dokumente auf späteren Touren wiederfinden und direkt auf deren Web-Adressen zugreifen können, legen Sie Lesezeichen (auch als »Bookmarks« oder »Favoriten« bezeichnet) an. Sparen Sie sich also die Mühe, ein separates Notizbuch mit interessanten Web-Angeboten aufzubauen.

Sind Sie auf einer Web-Seite angekommen, die Sie sich für künftige Besuche merken möchten, dann gehen Sie so vor:

Im Navigator klicken Sie auf das LESEZEICHEN- (BOOKMARK-) Symbol in der ADRESSEN- (LOCATION-)Symbolleiste. Wählen Sie anschließend LESEZEICHEN HINZUFÜGEN (ADD BOOKMARK), um die Adresse des aktuell gezeigten Dokuments in die Lesezeichen-Liste aufzunehmen.

Bild 4.25: Die Lesezeichen-Liste des Navigators

Im Internet Explorer wählen Sie aus dem FAVORITEN-Menü den Menüpunkt ZU FAVORITEN HINZUFÜGEN und geben den Ordner an, in den Sie das Lesezeichen aufnehmen möchten.

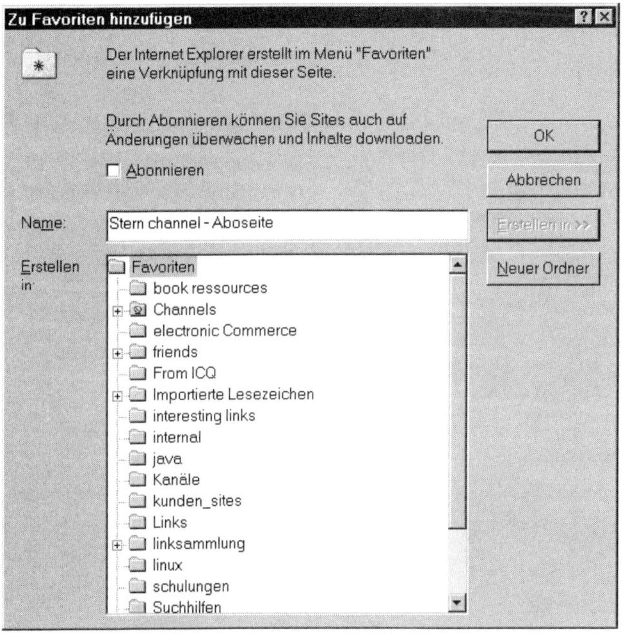

Bild 4.26: Aufnehmen neuer Favoriten im Internet Explorer

Über die LESEZEICHEN/BOOKMARK/FAVORITEN-Schaltfläche kommen Sie später wieder zu den abgelegten Adressen. Anhand des Dokument-Titels wählen Sie einfach den richtigen Eintrag – und schon wird die Seite erneut aus dem Internet geladen.

4.7 Cache und Offline-Browser

Jeder Browser legt die Inhalte der zuletzt besuchten Seiten in einem temporären Zwischenspeicher, dem Cache, ab. Beim ersten Zugriff auf ein Web-Dokument, muß der Browser die Seite aus dem Internet laden. Greifen Sie aber ein weiteres Mal auf dieselbe Seite zu, prüft der Browser, ob diese Seite zwischengespeichert ist und lädt sie dann aus dem Cache, ohne erneut auf das Netz zuzugreifen. Greifen Sie beispielsweise über die ZURÜCK/BACK-Schaltfläche auf die zuvor besuchte Seite zu, können die Informationen blitzschnell aus dem Cache eingelesen und angezeigt werden, ohne daß die bei Netzverbindungen typischen Wartezeiten auftreten.

Möchten Sie wissen, welche Web-Seiten momentan im Cache sind, tragen Sie beim Netscape Navigator in die ADRESSE/LOCATION-Zeile das Kommando `about:cache` ein. Sie sehen eine Cache-Statistik. Zu dieser Statistik gehören auch Angaben über

- die Maximalgröße und die aktuelle Größe des Caches sowie
- die Anzahl und durchschnittliche Größe der zwischengespeicherten Dateien.

Im Anschluß an diese allgemeinen Daten folgen Informationen zu jeder lokal gecachten Web-Seite einschließlich der dazugehörigen Grafiken und Sounds.

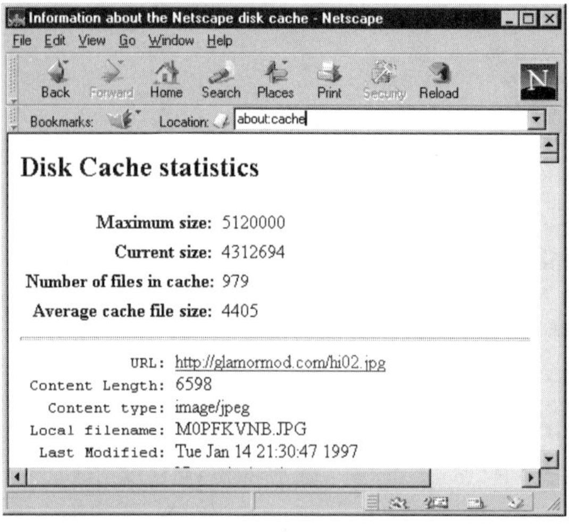

Bild 4.27: Cache-Statistik mit »about:cache« abrufen

4.7.1 So nutzen Sie Cache-Seiten

Der Cache ist aber kein sehr langlebiger Speicher für Web-Seiten. Wenn der bereitgestellte Cache-Speicher voll ist oder das voreingestellte »Haltbarkeitsdatum« überschritten wird, werden die ältesten Dokumente aus dem Cache entfernt, um Platz für neu eintreffende Daten zu machen.

Die meiste Browser legen zwei Cache-Speicher an: Ein kleiner, aber schneller RAM-Cache befindet sich immer im Hauptspeicher des Rechners. Die zuletzt betrachteten Dokumente werden in diesem Speicher abgelegt. Wenn der RAM-Cache belegt ist, werden die älteren Daten in den langsameren Cache auf der Festplatte verlagert. Ist auch der Platten-Cache randvoll, werden die als erstes eingefügten Dokumente aus dem Cache herausgenommen und aktuellere Daten rücken nach.

Sie können durch den Cache Ihre Online-Kosten deutlich reduzieren. Lesen Sie einfach nicht jede Seite während der Online-Anbindung ans Netz, sondern klicken Sie sich blitzschnell durch alle benötigten Dokumente durch. Trennen Sie anschließend die Netzverbindung und rufen Sie die OFFLINE ARBEITEN/GO OFFLINE-Funktion des Browsers auf. Nun betrachten Sie die gecachten Seiten in aller Ruhe offline. Achten Sie dabei darauf, daß alle Seiten zuvor vollständig geladen werden und der Cache-Speicher ausreichend groß dimensioniert ist, sonst fehlen einige Seiten für die kein Platz mehr im Cache war. Wenn Sie versuchen, auf eine Web-Seite zuzugreifen, die nicht im Cache-Speicher vermerkt ist, fragt Sie der Browser, ob Sie die Internet-Anbindung wiederherstellen möchten, um dieses Dokument nachträglich herunterzuladen.

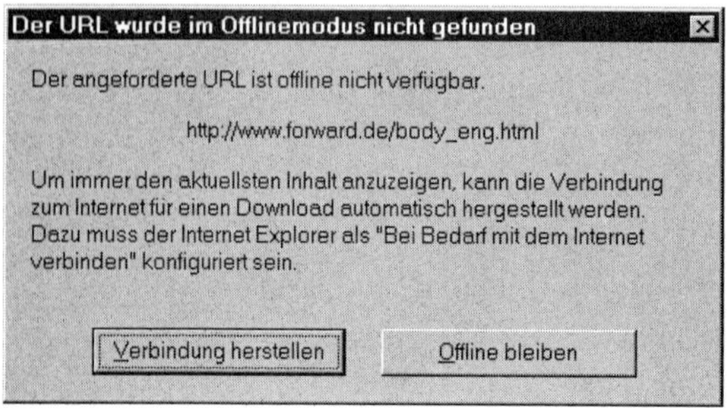

Bild 4.28: Explorer meldet: Dokument ist offline nicht verfügbar

Unvollständig gecachte Seiten: Dokumente und ihre Komponenten (Grafiken, Sounds etc.) werden nur dann zwischengespeichert, wenn sie zuvor vollständig aus dem Netz übertragen wurden. Klicken Sie zu schnell zum nächsten Dokument weiter, bevor alle Informationen einer Seite beim Browser eingetroffen sind, bleiben Lücken in der Kopie im Cache. Eine Grafik, die erst zu 95% übertragen wurde, mag zwar bereits gut zu erkennen sein, fehlt aber beim Offline-Zugriff, wenn Sie die Verbindung vor Erreichen der 100%-Marke unterbrechen.
Komponenten, die beim erneuten Zugriff auf zwischengespeicherte Dokumente fehlen, versucht der Browser aus dem Internet nachzuladen. Wenn hierfür jedesmal eine Wählverbindung ins Internet aufgebaut wird, kann das Offline-Lesen von Dokumenten teurer werden als das Online-Lesen von Seiten.

So sehen Sie aktuelle Seiten trotz Cache

In einigen Fällen ist es nicht wünschenswert, daß der Browser zwischengespeicherte Seiten präsentiert. Dynamische, aktuelle Dokumente im Web ändern sich schnell, so daß zwischengespeicherte Seiten nicht immer auf dem neuesten Stand sind.

Wenn Sie sichergehen möchten, daß der Browser Ihnen die aktuellste Version eines Dokuments anzeigt, klicken Sie (nachdem die Seite angezeigt wird) auf die RELOAD/AKTUALISIEREN-Schaltfläche. Dadurch prüft der Browser, ob sich das Dokument auf dem Server verändert hat. Ist dies der Fall, lädt der Browser eine frische Version aus dem Internet, ansonsten sehen Sie die lokale Kopie der Web-Seite aus dem Cache.

Diese Vorgehensweise ist dann besonders wichtig, wenn Sie WWW-Seiten schreiben und während der Arbeit an einem Dokument laufend die Änderungen und das Layout prüfen möchten.

4.7.2 Offline-Browser

Komfortabler ist das Offline-Lesen von Web-Seiten mit der Hilfe von separaten Offline-Readern wie z.B. TeleportPro. Diese Hilfsprogramme bereiten den Cache des Browsers so auf, daß permanente Dateien auf Ihrem Rechner erzeugt werden, auf die Sie auch noch viel später (wenn die Daten längst nicht mehr im Cache sind) zugreifen können.

Offline-Browser sind eine interessante Alternative zum zeitaufwendigen und kostenintensiven Online-Surfing! Separate Offline-Browser (und auch die neuen »Abonnements« im Internet Explorer) laden ausgewählte Seiten oder auch ganze Web-Sites aus dem Internet auf Ihren Rechner herunter. Wenn Sie diesen Vorgang automatisiert nachts ausführen lassen, nutzen Sie die preiswerten Telekom-Tarife und lesen am nächsten Morgen ohne Wartezeiten im Web die Seiten offline. So kommen Sie schneller und billiger durchs Netz.

Informationen über Offline-Browser finden Sie online:

- TeleportPro (`http://www.tenmax.com/pro.html`),
- WHacker (`http://www.ffg.com/whacker`) und
- Freeloader (`http://www.freeloader.com/software.htm`).

Wichtig beim Arbeiten mit Offline-Browsern ist die genaue Einstellung des Download-Umfangs. Sie sollten verhindern, daß der Browser versucht, das gesamte Internet auf Ihre Festplatten herunterzuladen. Tragen Sie genau ein, welche Daten Sie wünschen und welche nicht! Wählen Sie eine geeignete Startseite und geben Sie dem Offline-Browser an, bis zu welcher Verzweigungsebene Hyperlinks verfolgt werden sollen. Bei vielen Offline-Browsern können Sie auch festlegen, ob »externe« Hyperlinks, die zu weiteren Web-Servern führen, verfolgt werden sollen.

4.8 Online-Shopping

Je mehr private Anwender das Internet nutzen, desto stärker wird das WWW auch von kommerziellen Anbietern als Werbe- und Verkaufsmedium erkannt und eingesetzt. Wir zeigen Ihnen in diesem Abschnitt, wie das Online-Shopping im WWW funktioniert und wo Sie preiswerte Schnäppchen im Web finden.

Auch wenn die aktuellen Umsatzzahlen vieler Web-Shops noch eher bescheiden sind, ist unbestritten, daß »electronic commerce« eine Zukunft hat. Verkauft werden momentan über das Internet in erster Linie CDs, Bücher, Software und Waren, die auch im Versandhandel zu bekommen sind. Die Pizzeria im Internet ist eher ein Werbe-Gag als ein funktionierendes Shopping-Angebot.

Als einen der ersten großen Online-Shops im deutschen Teil des Internets eröffnete Karstadt seine Online-Filiale My-World unter `http://www.my-world.de/`. Viele tausend Kunden kommen täglich in diesen Shop. In Bild 4.29 sehen Sie die Einstiegsseite in My-World. Klicken Sie auf einen Gebäudeteil, gelangen Sie in eine bestimmte Verkaufsabteilung. Dort angekommen, sichten Sie das Warenangebot, das sich Ihnen als lange Liste überblicksartig präsentiert. Zu jedem Artikel können Sie ausführliche Detailinformationen und meist auch ein Bild abrufen.

Bild 4.29: Einkaufen in My-World

Haben Sie den gewünschten Artikel gefunden, klicken Sie einfach auf das Warenkorb-Symbol – so wird das Produkt für die spätere Bestellung vorgemerkt. Sie können sich nun von Abteilung zu Abteilung durchklicken und alle gewünschten Artikel in Ihrem virtuellen Warenkorb sammeln. Am Ende der Einkaufstour geht es zur Kasse. Dort müssen Sie als Neukunde Ihre Lieferanschrift eingeben und die von Ihnen bevorzugte Zahlungsform wählen. Die meisten Online-Shops bieten Ihnen das bequeme Zahlen per Kreditkarte an. Bei vielen inländischen Anbietern geht es aber auch per Lastschrift, Nachnahme oder sogar auf Rechnung. In allen Fällen sollten Sie darauf achten, daß der Anbieter spätestens beim Bezahlen dafür sorgt, daß alle Eingaben über sichere Web-Verbindungen transportiert werden. Woran Sie dies erkennen, erfahren Sie im nächsten Abschnitt.

Nicht bei allen Web-Shops kommt wahre Einkaufsfreude auf. Das Blättern durch lange und langweilig gestaltete Artikellisten gehört immer noch zum Alltag. Intuitiver zu bedienen sind meist die in Java realisierten Web-Shops. Ein gutes Beispiel sind die Demo-Shops unter `http://myshop.forward.de/` an. Interaktiv lassen sich mit diesen Online-Shops z.B. Computersysteme konfigurieren, Einzelkomponenten in Katalogen sichten und beim Online-Händler bestellen.

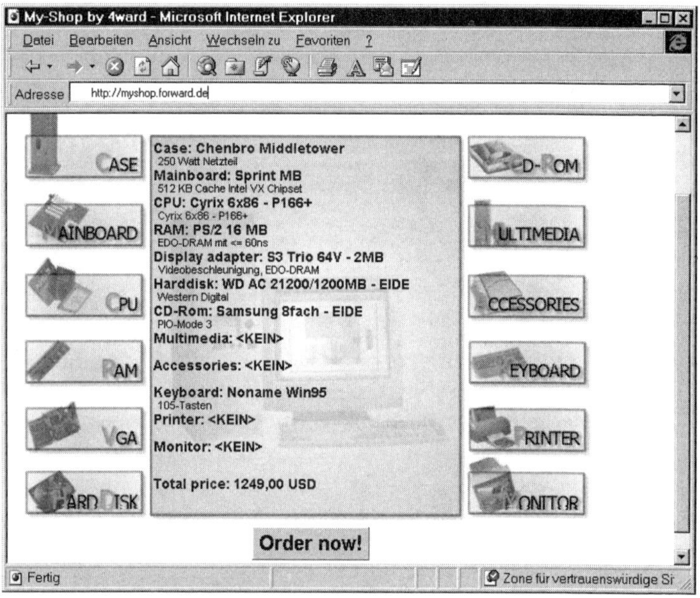

Bild 4.30: Mit My-Shop erstellte Web-Shops

Möchten Sie sich über den Stand des Online-Shoppings genauer informieren, werfen Sie eine Blick auf diese Web-Shops:

- Intershop Online `http://www.intershop.de`
- Bestseller `http://www.bestseller.de`
- Cybershop `http://www.cybershop.de`
- Entropolis `http://www.entropolis.de`

4.9 Sicher durchs Web mit SSL-Verbindungen

Je kommerzieller das Web wird, um so wichtiger ist es, daß vertrauliche Daten wie Kreditkartennummern oder Paßwörter sicher übertragen werden können. Gerade für das Online-Shopping ist es äußerst wichtig, daß keine Unbefugten Kreditkartendaten mitschneiden und zum finanziellen Nachteil des Besitzers mißbrauchen können. Die Lösung dieses Problems liegt in der Verschlüsselung aller Daten, die zwischen Anbieter und Kunde übertragen werden. So sehen Datenspione anstelle der zu schützenden Daten nur unverständliches Kauderwelsch, das sich nur mit riesigem Aufwand in den ursprünglichen Klartext zurückführen läßt.

Als Verschlüsselungssoftware hat sich das von Netscape entwickelte SSL (Secure Sockets Layer) durchgesetzt. Sowohl in den Netscape Navigator wie auch in den Internet Explorer von Microsoft ist diese Komponente bereits eingebaut – Sie brauchen also keine separate Software, wenn Sie sichere Web-Verbindungen nutzen möchten. Beim Zahlen im Online-Shop und beim Eingeben eines Paßworts in einem Web-Formular sollten Sie allerdings die Augen aufhalten und sicherstellen, daß der Anbieter Ihnen auch tatsächlich eine abhörsichere Web-Verbindung bereitstellt. Wir raten Ihnen, auf »unsicheren«, d.h. herkömmlichen Web-Verbindungen, die nicht mit SSL verschlüsselt werden, niemals Kreditkarteninformationen oder andere vertrauliche Daten einzugeben. Selbst wenn das Risiko gering ist, daß Unbefugte unter den Millionen von Web-Verbindungen genau Ihre mitschneiden, ein Restrisiko besteht.

Sie erkennen ganz leicht, ob ein Web-Anbieter Sie auf einen sicheren Übertragungskanal führt. Ihr Web-Browser ist so voreingestellt, daß Sie ein Hinweisfenster sehen, sobald Sie die SSL-Verbindung betreten. Sobald Sie diesen Hinweis mit OK bestätigen, werden alle Daten per SSL kodiert übertragen, und Sie können ohne Gewissensbisse online bezahlen.

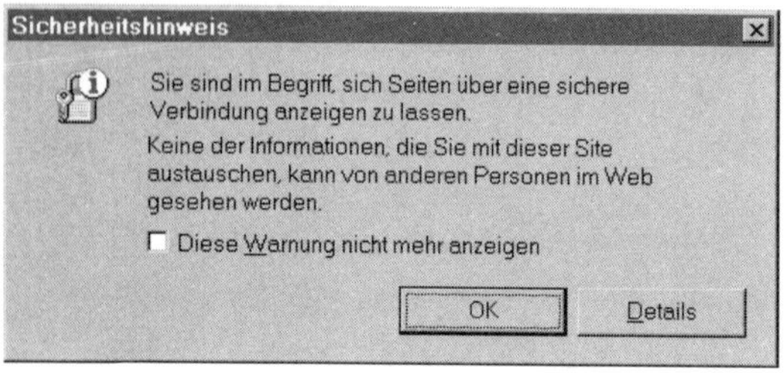

Bild 4.31: Betreten einer mit SSL gesicherten Web-Verbindung

Einen ähnlichen Hinweis erhalten Sie auch, wenn Sie die gesicherte SSL-Verbindung wieder verlassen und anschließend auf herkömmlichen Web-Verbindungen surfen. Wechseln Sie während einer Web-Tour häufig zwischen gesicherten und ungesicherten Verbindungen, können die Hinweisfenster schnell nerven. Sie können aber die Warnung auch unterdrücken, indem Sie das Kontrollkästchen vor DIESE WARNUNG NICHT MEHR ANZEIGEN anklicken. Künftig unterbleibt der Hinweis, wenn Sie eine SSL-Verbindung betreten oder verlassen.

Es bleibt Ihnen aber weiterhin die Statusleiste des Browsers, die Ihnen jederzeit mitteilt, ob Sie sich gerade in einem sicheren oder unsicheren Übertragungsmodus befinden. Bei den aktuellen Browser-Versionen sehen Sie am unteren Bildschirmrand zu jeder geladenen Web-Seite ein Vorhängeschloßsymbol. Bei offenem Bügel wurde die Seite über einer ungesicherte Verbindung übertragen, ist der Bügel hingegen zu, befinden Sie sich im sicheren SSL-Modus.

Alle aktuellen Web-Browser von Microsoft und Netscape bieten zwar von Hause aus SSL-Unterstützung – diese Komponente läßt sich aber in der Browser-Konfiguration auf Wunsch auch ausschalten. Stellen Sie fest, daß Ihr Browser nicht auf eine SSL-Verbindung wechselt oder verschlüsselt zu übertragende Seiten lädt, sollten Sie in die Konfigurationseinstellungen wechseln und prüfen, ob die SSL-Unterstützung ein- oder ausgeschaltet ist.

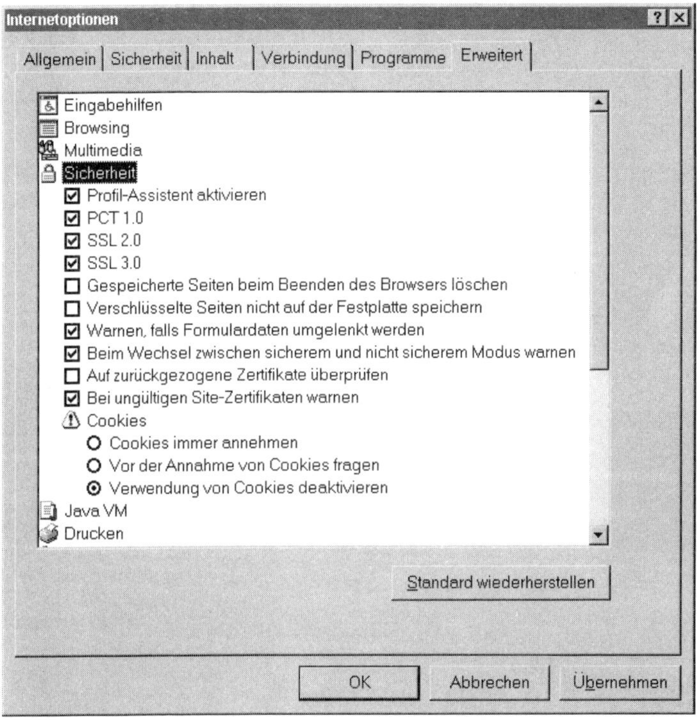

Bild 4.32: Aktivieren und Deaktivieren der SSL-Unterstützung

Im Internet Explorer erreichen Sie die Konfigurationseinstellungen über den Menübefehl ANSICHT • INTERNETOPTIONEN. Wechseln Sie nun auf die Registerkarte ERWEITERT, und öffnen Sie den Bereich SICHERHEIT. Hier müssen die Optionen SSL 2.0 und SSL 3.0 markiert sein, damit Ihr Browser mit sicheren Web-Verbindungen zurechtkommt. Falls notwendig, ändern Sie diese Optionen, und bestätigen Sie anschließend mit ÜBERNEHMEN oder OK, damit die Einstellungen gültig werden.

Streit um SSL: Der Haken bei SSL liegt in der Länge des eingesetzten Kodier-Schlüssels, der die im Klartext vorliegenden vertraulichen Daten in den scheinbar sinnlosen Chiffriertext überführt. Aufgrund der sehr strengen US-Exportvorschriften für Krytographie-Software darf außerhalb der USA nur ein 40 Bit langer SSL-Kodier-Schlüssel eingesetzt werden. In den USA selbst ist hingegen der wesentlich sicherere 128 Bit lange Schlüssel erlaubt. Viele Sicherheitsexperten halten den 40 Bit-Schlüssel für nicht sicher genug und fordern von den USA, die 128 Bit-Version weltweit sowohl für Web-Browser als auch für Web-Server freizugeben.
Solange dieser Streit nicht entschieden ist, gilt für jeden sicherheitsbewußten Web-Surfer: Selbst der etwas unsichere 40 Bit-SSL-Schlüssel ist besser als der vollständige Verzicht auf Datenverschlüsselung, sobald vertrauliche Informationen über das Web transportiert werden.

4.10 Schutz vor jugendgefährdenden Inhalten im Web

Seit einigen Jahren ist das Web nicht nur Quelle für Informationssuchende, sondern auch ein Ort, um politisch extreme Meinungen und pornographisches Material anonym anzubieten und abzurufen. Den Eltern, die ihren Kindern trotz dieser im Web allgegenwärtigen Gefahr den unbeaufsichtigten Internet-Zugang ermöglichen wollen, steht eine Reihe von Software-Lösungen zur Verfügung, die jugendgefährdendes Material herausfiltern und im Browser blockieren.

Dabei gibt es zwei grundsätzlich verschiedene Ansätze:

- Rating-Systeme wie PICS oder das vom Recreational Software Advisory Council entwicklte RSACI setzen auf die freiwillige Selbstkontrolle der Web-Anbieter. Ziel dieses Ansatzes ist es, daß jeder Web-Anbieter seine Seiten selbst, anhand vorgegebener Kriterien für bestimmte Nutzer- und Altersgruppen, einschränkt.

- WebSitter-Software arbeitet hingegen unabhängig von den freiwilligen Angaben der Web-Anbieter. Diese dem Browser vorgeschaltete Software vergleicht jede zu ladende Web-Adresse mit einer Liste verbotener Web-Seiten und blockiert die Übertragung im Fall einer Übereinstimmung. Aber selbst dann, wenn ein Dokument nicht in dieser Liste steht, prüft der WebSitter den Seitentext auf einschlägige Stichworte. Tauchen eines oder mehrere dieser Worte aus dem pornographischen oder extremistischen Bereich auf, wird die Seite ebenfalls nicht im Browser dargestellt.

Eine gute Übersicht über Software-Lösungen zu beiden Ansätzen finden Sie im Web auf der Seite von FOCUS online unter der Adresse `http://www.focus.de/D/DD/DD80/dd80.htm`.

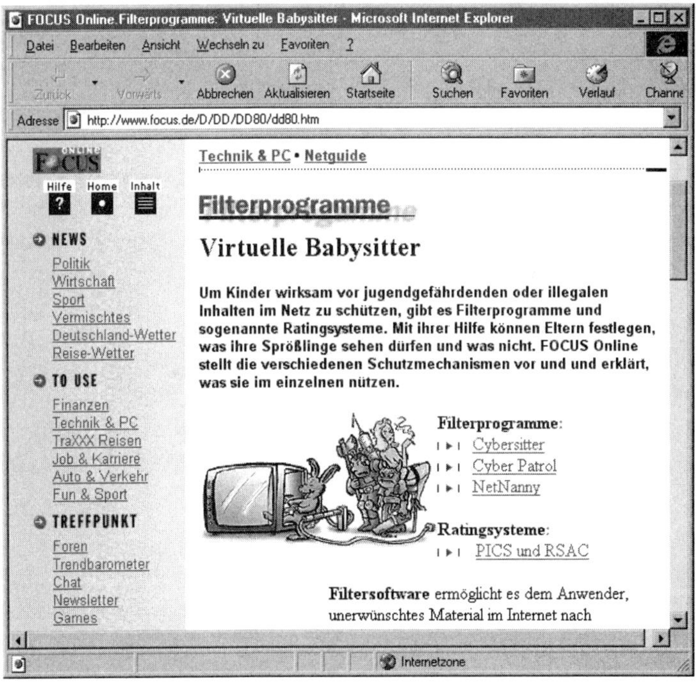

Bild 4.33: Übersicht der Rating-Systeme und WebSitter bei FOCUS online

Wir empfehlen Ihnen aber, sich nie hundertprozentig auf die hier vorgestellten Programme zu verlassen. Es verbleiben immer Erkennungslücken, die dazu führen, daß die eine oder andere Seite durch die Filtermechanismen hindurchschlüpft und den Weg ins Browser-Fenster findet. Daher ist es meist die beste Lösung, wenn Sie Kinder und Jugendliche bei der Nutzung des Internets persönlich begleiten und gegebenenfalls steuernd eingreifen.

4.10.1 Schutz durch WebSitter

Den denkbar sichersten Schutz vor jugendgefährdenden Web-Angeboten bieten WebSitter, die die Nutzung des Webs beobachten und bei Bedarf einschreiten, um das Abrufen oder Darstellen möglicherweiser pornographischer oder politisch extremer Inhalte zu unterbinden. Hierzu arbeitet die WebSitter nach einem zweistufigen Prinzip:

1. Im ersten Schritt werden alle angeforderten Internet-Adressen mit einer langen »Negativ-Liste« abgeglichen, in der alle bekannten einschlägigen Web-Anbieter aufgelistet sind. Stammt ein angefordertes Dokument von einer dieser Quellen, wird dieses nicht aus dem Netz geladen und der Web-Surfer erhält eine Fehlermeldung des Browers. Die Liste wird vom Hersteller der Web-Sitter-Software gepflegt und regelmäßig aktualisiert. Je nach Produkt können Sie die Updates der Negativ-Liste kostenfrei oder gegen eine geringe Gebühr aus dem Internet beziehen. Eine laufende Aktualisierung ist unbedingt notwendig, damit die WebSitter-Software bestmögliche Erkennungsraten erzielt, denn die Web-Anbieter einschlägiger Seiten wechseln regelmäßig ihre Web-Server und Internet-Adressen.

2. So aktuell die Negativ-Liste auch sein mag, sie kann niemals vollständig oder tagesaktuell sein. Daher werden im zweiten Schritt zusätzlich alle geladenen Web-Dokumente nach Schlüsselwörtern durchsucht. Grundlage dieses Textscans ist eine Stichwortliste, in der z.B. pornographische oder extremistische Wörter aufgelistet sind. Einige WebSitter bieten Ihnen die Möglichkeit, die Stich-

wortliste selbst zu erweitern, wenn Sie Lücken bemerken oder ganz gezielt Web-Seiten mit weiteren Themen blockieren möchten. Findet der WebSitter auf einer Web-Seite ein einschlägiges Stichwort, dann verhindert er, daß die bereits geladene Seite im Web-Browser angezeigt wird.

Es gibt inzwischen eine ganze Reihe von WebSittern, die nach diesem Grundprinzip arbeiten. Einige gehen dabei soweit, daß Sie auf eine Negativ-Liste verzichten und stattdessen eine Positiv-Liste führen, auf der alle Internet-Adressen verzeichnet sind, auf denen garantiert jugendfreies Material zu finden ist. Folglich werden auch nur Seiten zugelassen, die von diesen Web-Servern heruntergeladen werden. Der eigentliche Wert des Internets als weltumspannendes Informationsnetz bleibt bei diesem restriktiven Ansatz aber schnell auf der Strekke, und Kinder und Jugendliche verlieren meist nach wenigen Minuten das Interesse, sich mit diesem »Internet in der Flasche« zu beschäftigen.

Welcher WebSitter für Sie am geeignetsten ist, sollten Sie selbst testen, denn die Unterschiede in den Erkennungsraten sind je nach Standort und Muttersprache sehr unterschiedlich. In vielen Fällen arbeiten die WebSitter nur für englischsprachige Seiten gut, während nicht-jugendfreie Seiten in Deutsch oder Französisch durch die Maschen des Netzes rutschen. Daher sollten Sie – wenn möglich – eine Software kaufen, bei der Sie die Stichwortliste um Begriffe in der eigenen Muttersprache erweitern können. Damit Sie den richtigen WebSitter für Ihre Kinder finden, können Sie Testversionen der bekanntesten Softwareprodukte von den folgenden Web-Adressen herunterladen und gründlich testen:

- NetNanny – `www.netnanny.com`
- Cybersitter – `www.cybersitter.com`
- CyberPatrol – `www.microsys.com/cyber`

Eines der am einfachsten zu bedienenden Websitte-Programme ist NetNanny. Das im folgenden Bild gezeigte Programmfenster informiert Sie auf einen Blick über den aktuellen Status des WebSitters. Im Bereich CURRENT STATUS sehen Sie, ob der WebSitter gerade aktiv ist. Bei Bedarf läßt sich das Programm mit den Schaltflächen ON und OFF leicht an- bzw. ausschalten. Damit nur Sie dies können und nicht Ihre Kinder, ist der Zugriff auf NetNanny durch ein Paßwort geschützt, daß Sie geheimhalten sollten – sonst werden die Kinder diesen Schutzmechanismus wohl schneller als Sie denken abschalten und unkontrolliert durchs Web surfen. Denken Sie deshalb daran, bei der Installation von NetNanny sofort ein Paßwort einzugeben.

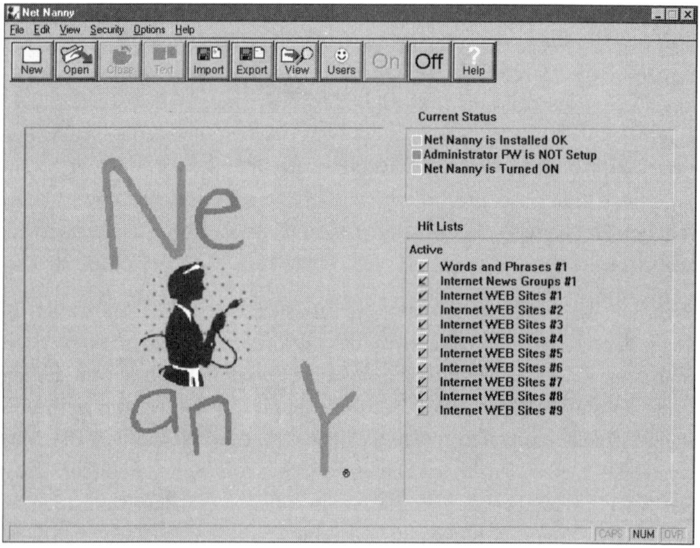

Bild 4.34: Überblick über den Status des WebSitters NetNanny

NetNanny bietet Ihnen auch die Funktion, die Liste einschlägiger Stichworte (»Hitlist«) einzusehen und als Textdatei zu überarbeiten. Wie in der folgenden Abbildung deutlich zu sehen, sind die Stichworte für englischsprachige Familien gedacht, und Sie sollten sich selbst die Mühe machen, zumindest einen Teil der Begriffe zu übersetzen oder eine einschlägige deutsche Wortliste an diesen Text anzufügen.

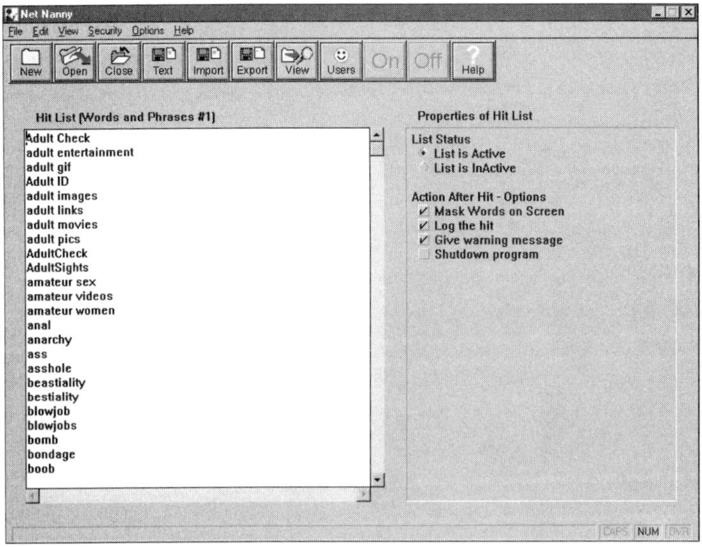

Bild 4.35: Bearbeiten der Stichwortliste von NetNanny

Je nachdem, wie streng Sie auf einen Zugriff auf jugendgefährdendes Material reagieren möchten, läßt sich das Verhalten von NetNanny steuern, sobald ein einschlägiges Stichwort auf einer geladenen Seite gefunden wird. Sie haben die Möglichkeit,

- die gefundenen Wörter einfach zu maskieren, sie z.B. durch »#«-Zeichen zu überschreiben,
- den Vorfall in einer Datei zu protokollieren, damit Sie später nachvollziehen können, auf welche Seiten Ihre Kinder zugreifen wollten,
- ein deutlich sichtbares Warnfenster für den Web-Surfer anzuzeigen oder
- im Extremfall sogar den Web-Browser des Nutzers zu schließen.

Findet NetNanny ein Stichwort, dann wird dieses zumindest maskiert, d.h. unleserlich dargestellt. Den Versuch, einen einschlägigen Begriff in der Internet-Adresse einzugeben, macht NetNanny bereits dadurch unschädlich, daß die Internet-Adresse, wie im folgenden Bild zu sehen, unbrauchbar gemacht wird.

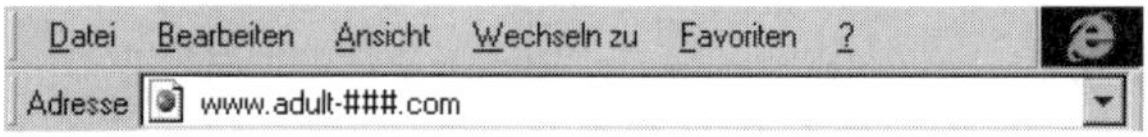

Bild 4.36: So verschleiert NetNanny einschlägige Begriffe

4.10.2 Schutz durch freiwillige Selbstkontrolle der Anbieter

Einen vollständig anderen Ansatz verfolgen Ratingsysteme, die die Inhalte von Web-Dokumenten nach einem vorgegebenen Kriterienkatalog bewerten. Die Einordnung jeder einzelnen Seite und damit die Einschränkung auf bestimmte Altersgruppen erfolgt generell durch den Anbieter. Dieser ordnet jede Seite selbst in den Kriterienkatalog ein, und Sie müssen nur noch festlegen, bis zu welcher Stufe Seiten für Ihre Kinder zugänglich sind und ab welcher Stufe Inhalte verboten sind. Überschreitet die Einordnung durch den Anbieter Ihre Vorgaben, wird die Seite nicht im Browser dargestellt. Zumindest theoretisch ermöglicht dieses System eine sehr differenzierte Klassifizierung von Web-Inhalten und eröffnet damit den Eltern die Möglichkeit, Inhalte – individuell auf das Alter der Kinder abgestimmt – freizuschalten.

Die große Schwachstelle dieses Ansatzes liegt an der Kooperationsbereitschaft der Anbieter. Vor allem im deutschsprachigen Raum klassifiziert erst ein Bruchteil der Web-Anbeiter seine Seiten. In den USA ist die Entwicklung schon etwas weiter: Der Prozentsatz der Homepage-Betreiber, die eines oder mehrere der Rating-Systeme unterstützen, ist wesentlich höher und wächst kontinuierlich.

Einer der erfolgversprechensten Ansätze stammt vom Recreational Software Advisory Council und wurde unter dem Begriff INHALTSRATGEBER fest in den Internet Explorer eingebaut. Das RSACi-Bewertungssystem bietet dem Anbieter die Möglichkeit, Seiten in die Kategorien

- Gewalt,
- Nacktaufnahmen,
- Sex und
- Sprache

einzuordnen. In jeder Kategorie gibt es mehrere Abstufungen – je nachdem, wie mild oder extrem die Inhalte der Seite sind. Als Elternteil bestimmen Sie nun für jede Kategorie, bis zu welcher Abstufung Inhalte durchgelassen werden und ab welcher Stufe Seiten herausgefiltert werden. So entscheiden Sie selbst je nach Alter der Sprößlinge, was noch akzeptabel ist und wo Sie Grenzen setzen.

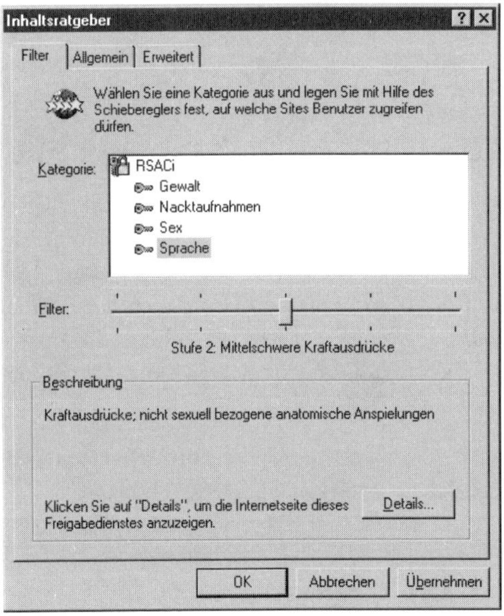

Bild 4.37: Einstellen des Inhaltsratgeber im Internet Explorer

Der Inhaltsratgeber des Internet Explorer erklärt Ihnen im Detail die Unterschiede zwischen den Abstufungen in einer Rubrik. So erfahren Sie in der vorhergehenden Abbildung, daß mit der zweiten Stufe der Rubrik Sprache mittelschwere Kraftausdrücke erfaßt werden. Bewegen Sie den Schieberegel in jeder Rubrik auf die Stufe 0, blockieren Sie jede Form von anstößigen oder nicht-jugendfreien Inhalten.

Vergessen Sie dabei aber nicht, daß dieser Filter nur bei Seiten greift, die auch wirklich nach diesem System klassifiziert wurden. Für alle sonstigen Seiten (und dies ist leider immer noch die Mehrzahl der Web-Dokumente) müssen Sie festlegen, ob sie generell blockiert oder durchgelassen werden. Entscheiden Sie sich dafür, alle nicht-klassifizierten Seiten zu sperren, schrumpft der Nutzwert des Internets fast auf Null; erlauben Sie hingegen diese Seiten, öffnen Sie jugendgefährdenden Angeboten Tür und Tor. Wirksamen Schutz durch eine freiwillige Selbstkontrolle der Anbieter gibt es daher momentan nicht. Es bleibt zu hoffen, daß nach und nach jeder, der Seiten im Web anbietet, Ratingsysteme unterstützt – denn im Unterschied zu WebSittern geht dieser Ansatz viel differenzierter vor und berücksichtigt auch verschiedene Altersabstufungen.

4.11 Neue Funktionalität im Web-Browser mit Plug-ins

Plug-ins sind (meist kostenlose) Erweiterungen, die Ihrem Web-Browser zu neuen Multimedia-Fähigkeiten verhelfen. Inzwischen bietet fast jeder Software-Hersteller Plug-ins an, mit denen die eigenen Dateiformate im Browser angezeigt werden. So können Sie inzwischen auch im Browser Word-Dokumente sichten oder Video-Formate abspielen.

Plug-ins finden Sie im Web auf den Seiten der Software-Hersteller, wo sie im Regelfall kostenlos heruntergeladen werden können.

Plug-in	Download-Adresse
Plug-ins von Netscape	http://home.netscape.com/download/
Cosmo Player, Cool Talk, IFC, Media Player, Power Pack u.a.	ftp://ftp.cs.tu-berlin.de/pub/net/www/netscape/
Listen verfügbarer Plug-ins	http://www.tu-berlin.de/www/software/nplug.html http://browserwatch.internet.com/plug-in.html

Tabelle 4.3: Hier erhalten Sie Plug-ins für den Web-Browser

Kommen Sie auf eine Web-Seite, die ein Dateiformat anbietet, das Ihr Web-Browser noch nicht kennt, sehen Sie anstelle dieses Angebots ein Hinweisfenster, das Sie auf das fehlende Plug-in hinweist. Klicken Sie auf GET THE PLUGIN und übertragen so die benötigte Erweiterung auf Ihren Rechner. Anschließend kommen Sie in den Genuß eines erweiterten Multimedia-Angebots.

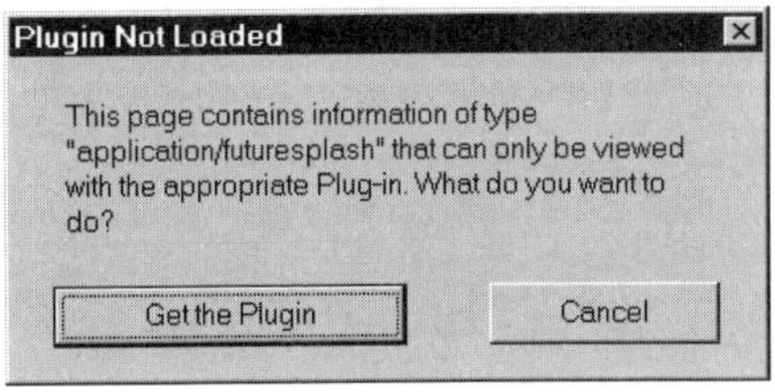

Bild 4.38: Plug-in nicht gefunden

4.12 Interaktive Web-Angebote mit Active-X, Java und Java-Skript

Auf immer mehr Web-Seiten finden Sie nicht mehr ausschließlich statische Seiten, sondern interaktive Informationsdienste. Diese interaktiv nutzbaren Programmhäppchen werden vor allem in den Programmiersprachen Java und Java-Script oder als ActiveX-Controls realisiert.

Mit diesen Sprachen überwinden Web-Designer die Nachteile, die HTML (die Seitengestaltungssprache des WWWs) aufweist und machen Web-Angebote bewegter und binden Datenbank-Inhalte dynamisch in Web-Seiten ein.

Mit sogenannten Java-Applets starten Sie aus dem Web sogar kleine Anwendungsprogramme. Es gibt mittlerweile Office-Pakete, die Sie über das Internet als Java-Applet laden können. Dieser Trend wird sich in den nächsten Jahren sicherlich weiter verstärken, da inzwischen alle aktuellen Web-Browser Java-Applets ausführen können. Anwendungen, die als Java-Applets im Web-Browser ausgeführt werden, setzten sich vor allem in Intranets – also unternehmensinternen Netzen – mit hohen Übertragungsraten durch.

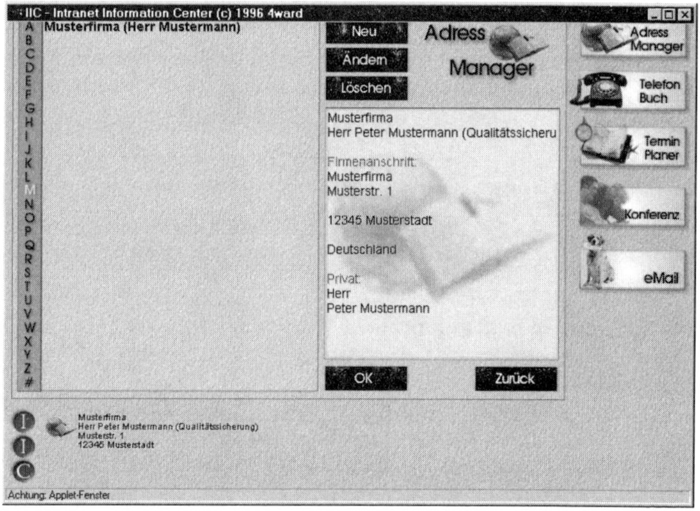

Bild 4.39: Java-Applets: Anwendungen starten aus dem Internet

Mit der Programmiersprache Java sind auch interaktive Online-Spiele ins Web gekommen. Machen Sie sich selbst ein Bild von der Möglichkeit, Ihre Freizeit spielend im Web zu verbringen. Ein Java-Spiel bietet Ihnen der Fernsehsender RTL in Anlehnung an die Serie

»Unter uns«. Ganz bestimmt kennen Sie das Spiel Memory – das Java-Applet unter `http://www2.rtl.de/subsites/7/docs/memory/unteruns.html` funktioniert ganz ähnlich und demonstriert anschaulich, wie interaktiv Web-Angebote durch Java werden können.

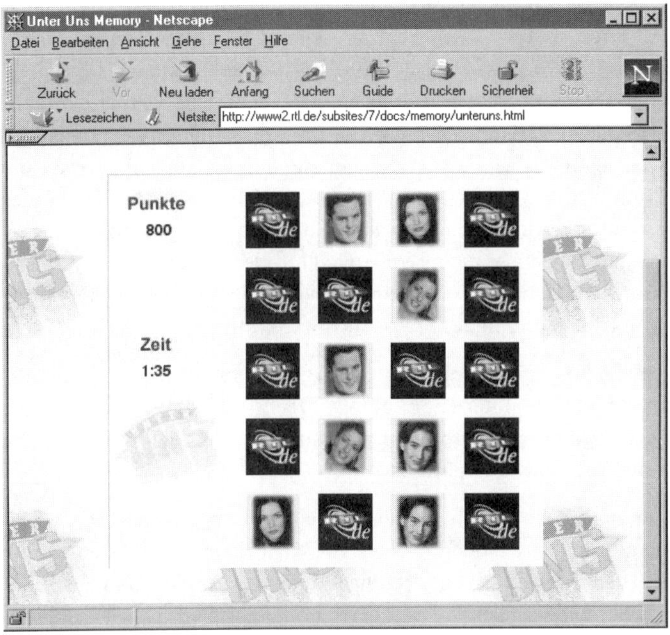

Bild 4.40: Memory spielen mit Java-Applet

Gefahren durch ActiveX, Java und Javascript

Allerdings ist die durch ActiveX, Java und Javascript erreichte Interaktivität nicht ohne Schattenseiten: In der Vergangenheit haben Hacker immer wieder Schwachstellen und Hintertüren gefunden, um mit diesen Techniken Daten auf Benutzerseite auszuspionieren, den Browser zum Absturz zu bringen oder Viren ins System einzuschleusen.

Besonders deutlich sind die Sicherheitslücken, die sich durch ActiveX auftun, da es auf keinem wirksamen Schutzmechanismus beruht. Nachdem ein ActiveX-Control den Weg auf Ihren Rechner gefunden hat, kann es praktisch alles, was auch ein normales Anwendungsprogramm kann. Hierzu gehört natürlich auch das Löschen von Dateien, Formatieren von Festplatten oder der Aufbau von Netzverbindungen übers Internet, um Daten herauszuschmuggeln. Als einzigen Schutz hat sich Microsoft ein System von Zertifikaten einfallen lassen, die von vertrauenswürdigen Instanzen herausgegeben werden und die Zuverlässigkeit eines ActiveX-Controls bestätigen sollen. Jedoch starten nichts ahnende Internet-Nutzter häufig auch ActiveX-Controls ohne Zertifikat, ohne zu wissen, welche gut- oder bösartigen Programmfunktionen Sie sich damit auf den Rechner holen. Inzwischen gab es jedoch auch bereits Fälle, in denen schädliche ActiveX-Controls ein Zertifikat erhalten haben. Damit wurde belegt, daß dieses Kontrollsystem in der Praxis nicht funktioniert.

Als Erfindung aus dem Hause Microsoft funktionieren ActiveX-Controls nur im Internet Explorer. Der Netscape Navigator kann diese Programmelemente nicht ausführen und ist daher auch gegen Angriffe per ActiveX immun.

Besser sieht es in Sachen Sicherheit bei Java-Applets aus. Diese Programmelemente werden in einer Art virtuellem Sandkasten ausgeführt, der jede Zugriffsverletzung durch das Applet abfangen soll. Ein Schutzmechanismus verhindert so, daß Applets Dateien anlegen und löschen oder heimlich Daten auf einen anderen Rechner kopieren. Trotz dieses ausgeklügelten Schutzmechanismus gibt es auch bei Java Sicherheitslücken, da findige Progammierer in der Vergangenheit eine Reihe von Schwachstellen und Programmfehlern in der Java Virtual Machine der Browser gefunden haben. Diese zeichnet für das Ausführen und das Kontrollieren von Applets verantwortlich.

Um auf Nummer sicher zu gehen, können Sie das Ausführen von ActiveX (nur Internet Explorer) und Java-Applets im Browser verhindern. Die hierzu notwendigen Einstellungen nehmen Sie in der Browserkonfiguration vor. Richtig maßgeschneidert läßt sich besonders im Internet Explorer der Umgang mit diesen Programmelementen einrichten: Sie können die Unterstützung nicht nur wie beim Navigator komplett aktivieren oder deaktivieren, sondern verschiedene Sicherheitsstufen auswählen, die je nach Herkunft des Applets unterschiedlich reagieren. So können Applets, die aus dem firmeninternen Netz kommen, anders behandelt werden als Programmelemente, die von nicht vertrauenswürdigen Servern stammen.

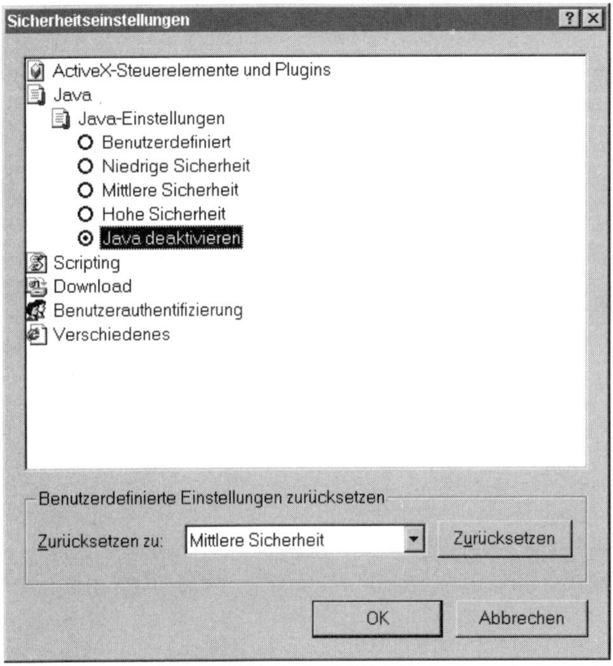

Bild 4.41: Ein- und Ausschalten der Java-Unterstützung beim Internet Explorer

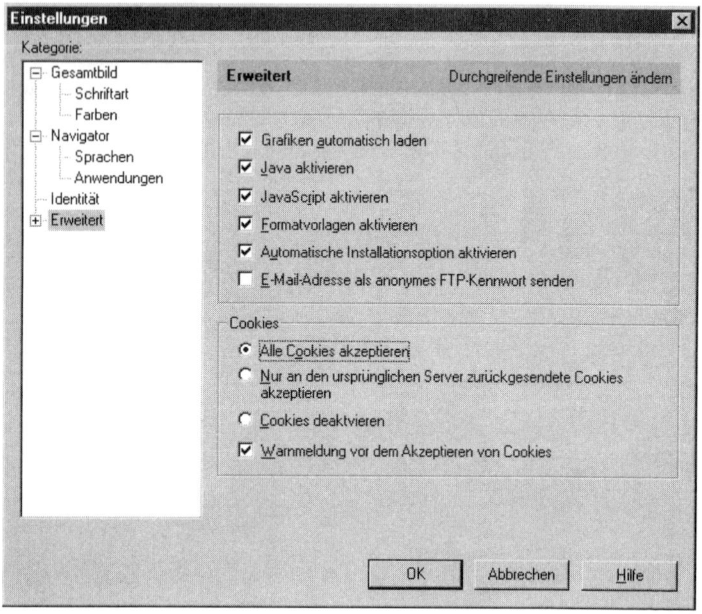

Bild 4.42: Ein- und Ausschalten der Java- und Javascript-Unterstützung beim Navigator

4.13 Online-Hilfen im Web

Sich im Internet und im Web zurechtzufinden, ist für Einsteiger meist nicht leicht. Diese Buch liefert Ihnen einen Leitfaden, an dem Sie sich von Internet-Dienst zu Internet-Dienst bewegen können. Wenn Sie einmal eine zusätzliche Online-Hilfe benötigen, empfiehlt sich ein Blick auf die Web-Seite `http://help.netscape.com/`. Schritt für Schritt finden Internet-Einsteiger hier Antworten zu zahlreichen Fragen rund ums Thema Internet.

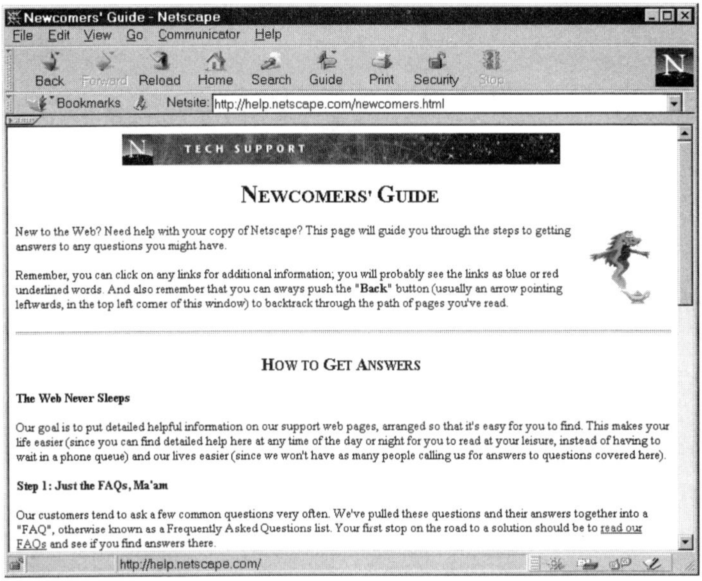

Bild 4.43: Die Online-Hilfe der Firma Netscape

5

Informationen im Internet finden

Das umfangreiche Angebot im World Wide Web und anderen Internet-Diensten erschwert das gezielte Suchen nach Informationen. Häufig enden spontane WWW-Sitzungen in einem zwar interessanten, aber nicht sehr zielgerichteten Klicken durchs Web-Land. Sie benötigen eine gute Suchstrategie, sonst sehen Sie stundenlang bunte Bilder und Videos, ohne daß Sie den gewünschten Information näher kommen.

Sind Sie über eine Wählverbindung ans Internet angeschlossen, und befindet sich Ihr Internet-Provider nicht im Citybereich, können Sie mit zielgerichtetem Webben Ihre Telefonkosten deutlich senken.

In diesem Kapitel zeigen wir, wie Sie schnell und effizient Informationen im Web finden und Software auf FTP-Servern suchen können. Hierzu arbeiten wir mit

- THEMENKATALOGEN, die interessante Einstiegspunkte nach Sachgebieten auflisten,
- SUCHMASCHINEN, die das Web nach Schlüsselwörtern durchstöbern und passende Dokumente präsentieren,
- ARCHIE-DATENBANKEN, die Softwareschätze im Internet verwalten.

5.1 Landkarten und Themenkataloge

Im WWW finden Sie eine Vielzahl thematisch oder geographisch gegliederter Übersichtsseiten. Mit diesen Seiten bekommen Sie schnell einen Überblick über Online-Angebote zu einem Themengebiet. Suchen Sie einen kommerziellen Anbieter, listen Ihnen zahlreiche Web-Kataloge Unternehmen nach Namen, Orten oder Branchen auf.

Im Unterschied zu Suchmaschinen (Abschnitt 5.2) sind Themenkataloge und Landkarten lediglich Einstiegshilfen. Über einen Katalog kommen Sie zu weiteren Anbietern, bei denen Sie nach der gewünschten Information suchen können.

5.1.1 Themenkataloge

Auf der Suche nach Einstiegspunkten zu konkreten Themengebieten gibt es viele gute Übersichtsseiten. Eine sehr umfangreiche Themenübersicht ist Yanoff's Internet-Services-List: `http://sirius.we.lc.ehu.es/internet/inet.services.html/`. In diesem Abschnitt erfahren Sie, wo Sie Listen zu Themen wie

- Unterhaltung,
- Hard- und Software,
- Literatur und Medien,
- Kunst und Kultur,
- Sport,
- Musik,
- Humor,
- Hobbys

und vielem mehr finden können.

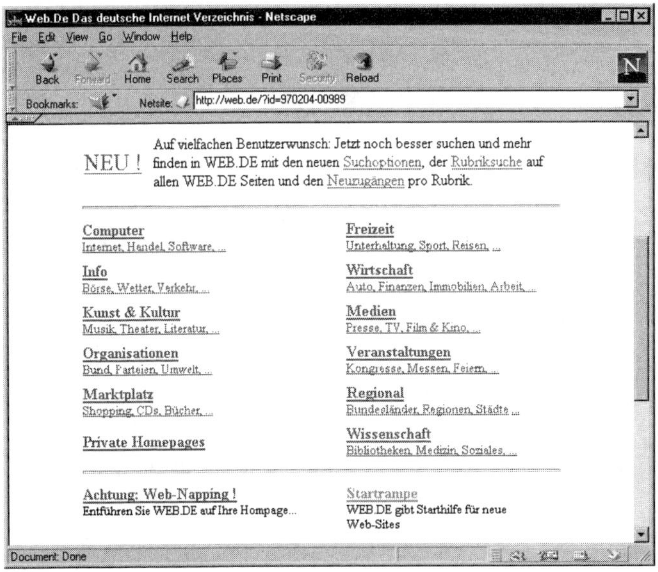

Bild 5.1: Themenkatalog von WEB.DE

Eine umfangreiche Übersicht deutschsprachiger Angebote finden Sie bei WEB.DE (Bild 5.1), Dino (`http://www.dino-online.de/seiten.html`) und dem deutschen Yahoo-Ableger (`http://www.ya-`

hoo.de). Sie können die Übersichtskataloge thematisch durchstöbern oder anhand von Schlüsselwörtern durchsuchen. Sie erreichen WEB.DE unter http://www.web.de. Brandaktuelle Neuzugänge werden in jeder Kategorie besonders hervorgehoben.

So finden Sie die besten Angebote im Web

Stöbern Sie einfach nur gerne im Web, sollten Sie einen Blick auf den Web-Tip unter http://www.webtip.de werfen. Dieser Dienst zeigt Ihnen die ersten 5% der besten deutschsprachigen Web-Angebote. Damit Sie nicht mit Adressen überflutet werden, ordnet Web-Tip alle Angebote in Rubriken. Im Unterschied zu vielen anderen Themenkatalogen und Suchmaschinen arbeitet der Web-Tip nach dem Motto »Klasse statt Masse«.

Bild 5.2: Das Beste im Internet mit dem »webtip« finden

5.1.2 Einstiegshilfen von Netscape und Microsoft

Einen Themenindex finden Sie auch bei den Herstellerfirmen der Web-Browser Navigator und Internet Explorer. Netscape faßt seine Surf-Tips und Einstiegshilfen unter dem Dach des NETCENTER zusammen. Dieser Dienst ordnet seine Verweise auf Web-Seiten u.a. in die Rubriken

- Auskunft,
- Auto,
- Bildung,
- Business und Wirtschaft,
- Nachrichten,
- Kids & Familie,
- Kleinanzeigen und
- Kunst & Freizeit.

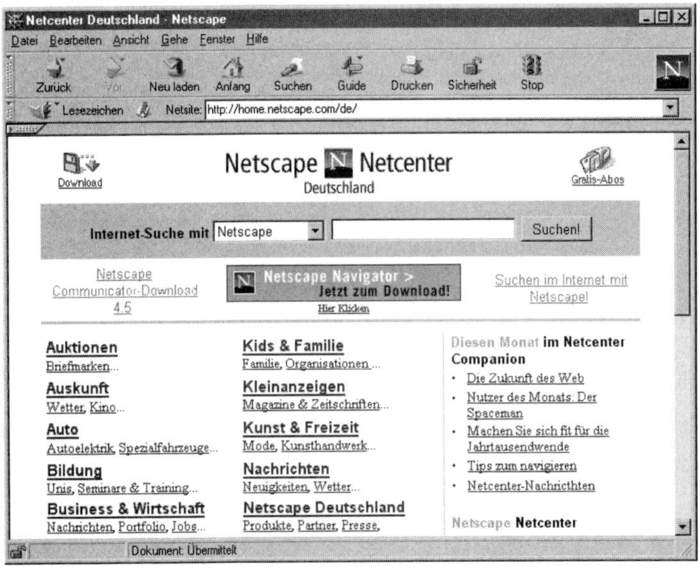

Bild 5.3: Netscapes Starthilfe

Über dieser Rubrikeinteilung finden Sie auch Kataloge mit Suchmaschinen sowie aktuelle und besonders interessante Web-Angebote (WHAT'S NEW und WHAT'S COOL).

Microsoft bietet einen vergleichbaren Service unter `http://home.microsoft.com/exploring/exploring.asp`. Auf dieser und den folgenden Seiten finden Sie Microsofts Zusammenstellung BEST OF THE WEB. Sie erreichen diesen Dienst aus dem Internet Explorer über die Menüfolge ? • MICROSOFT IM WEB • DAS BESTE IM WEB.

Bild 5.4: Das Beste im Web aus der Sicht von Microsoft

5.1.3 Anbieterübersichten

Anbieterübersichten sind Kataloge mit Hyperlinks auf die Web-Sites von kommerziellen Web-Anbietern. Diese Übersichten sind alphabetisch, geographisch oder nach Branchen geordnet. Mit Hilfe dieser Kataloge finden Sie die Web-Server von Firmen, Universitäten und großen Organisationen.

Nach Anbietern in Deutschland suchen

Die umfangreichste Übersicht deutscher Anbieter finden Sie unter der Adresse `http://www.entry.de`.

Per Suchanfrage können Sie Web-Anbieter nach Regionen oder Städten auflisten.

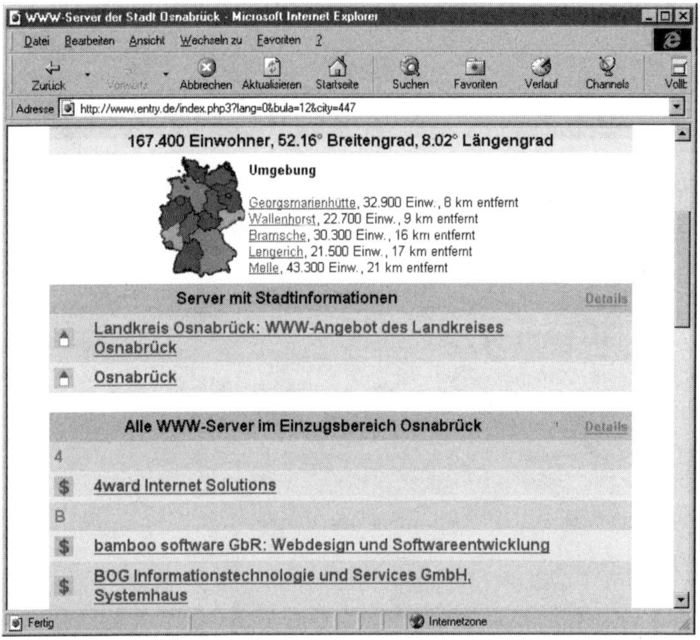

Bild 5.5: Liste der Web-Anbieter in Osnabrück

Dieser Service führt Sie auch zu allgemeinen touristischen oder statistischen Informationen über die gesuchte Region oder Stadt.

Weltübersicht

Entsprechende Anbieterübersichten sind auch für Kontinente und die gesamte Welt verfügbar. Der beste Ausgangspunkt für die weltweite Suche nach Anbietern ist die Liste der »W3 Server« der W3-Organisation unter `http://www.w3.org/pub/DataSources/WWW/Servers.html`. Diese Übersicht listet alle registrierten Anbieter nach Kontinenten und Ländern auf. Zu vielen Regionen können Sie auch Detailübersichten und geographische Hintergrundinformationen abrufen.

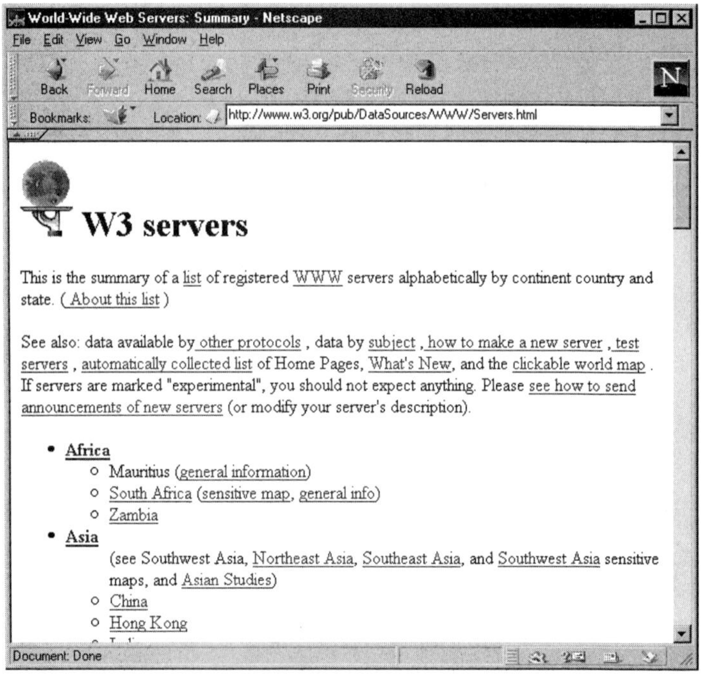

Bild 5.6: Weltweite Anbieterübersicht der W3-Organisation

Branchenbuch

Eine Sortierung der Web-Anbieter nach Branchen liefert das BRANCHENBUCH IM INTERNET unter `http://www.branchenbuch.com`. Ähnlich wie in den Gelben Seiten der Telekom finden Sie hier Adressen von über 3 Millionen deutschen Unternehmen.

Bild 5.7: Das Branchenbuch im Internet

Einen aus Branchen und Themen gemischten Index bietet Dino-Online unter der Adresse `http://www.dino-online.de/seiten.html` an.

5.1.4 Geographische Karten

Geographische Karten helfen, Anbieter in bestimmten Regionen oder Städten zu finden. Zu vielen Orten können Sie aus diesen Karten auch touristische, historische und regionale Daten abrufen.

Karten im Web sind viel übersichtlicher und schneller zu laden als die sehr langen Anbieterlisten. Im Unterschied zu Listen müssen Sie sich jedoch meist durch mehrere Detailebenen (von der Deutschlandkarte über die Bundeslandkarte bis zur Stadtebene) klicken, bis Sie zu einer Übersicht kommen, in der Web-Anbieter aufgelistet sind.

Deutschlandkarte

Kommt der gesuchte Anbieter aus Deutschland, werfen Sie einen Blick auf die Deutschlandkarte von Entry.de unter `http://entry.de`.

Bild 5.8: Deutschlandkarte bei Entry.de

Informationen zu einer Region finden Sie am ehesten bei Anbietern aus diesem Gebiet. Zu vielen Städten auf der Deutschlandkarte sind auch allgemeine Stadt-, Wirtschafts- und Tourismus-Informationen abrufbar.

Europa- und Weltkarte

WWW-Landkarten gibt es nicht nur für Deutschland, sondern auch für andere Länder, ganze Kontinente und sogar als Weltkarte. Die beste Europaübersicht liegt in Portugal unter `http://s700.uminho.pt/europa.html`. Über das Flaggensymbol kommen Sie zu nationalen Übersichten, aus denen Sie Anbieter auswählen können.

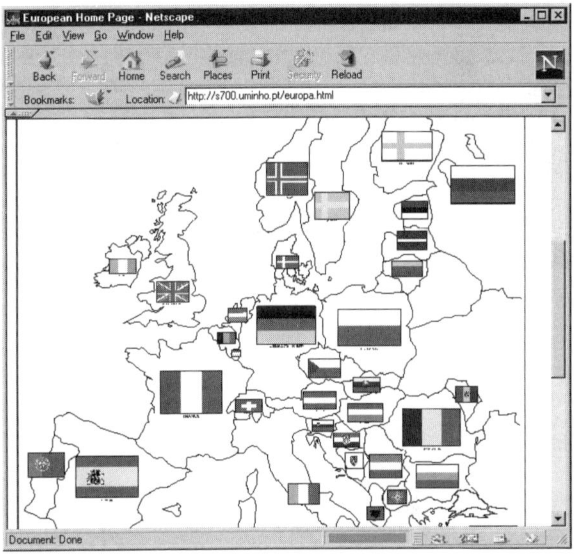

Bild 5.9: Europakarte aus Portugal

Sie können auch weltweit in Karten nach Anbietern und geographischen Daten suchen. Der beste und umfangreichste Einstiegspunkt ist die VIRTUAL TOURIST WORLD MAP« unter `www.vtourist.com`. Ausgehend von einer Weltkarte, klicken Sie sich bis zur Region durch, aus der Sie Anbieter suchen. Dieser Anbieter liefert keine allgemeinen geographischen oder touristischen Informationen. Möchten Sie aus dem Web Informationen über Ihren nächsten Urlaubsort abrufen, kontakten Sie den THE VIRTUAL TOURIST II. Einen Verweis auf diesen Dienst finden Sie auf der VIRTUAL TOURIST WORLD MAP. Ein weiterer guter Einstiegspunkt ist CITY.NET (`http://www.city.net`).

5.1.5 Übersicht der kommerziellen Angebote

Eine auf Unternehmen, Branchen und Produkte spezialisierte Übersichtsseite veröffentlicht das Fraunhofer Institut für Arbeitswissenschaft und Organisation unter http://www.e-business.iao.fhg.de. Dort können Sie Anbieterlisten abrufen, die alphabetisch, nach Branchen und nach Postleitzahlen geordnet sind. Über eine Suchschnittstelle können Sie sogar nach Firmen im Internet fahnden.

Bild 5.10: Übersicht kommerzieller Anbieter

5.2 Suchmaschinen

Suchmaschinen (engl.: search engines) gibt es im Web wie Sand am Meer. Sie helfen, Web-Dokumente zu finden, die eine gesuchte Information liefern. Über Schlüsselworte ermitteln die Search Engines alle Web-Dokumente, in denen Ihr Suchbegriff auftaucht. Um dies zu ermöglichen, sichten die Suchmaschinen Unmengen von Seiten und tragen jedes auf einer Web-Seite auftretende Wort und vom Anbieter vorgegebene Begriffe in ihren Schlüsselwort-Index ein. Bei einer Anfrage werden Ihre Suchbegriffe mit dem Index der Suchmaschine abgeglichen und Hyperlinks auf Trefferdokumente angezeigt.

Je nach Suchmaschine ist der Umfang der indizierten Web-Seiten sehr unterschiedlich: Einige Suchmaschinen konzentrieren sich auf deutschsprachige Seiten, andere arbeiten international, und wieder andere setzen nicht auf Masse, sondern sichten nur wenige Seiten, aber bereiten diesen Datenbestand dann redaktionell auf.

Da die meisten Anfragen dutzende oder gar hunderte von Treffern bringen, geben alle Suchmaschinen die Antworten portionsweise, beispielweise 20 Verweise pro Seite, heraus. Werden Sie auf der ersten Trefferseite nicht fündig, blättern Sie mit der NEXT-Schaltfläche auf die Folgeseite weiter.

Suchhilfen unterscheiden sich

- im Umfang der Suche; gute Suchmaschinen durchsuchen neben WWW-Servern auch Gopher-, FTP- und NetNews-Angebote,
- im Umfang des verzeichneten Datenbestands,
- in geographischen, sprachlichen und fachlichen Einschränkungen,
- in der Häufigkeit der Aktualisierung und
- in den angebotenen Suchfunktionen, z.B. der Möglichkeit zur UND-Verknüpfung von Schlüsselwörtern.

Wenn Sie einen zu allgemeinen Suchbegriff verwenden, werden Sie bei den meisten Suchmaschinen mit »Treffern« überschüttet. Zu einer erfolgreichen Recherche mit Suchmaschinen gehört deshalb

- die Auswahl der richtigen Suchmaschine und
- eine gute Suchstrategie mit genauer Eingrenzung der relevanten Schlüsselwörter.

Tip: Werfen Sie zunächst einen Blick auf die Online-Hilfe einer Suchmaschine, bevor Sie sie nutzen. Prüfen Sie, ob die Suchmaschine das Themengebiet, aus dem Sie Informationen benötigen, verzeichnet hat. Stellen Sie fest, welche Möglichkeiten Sie haben, Suchbegriffe zu verknüpfen, um die Treffermenge möglichst klein zu halten.

5.2.1 Internationale Suchmaschinen

Eine der weltweit größten Suchmaschinen ist AltaVista-Search der Firma Digital. Diese Suchmaschine durchsucht regelmäßig mehrere Millionen Web-Seiten und hat den weltweit größten Index von Schlüsselwörtern. Im Unterschied zu deutschsprachigen Suchmaschinen erhalten Sie mit AltaVista eine viel höhere Trefferquote. Die Treffer, die Ihnen AltaVista anzeigt, sind nach »Güte« geordnet: Dokumente, in denen die meisten Ihrer Suchbegriffe auftreten, werden zuerst angezeigt. Web-Seiten, die nur einen Teil Ihrer Suchbegriffe enthalten, folgen anschließend.

Auf der folgenden Datenreise suchen wir nach Informationen zur TV-Serie »The Simpsons«. Möchten Sie auch mit AltaVista arbeiten, gehen Sie so vor:

1. AltaVista-Search öffnen Sie über die Adresse `http://www.altavista.digital.com`.
2. Wählen Sie in der SEARCH-Zeile die Option THE WEB aus, um nach Web-Dokumenten zu suchen. Mit der Option THE USENET durchsucht AltaVista Newsgruppen.
3. Tragen Sie die Suchbegriffe in das Eingabefeld ein. Wörter, die unbedingt in den Trefferdokumenten auftreten sollen, markieren Sie mit einem vorangestellten »+«-Zeichen.
4. Starten Sie die Suche mit der Eingabetaste oder per Klick auf SEARCH. Nach einiger Zeit werden Ihnen die Suchergebnisse in kleinen Häppchen präsentiert.

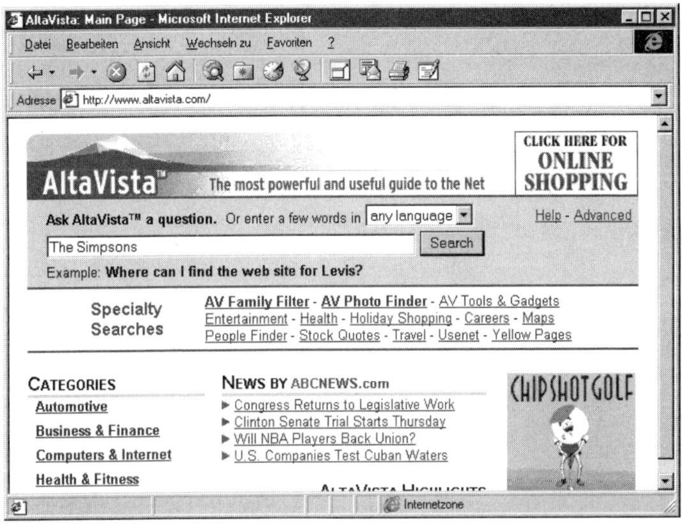

Bild 5.11: Suchen mit AltaVista

5. Finden Sie noch kein geeignetes Dokument auf der ersten Seite, rufen Sie mit NEXT die folgenden Trefferdokumente ab.

Auf der ersten Ausgabeseite teilt AltaVista Ihnen mit, wie viele Dokumente auf eine oder mehrere Ihrer Schlüsselwörter passen. In unserem Beispiel stimmen 38.880 Seiten mit unserem Suchbegriff überein. Ist Ihnen der Wert zu hoch, empfiehlt es sich, die Anfrage genauer zu formulieren. Am Ende jeder Seite können Sie per Hyperlink direkt zu einer der folgenden Seiten der Trefferliste springen.

Verwenden Sie mehr als einen Suchbegriff, werden die Wörter »Oder«-verknüpft. Das bedeutet, AltaVista sucht nach Dokumenten, die eines oder mehrere der Suchwörter enthalten. Die besten Treffer, in denen alle oder die meisten Suchbegriffe auftreten, zeigt AltaVista zuerst. Weniger »relevante« Dokumente werden anschließend angezeigt.

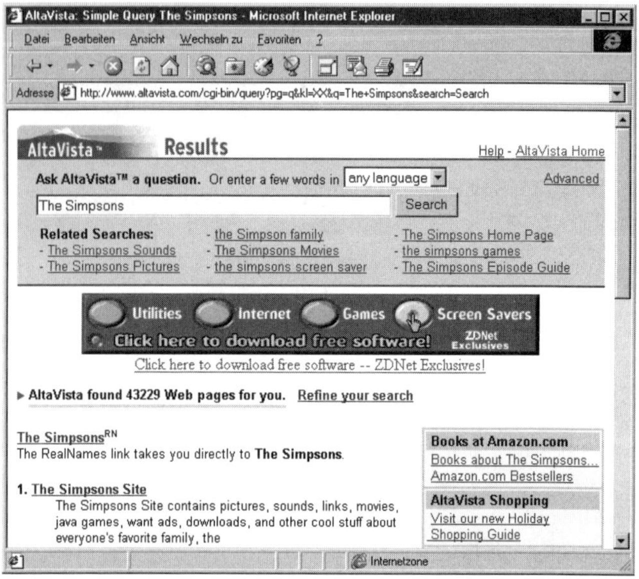

Bild 5.12: Trefferliste von AltaVista

5.2.2 Deutschsprachige Suchmaschinen

Möchten Sie in erster Linie deutschsprachige Web-Seiten finden, sollten Sie eine Suchmaschine nutzen, die den deutschsprachigen Raum indiziert. Viele Web-Anbieter in Deutschland, Österreich und der Schweiz schreiben ihre Seiten aber nicht in ihrer Muttersprache, sondern in Englisch, damit die gesamte Internet-Gemeinde von ihrem Angebot profitieren kann. Eine deutsche Suchhilfe ist deshalb keine hundertprozentige Garantie, deutschsprachige Seiten zu finden.

Die Anzahl deutschsprachiger Suchhilfen ist mit der zunehmenden Verbreitung des Internets in Deutschland sprunghaft gestiegen. Über nationale Suchmaschinen finden Sie auch regionale Neuigkeiten im Web. Zu den beliebtesten deutschsprachigen Suchdiensten gehören:

- LYCOS unter `www.lycos.de`,
- YAHOO unter `www.yahoo.de`,

- FIREBALL unter `www.fireball.de` und
- KOLIBRI.unter `www.kolibri.de`.

Wir zeigen Ihnen in diesem Abschnitt den deutschen Ableger von Lycos. Als Star Trek-Fans möchten wir sehen, welche Infos das Internet zu den Star Trek-Serien bietet. Im folgenden Bild sehen Sie die Begrüßungsseite von Lycos. In das Eingabefeld tragen wir den Suchbegriff »`Star Trek`« ein. Bei Bedarf kann man zwischen ODER- bzw. UND-Verknüpfung der Suchbegriffe umschalten. In der Auswahlliste links vom Eingabefeld legen Sie fest, welche Datenquellen Sie durchsuchen möchten. Wählen Sie ALLE WEB-SEITEN, erhalten Sie sowohl deutschsprachige als auch internationale Web-Dokumente. Sie können aber auch ausschließlich Seiten aus Deutschland, Österreich oder der Schweiz durchsuchen.

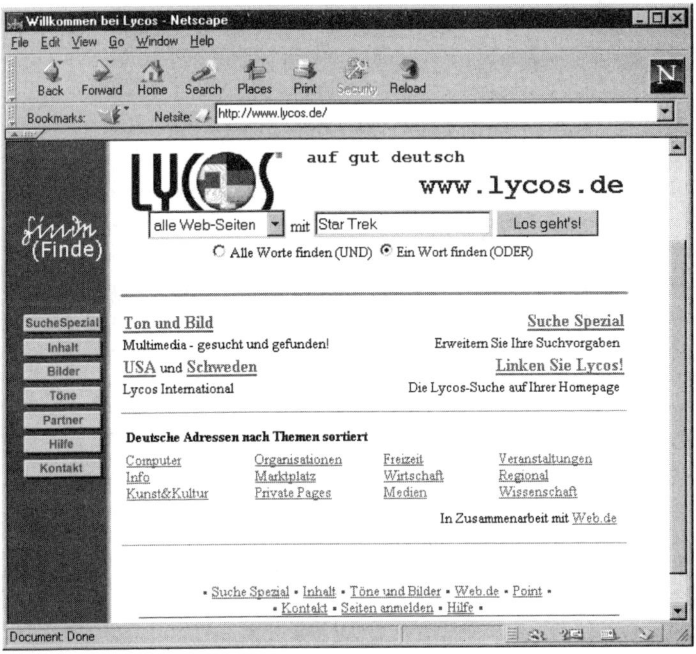

Bild 5.13: Mit dem deutschsprachigen Lycos suchen

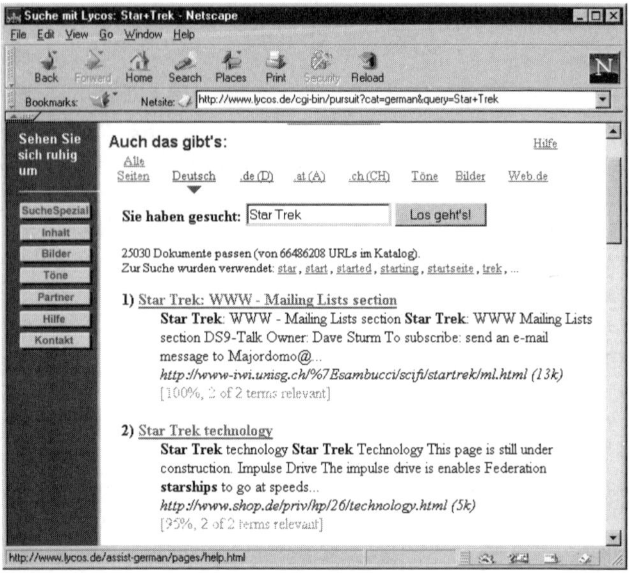

Bild 5.14: Trefferliste zu »Star Trek«

Die ersten zu »Star Trek« passenden Seiten sehen Sie in Bild 5.14. Obwohl wir die Suche auf Server in Deutschland eingegrenzt haben, sind die meisten gefundenen Dokumente in Englisch verfaßt. Für unsere Anfrage hat Lycos in über 66 Millionen erfaßten Dokumenten nach Übereinstimmungen gesucht. Die Suche liefert zum Zeitpunkt der Anfrage 25.030 Web-Seiten.

Im Unterschied zu Lycos bietet der deutsche Ableger des Suchdienstes Yahoo neben einer Suchfunktion einen zusätzlichen Themenkatalog, in dem die besten Angebote verzeichnet sind.

5.2.3 Töne und Bilder suchen

Mit Suchmaschinen finden Sie nicht allein WWW-Seiten, sondern auch Grafik- und Klangdateien. Der Suchdienst Lycos bietet Ihnen hierfür ein eigenes Abfrageformular unter `http://www.lycos.de/assist-german/pages/media.html`.

Als begeisterte Sandra Bullock-Fans suchen wir mit dem Schlüsselwort `bullock` auf der folgenden Datenreise nach Bildern unserer Lieblingsschauspielerin.

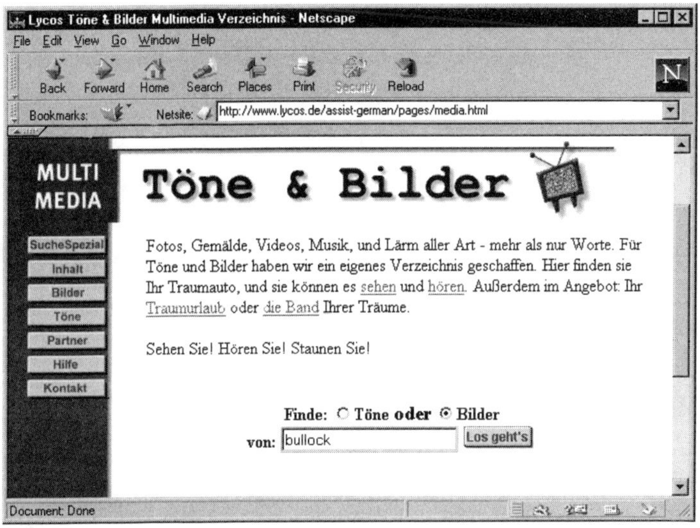

Bild 5.15: Bilder suchen

5.2.4 Netscapes Übersicht der Suchhilfen

Netscape bietet den Nutzern des Navigators einen schnellen, in den Browser integrierten Zugriff auf zahlreiche Suchmaschinen. Über das Netscape Netcenter können Sie sofort Anfragen an Lycos , Infoseek, Excite und Web.de stellen. Sie erreichen diese Übersicht der Suchhilfen über die SUCHEN-Schaltfläche (in der Symbolleiste).

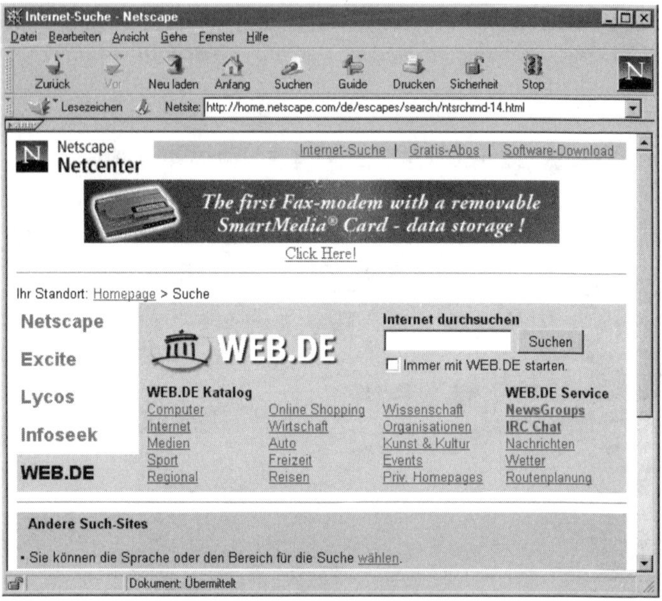

Bild 5.16: In Netscape integrierte Suchfunktionen

5.2.5 Suchfunktion des Internet Explorers

Auch aus dem Internet Explorer erreichen Sie einen integrierten Zugriff auf Suchmaschinen. Klicken Sie auf die SUCHEN-Schaltfläche der Symbolleiste des Internet Explorers, öffnet sich im linken Fensterbereich ein neuer »Frame« (ein abgetrennter Anzeigebereich wie in Bild 5.17):

1. Geben Sie in das Textfeld Ihre Suchanfrage ein,
2. markieren Sie den Suchdienst, der Ihre Anfrage verarbeiten soll,
3. und bestätigen Sie per Mausklick auf SUCHEN.

Die Suchen-Funktion des Internet Explorers unterstützt alle großen internationalen Suchmaschinen wie AltaVista, Excite, Yahoo, Lycos, Infoseek und HotBot.

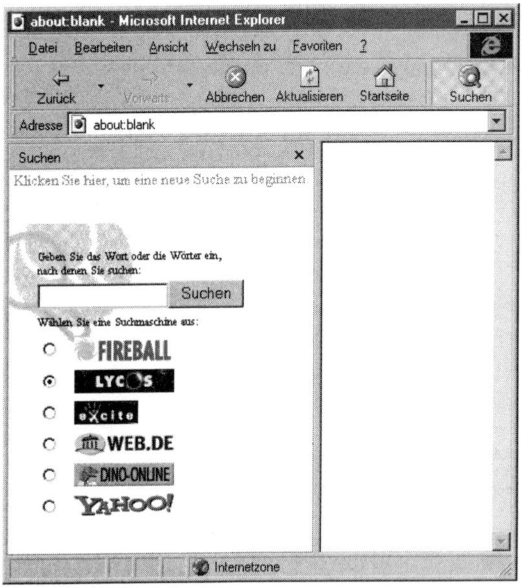

Bild 5.17: Suchfunktion des Internet Explorers

5.2.6 Mega-Suchhilfen

Wenn Sie mit den im Browser angebotenen Suchmaschinen nicht zum Ziel kommen, sollten Sie es mit anderen nationalen oder spezialisierten Suchdiensten versuchen. Liefert eine Anfrage hingegen zu viele Treffer, können Sie die Ergebnisse mehrerer Suchdienste kombinieren, um die »besten« Treffer zu bestimmen. Für diese beiden Vorgehensweisen brauchen Sie Übersichten der verfügbaren Suchmaschinen.

Übersichten der größten internationalen Suchdienste finden Sie unter:

- `http://www.einet.net/search-other.html` (Bild 5.18),
- `http://www.buk.co.at/bk/suche.htm` (Bild 5.19),
- `http://www.de.msn.com/access/allinone.htm`.

5.2.7 So suchen Sie erfolgreich!

Um ohne langes Sichten von Suchmaschinen-Ergebnissen an die gewünschte Information zu kommen, sollte die Suche gut vorbereitet werden. Eine erfolgreiche Suchstrategie berücksichtigt diese Teilschritte:

- Wählen Sie einen geeigneten Suchdienst aus. Lesen Sie die Informations- und Hilfeseiten des Anbieters, um die Auswahl des Dienstes auf das Suchziel abzustimmen. Überlegen Sie sich vor der Suche, ob Sie vorwiegend deutschsprachige oder eher internationale Dokumente lesen möchten. Prüfen Sie, ob der Suchdienst seine Inhalte schnell genug aktualisiert, wenn Sie nach aktuellen Daten suchen, und wie umfangreich die Beschreibung der gefundenen Dokumente ist.
- Überlegen Sie sich Stichworte, die die gesuchte Information eindeutig beschreiben. So grenzen Sie die Trefferquote ein.
- Sind die Suchergebnisse zu umfangreich, prüfen Sie, ob die Suchmaschine auch eine UND-Verknüpfung von Begriffen erlaubt: So finden Sie ausschließlich Dokumente, die alle Suchwörter enthalten. Einige Suchmaschinen arbeiten mit »Wildcards« (Jokerzeichen) als Platzhalter für ganze Wortfamilien.
- Passen die gefundenen Dokumente nicht in den Themenbereich, zu dem Sie Informationen möchten, ändern oder erweitern Sie die Suchbegriffe und starten eine erneute Abfrage.
- Verlassen Sie sich nicht auf die Ergebnisse eines Suchdienstes, sondern nutzen Sie mehrere parallel, um die besten verfügbaren Datenquellen zu finden.
- Die meisten Suchmaschinen arbeiten mit einer logischen ODER-Verknüpfung, wenn Sie mehrere Suchbegriffe eingeben. Damit wird nach Dokumenten gesucht, in denen einer der Suchbegriffe auftaucht. Gute Suchmaschinen (wie z.B. AltaVista) sortieren die Ergebnisse nach Treffergüte: Die Treffer, in denen alle (oder die meisten) Suchbegriffe auftauchen, werden zuerst gezeigt. Dokumente, die weniger Schlüsselwörter enthalten, sind weniger relevant und werden erst nachfolgend genannt.

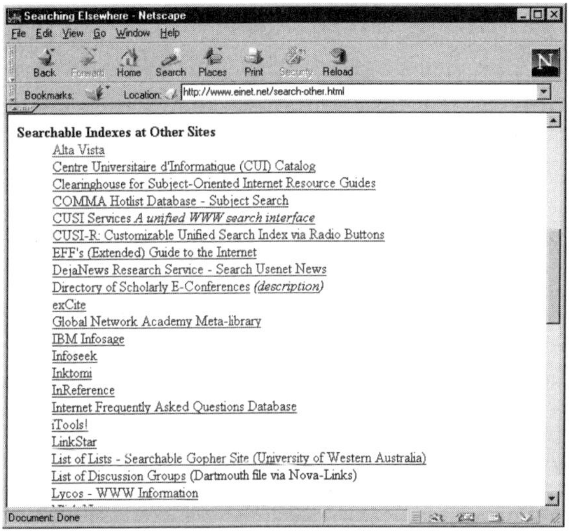

Bild 5.18: Suchhilfen bei EINET

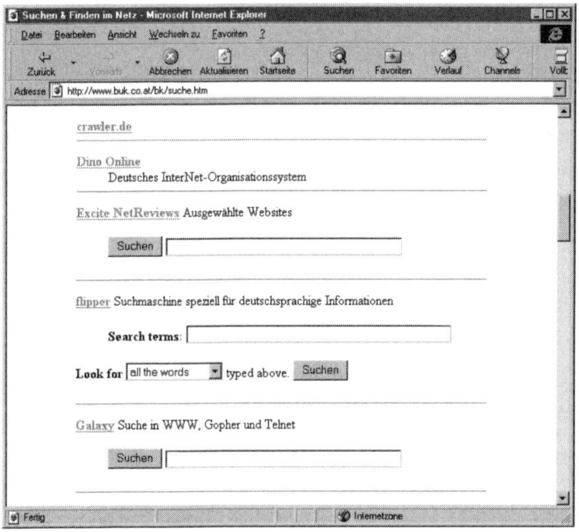

Bild 5.19: Ein Suchformular für dutzende Suchmaschinen

5.3 Software suchen im Internet

Das Internet bietet Ihnen riesige Schätze mit Software zum Download. Sie müssen nur wissen, wo Sie welche Software finden. Nur ein kleiner Teil der angebotenen Programme liegt auf WWW-Servern und ist über grafisch aufbereitete Oberflächen abrufbar. Die umfangreichsten Softwarearchive liegen auch im Zeitalter des WWW immer noch auf FTP-Servern. Im Kapitel 10 (Dateitransfer mit FTP) erfahren Sie mehr über den Umgang mit FTP-Servern.

In diesem Abschnitt nennen wir Ihnen die großen Softwarearchive im WWW und FTP, die Sie auf der Suche nach neuen Programmen durchstöbern können, und machen Sie mit dem Datenbanksystem Archie bekannt, in dem die Angebote unzähliger FTP-Server verzeichnet sind.

5.3.1 Einstiegspunkte für Software-Suchende im WWW

Als Einstiegspunkte auf der Suche nach Programmen empfehlen wir Ihnen die umfangreichen Software-Sites `www.shareware.com` und (speziell für Windows-Nutzer) `www.windows95.com`. Dort finden Sie wie im Bild 5.20 eine gut strukturierte Übersicht, sortiert nach verschiedenen Anwendungsgebieten, vor. Per Mausklick können Sie Software auf Ihren lokalen PC herunterladen. Bevor Sie ein Programm entpacken, installieren oder ausführen, raten wir Ihnen, die Dateien mit aktueller Anti-Virus-Software zu prüfen. Gerade dann, wenn Sie Software von unbekannten Herstellern und wenig bekannten Archiven herunterladen, sollten Sie sicherstellen, daß Ihnen niemand einen Virus unterjubeln will.

Kommerzielle Software können Sie über das Web sogar elektronisch kaufen. Sie erhalten eine lizenzierte Version eines Softwarepakets, das Sie genauso auch im Laden erwerben könnten. Ein recht umfangreiches Angebot an kommerzieller Software verkauft `www.buydirect.com` (Bild 5.21). Gegen Kreditkartenzahlung wird die Software auf Ihren PC übertragen. Dort angekommen, sollten Sie als erstes eine Sicherungskopie auf Diskette oder CD-ROM anfertigen.

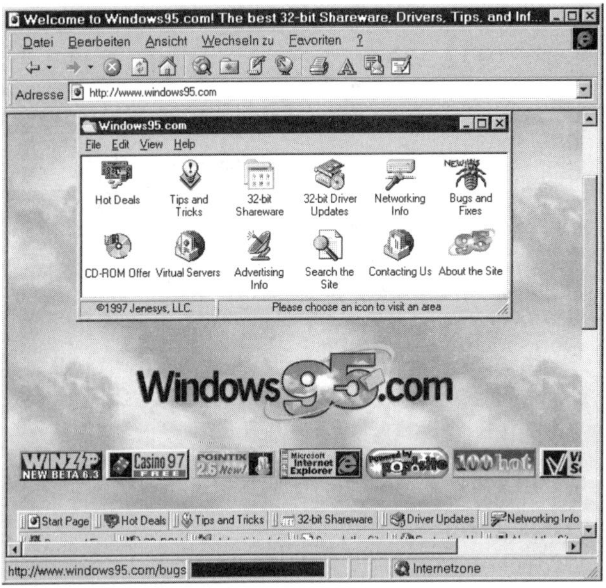

Bild 5.20: Softwarequellen im WWW nutzen

Bild 5.21: Elektronischer Softwarekauf bei BuyDirect

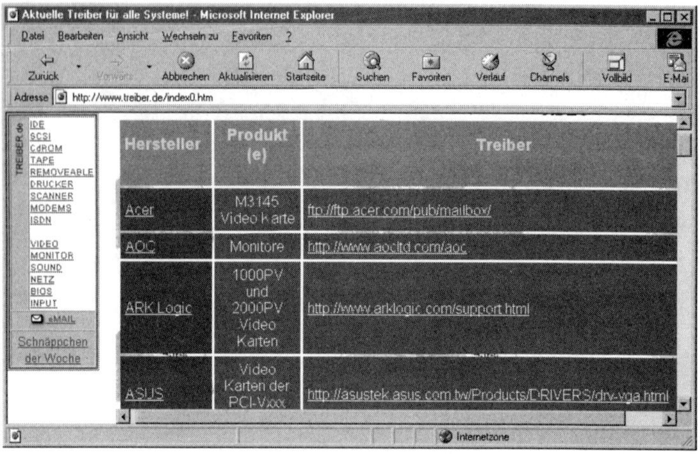

Bild 5.22: Hilfe bei der Suche nach Treiber-Software

Mit jedem neuen Betriebssystem macht man sich auf die Suche nach Treibern für die vorhandene Hardware. Die Beschaffung von Gerätetreibern und Treiber-Updates wird durch das Internet viel einfacher. Eine besonders umfangreiche und übersichtlich aufgebaute Quelle mit Treiber-Software finden Sie unter `www.treiber.de` (Bild 5.22). Sie können die Treiber, die Sie interessieren, sogar abonnieren und werden dann per eMail über jedes eintreffende Update informiert.

5.3.2 Softwareschätze auf FTP-Servern

Riesige Softwareschätze liegen auf unzähligen FTP-Servern im Internet. Diese Server halten jede Menge nützlicher Anwendungen, Dienstprogramme, Informationen, Daten und sogar ganze Betriebssysteme (z.B. Linux) bereit. Sie können auf diese Server mit Ihrem bereits bekannten Browser zugreifen. Die einzige Änderung: Sie schreiben in die LOCATION/ADRESSE-Zeile nicht mehr die Protokoll-Kennung `http://`, sondern benutzen nun `ftp://` – dies ist die Protokoll-Kennung für das FILE TRANSFER PROTOCOL (FTP).

Auf der folgenden Datenreise besuchen wir einen der umfangreichsten FTP-Server unter der Adresse `ftp://ftp.uni-paderborn.de`, der an der Universität Paderborn steht. Sie sehen die Begrüßungsseite dieses Anbieters im folgenden Bild. Klicken Sie auf die unterstrichenen Textstellen, um sich durch die Verzeichnisstruktur des FTP-Servers zu bewegen und Dateien herunterzuladen. Anhand der Verzeichnis- und Dateinamen orientieren Sie sich. In jedem Verzeichnis finden Sie auch eine Übersichtsdatei, die Sie über das Angebot in diesem Ast des Dateisystems informiert. Sie erkennen die Übersichtsdateien meist an Namen wie `INDEX` oder `00INDEX`. Klicken Sie auf diese Dateinamen, zeigt der Browser die Übersichten an.

Hier lesen Sie weiter: Den Internet-Dienst FTP stellen wir Ihnen in Kapitel 10 genauer vor. Dort lernen Sie auch spezielle FTP-Zugangssoftware kennen, die umfangreichere Funktionen bietet als die Allround-Browser.

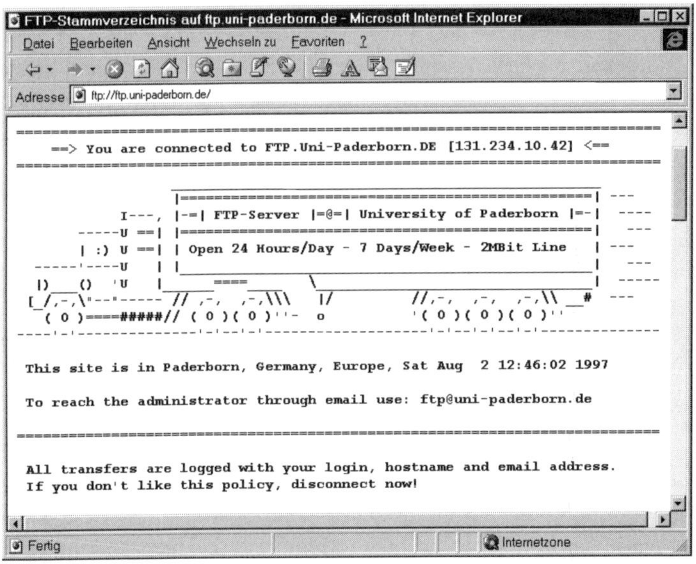

Bild 5.23: Begrüßungsmitteilung des FTP-Servers der Uni Paderborn

5.3.3 Software suchen mit Archie

Damit Sie sich auf der Suche nach Software auf der Datenautobahn nicht verfahren, zeigen wir Ihnen in diesem Abschnitt eine Suchhilfe, mit der Sie benötigte Dateien schnell aufstöbern.

Haben Sie sich bereits auf einigen FTP-Servern umgesehen, haben Sie bestimmt bemerkt, wie umfangreich und unüberschaubar das Softwareangebot auf diesen Rechnern ist. Um nicht unsystematisch viele FTP-Server nach der Nadel im Heuhaufen absuchen zu müssen, gibt es einen Datenbankverbund, der die Übersicht hat, welche Datei wo zu finden ist. Dieser Datenbankverbund heißt ARCHIE. Er erleichtert bei der ungeheuren Fülle von Software auf FTP-Servern die Recherche. Mit Archie kann man nach Dateien suchen, die irgendwo auf der Welt auf einem FTP-Server abgelegt sind.

Wir stellen Ihnen den Archie-Datenbankverbund im Detail in Kapitel 10 (Dateitransfer mit FTP) vor. In diesem Abschnitt zeigen wir Ihnen eine WWW-Schnittstelle zu Archie. Ebenso wie viele andere Internet-Dienste wird auch Archie mit vielen anderen Angeboten auf der einheitlichen Oberfläche des World Wide Web zusammengeführt. Daher können Sie jede Archie-Datenbank über das WWW abfragen. Die Trefferliste mit den gefundenen Dateien zeigt Ihr Web-Browser an, und per Mausklick können Sie die benötigte Software auf Ihren Rechner herunterladen.

Für eine erfolgreiche Recherche benötigen Sie den (ungefähren) Dateinamen der Software, die Sie suchen. Auf der folgenden Datenreise suchen wir nach Schach-Software für unseren PC. Daher geben wir als Suchbegriff das englische Wort `chess` ein. Die Suchanfrage stellen wir an das ArchiePlex an der TH Darmstadt unter `http://archie.th-darmstadt.de/`. Der ArchiePlex ist eine Schnittstelle zum Archie-Datenbanksystem in Form eines Web-Formulars. In Bild 5.24 sehen Sie das Abfrageformular dieses Dienstes.

Bei Bedarf können Sie die Art des Suchbegriffs ändern, den Archie-Server, an den die Anfrage gerichtet wird, auswählen und die Treffermenge auf bestimmte Rechner (z.B. mit der Domain-Endung `.de`) eingrenzen.

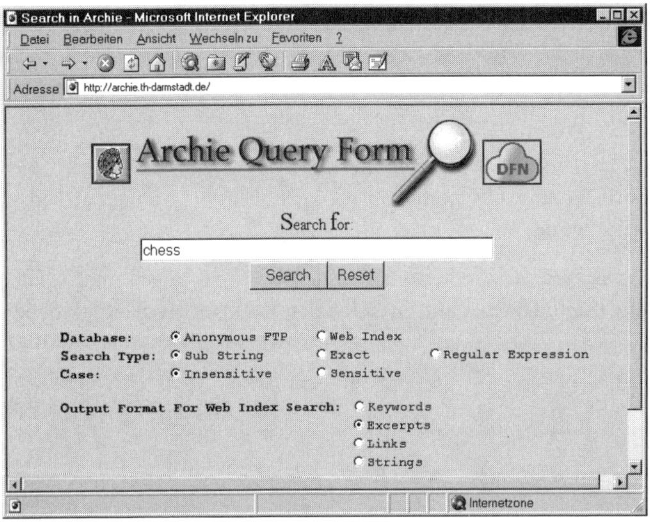

Bild 5.24: Anfrage an ArchiePlex

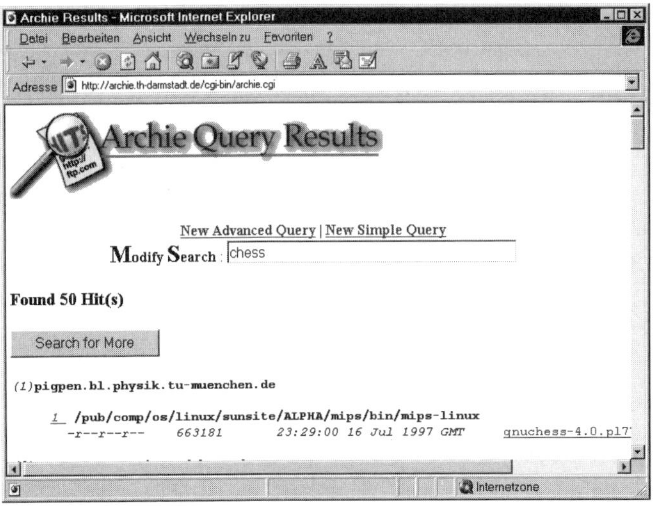

Bild 5.25: Trefferliste von ArchiePlex

Das Ergebnis der Suche nach `chess` sehen Sie ausschnittsweise im Bild 5.25. Die Trefferliste ist nach FTP-Servern sortiert, die Schach-Software bereitstellen. Zu jedem Server finden Sie Verzeichnis- und Dateiinformationen, auf die Ihr Suchmuster paßt.

Verzeichnis- und Dateinamen sind in dieser Liste farbig und durch Unterstreichung als Hyperlinks hervorgehoben. Sie können auf einen Link klicken, um

- Übersichten der markierten Verzeichnisse anzuzeigen und
- aufgelistete Dateien auf Ihren lokalen Rechner herunterzuladen.

6 Online-Konferenzen

Menschen sprechen gern miteinander – natürlich auch im Internet. Wenn Sie Zugang zum Internet haben, können Sie sich weltweit mit Millionen von Menschen unterhalten. Statt selbst zu reisen, schicken wir in diesem Kapitel nur »Datenpakete« auf die Reise.

In diesem Kapitel zeigen wir zunächst, wie Sie im Online-Dialog Informationen mit anderen austauschen.

»Sprechen« kann man im Netz, indem man

- sich zu zweit von PC zu PC etwas schreibt,
- sich auf Message-Boards im Web in kleinen Gruppen trifft und dort »chattet«,
- innerhalb einer Gruppe schreibt: Das nennt sich Internet Relay Chat und wird mit IRC abgekürzt,
- über das Internet zum Ortstarif weltweit telefoniert, das heißt Internet Phone oder
- sich bei Video- und Audiokonferenzen über das Internet gegenüber sitzt.
- Um Online für Gesprächspartner erreichbar zu sein, gibt es mit ICQ ein globales Forum für Online Konferenzen.
- Über das Internet ist auch Teamarbeit möglich. Auf sogenannten Whiteboards können Gesprächspartner bei Team-Sitzungen ihre Ideen visualisieren.

6.1 Chatten – Dialog von Person zu Person

Als neue Alternative zu Telefon, Brief, Fax und Rauchzeichen kann man im Internet schriftliche Dialoge von PC zu PC (»chat«) führen. Dabei können die Partner in einem Sende- und Empfangsfenster gleichzeitig lesen und schreiben. Chatten kann man nur online, d.h., der Sender und Empfänger sind zeitsynchron über das Internet verbunden.

Auf den Rechnern beider Teilnehmer muß außerdem ein sogenanntes Chat-Programm verfügbar sein, das den Dialog vermittelt. »Chatten« ist die klassische elektronische Sofortkommunikation. Man nutzt eine beliebige Online-Verbindung. Diese stellt man

- direkt über Telefonverbindungen,
- im lokalen Netz,
- über eine Mailbox oder eben
- über das Internet her.

In diesem Abschnitt sprechen wir über die Sofortkommunikation per Internet. Das Internet kennt im Gegensatz zu anderen Verbindungsarten zum Glück keine Grenzen. Ihr Partner kann also im Nebenraum oder auch am anderen Ende der Welt sitzen. Wenn Sie zum City-Tarif ins Internet kommen, können Sie sich sehr preiswert mit Gesprächspartnern in aller Welt unterhalten.

Checkliste

Für eine Sofortkommunikation müssen beide Teilnehmer aktiv im Internet arbeiten (online sein) und Nachrichten empfangen können.

Zum Chatten braucht man

1. einen Direktzugang zum Internet oder einen Terminal-Zugang zu einem Internet-Host. Diese erhalten Sie von einem kommerziellen Anbieter von Internet-Diensten (Provider) oder einem Verein. In Kapitel 3 beschreiben wir, wie Sie Zugang zum Internet bekommen;

2. einen PC, der über Modem, ISDN- oder Netzwerkkarte ans Internet angebunden ist,

3. die Kommunikations-Software, die die Verbindung zwischen den beteiligten Rechnern herstellt sowie

4. die Chat-Software, die den Dialog zwischen zwei oder mehreren Gesprächspartnern aufbaut und vermittelt.

Außerdem müssen Sie wissen, über welche Internet-Adresse oder in welchem Chat-Forum Sie Ihre Chat-Partner erreichen können.

6.1.1 Internet-Adressen von Personen

Genauso wie beim Telefonieren hat jeder Teilnehmer mindestens eine weltweit eindeutige Adresse. Diese Internet-Adressen werden Sie ständig begleiten! Sie benutzen sie nicht nur für Online-Dialoge, sondern auch zum Versenden elektronischer Post (eMail). Wenn Sie auf anderen Rechnern arbeiten, benötigen Sie ebenfalls Adressen – in diesem Fall die Internet-Adresse eines Rechners (siehe Kapitel 2).

Eine Adresse einer Person im Internet kann z.B. so aussehen:

`FRITZ@HAL.CL-KI.UNI-OSNABRUECK.DE`

`UWE@FAKE.ISDN.GERMANY.EU.NET`

`FRITZ@131.173.141.2`

Internet-Adressen sind ganz einfach aufgebaut. Sie bestehen aus

- der Kennung des Gesprächspartners (hier: `fritz` und `uwe`) und
- der Einrichtung, über die der Gesprächspartner erreicht wird (hier z.B. `fake.isdn.germany.eu.net`). Die Einrichtung kann man entweder durch einen Namen (Rechnername + »Domain-Name«) oder eine Nummer (Internet-Protokoll-Nummer, kurz »IP-Nummer«) angeben.

Zwischen der Kennung des Gesprächspartners und der Einrichtung steht der Klammeraffe »@« Alle Adressen haben also die Form

`<Internauten-Name>@<Einrichtung>`

Die Kennung von Internet-Nutzern werden auch Login oder Benutzername genannt. Beliebte Kennungen sind Vornamen, Spitznamen oder kombinierte Vor- und Zunamen wie z.B. `Friedrich.Kronenberg`, `Maria_Petersen` oder `K.Mueller`.

Der Name der Einrichtung besteht meistens aus einem Rechner- und dem Domain-Namen (Namen des Postzustellbezirks). Im ersten Beispiel ist `hal` der Name des Rechners, an dem Fritz arbeitet. Der Rest der Adresse, also `.cl-ki.uni-osnabrueck.de` ist der Domain-Name. Der Rechnername kann in einer Adresse auch »versteckt« sein. Wenn Sie nur Adressen des Gesprächspartners ohne Rechnernamen kennen, können Sie keinen direkten Online-Dialog aufbauen. In diesem Fall schreiben Sie am einfachsten einen elektronischen Brief (siehe Kapitel 7) oder vereinbaren ein Treffen in einem der Chat-Foren, die wir Ihnen auf den folgenden Seiten vorstellen.

Kennen Sie Ihre eigene Adresse? Oft haben wir erlebt, daß Internet-Nutzer in Unternehmen ihre Internet-Adresse nicht kennen. Wenn Sie selbst nur Postkarten wegschicken oder Verbindungen zu Rechnern aufbauen, brauchen Sie ja auch nicht zu wissen, wie Sie selbst zu erreichen sind.
Wir raten allen Internauten, ihre eigene Internet-Adresse griffbereit zu halten. Sie können sich dann nicht blamieren, wenn sie nach ihrer Adresse gefragt werden. Es ist doch auch im Trend, eMail-Adressen auf die Visitenkarte zu drucken.

Adressen sind Privatsache!

Wir meinen, daß Adressen – auch wenn sie öffentlich abfragbar sind – schützenswerte private Informationen darstellen. Damit keine Adresse, die wir in diesem Buch zeigen, ohne Zustimmung des Besitzers bekannt oder sogar mißbraucht werden kann, haben wir alle Benutzerkennungen unkenntlich gemacht, verändert oder frei erfunden. Möchten Sie z.B. die Arbeitsweise Ihres Postsystems (Kapitel 7) testen, schicken Sie bitte keine Briefe an Adressen, die Sie in diesem Buch finden, sondern an die Adresse `mirror@germany.eu.net`. Über diese Adresse können Sie testen, ob Nachrichten ins Internet gelangen. Wenn Sie Ihre Absender-Adresse in den Nachrichtentext schreiben, erhalten Sie nach kurzer Zeit eine Antwort dieses »Reflektors«.

6.1.2 Jetzt chatten wir

Kehren wir zurück zum Sofort-Dialog über das Internet. Sobald Sie wissen, wie Sie Ihre Gesprächspartner im Internet erreichen, kann der Dialog mit einem Chat-Programm gestartet werden.

Wir benutzen auf den folgenden Datenreisen das Chat-Programm, das zum Installationsumfang des Netscape Communicator-Pakets gehört. Dieses Chat-Programm versteckt sich in der Komponente Netscape Conference. Selbstverständlich gibt es aber für jedes anständige Betriebssystem diverse, frei verfügbare und kommerzielle Chat-Programme.

Je nach Programm können zwei oder mehr Menschen miteinander »sprechen«. Sie können für häufig wiederkehrende Mitteilungen auch vorgefertigte Textbausteine als Dialogtext übertragen.

Vor dem Gespräch müssen sich die Gesprächspartner zunächst die »Hände reichen«, d.h., von allen Seiten wird die Verbindung gewünscht und aufgebaut. Für den Verbindungsaufbau müssen Sie Ihrem Chat-Programm die Adresse des Gesprächspartners nennen.

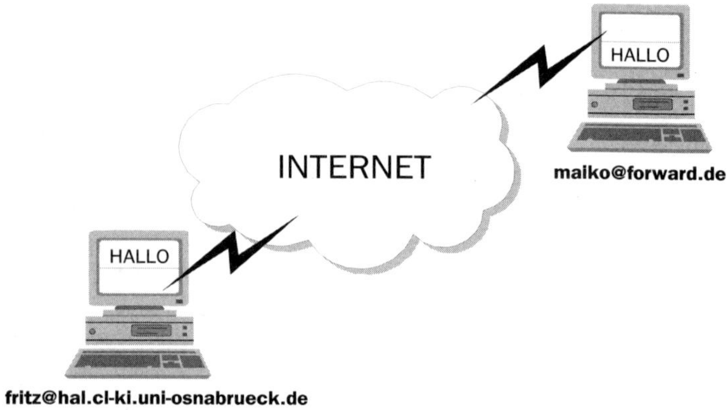

Bild 6.1: Chat-Verbindung über das Internet

In unserem Beispiel rufen wir Maiko (Adresse: `maiko@forward.de`). Voraussetzung ist, daß Maiko sich so wie wir am Conference-Server, der die Dialoge vermittelt, angemeldet hat. Da wir häufiger mit Maiko »chatten«, haben wir seine Adresse in das Adreßbuch von Netscape Conference aufgenommen (Bild 6.2).

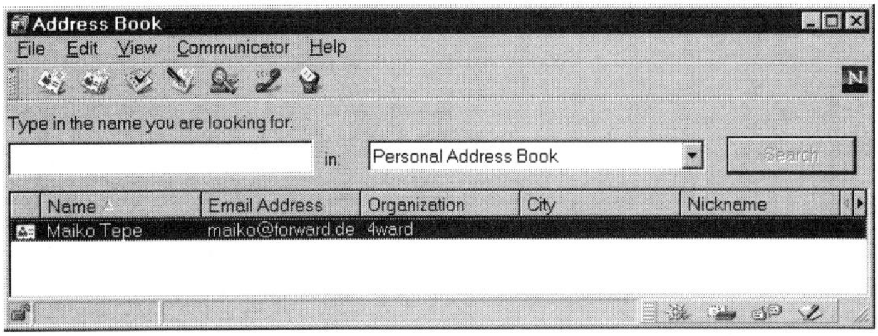

Bild 6.2: Das Adreßbuch von Netscape Conference

Aus dieser Adreßliste heraus können wir per Mausklick auf das Telefon-Symbol eine Dialogverbindung zu Maiko aufbauen.

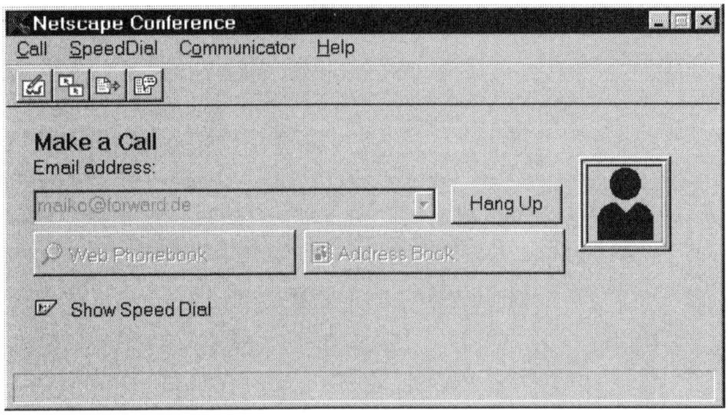

Bild 6.3: Aufbauen der Dialogverbindung zu Maiko

Nun »klingelt« es auf Maikos PC. Wenn er antworten möchte, baut er die Gegenverbindung ebenfalls mit Netscape Conference auf. Damit haben sich beide Seiten die »Hände gereicht«.

Die Dialogverbindung ist hergestellt und beide können sich gegenseitig in einem Chat-Fenster Mitteilungen schreiben. Damit kein Zeichenchaos entsteht, ist der Bildschirm in zwei Hälften unterteilt (Bild 6.4). Im unteren Teil sieht man, was man selbst schreibt, und im oberen Ausschnitt kommen die Antworten des Gesprächspartners an.

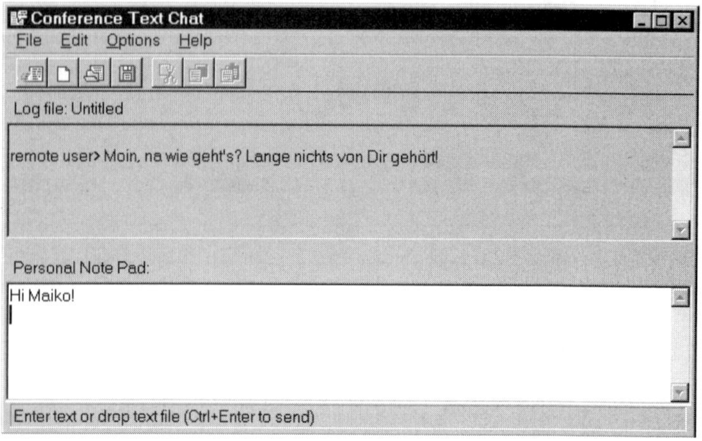

Bild 6.4: Dialog zwischen Maiko und Fritz

Chatten mit mehreren Personen

Mit Erweiterungen zu Chat-Programmen können auch kleinere Gesprächsgruppen gleichzeitig Dialoge führen. Hier wird der Bildschirm in so viele Ausschnitte unterteilt, wie Gesprächspartner teilnehmen. Sobald die Gesprächsrunde größer wird, sind einfache Chat-Programme jedoch überfordert. Mit mehr als drei Gesprächspartnern sollten Sie für Ihre Unterhaltung das IRC (Internet Relay Chat; Abschnitt 6.2) nutzen.

Textbausteine übertragen

Computer sollen (Tipp-)Arbeit sparen, deshalb können zahlreiche Chat-Programme vorbereitete Textbausteine auf dem Bildschirm des Gesprächspartners anzeigen. So sparen Sie Tipparbeit und Online-Zeit. Beim Chatten auf einer Grafik-Oberfläche können Sie über »Kopieren und Einfügen« oder »Drag and Drop« Textausschnitte mit der Maus markieren, kopieren/bewegen und anschließend im Dialog-Fenster einfügen. Da Ihr Gegenüber im Bildschirmausschnitt meist nur wenige Textzeilen sieht, sollten Sie nur kleine Portionen senden.

Was tun, wenn der Gesprächspartner nicht online ist?

Einen Online-Dialog können Sie nur zu Gesprächspartnern aufbauen, die gerade online sind (und im Fall von Netscape Conference auf dem Server angemeldet sind). Ist dies nicht der Fall können Sie auf eMail zurückgreifen. Mit Netscape Conference haben Sie aber eine weitere Option: Diktieren Sie eine Voice-Mail-Nachricht, die der Empfänger abrufen kann, sobald er wieder online ist. Das Erstellen einer Voice-Mail mit Netscape Conference sehen Sie im Bild 6.5 - ob Ihnen die Sprachqualität ausreicht, sollten Sie selbst testen.

Bild 6.5: Erstellen einer Voice-Mail

6.1.3 Gesprächsregeln

Damit Gespräche in geordneten Bahnen verlaufen, gibt es einige Gesprächsregeln – auch Netiquette genannt. Ob Sie und Ihre Gesprächspartner sich daran halten, müssen Sie miteinander vereinbaren.

Beim »Chatten« kündigt man häufig das Ende des Satzes oder Gesprächs an. Hierzu wurden aus der Funkersprache die Bezeichnungen

- `over` oder kurz `o` (für: ich bin fertig und warte auf Antwort) und
- `over and out`, kurz `oo` (für: ich habe alles gesagt und beende nun das Gespräch)

entliehen. Wenn Sie Ihre Eingaben mit diesen Zeichen abschließen, weiß Ihr Partner ganz schnell, wann Sie ausgesprochen haben und auf Antwort warten. Dies ist vor allem bei langsamen »Klingeldraht«-Verbindungen hilfreich. So können Sie besser entscheiden, ob die Verbindung »mal wieder steht«, ob Ihr Gesprächspartner auf eine Reaktion wartet oder nur eine kurze Denkpause eingelegt hat.

6.1.4 Ruhe, bitte!

Leider stört Online-Kommunikation manchmal bei der Arbeit. Damit Sie nicht durch Dialoganfragen unterbrochen werden, können Sie auf zahlreichen Systemen den Nachrichtenempfang abstellen. Bei Chat-Systemen wie Netscape Conference genügt es sogar, sich nicht beim Conference-Server anzumelden.

Tip (für UNIX-Anwender): Auf einem UNIX-Rechner verhindert das Shell-Kommando `mesg n` (für engl.: message no – keine Nachricht), daß Dialoganfragen zu Ihnen durchkommen. Mit dem Kommando `mesg` sehen Sie auch, wie dieser Parameter im Moment eingestellt ist.

6.1.5 Adressen finden

Einen Dialog können Sie nur dann aufbauen, wenn Sie die Internet-Adresse des Gesprächspartners kennen. Falls Sie eine Adresse nicht kennen oder verlegt haben, lesen Sie in Kapitel 7, wie man nach Adressen und Personen im Netz suchen kann.

6.2 IRC/Microsoft Chat – Das Gruppengespräch

Chat-Programme sind nur bei kleinen Gesprächsrunden nützlich. In diesem Abschnitt lernen Sie ein Kommunikationswerkzeug für größere Gesprächsrunden kennen. Dieses Kommunikationsmedium heißt »Internet Relay Chat« oder abgekürzt IRC. Auf dem IRC setzt Mircosoft sein Chat-Programm auf, daß zum Installationsumfang der Vollversion des Internet Explorers gehört.

Mit IRC/Microsoft Chat

- klinken Sie sich in bestehende Gesprächsrunden zu vielen Themen ein oder
- bauen mit Freunden, Kollegen und Interessierten neue Diskussionsrunden auf.

Das IRCen wird weltweit von über hundert öffentlichen IRC-Servern vermittelt, die alle miteinander verbunden sind. In Deutschland sind die IRC-Server meist an Universitäten beheimatet. Über jeden IRC-Server finden Sie mehrere hundert »Kanäle«, in denen die verschiedensten Themen in zahlreichen Sprachen diskutiert werden. Im IRC können Sie nette Menschen aus der ganzen Welt kennenlernen, über Ihre Hobbies diskutieren, Ihre Fremdsprachenkenntnisse auffrischen, mit anderen spielen oder auch jemanden suchen, der Ihnen bei Problemen mit Ihrer Software oder Hardware weiterhilft.

Für ein »neues« Thema können Sie auch einen eigenen Kanal einrichten und sich dort mit Interessierten treffen.

Im IRC werden sowohl unterhaltsame Gespräche geführt als auch ernsthafte Projekte besprochen. Alles, was Sie auf einem Kanal sagen, wird an alle Gesprächspartner übertragen. Sie können aber auch Privatmitteilungen flüstern, die nur ausgewählte Personen erhalten.

Leider ist das IRC in den letzten Jahren sehr in Verruf gekommen: Grund dafür ist die Möglichkeit, anonym unter einem frei wählbaren Pseudonym Dateien mit anderen Chattern auszutauschen. In einigen Foren haben Pädophile diese technische Möglichkeit mißbraucht, um Kinderpornographie weltweit zu verteilen.

6.2.1 Themen im IRC

Im Internet-Gruppengespräch (IRC) können mehrere Internauten gleichzeitig an Online-Diskussionen teilnehmen. Wenn jeder mit jedem anderen gleichzeitig reden würde, wäre das ein unvorstellbares Chaos. Zu den verschiedenen Themengebieten gibt es daher jeweils gesonderte Gesprächsrunden, sogenannte Kanäle (auch »virtuelle

Räume«). Auf jedem dieser Diskussions- und Partykanäle trifft man Leute, die sich über ein gemeinsames Thema unterhalten können – häufig aber auch einfach über Gott und die Welt reden. Die Themengebiete reichen von Sportarten, über Popstars und Kontaktgesuchen bis hin zu Hard- und Software-Interessengruppen.

Einige Kanäle tragen als Thema auch den Namen einer Stadt, einer Region oder einer Einrichtung. Dort findet man immer wieder mal – aber natürlich nicht ausschließlich – Leute, die in irgendeiner Form Bezug zu diesem Ort haben oder Freunde in dieser Region suchen. So werden Australier immer wieder auf dem Kanal `#aussies` gesichtet.

Während des Golfkriegs wurden über IRC neueste Informationen aus dem Krisengebiet übertragen. Auf dem Kanal `#reports` informierten sich Hunderte von Internauten täglich über die aktuelle Lage am Persischen Golf.

IRC wird auch professionell genutzt. Wissenschaftler verwenden IRC zum Informationsaustausch und Softwareentwickler halten ihre wöchentlichen Projektsitzungen dort ab. Damit diese »geschlossenen« Benutzerkreise nicht von anderen IRClern abgehört werden, gibt es private Kanäle mit eingeschränktem Zugang.

Zur Zeit finden sich auf dem im Jahr 1988 vom Finnen Jarkko Oikarinen gegründeten IRC regelmäßig über 10.000 Nutzer auf ca. 150 Servern ein. Weltweit sind alle Server miteinander verbunden. Wenn der Kanalname oder das Gesprächsthema nichts Gegenteiliges andeuten, ist die allgemeine Umgangssprache Englisch.

6.2.2 Chatten im IRC

Zugang zu einem IRC-Server schafft man sich über

- einen separaten IRC-Client wie mIRC oder
- über den Microsoft Chat, der Bestandteil des Internet Explorer-Pakets ist.

Beide bauen die Verbindung zu einem IRC-Server auf, übermitteln Ihre Eingaben und empfangen die Nachrichten Ihrer Gesprächspartner.

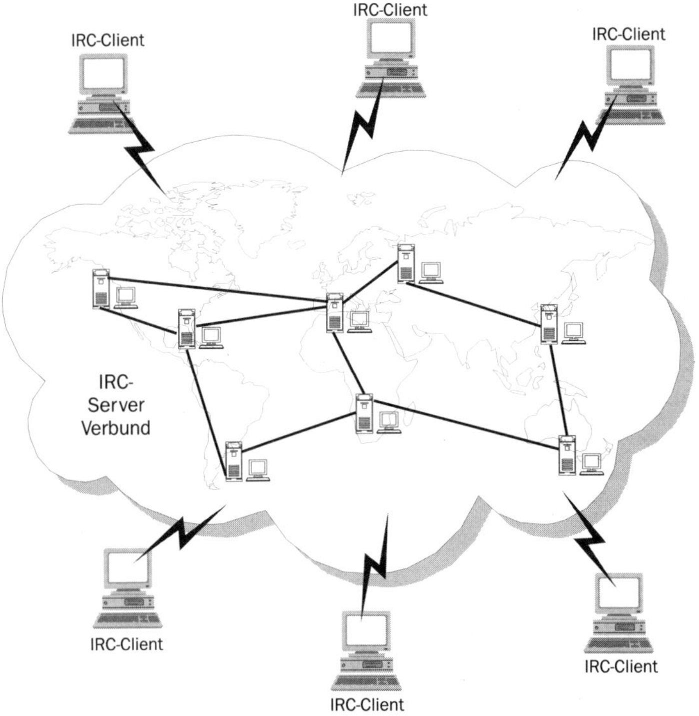

Bild 6.6: Das weltweit miteinander verbundene IRC-System

Der Microsoft Chat bietet zahlreiche Erweiterungen im Vergleich zu herkömmlichen IRC-Konferenzen. Alternativ zur üblichen Text-Ansicht von Dialogen stellt der Microsoft Chat Gespräche in grafischer Comic-Form dar. Jedem Gesprächspartner ist eine Comic-Figur zugeordnet, die Nachrichten an die Gruppe oder andere Figuren senden kann. Das Gefühl in einem »virtuellen Raum« mit anderen Gesprächspartnern zu sein, wird so verstärkt.

Auf den folgenden Datenreisen lernen Sie Dialoge sowohl mit dem IRC-Client mIRC wie auch mit Microsoft Chat kennen.

6.2.3 Chatten mit mIRC

Zunächst stellen wir Ihnen die speziell für Dialoge im IRC entwickelte Software mIRC vor. Sie können eine Testversion dieser Software mit ausführlicher Dokumentation von der Web-Site des Herstellers unter `http://www.mirc.co.uk` herunterladen.

Verbindungsaufbau mit dem IRC-Client

In Bild 6.7 bauen wir mit dem IRC-Client mIRC eine Verbindung zum IRC-Server in Stuttgart auf. Hierzu

- tragen wir die Adresse des Servers `irc.uni-stuttgart.de` in den Anmelde-Dialog von mIRC ein,
- geben unsere Personendaten inklusive eines Pseudonyms (Nickname) an und
- klicken anschließend auf CONNECT TO IRC-SERVER.

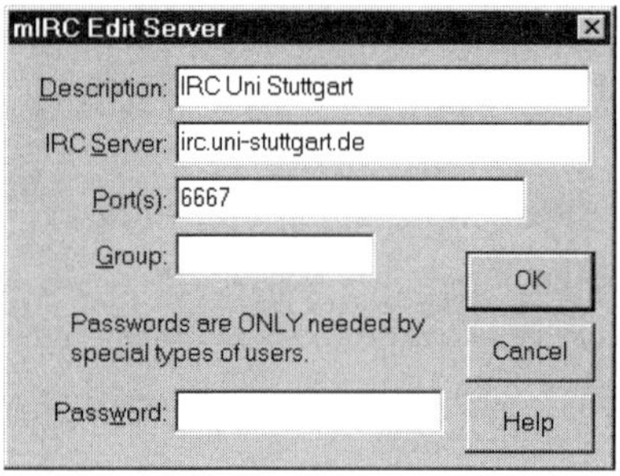

Bild 6.7: Verbindungsaufbau zum IRC-Server

Mit dem Server verbunden sehen wir, wie viele Menschen (hier: 9.634 Nutzer) auf wie vielen Kanälen (hier: 4.806) zur Zeit IRC nutzen. Außerdem liefert dieser Server eine Übersicht über weitere IRC-Server in Deutschland, die alternativ angewählt werden können. Wählen Sie am sozialverträglichsten einen geographisch oder organisatorisch nahegelegenen Server.

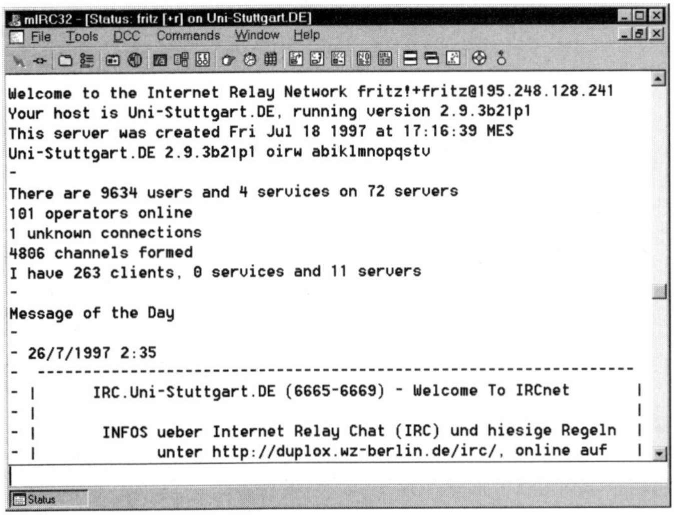

Bild 6.8: Begrüßung auf dem Server

Zum Ende der Begrüßung gibt der Server seine Spielregeln und die Warnung aus: »Keine Robots ohne Erlaubnis auf diesem Server!«. Robot-Programme, häufig auch kurz bots genannt, halten sich wie menschliche IRC-Benutzer auf Kanälen auf und führen dort verschiedene Aufgaben durch. Sogenannte »Vertreter-Bots«, ersetzen reale Menschen während deren Abwesenheit und reagieren auf Schlüsselworte in den Eingaben Dritter mit mehr oder minder sinnvollen Standardantworten. Andere Bots leiten auf bestimmten Kanälen Spiele oder informieren über aktuelle Themen und Probleme. Viele neue IRC-Benutzer fühlen sich irritiert, wenn sie zum ersten Mal einem Robot begegnen und zunächst denken, sie hätten einen Menschen »vor« sich. Ein weiterer Nachteil von Robots ist, daß sie unnötigen Netzverkehr verursachen, und die ohnehin gut ausgelasteten IRC-Server hinsichtlich des Datenaufkommens überfordern.

> **Tip:** Ohne eigenen IRC-Client können Sie eine Verbindung zu einem öffentlichen IRC-Client mittels Telnet herstellen.

Anmelden auf dem IRC-Server

Auf dem IRC-Server angekommen arbeiten Sie unter dem angegebenen Spitznamen oder Pseudonym, vom Insider Nickname genannt. Mit diesem Nickname werden Sie während der IRC-Sitzung auf den Kanälen angesprochen. Sie können sowohl Ihren richtigen Vornamen (falls noch nicht durch einen anderen Nutzer belegt) oder ein Phantasiewort wählen. Möchten Sie Ihr Pseudonym nachträglich ändern, benutzen Sie hierfür das Kommando `/nick` mit Ihrem neuen Spitznamen. Mit der folgenden Eingabe wählen wir den Namen `fritz`:

```
/nick fritz
```

IRC unterscheidet Befehle und Nachrichten:

- Alle Kommandos beginnen mit einem Schrägstrich »/«.
- Eingabezeilen, die nicht mit dem Schrägstrich eingeleitet werden, erscheinen als Nachricht auf den Bildschirmen der Gesprächspartner Ihres Kanals.

Da man sich hinter Nicknames verstecken kann, ist im IRC eine Unterhaltung unabhängig von körperlicher Statur und sozialer Schicht möglich. Aber Vorsicht, häufig trügt der Schein im IRC: Vielleicht meinen Sie, daß Sie gerade mit einer attraktiven Dame oder einem sportlichen Mann sprechen, während am anderen Ende tatsächlich ein achtzigjähriger Opa oder ein neunjähriger Junge sitzt. Nicht gerade selten wechseln Personen im IRC sogar das Geschlecht und führen so »gutgläubige« Internetnutzer auf eine falsche Fährte.

Im IRC kann man andere nur danach beurteilen, was sie und wie sie es sagen. Alle anderen schätzen auch Sie nur über Ihre Gesprächsbeiträge ein. Vorschnelle Urteile aufgrund des äußeren Erscheinungsbilds gibt es im IRC nicht!

So orientiert man sich im IRC

Nun wollen wir in eine Gesprächsrunde hinein. Zunächst möchten wir wissen,

- welche Diskussionskanäle zu welchen Themen geöffnet sind und
- ob sich Freunde oder Kollegen im IRC aufhalten.

Übersicht der IRC-Kanäle

Wir fragen mit dem Kommando `/list` zu Beginn alle aktiven Kanäle und deren Themen ab. Aber hier ist Vorsicht geboten, bei über tausend Kanälen dauert die Ausgabe recht lang und rauscht – falls Ihr Client nicht auf seitenweise Anzeige eingestellt ist – an Ihnen vorbei. Mit der Option `-max <personenzahl>` filtern Sie die Kanäle heraus, auf denen mehrere Diskussionspartner aktiv sind. Nutzen Sie mIRC dann können Sie sich über das Channels-Icon in der Symbolleiste die Kanäle auch in einer übersichtlichen Liste anzeigen lassen.

Das Bild 6.9 zeigt einige Kanäle in der Kanalliste von mIRC. Die aktuellen Kanalnamen in der Übersicht beginnen immer mit einem `#`-Zeichen. Dahinter lesen Sie, wie viele IRCler sich auf dem Kanal aufhalten und ggf. über welches Thema gesprochen wird.

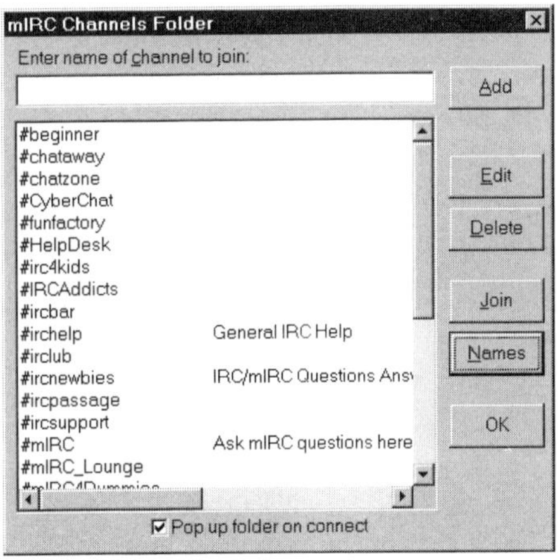

Bild 6.9: IRC – Kanalübersicht mit /list

Übersicht der IRCler

Neben der Übersicht über die Kanäle können wir auch Übersichten über die aktiven IRCler abfragen. Auch hier hilft eine Übersicht über die vielen Tausend IRC-Teilnehmer recht wenig. Daher zeigen wir mit dem Kommando `/who *.de` »nur«, wer aus Deutschland im IRC ist:

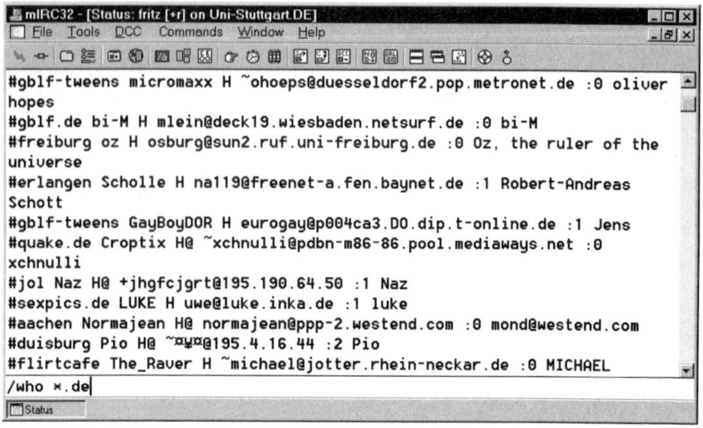

Bild 6.10: IRCler aus Deutschland anzeigen

In der ersten Spalte jeder Zeile sehen Sie den Kanalnamen, auf dem sich der IRCler aufhält (z.B. `#os/2`). Wenn keine Informationen über den aktuellen Kanal eines IRC-Nutzers verfügbar sind, sehen Sie nur ein *-Zeichen. Anschließend folgt die Benutzerkennung, die Adresse des Internet-Rechners und der Spitzname des IRClers. Am Ende des Eintrags finden Sie häufig den »realen« Namen oder einen Spruch, der die allgemeine Lebenshaltung des IRClers widerspiegelt.

Rein in den Kanal!

Wenn Sie sich für eine Gesprächsrunde entschieden haben, dann klinken Sie sich mit `/join #kanalname` in das Gespräch ein. Wir schauen in Bild 6.11 auf den Kanal `#germany`. Dort trifft sich regelmäßig eine Gruppe befreundeter IRCler, die sich auch im realen Leben auf sog. Relay-Partys, kurz RPs, ab und zu treffen. Auf diesem Kanal erscheinen wir den anderen unter dem Pseudonym `Fritz`.

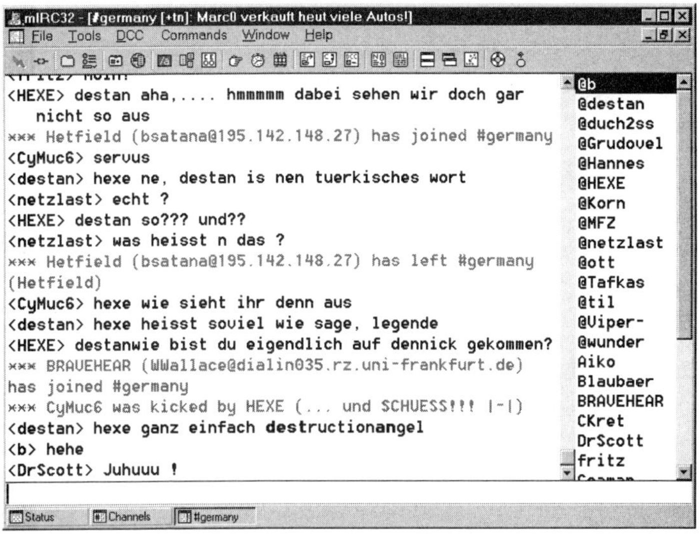

Bild 6.11: IRC – Diskussionen auf dem Kanal #germany

Der Dialog-Bildschirm ist so unterteilt:

- Im Fenster-Rahmen werden u.a. der Kanalname und das dort diskutierte Thema genannt.
- Im oberen Fensterbereich werden alle Dialogbeiträge angezeigt. Jeder Dialogzeile ist das Pseudonym des Verfassers in spitzen Klammern vorangestellt. Ihre eigenen Beiträge erkennen Sie am »>«-Zeichen.
- In den folgenden Zeilen erscheinen Ihre Eingaben: Sie sehen dort bereits vor dem Absenden eines Gesprächsbeitrags, was Sie anstellen.
- In der rechten Hälfte erfahren Sie die Namen aller Gesprächsteilnehmer auf dem Kanal.

Auch als Neueinsteiger können Sie ganz unvoreingenommen auf einen Kanal gehen. Wenn Sie sich nicht sicher sind, ob Sie mitreden wollen und können, dann hören Sie doch einfach eine Weile zu und entscheiden später, ob Sie aktiv ins Geschehen eingreifen.

So gehen Sie mit bösen IRClern um: Falls Sie jemandem begegnen, der sich auf Ihre Kosten über Sie als Anfänger lustig macht, ignorieren Sie die Person am besten. Die Freude, sich auf Kosten von Neuen zu amüsieren, verfliegt recht schnell, wenn sie unkommentiert bleibt!

Auf einem Kanal laufen häufig zahlreiche »kleinere« Gespräche parallel ab, daher müssen Sie unter Umständen erst einmal in die Dialoge »hineinhören«, bevor Sie herausfinden, wer mit wem worüber spricht.

Falls Sie sich zwischendurch vergewissern möchten, mit wem Sie einen Kanal teilen, lassen Sie sich mit `/who #<kanalname>` eine Übersicht über die Gesprächsrunde anzeigen:

```
#muenster  fritz     H@  ~fritz@hal.cl-ki.Uni-Osnabrueck.DE
(Friedrich Kronenberg)
#muenster  dwalin    H@  xxx@thorin.swb.de (you are always
on my mind)
#muenster  Bitspyer  H   xxx@nibelung.Worms.Fh-Rpl.DE (The
last Jedi)
#muenster  Georg     H@  xxx@hal.cl-ki.Uni-Osnabrueck.DE
+(http://hal.cl-ki.uni-osnabrueck.de/~grehm/)
#muenster  Eregtus   H   xxx@irz105.inf.tu-dresden.de
(Thomas)
```

6.2.4 Chatten mit Microsoft Chat

Komfortabler als das noch weitgehend zeichenorientierte mIRC ist der Microsoft Chat. Diese Anwendung finden Sie auf Ihrem Rechner, wenn Sie die Vollversion des aktuellen Internet Explorers (ab Version 4) installiert haben. Alle Bedienungsschritte können Sie über Menübefehle und Symbolleisten durchführen – ohne sich komplizierte Befehlszeilen merken zu müssen. Als Besonderheit verpackt der Microsoft Chat IRC-Dialoge auf Wunsch in eine Comic-Umgebung, in der jeder Gesprächsteilnehmer eine eigene Figur hat und sich mit anderen Figuren in einem virtuellen Raum unterhält.

Nutzen Sie Microsoft Chat, dürfen Sie sich nicht wundern, daß die Bezeichnung IRC nirgends im Programm oder in der Hilfe zu lesen ist. Microsoft verschweigt seinen Anwendern, daß dieser Dienst auf IRC aufbaut und präsentiert den Chat als eigene Erfindung.

Verbindungsaufbau mit Microsoft Chat

Zunächst müssen Sie sich wie bei mIRC ein Pseudonym geben, mit dem Sie beim Chatten angesprochen werden können, und auf einem Server anmelden, der die Kommunikation vermittelt. Wie in Bild 6.13 dargestellt, sollten Sie den voreingestellten Kommunikations-Server von Microsoft wählen, der die »Comic«-Erweiterung unterstützt.

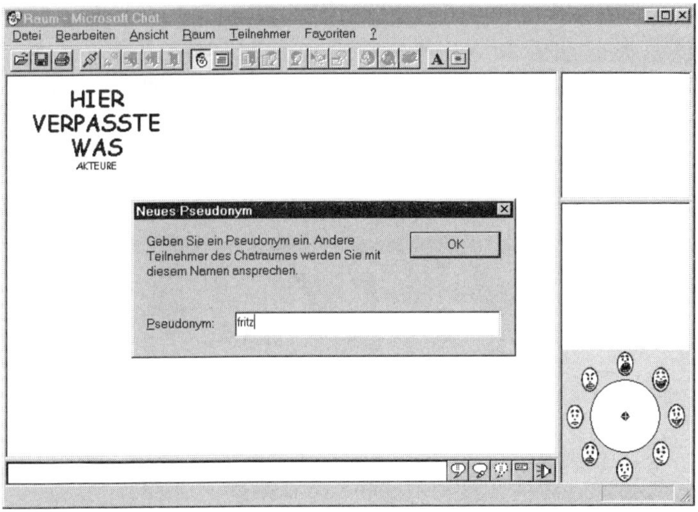

Bild 6.12: Pseudonym wählen

Bild 6.13: Anmelden auf dem Chat-Server

Übersicht der virtuellen Chat-Räume

Beim Anmelden können Sie gleich einen bereits bekannten Chat-Raum betreten. Möchten Sie sich zunächst über die IRC-Kanäle, die von Microsoft Chat-Räume genannt werden, informieren, wählen Sie bei der Anmeldung die Option ALLE CHAT-RÄUME anzeigen. In einer Liste erhalten Sie einen Überblick über die verfügbaren Chat-Räume.

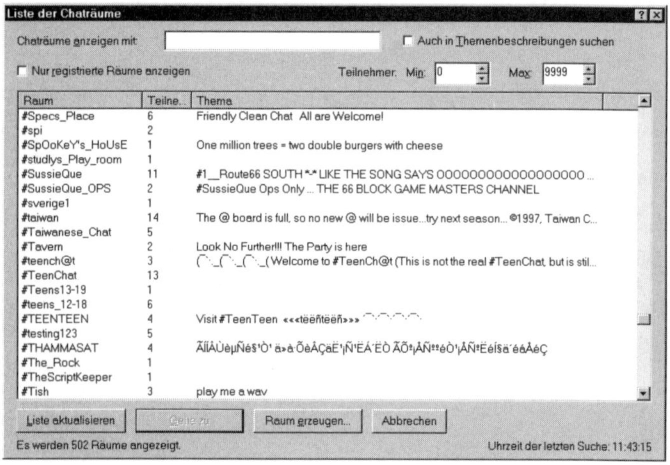

Bild 6.14: Liste der Chat-Räume

Betreten eines Chat-Raums

Wählen Sie einen Raum, dessen Inhaltsbeschreibung interessant klingt oder in dem Ihre Muttersprache gesprochen wird. Wir haben uns für den Kanal `#german_chat` entschieden, weil wir dort – im Unterschied zu den vielen Hundert englischsprachigen Räumen – deutsch sprechen können.

Markieren Sie den gewünschten Eintrag und klicken dann auf GEHE ZU, werden Sie in diesen Raum teleportiert. Dort kann man in einer Text-Ansicht und in einem Comic-Modus diskutieren.

Wählen Sie die Text-Ansicht, präsentiert sich das Gruppengespräch ähnlich wie bei mIRC. Im oberen Fensterbereich sehen Sie alle Nachrichten des Gesprächsteilnehmers und zusätzliche Statusmitteilungen, wenn Personen den Raum betreten oder verlassen. In der Eingabezeile können Sie selbst Nachrichten eingeben. Klicken Sie dann auf die Sprechblase, »sprechen« Sie die Mitteilung für jedermann hörbar in den Raum. Sie können aber auch die gestrichelte Sprechblase für private Mitteilungen an ausgewählte Empfänger verwenden.

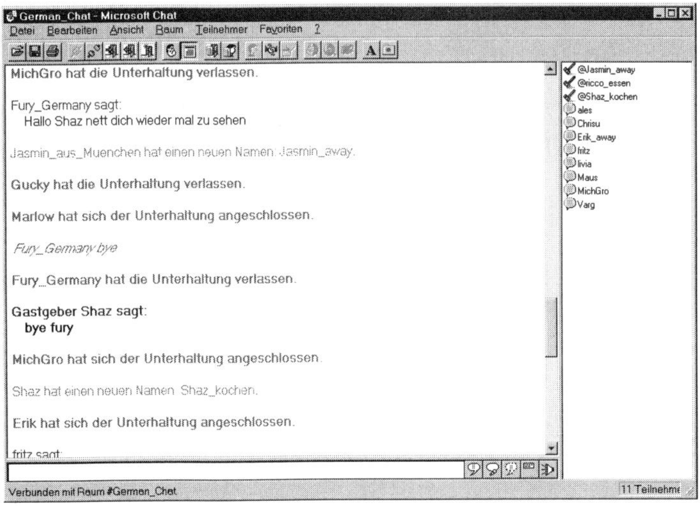

Bild 6.15: Text-Ansicht eines Gesprächs mit Microsoft Chat

In der rechten Fensterhälfte finden Sie eine Liste Ihrer Gesprächspartner. Nur die Gesprächspartner vor deren Pseudonym eine Sprechblase erscheint sind wirklich aktiv. Die anderen Personen sind zwar auf dem Kanal angemeldet, aber »inaktiv«, z.B. weil sie gerade zum Mittagessen sind.

Comic-Ansicht

Das Gefühl eines virtuellen Diskussionsforums vermittelt – stärker als die Text-Ansicht – der Comic-Modus. Im folgenden Bild sehen Sie, wie eine Diskussion als Comic-Strip visualisiert wird. Anstelle des einen Mitteilungstextes sehen Sie Comic-Figuren, die sich vor der Kulisse einer Landschaft miteinander unterhalten. Sie selbst führen eine dieser Figuren, deren Aussehen und Mimik Sie angepaßt an Ihre Mitteilung verändern können.

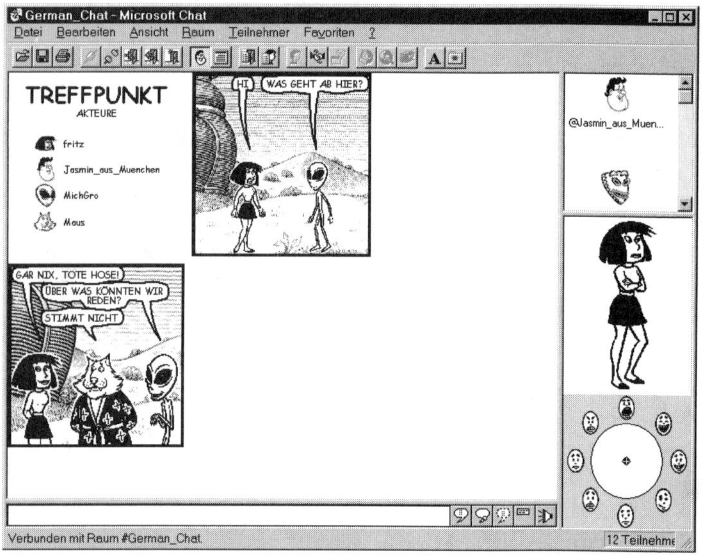

Bild 6.16: Diskutieren im Comic-Modus

Neben dem Comic-Strip finden Sie eine Zuordnung der Pseudonyme Ihrer Gesprächspartner zu Figuren. In der rechten Fensterhälfte steuern Sie das Erscheinungsbild Ihrer Figur. Sie können die Mimik so ändern, daß Sie Ihren momentanen Gefühlen Ausdruck gibt. Wenn Ihnen jemand im Microsoft Chat auf die Nerven geht, dann können Sie das über einen genervten Gesichtsausdruck und einen passenden Kommentar deutlich mitteilen.

6.2.5 Private Gespräche im IRC/Microsoft Chat

Einem IRCler können Sie auch ganz privat etwas mitteilen, ohne daß andere das mitbekommen.

Nutzen Sie einen IRC-Client wie mIRC senden Sie mit dem Kommando `/msg` ausgewählten Personen private Nachrichten. Hierzu setzen Sie hinter `/msg` den Nickname des Empfängers und tippen anschließend den Nachrichtentext.

Mit diesen privaten Nachrichten erreichen Sie IRCler unabhängig vom aktuellen Kanal, d.h., es ist egal, ob der Empfänger auf demselben oder einem anderen Kanal diskutiert. Den restlichen Leuten in Ihrer Gesprächsgruppe bleibt die private Mitteilung vorenthalten. Auf diese Weise informiere ich zum Beispiel `Georg`, daß ich nächste Woche in Urlaub fahre.

```
/msg georg Hallo Georg, naechste Woche sehen wir uns
nicht im IRC, da bin ich im Urlaub
```

Arbeiten Sie mit Microsoft Chat, schicken Sie Ihre privaten Mitteilungen mit der gestrichelten Sprechblase an einen ausgewählte Empfängerkreis.

6.2.6 So blicken Sie hinter die Tarnung

Im IRC tragen alle Teilnehmer ein Pseudonym. Zusätzlich zu dieser Kennung, stellen viele IRCler ihren richtigen Namen (im Setup des IRC-Clients) zur Verfügung. Wenn Sie herausfinden möchten, wer sich in Wirklichkeit hinter einem »Nickname« verbirgt, sehen Sie mit den Kommandos `/whois` oder `/whowas` nach. Geben Sie hinter dem Kommando (hier `/whois fritz`) den entsprechenden Spitznamen an, erhalten Sie Informationen darüber, welche Internet-Adresse und welcher reale Name dahinter stehen.

```
*** fritz is fritz@hal.cl-ki.Uni-Osnabrueck.DE (Friedrich
Kronenberg)
*** on channels: @#osna
*** on irc via server irc.uni-paderborn.de
*** fritz has been idle 22 seconds
*** fritz : End of /WHOIS list.
```

6.2.7 Neue Diskussionsrunden eröffnen

Ein neuer Kanal läßt sich leicht in zwei Schritten eröffnen:

1. Wählen Sie einen im Moment noch nicht verwendeten Kanalnamen und richten Sie mit `/channel #< kanalname>` den neuen Kanal ein. Sie sind damit auch sofort auf diesem Kanal.

2. Anschließend können Sie mit `/topic #<neuer_kanalname> <thema>` ein Gesprächsthema festlegen.

Nun können Sie hoffen, daß sich zahlreiche IRCler auf Ihrem Kanal einfinden, oder Sie haben vereinbart, sich mit Freunden zur gewohnten Zeit auf Ihrem Kanal zu treffen.

6.2.8 Alles unter Kontrolle!

Auf jedem Kanal gibt es einen oder mehrere Kanal-Operatoren. Diese können Gesprächspartner, die sich ausgesprochen unhöflich oder böswillig verhalten, kurzzeitig vom Kanal »herunterschubsen« oder längerfristig »verbannen«. Wer einen Kanal eröffnet, ist Operator und kann weiteren Teilnehmern Operator-Rechte zuteilen.

Eine Übersicht der Operator-Kommandos finden Sie im Anhang E.

6.2.9 Gesprächsregeln

Verhalten Sie sich im IRC und Microsoft Chat so, wie Sie sich mit »realen« Menschen geben! Hinter jedem »Nickname« steckt ein Mensch, den man durch eine unüberlegte Wortwahl verletzen kann.

Da das IRC – im Unterschied zum Microsoft Chat – keine Gefühle oder Gesten über seine Leitungen transportieren kann, benutzt man häufig aus wenigen ASCII-Zeichen zusammengesetze Symbole, sogenannte Smileys, um seine Stimmungslage und Ansichten mitzuteilen: Legen Sie Ihren Kopf doch mal auf Ihre linke Schulter und schauen sich die Smileys an:

<table>
<tr><th>Smiley</th><th>Bedeutung</th></tr>
<tr><td>:-)</td><td>ich bin fröhlich, das finde ich lustig, nimm meine Aussage nicht ganz ernst</td></tr>
<tr><td>;-)</td><td>das meine ich nicht ernst, nur mit Augenzwinkern zu genießen, ironisch gemeint</td></tr>
<tr><td>:-(</td><td>ich bin verärgert, deprimiert oder traurig</td></tr>
<tr><td>:-|</td><td>hierzu habe ich keine Meinung</td></tr>
<tr><td>:-></td><td>das meine ich sehr sarkastisch</td></tr>
<tr><td>(-:</td><td>ich bin vor allem Linkshänder</td></tr>
<tr><td>+-(:-)</td><td>hier meint jemand, er wäre der Papst</td></tr>
<tr><td>*<|:-)</td><td>nennt mich Weihnachtsmann</td></tr>
<tr><td>%-)</td><td>ich sitze bereits seit vorgestern vor dem Rechner</td></tr>
<tr><td>:-o</td><td>ich bin überrascht und sprachlos</td></tr>
<tr><td>:-p</td><td>du kannst mich mal</td></tr>
<tr><td>:-#</td><td>meine Lippen sind versiegelt</td></tr>
</table>

Tabelle 6.1: Smileys und ihre Bedeutung

Nutzen Sie Smileys, um Doppeldeutigkeiten in Ihren Aussagen zu verhindern. Wenn Sie etwas ironisch oder sarkastisch sagen möchten, hört Ihr Gesprächspartner im IRC ja nicht Ihren Tonfall. Mit gut plazierten Smileys erkennen andere besser, wann Sie ironisch oder wütend werden.

Weitere Smileys listen wir im Anhang für Sie auf.

Bitte nicht so laut schreien: Wenn Sie IMMER ALLES GROSS SCHREIBEN, halten die IRCler Sie für einen Schreihals!

Neben den Smileys gibt es Abkürzungen, mit denen häufig benutzte Mitteilungen ausgedrückt werden. Die Tabelle 6.2 nennt einige IRC-Abkürzungen.

Abkürzung	steht für
<grin>, <g>	grin (grinsendes Lachen)
<bgrin>	big grin
<sp?>	spelling? (Ist da nicht ein Tippfehler in Deinem Text?)
AFAIK	as far as I know (soweit ich weiß)
AKA	also known as (auch bekannt als)
ASAP	as soon as possible (so schnell wie möglich)
BBL	be back later (bis später)
BFN	bye for now (erst mal Tschüß)
BTW	by the way (übrigens)
CU	see you (bis demnächst, wir sehen uns)
FYI	for your information (zur Information)
G,D&R	grinning, ducking and running (grinsen, ducken und wegrennen – bei extrem sarkastischen Bemerkungen)
HTH	hope this helps (hoffentlich habe ich helfen können)
IMHO	in my humble opinion (meiner bescheidenen Meinung nach)
OIC	oh, I see (ah ja)
POV	point of view (nach meiner Ansicht)
ROTFL	rolling on the floor laughing (ich liege lachend am Boden)
RTFM	read the f.....g manual (Wirf doch mal einen Blick ins Handbuch)
TIA	thanks in advance (besten Dank im voraus)
WAELF	when all else fails (wenn nichts anderes mehr funktioniert)

Tabelle 6.2: Abkürzungen im IRC

Alle »Handlungen«, die man mitteilen möchte, setzt man zwischen *-Zeichen. Daher sehen Sie ab und zu Mitteilungen wie *freu* oder *kaffee_schluerf*.

6.2.10 IRC verlassen

Wenn Sie genug diskutiert haben, dann brechen Sie mit dem Kommando `/bye` die Verbindung zum IRC-Server ab.

Eine Übersicht über die wichtigen IRC-Kommandos, die Sie benötigen, finden Sie im Anhang.

6.3 Telefonieren im Internet

Jetzt können Sie im Internet auch miteinander sprechen: Telefonieren über das Internet oder kurz »Internet Phone« heißt das Zauberwort. Dieser Dienst ermöglicht weltweit die Übertragung von gesprochenen Dialogen – und das zu einem Bruchteil der Kosten, die über Telefonleitungen anfallen würden.

Mit einem direkten Zugang zum Netz erreichen Sie über Internet Phone alle Internauten, die ebenfalls die Übertragungssoftware und einen Multimedia-PC besitzen.

Bislang haben Sie zum Telefon gegriffen, um ein Gespräch zu führen. Je nach Entfernung des Gesprächspartner kann eine Unterhaltung trotz der Vielzahl neuer Telefonanbieter teuer werden. Eine echte und viel preiswertere Alternative wird in Zukunft Internet Phone werden. Dieser Dienst nutzt die nahezu weltweiten Übertragungsleitungen des Internets, um gesprochene Sprache zwischen Computern auszutauschen.

Nicht alle Internauten sind darüber glücklich:

- »Internet-Puristen« stört das zusätzliche Verkehrsaufkommen auf der Datenautobahn und
- Telefonfirmen wittern Konkurrenz.

Da die Gespräche aber als neutrale Datenpakete über das Netz gehen, können Internet-Telefonierer kaum erkannt werden.

Denkbare Zielgruppen und Anwendungsgebiete für diese Technik sind:

- Telearbeiter oder Manager, die häufig reisen, und ein Teil Ihrer beruflichen Kommunikation über Internet Phone abwickeln,
- Unternehmen, die über Internet Phone Ihre Zweigstellen verbinden, und so die firmeninternen Telefonkosten drücken,
- Menschen, die preiswerte Verbindungen zu Freunden und Verwandten im Ausland über das Internet herstellen,
- Spielfanatiker, die sich in Abenteuerspielen mit Ihren Mitspielern unterhalten möchten,
- Kontaktfreudige, die sich ähnlich wie beim IRC zu Party- und Diskussionsgruppen zusammenfinden.

Die hierfür notwendige Übertragungssoftware stammt z.B. von

- der israelischen Firma VocalTec und heißt VocalChat,
- der texanischen Firma Chamelot und nennt sich Internet Companion Kit (nur für Macintosh) oder
- Microsoft unter dem Namen NetMeeting.

In diesem Abschnitt beschreiben wir Internet Phone anhand der NetMeeting-Software.

Voraussetzungen

Voraussetzungen für die Nutzung von Internet-Phone-Software sind:

- direkte Internetanbindung über ISDN oder Modem mit mindestens 28.800 Byte,
- SLIP- oder PPP-Anbindung ans Internet,
- Pentium-PC mit Soundkarte, Mikrophon und Lautsprechern.

6.3.1 So funktioniert Internet-Phone

Und so arbeitet die Internet-Phone-Software:

1. Die Sprache wird über Mikrophon und Soundkarte eingegeben und digitalisiert,
2. dann komprimiert die Internet-Phone-Software die digitalisierten Sprachdaten,
3. überträgt diese über das Internet zum Zielrechner und
4. gibt dort die dekomprimierte Sprache über eine herkömmliche Soundkarte und Lautsprecher wieder aus.

Technisches

Je nach Übertragungskapazität und Auslastung der genutzten Internet-Verbindungen ergibt sich eine akzeptable bis gute Übertragungsqualität. Sie dürfen aber meist keine Qualität wie beim Telefonieren erwarten, obwohl durch Fehlerkorrektur sogar verlorengegangene oder beschädigte »Sprachausschnitte« korrigiert oder erraten werden können.

Die Sprachdaten werden nicht in einem »fortlaufenden« Datenstrom, sondern wie bei allen anderen Internet-Diensten Paket für Paket übertragen. Diese Datenpakete werden von Rechner (Gateway) zu Rechner weitergereicht (gerouted), bis sie beim Empfänger ankommen. Je nach Verknüpfung zweier Gateways werden hierzu

- analoge oder digitale Wählverbindungen oder
- feste Standleitungen

mit unterschiedlichen Übertragungskapazitäten zur Datenübertragung genutzt.

Auf diesem Hindernislauf können Datenpakete auch mal verlorengehen. Die im Internet benutzte Übertragungssoftware ist aber in der Lage, Transportverluste festzustellen und fehlende Pakete nachzufordern – bei ununterbrochener Übertragung der Sprachdaten wäre dies nicht möglich.

Nach Angaben von VocalTec liegt die Verzögerung zwischen dem Sprechen auf der einen und dem Hören auf der anderen Seite in und aus den USA bei ca. einer Sekunde. Bei »Klingeldraht«-Verbindungen kann es aber auch mal länger dauern.

6.3.2 Kosten für Internet-Phone

Den Vorteil von Internet-Phone gegenüber dem herkömmlichen Telefon merken Sie bei der nächsten Telefonrechnung. Die Telekom und ihre Mitbewerber greifen mehr oder weniger gerade bei Auslandsverbindungen immer noch tief in Ihre Brieftasche. Bei Internet Phone hingegen fallen Unkosten nur

- für die Anbindung zum Internet-Provider, d.h. zum nächsten Internet-Host, und
- für die übertragenen Sprachdaten zum Empfänger an, die von vielen Providern nach Datenvolumen und auch bei Auslandsverbindungen recht preisgünstig abgerechnet werden. Bei Privatanwendern ist das Datenvolumen meist pauschal mit der Grundgebühr abgedeckt.

Wenn Sie Ihren Provider vor Ort haben, fallen also überschaubare Kosten an. Die übertragenden Sprachdaten sind aufgrund der Datenkompression zudem recht kompakt und verursachen im Vergleich zu FTP (siehe Kapitel 10) oder WWW (siehe Kapitel 4) wenig Netzbelastung.

6.3.3 Arbeiten mit NetMeeting

Auf der folgenden Datenreise geben wir Ihnen einen Eindruck vom Telefonieren mit NetMeeting. Diese Software gehört zum kostenlosen Programmpaket Microsoft Internet Explorer.

Anders als beim Telefonieren über das Nostalgietelefon gibt es noch keine Telefonbücher. Sie haben dennoch mehrere Möglichkeiten, einen Gesprächspartner zu finden:

- Kurzwahltasten stellen eine direkte Verbindung zu bereits bekannten Dialogpartnern her, mit denen Sie sich oft unterhalten.
- Über ein (auf IRC geführtes) Internet-Phone-Verzeichnis können Sie eine Übersicht über alle, in diesem Moment aktiven Internet-Telefonierer abrufen, sich einen Gesprächspartner heraussuchen und dort per Mausklick »anklopfen«.

In Bild 6.17 sehen Sie, wer im Moment gerade auf dem NetMeeting-Server registriert ist und erreicht werden kann.

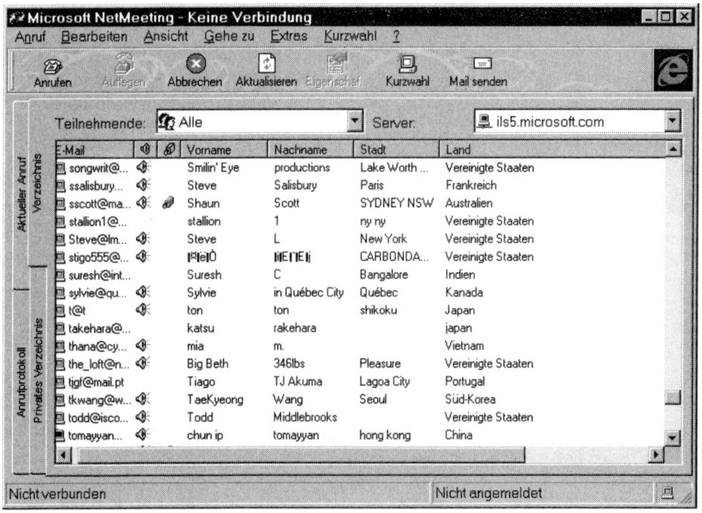

Bild 6.17: Übersicht der NetMeeting-Teilnehmer

Teilnehmer, mit denen wir häufiger sprechen, tragen wir in ein privates Adreßbuch ein. Aus diesem Verzeichnis kann man wie in Bild 6.18 eine Gesprächsverbindung aufbauen:

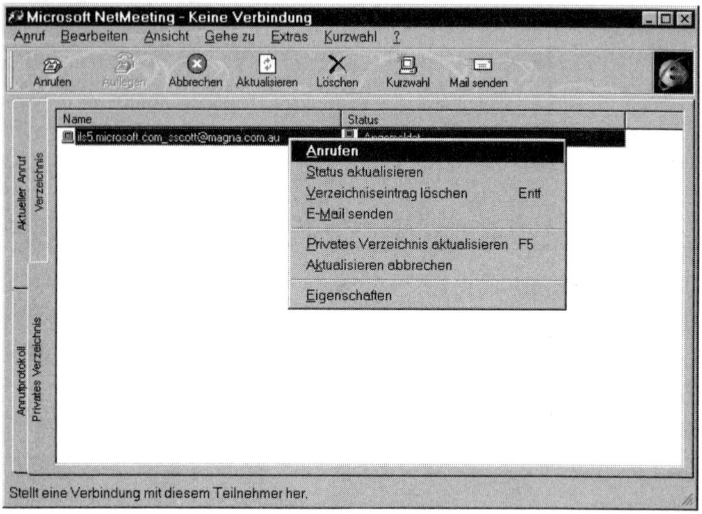

Bild 6.18: Verzeichnis der Internet-Phone-Nutzer

6.4 ICQ – Das globale Forum für die Internet-Kommunikation

ICQ ist ein Forum für Menschen, die häufig online sind und über das Internet mit anderen Menschen beruflich und privat kommunizieren und Daten austauschen. Nehmen Sie am ICQ-Dienst teil,

- werden Sie automatisch darüber informiert, wenn Freunde und Geschäftspartner, die auch an ICQ teilnehmen, ins Internet kommen,
- können Sie Nachrichten und Dateien an andere ICQ-Nutzer senden und mit ihnen chatten oder interaktiv spielen,
- in Adreßlisten nach Internet-Nutzern suchen, die sich für die gleichen Themen wie Sie interessieren und mit diesen Kontakt aufnehmen.

Über den ICQ-Dienst können Sie sich genauer auf der Web-Site `www.mirabilis.com` informieren. Dort erhalten Sie auch ICQ-Software, die ständig im Hintergrund Ihres Rechners läuft und Sie über diverse Ereignisse, z.B. eintreffende eMails und Gesprächspartner im Netz, informiert.

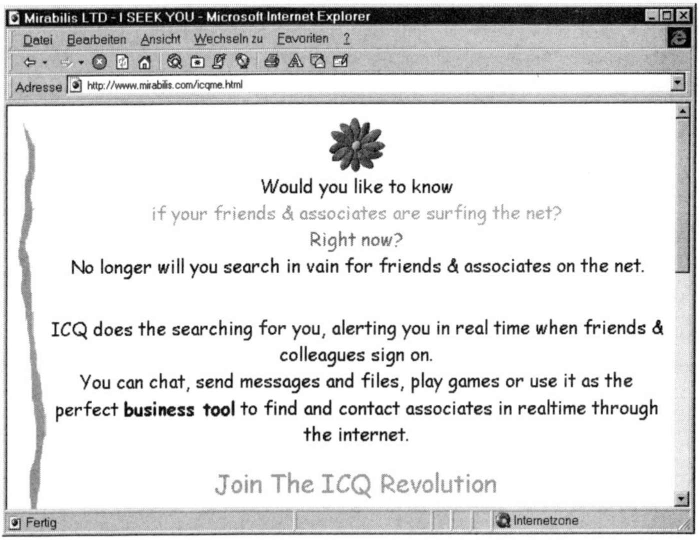

Bild 6.19: Informationen zu ICQ

Im folgenden Bild sehen Sie das Kontroll-Center von ICQ. Über dieses Fenster können Sie jede Art von Mitteilungen oder Daten empfangen und senden. Das Kontroll-Center zeigt Ihnen eine Liste von Gesprächspartnern, mit denen Sie regelmäßig online kommunizieren. Je nachdem ob diese gerade im Internet sind oder nicht, werden Sie in die Kategorien ONLINE oder OFFLINE eingeordnet. Unter FUTURE USERS WATCH überwacht ICQ sogar Personen, die im Moment noch nicht an ICQ teilnehmen. Diese Personen informiert ICQ über sein Angebot. Nutzt jemand aus dieser Gruppe irgendwann ICQ, erhalten Sie darüber eine Mitteilung.

Bild 6.20: Kontroll-Center von ICQ

Möchten Sie nicht für die Online-Kommunikation erreichbar sein, können Sie über das Kontroll-Center Ihren Status ändern: Bei Bedarf sagen Sie ICQ, daß Sie vorübergehend nicht gestört werden möchten und machen sich unsichtbar, d.h., andere ICQ-Teilnehmer sehen nicht, daß Sie gerade online sind.

6.4.1 Chatten über ICQ

Der ICQ-Dienst vermittelt eine Vielzahl von Nachrichtenformaten zwischen Internauten. Sie können einzelne Mitteilungen versenden, mit ICQ-Teilnehmern chatten und spielen oder Dateien übertragen.

In Bild 6.21 sehen Sie den Beginn eines Chats mit Maiko. Diese Anfrage kann Maiko entgegennehmen und den Chat eröffnen oder abblocken, wenn er gerade nicht gestört werden will.

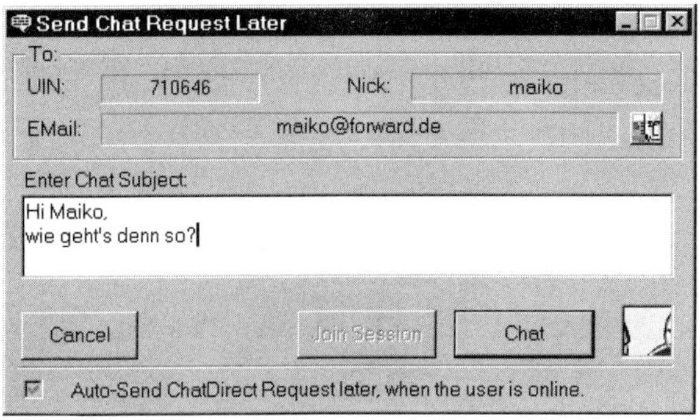

Bild 6.21: Chat-Anfrage mit ICQ

Alle Gespräche werden von ICQ in einem Verlaufsprotokoll (»Historie«) aufgezeichnet. Sie können sich dadurch auch nach Monaten noch daran erinnern, mit wem Sie was besprochen haben.

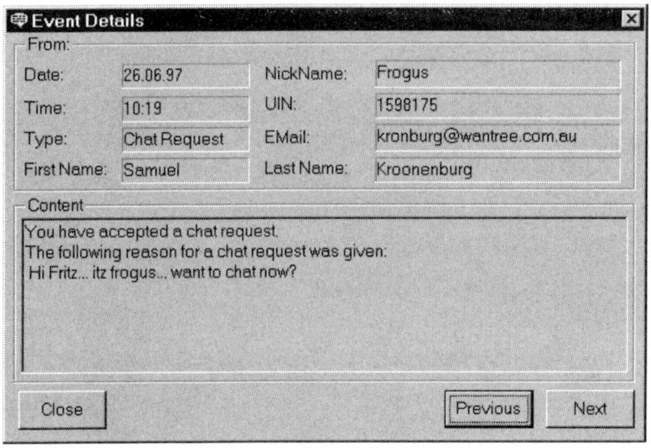

Bild 6.22: Protokoll einer Chat-Anfrage

6.4.2 Gesprächsteilnehmer finden

Sie haben in ICQ viele Möglichkeiten herauszufinden, ob Ihre Freunde, Verwandten und Geschäftspartner bereits über ICQ erreichbar sind. Der einfachste Weg ist ein Blick ins ICQ Global Directory. Sie erreichen dieses Adreßverzeichnis über `www.mirabilis.com` und können dort dann nach Teilnehmern suchen (Bild 6.23).

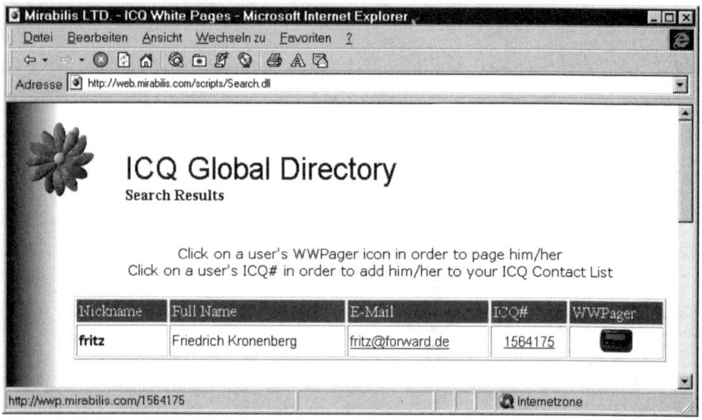

Bild 6.23: Gesprächsteilnehmer finden

6.5 Teamarbeit über das Internet

Teams, die räumlich verteilt an gemeinsamen Projekten arbeiten, können das Internet nutzen, um sich zu koordinieren, Projektsitzungen abzuhalten und Daten auszutauschen. So wird manche berufliche Reise unnötig und Kosten werden reduziert.

Das Programm Netscape Conference, eine Komponente des Netscape Communicators, unterstützt die Teamarbeit auf vielfältige Weise:

- Mit den bereits vorgestellten Chat-Programmen können die Mitglieder von Arbeitsteams Konferenzen abhalten und
- Dateien austauschen.

- Auf sogenannten White-Boards können Ideen für alle Teilnehmer sichtbar und beeinflußbar visualisiert werden.
- Durch gemeinsames Web-Surfen können Informationen in der Gruppe erschlossen werden.

Wichtig ist hierbei, daß alle diese Kommunikationsmittel gleichzeitig genutzt werden können. Während also online diskutiert wird, kann man zeitgleich auf dem White-Board malen und das letzte Projektprotokoll als Word-Datei übertragen.

Sie sehen in Bild 6.24 einen Blick auf ein White-Board. Die Diskussionsteilnehmer versuchen gerade, in einer Gemeinschaftsaktion einen Designentwurf zu finden. Jeder Teilnehmer kann seine Ideen grafisch visualisieren.

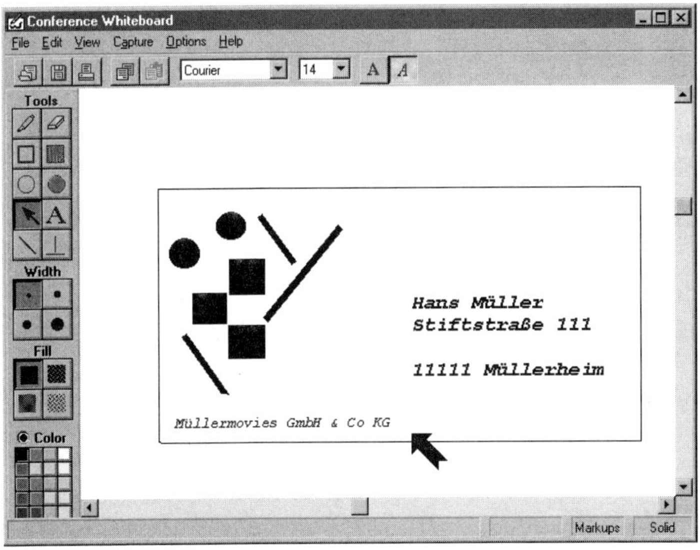

Bild 6.24: Blick auf das White-Board von Netscape Conference

Zur Übertragung von Dateien bietet Netscape Conference das Werkzeug-Programm FILE EXCHANGE an. Sie sehen in zwei Listen, welche Dateien Sie versenden möchten und welche Dateien Sie von anderen Gesprächsteilnehmern empfangen haben. Mit Hilfe der Tastenkombination [Strg]+[↵] versenden Sie die in der Ausgangs-Liste genannten Dateien.

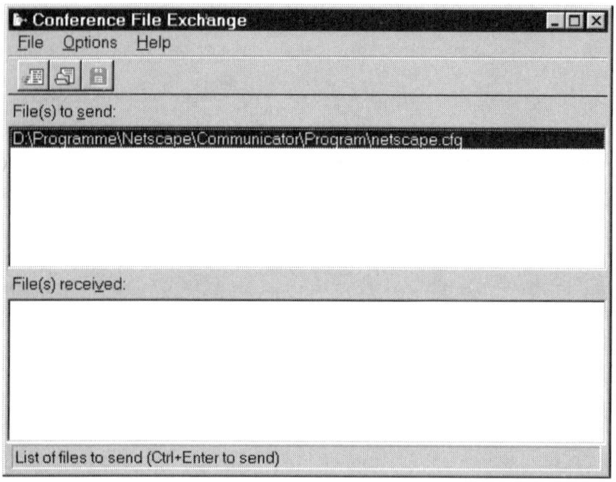

Bild 6.25: Dateitransfer mittels File Exchange

7 Elektronische Post

Das Internet vermittelt Kommunikation zwischen Menschen. In Kapitel 6 haben wir uns mit anderen Menschen im Online-Dialog zeitgleich unterhalten. Wenn Sie Ihre Dialogpartner aber nicht bei der Arbeit stören wollen, diese in ganz anderen Zeitzonen leben oder wenn Sie Ihre Meinung sehr vielen Menschen öffentlich bekanntgeben möchten, nutzen Sie elektronische Post (eMail), um ausgewählte Personen zu erreichen.

eMail ist die meistgenutzte Kommunikationsform im Internet. Ähnlich wie die Briefpost (im Fachjargon: snail mail) ermöglicht sie, schriftliche Nachrichten an Empfänger irgendwo auf der Welt zu versenden und selbst Botschaften zu empfangen. eMail arbeitet zeitversetzt, d.h., die Gesprächspartner müssen nicht gleichzeitig im Internet anwesend sein. Dies ist der große Vorteil von eMail gegenüber Online-Dialogen im Internet: eMail stört Kommunikationspartner nicht bei der Arbeit oder im Schlaf (wenn der Empfänger in anderen Zeitzonen lebt).

»Postkutschen« fahren sogar in Netze außerhalb des Internets, die für Internet-Nutzer sonst nicht zu erreichen sind. Daher erreichen Sie per eMail viele Millionen Menschen auf der ganzen Welt. Da auch immer mehr Privatpersonen einen eMail-Zugang besitzen, läuft die elektronische Post den traditionellen Postdiensten Briefpost und Telefax immer mehr den Rang ab.

Die Vorteile und Nachteile von eMail

Die Zustellzeit einer eMail beträgt meist nur wenige Sekunden oder Minuten. Die Gebühren von Telekom und Internet-Providern liegen deutlich unter den Kosten für traditionelle Briefe.

Über eMail können nicht nur einfache Textbotschaften verschickt werden, sondern auch »binäre« Daten wie z.B. Grafiken oder Winword-Dokumente. Sie hängen die Dateien einfach an eine Nachricht. So können Sie mit eMail bequem Dokumente und Dateien austauschen und multimediale Botschaften versenden.

Dies sind die Vorteile von eMail gegenüber der traditionellen Briefpost und Fax:

- eMail kann beliebige Dateitypen transportieren.
- eMails erreichen in 99,9% aller Fälle ihre Empfänger schneller als jeder Brief.
- Empfangene Mails können ohne zusätzliche Arbeitsschritte elektronisch archiviert, weiterverarbeitet, weitergeleitet und beantwortet werden.
- Im Gegensatz zum Fax kennt eMail kein Besetztzeichen und kein Ende der Faxpapierrolle, da keine direkte Verbindung zwischen Ihrem Rechner und dem Empfänger hergestellt werden muß.

Wenn Sie keinen Online-Zugang zum Internet haben, können Sie per eMail auch andere Dienste des Internets zeitversetzt nutzen.

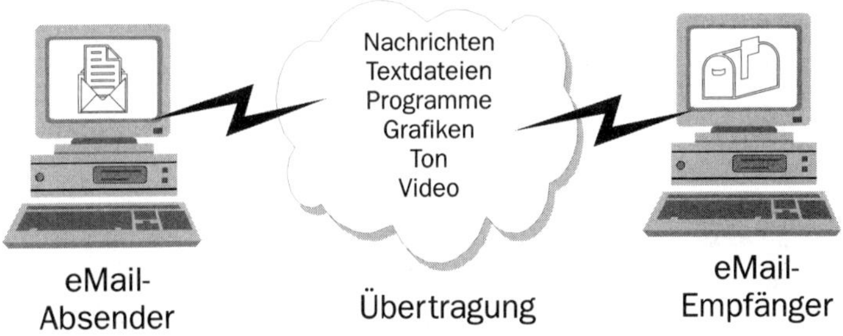

Bild 7.1: Per eMail übertragbare Informationen

Leider werden eMails über das Netz nicht wie Briefe in geschlossenen Umschlägen transportiert. eMails entsprechen, da sie unverschlüsselt übertragen werden, eher Postkarten, auf die auch der Postbote einen kurzen Blick werfen kann. Wenn Sie nicht möchten, daß andere Menschen in Ihrer Post schnüffeln, erfahren Sie in diesem Kapitel auch, wie Sie eMails verschlüsseln, so daß nur der »richtige« Empfänger sie lesen kann.

Das erwartet Sie in diesem Kapitel

In diesem Kapitel lesen Sie, wie Sie eMail effektiv als Kommunikationsmedium einsetzen können. Damit Sie Ihre Freunde per eMail erreichen, beschreiben wir auch, wie Sie eMail-Adressen von anderen Internet-Teilnehmern finden.

Auf unseren Datenreisen nutzen wir die eMail-Komponenten, die zum Umfang der Internet-Browser Netscape Communicator und Microsoft Internet Explorer gehören. Diese eMail-Programme heißen MICROSOFT OUTLOOK EXPRESS und NETSCAPE MESSENGER. Sie bieten alles, was Sie auch bei separaten eMail-Anwendungen erwarten können. Der Vorteil, wenn Sie die integrierten eMail-Programme nutzen: Diese Programme sind nahtlos an Ihren Web-Browser angebunden. Sie können leicht zwischen Browser und eMail-Anwendung umschalten und Daten zwischen Web und eMail-Nachricht austauschen.

Wenn Sie noch kein eMail-Programm auf Ihrem PC haben, können Sie die Mail-Software von folgenden Adressen kostenlos herunterladen und ausprobieren:

eMail-Software	Download-Adresse
Netscape Messenger	http://www.netscape.com/comprod/products /communicator/
Microsoft Outlook 98	http://www.eu.microsoft.com/germany/office /outlook
cc:Mail / Lotus Mail	http://www.lotus.de/input/produkte.nsf
Direct Mail	http://members.magnet.at/tb_posch/dm
Pegasus Mail	http://www.let.rug.nl/pegasus/ftp.html
Diverse Mail-Software, u.a. Eudora Lite	ftp://ftp.cs.tu-berlin.de/pub/msdos/mirrors/papa.ind-state.edu/winsock-l/Windows95/Mail/

Tabelle 7.1: Laden Sie eMail-Software auf Ihren PC

Damit Sie die Vorteile von eMail voll ausnutzen können, zeigen wir Ihnen in diesem Abschnitt, wie Sie mit Outlook Express und Messenger

- Ihre Eingangspost lesen,
- empfangene Nachrichten beantworten, weiterleiten und archivieren,
- eMails schreiben und an ausgewählte Empfänger oder Verteilerlisten senden,
- jede Art von Datei per eMail übertragen oder an Textnachrichten anhängen,
- über eMail Mailing-Listen abonnieren, in denen, ähnlich wie in den Diskussionsforen der NetNews (Kapitel 8), Informationen verteilt und Sachthemen diskutiert werden.

Wir zeigen Ihnen, wie Sie Empfänger in anderen Netzen erreichen und über eMail faxen können. Falls Sie ausschließlich über einen »offline«-Zugang zum Internet über eMail verfügen, erfahren Sie hier, wie Sie andere Internet-Dienste per eMail nutzen können.

Zu Beginn werfen wir einen Blick hinter die Kulissen der eMail-Übertragung: Sie erfahren, wie Nachrichten richtig adressiert und durch Übertragungsprotokolle zwischen Internet-Rechnern ausgetauscht werden und lernen die Grundlagen für eMail-Verschlüsselung kennen.

7.1 eMail-Adressen und Protokolle

Ähnlich wie bei Briefen benötigen Sie auch für eMail Empfänger-Adressen, damit Nachrichten zugestellt werden können. Ohne Adresse kommt keine Mitteilung an. Eine eMail-Adresse setzt sich aus Empfängername und Domäne, in der der Adressat bekannt ist, zusammen. Der Domänen-Name besteht meist aus einem Rechner- und einem Netz-Namen. In einigen Netzen verbergen die Systemverwalter die Rechnernamen vor der Außenwelt und vereinfachen damit die Adressierung. Empfänger- und Domänen-Namen werden durch das @-Zeichen getrennt. eMail-Adressen können z.B. so aussehen:

- `Friedrich.Kronenberg@hal.cl-ki.uni-osnabrueck.de`
- `fritz@bamboo.de`

Einige eMail-Adressen spiegeln nicht den Rechner wieder, an dem der Empfänger typischerweise arbeitet, sondern verweisen auf einen sogenannten Mail-Server des Empfänger-Netzes, z.B.

`hans.mueller@mailer.firma.de.`

Wenn Sie Post an eMail-Adressen senden, die es nicht (mehr) gibt oder die nicht erreichbar sind, wird die eMail nicht zugestellt, sondern an den Absender zurückgeschickt. Im Fachjargon sagt man, daß die eMail abprallt (»bounced«).

Hinweis: Die richtige Schreibweise ist bei der eMail-Adresse noch wichtiger als bei der gelben Post. Bei eMail versucht kein Briefträger, trotz kleiner Fehler in der Adresse, den Empfänger zu finden.

Ihre eigene eMail-Adresse erfahren Sie von Ihrem eMail-Provider.

7.1.1 Briefköpfe – eMail-Header

Jede eMail hat einen Briefkopf, den sogenannten eMail-Header, der folgende Angaben liefert:

- die Empfänger-Adresse (TO-Feld des eMail-Headers),
- die Absender-Adresse (FROM-Feld),
- das Absende-Datum,
- die Betreff-Zeile (SUBJECT-Feld), damit der Empfänger schon durch einen Blick ins Postfach wichtige Nachrichten auswählen kann, und
- weitere eMail-Adressen, an die Kopien der Nachricht versendet werden (CC-Feld).

Um die Absenderangaben und das Absendedatum brauchen Sie sich nicht zu kümmern. Diese Daten trägt der Messenger selbständig in jede verschickte Nachricht ein. Alle weiteren Felder füllen Sie, bevor Sie den eigentlichen Nachrichtentext schreiben.

7.1.2 eMail-Protokolle

Damit Sie eMail an alle Rechnerplattformen und Betriebssysteme im Netz versenden können, gibt es einheitliche Internet-Protokolle zum Senden und Empfangen elektronischer Post. Sie erlauben den am eMail-Verkehr beteiligten Rechnern, die Einzelheiten des Übertragens und Weiterleitens von Nachrichten miteinander auszuhandeln.

In diesem Abschnitt stellen wir die wichtigsten eMail-Protokolle,

- SMTP (SIMPLE MAIL TRANSFER PROTOCOL),
- POP3 (POST OFFICE PROTOCOL),
- IMAP4 (INTERNET MAIL ACCESS PROTOCOL) und
- MIME (MULTIPURPOSE INTERNET MAIL EXTENSIONS),

kurz vor, damit Sie erfahren, was hinter den Kulissen des eMail-Programms passiert. Darüber hinaus nennen wir Ihnen Protokoll-Ergänzungen, mit denen ein abhörsicheres Übertragen von eMail möglich ist.

SMTP

Das wichtigste Übertragungsprotokoll im eMail-Verkehr ist das SIMPLE MAIL TRANSFER PROTOCOL (SMTP). Es ist eines der ältesten Internet-Protokolle. SMTP besteht aus nur wenigen, einfachen Befehlen, mit denen eine Nachricht von einem Rechner zum nächsten übertragen wird:

1. Der Rechner, der eine Nachricht weitergeben will, stellt eine Verbindung zum Zielrechner her.
2. Nach erfolgtem Kontakt stellt sich der anrufende Rechner vor.
3. Danach übergibt er die Adressen von Absender und Empfänger.
4. Der Zielrechner überprüft die Adressen (meist nur nach formalen Gesichtspunkten!) und bestätigt sie.
5. Dann wird der Nachrichtentext übertragen.

6. Abschließend beendet der anrufende Rechner die Verbindung. Nun ist der Zielrechner für die weitere Zustellung verantwortlich.

Weil SMTP ein so einfach gehaltenes Protokoll ist, bringt es einige Probleme und Risiken mit sich:

- SMTP kennt nur die Zeichen des amerikanischen 7-Bit-ASCII-Standards. Sonderzeichen, wie z.B. deutsche Umlaute, können damit nicht übertragen werden. Verwendet man solche Nicht-ASCII-Zeichen in einer Nachricht, so werden sie durch andere ersetzt oder schlicht weggelassen.
- Die SMTP-Kommunikation zwischen zwei Rechnern findet unkontrolliert und ungeschützt statt. Selbst Laien können leicht eine eMail mit gefälschtem Absender auf den Weg bringen, da keine Prüfung der Absenderdaten stattfindet. Um sich vor »Fake«-eMail zu schützen, muß man seine Nachrichten verschlüsseln und digital unterschreiben (mehr dazu im Abschnitt »Vertrauliche eMail per PGP-Verschlüsselung«).
- SMTP kann nur reine Textnachrichten übertragen. Binäre Dateien (die nicht aus 7-Bit-ASCII-Zeichen bestehen) würden ähnlich wie Sonderzeichen unterwegs beschädigt und sind dadurch für den Empfänger nutzlos.

Das im folgenden Abschnitt vorgestellte MIME-Protokoll behebt einige dieser SMTP-Schwachstellen.

MIME

Die MULTI PURPOSE MAIL EXTENSIONS (MIME) sind Mehrzweck-Erweiterungen des alten Mail-Protokolls SMTP. Da es weder möglich noch notwendig war, das verbreitete SMTP durch ein anderes Mail-Protokoll zu ersetzen, entwickelte man vor einigen Jahren diese Standard-Erweiterung für multimediale eMail, die auf SMTP aufsetzt.

MIME hebt zwei SMTP-Beschränkungen auf:

- Per Quoted Printable Encoding kann man in eMail-Nachrichten beliebige Sonderzeichen verwenden. Sie werden vor dem Abschicken nach einem festgelegten Schlüssel in Folgen von ASCII-Zeichen umgewandelt. Nach dem Transport durch SMTP werden die ursprünglichen Zeichen beim Empfänger wiederhergestellt.
- Ein ähnliches Verfahren verwendet MIME, um binäre Daten zu verschicken. Dadurch ist es möglich, eine oder mehrere Dateien an eine eMail-Nachricht anzuhängen (im Fachjargon: »zu attachen«). Die Dateien werden beim Empfänger aus dem Transportformat wieder in ihre Originalform umgewandelt. MIME-fähige eMail-Programme machen dies vollautomatisch. Einige MIME-fähige Mailer enthalten sogar Viewer für die verbreiteten Dateiformate.

Um die MIME-Möglichkeiten zu nutzen, benötigen Absender und Empfänger MIME-taugliche eMail-Programme wie den Netscape Messenger oder Microsoft Outlook Express.

Das Problem der Sicherheit beim eMail-Verkehr kann auch MIME nicht lösen. Hierzu benötigt man zusätzliche Verschlüsselungstechniken.

POP3

Das Post Office Protocol (POP3) wurde für Benutzer entwikkelt, die ihre eMail auf einem Rechner ohne ständige Internet-Anbindung lesen wollen. Mit diesem Protokoll werden eingehende Nachrichten auf einem Internet-Host zwischengespeichert, der dauerhaft erreichbar ist. Benutzer holen sich ihre eMail von dort regelmäßig z.B. per Modemverbindung ab und speichern sie auf ihrem lokalen PC. Dort abgelegt, können sie offline, d.h. ohne Anbindung ans Internet, Nachrichten lesen und weiterverarbeiten.

Die Einzelheiten der Übertragung von eMails vom Internet-Host zum lokalen PC regelt das POP3-Protokoll:

1. Der PC baut eine Verbindung zum POP-Server des Internet-Hosts auf.
2. Der abholende Rechner weist sich mit einem Benutzernamen und einem Paßwort aus.
3. Der Internet-Host übergibt dem Anrufer eine Liste der eingegangenen Nachrichten.
4. Der anrufende Rechner kann anhand dieser Liste einzelne oder alle Nachrichten abholen. Transferierte Nachrichten können vom Host gelöscht werden.

Gute eMail-Programme erledigen das Abholen der Eingangspost per Tastendruck innerhalb kurzer Zeit.

IMAP4

Der Netscape Messenger unterstützt neben POP3 das alternative INTERNET MAIL ACCESS PROTOCOL (IMAP4), das mehr Flexibilität für mobile Internet-Anwender bietet. Nutzen Sie eMail häufig auf Reisen oder arbeiten an mehreren unabhängigen PCs, bietet IMAP4 die Möglichkeit, Eingangspost auf dem Mail-Server zu lagern und dort zu verwalten. Von jedem Arbeitsplatz mit Netzzugang, an dem Sie eMail benötigen, können Sie dank IMAP4 Ihre archivierten eMails sichten und weiterverarbeiten.

Mit IMAP-tauglichen eMail-Programmen können Sie gezielt steuern, welche Daten Sie auf dem Mail-Server belassen und welche Nachrichten oder Datei-Attachments Sie auf den lokalen Rechner herunterladen.

7.2 Merkmale von Outlook Express und Netscape Messenger

In diesem Abschnitt lernen Sie die Merkmale von Netscape Messenger und Microsoft Outlook Express kennen, die diese Anwendungen von anderen eMail-Programmen unterscheiden.

HTML-eMail

Beide eMail-Programne bieten Ihnen die Möglichkeit, eMails mit HTML- bzw. RTF-Formatierungen anzureichern (»rich email«) und damit beispielsweise verschiedene Schriftarten, -größen und -farben in Ihren eMails zu nutzen. HTML ist die Sprache, mit der bislang ausschließlich multimediale Web-Seiten gestaltet wurden. RTF ist ein bei Textprogrammen übliches Dokumentformat, das zahlreiche Layoutmöglichkeiten unterstützt. Nun können Sie die Gestaltungsmöglichkeiten dieser Sprachen auch in eMails einsetzen. Dadurch gliedern Sie eMails lesbarer und binden Grafiken oder Sounds ein. Sie sollten sich aber sicher sein, daß der Empfänger auch mit einem eMail-Programm arbeitet, das HTML-/RTF-Formatierungen umsetzen kann, sonst lohnt sich der Aufwand, eMails zu formatieren, nicht.

Archivieren von Nachrichten in hierarchisch geordneten Mappen

Eingehende und ausgehende Nachrichten können Sie so archivieren, daß Sie sie auch in zwei Jahren wiederfinden. Hierzu unterstützen die Programme hierarchisch ineinander schachtelbare Postmappen, in denen Sie eMails ablegen können.

Nachrichten verschlüsseln und digital unterschreiben über S/MIME

Durch das Verschlüsseln und digitale Unterschreiben von Nachrichten stellen Sie sicher, daß niemand Ihren Mail-Verkehr abhören kann und der Empfänger die Echtheit Ihrer Nachricht verifizieren kann.

Automatische Filterung von Eingangspost und Zuordnung in Postfächer

Filtern Sie besonders wichtige oder unwichtige Eingangsnachrichten nach Empfängername oder Subject-Zeile heraus, und legen Sie sie automatisch in dafür eingerichteten Postmappen ab. So können Sie auch den größten eMail-Berg zügig abarbeiten.

Keine Trennung von eMail und NetNews

Beide eMail-Programme arbeiten nahtlos zusammen mit den jeweiligen NetNews-Anwendungen, die ebenfalls zum Browser-Paket gehören. Nachdem in früheren Versionen die eMail- und NetNews-Funktionen getrennt wurden, sind beide Komponenten wieder zusammengewachsen. Der Übergang vom Medium eMail zum Medium NetNews und umgekehrt ist fließend.

7.3 eMail-Zugang einrichten

Um eMails zu empfangen und zu senden, müssen Sie zunächst Ihren eMail-Zugang einrichten, falls Sie diesen Schritt beim Installieren der Web-Browser-Software übersprungen haben.

Wir zeigen Ihnen dies exemplarisch am Netscape Messenger. Starten Sie diese Anwendung aus dem Start-Menü von Windows oder aus dem Navigator, und öffnen Sie über EDIT • PREFERENCES das MAIL + GROUPS-Setup (Bild 7.2).

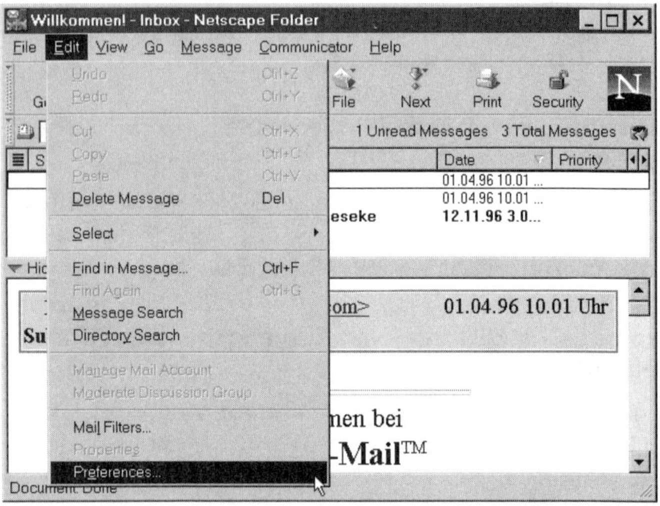

Bild 7.2: Einrichten des eMail-Zugangs

In einigen kurzen Schritten werden die für den eMail-Zugang relevanten Daten von Ihnen abgefragt. Wenn Sie Probleme haben, die erforderlichen Daten einzutragen, sollten Sie in den Zugangsunterlagen Ihres Providers nachschlagen oder Ihren Internet-Anbieter fragen.

Damit Ihre Post den Weg ins Internet findet und Sie aus dem Internet erreicht werden können, müssen Sie zunächst die Daten über Ihren eMail-Zugang eintragen: Wie in Bild 7.3 geben Sie unter IDENTITY zuerst Ihren Namen und Ihre eMail-Adresse ein. Dann nennen Sie unter MAIL SERVER (Bild 7.4) die Internet-Adresse der Mail-Server, über die Sie eMails versenden bzw. empfangen möchten. In den meisten Fällen sind diese beiden Rechnernamen gleich.

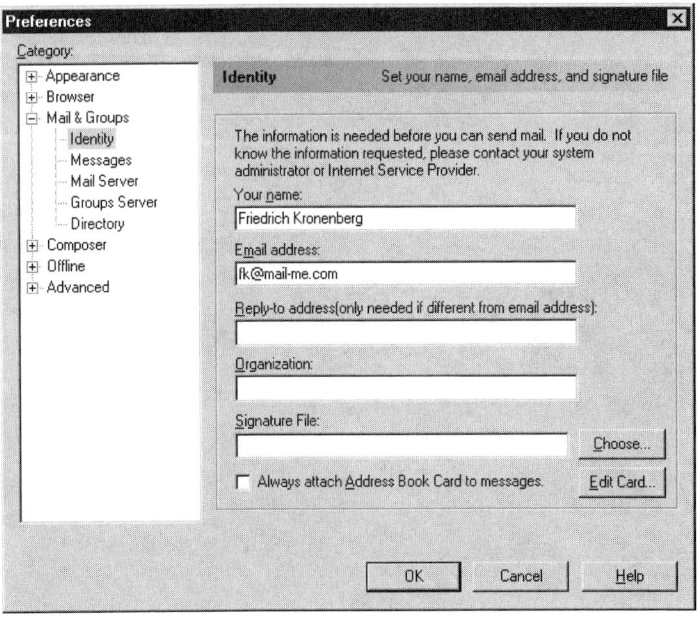

Bild 7.3: Name und eMail-Adresse eintragen

Als Namen für Ihr eMail-Konto verwenden Sie in aller Regel den Teil der eMail-Adresse, der links vom @-Zeichen steht.

Als Übertragungsprotokoll wählen Sie zwischen POP3 und IMAP4 (siehe Abschnitt 7.1) aus. Am weitesten verbreitet ist das »Post Office Protocol« POP3. Sind Sie nicht sicher, welchen Standard Ihr Provider unterstützt, sollten Sie es zunächst mit POP3 versuchen und, wenn das fehlschlägt, die Einstellung IMAP4 testen.

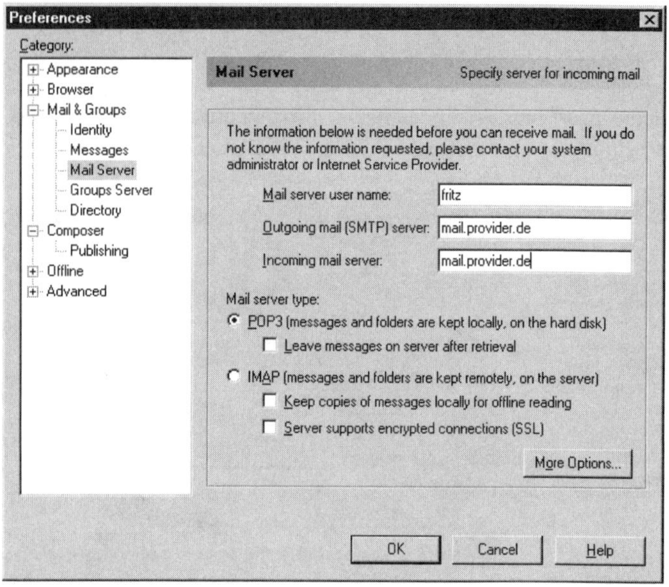

Bild 7.4: Mail-Adresse und Mail-Server eintragen

Sie können zu diesem Zeitpunkt auch gleich Ihren NetNews-Zugang einrichten. Im Abschnitt GROUPS SERVER geben Sie die Internet-Adresse des News-Servers an, von dem Sie Newsgruppen beziehen. Der Name dieses Rechners sollte in den Anmeldeunterlagen Ihres Providers genannt sein – sofern dieser diesen Dienst im Angebot hat.

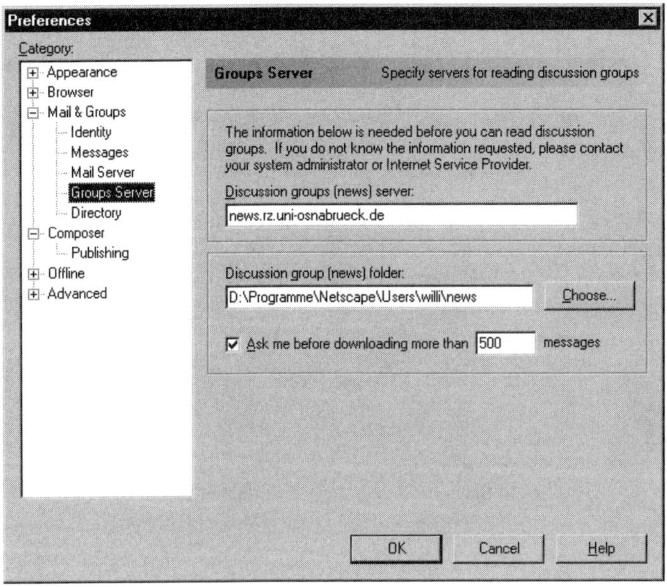

Bild 7.5: News-Zugang einrichten

Jetzt ist Ihr eMail- und News-Zugang konfiguriert. Sie können eMails empfangen und versenden und an den Diskussionen in den NetNews teilnehmen.

7.4 Post lesen

Nach soviel Theorie werfen wir gleich einen Blick in unser Postfach und lesen die Eingangspost. Dabei nutzen wir auf den folgenden Datenreisen abwechselnd die eMail-Programme Outlook Express und Netscape Messenger, die Bestandteil der Internet-Browser von Netscape und Microsoft sind.

In der Posteingangsliste (auch Inbox genannt) sehen Sie die eingetroffenen Nachrichten. Sie finden in Outlook Express und im Messenger bereits eine erste Nachricht im Postfach vor. Mit dieser »Willkommens«-Mitteilung werden Sie als neuer Nutzer begrüßt.

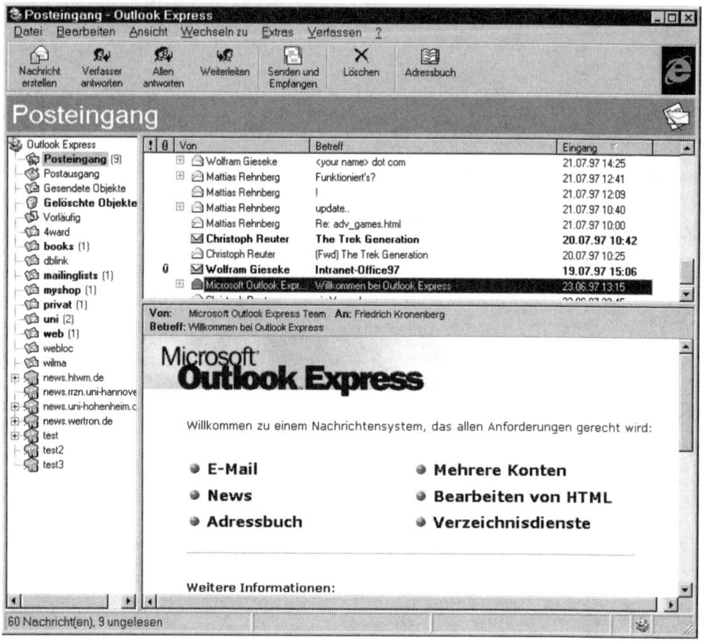

Bild 7.6: Die Übersicht über Eingangspost

Unterhalb des Namens des geöffneten Postfachs (z.B. INBOX oder POSTEINGANG) sehen Sie in der Postfach-Übersicht, wie viele eMails für Sie eingegangen und wie viele dieser Nachrichten noch ungelesen sind.

Die Postfach-Übersicht zeigt Ihnen, wer wann und zu welchem Thema geschrieben hat.

In der Postfach-Übersicht finden Sie diese Angaben:

- Thema der Mitteilung (»BETREFF«),
- Absender (»VON«),
- Versendedatum (»EINGANG«) und
- Dringlichkeit der Nachricht (»PRIORITÄT«).

Je nach Mail-Programm zeigt ein kleines Symbol oder Fettdruck für jede Nachricht im Postfach an, ob sie bereits von Ihnen gelesen wurde. Wenn mehrere Nachrichten im Postfach auf Sie warten, können Sie sie per Mausklick in beliebiger Reihenfolge abrufen.

Klicken Sie doppelt auf eine Eingangspost, wird der Brief wie im Bild 7.7 in einem separaten Fenster angezeigt.

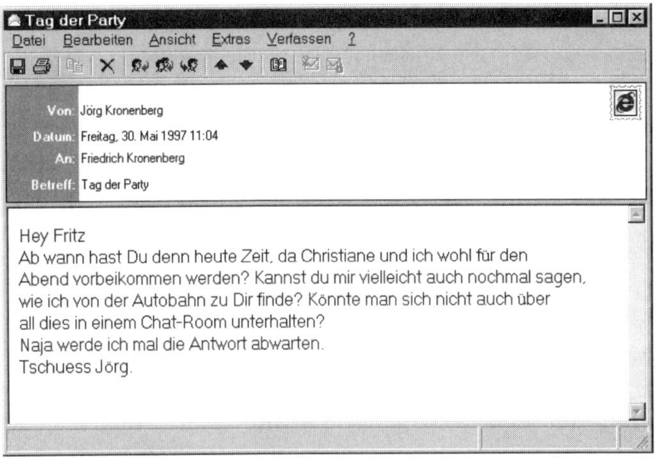

Bild 7.7: Anzeigen einer eMail

Die Fensterüberschrift zeigt, wer den aktuellen Brief geschrieben hat. Darunter lesen Sie in der »Betreff«-Zeile das Thema der Nachricht.

Post vom Mail-Server abholen

Damit Sie Ihre neue Eingangspost erhalten, müssen Sie eine Verbindung zu Ihrem Mail-Server herstellen. Je nach der Art Ihres Internet-Anschlusses haben Sie folgende Möglichkeiten:

- Sie laden die an Sie gerichteten Nachrichten auf Ihren lokalen Rechner herunter, lesen und bearbeiten die Eingangspost anschließend »offline«. Im Fachjargon nennt man diesen Vorgang auch »pollen«.

- Wenn Sie eine Internet-Anbindung über eine Terminalverbindung zu einem Internet-Host nutzen, lesen Sie Ihre eMail »online« auf dem Host-Rechner.

Um bei aktiver Internet-Anbindung Post vom Mail-Server abzuholen, klicken Sie im Messenger auf das GET MAIL-Symbol und in Outlook Express auf NACHRICHTEN ÜBERMITTELN.

Nun wird eine Verbindung zum Mail-Server aufgebaut. Dort müssen Sie sich durch ein Paßwort ausweisen (siehe Bild 7.8), falls Sie das Paßwort nicht im Setup Ihrer Mail-Anwendung dauerhaft vorgegeben haben.

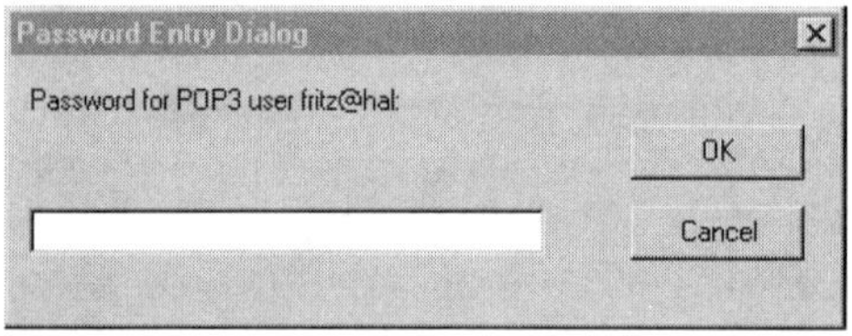

Bild 7.8: Am Mail-Server per Paßwort ausweisen

Während die Nachrichten heruntergeladen werden, informiert Sie ein Statusfenster über den Übertragungsfortschritt. Dieses Fenster zeigt Ihnen auch, wie viele neue eMails für Sie eingegangen sind.

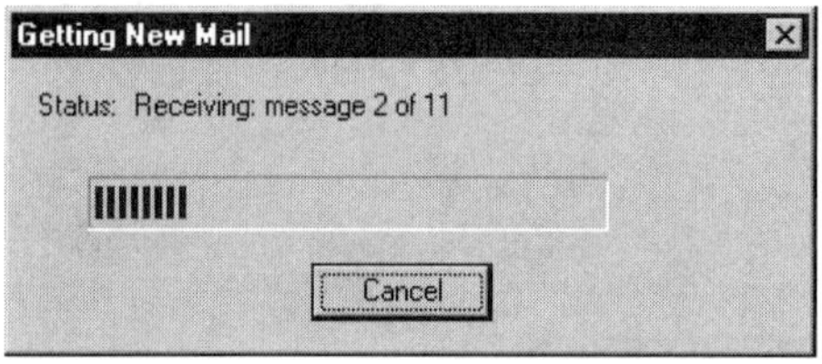

Bild 7.9: Statusfenster beim Herunterladen der eMails

Nachdem Ihre Post abgeholt ist, kann sich Ihre POSTEINGANGSLISTE wie in Bild 7.10 (hier im Netscape Messenger) füllen.

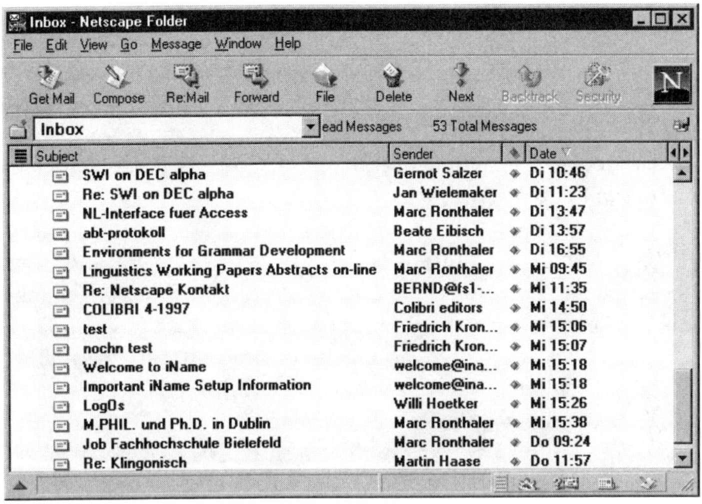

Bild 7.10: So sieht die Inbox mit neuer Eingangspost aus

Zeit ist Geld: Wenn Sie Ihre Post »online« über eine Telefonverbindung lesen, kostet Sie dies Geld, falls Sie der Telekom die Leitungsgebühren zu Ihrem Internet-Provider nach Verbindungsdauer bezahlen müssen. Statt dessen sollten Sie alle Nachrichten zunächst herunterladen, dann die Verbindung zum Mail-Server und zum Internet trennen und die Post anschließend »offline« lesen.

Post holen lassen

Die eMail-Programme können automatisch, in regelmäßigen Intervallen Ihre Post vom Mail-Server abholen. Bedenken Sie dabei, daß Sie jedesmal eine Anbindung ans Internet herstellen und Kosten entstehen, wenn Sie über kostenpflichtige Wählleitung ans Netz angebunden sind. Sind Sie einer der glücklichen Internet-Nutzer mit ständiger Netzverbindung, stellen Sie durch diesen Schritt sicher, daß eintreffende Mitteilungen in kurzen Abständen abgerufen und zu sendende Nachrichten schnell verteilt werden.

7.5 Post schreiben

Nachdem wir unsere Eingangspost gesichtet haben, schreiben wir selbst eine eMail. Wir erfassen die Nachricht zunächst »offline«, weil wir die Telefonkosten zu unserem Provider so gering wie möglich halten möchten. Erst zum Übermitteln der Ausgangspost verbinden wir uns mit dem Internet.

Internet-Software starten ohne aktive Internet-Anbindung: Wenn Sie Internet-Anwendungen »offline«, d.h., ohne Anbindung an das Internet aufrufen, dauert der Programmstart in vielen Fällen etwas länger als gewohnt. Das Programm, z.B. eine ältere Version von Eudora, versucht zunächst mehrfach vergeblich, auf das Übertragungsprotokoll TCP/IP zuzugreifen. Solche Internet-Anwendungen öffnen sich erst nach einigen Fehlversuchen und einer Fehlermeldung.

Zum Schreiben einer eMail starten Sie Ihr eMail-Programm und wechseln in den Sende-Modus. Bevor Sie den Nachrichtentext eintippen, sollten Sie zunächst den Briefumschlag, den sogenannten eMail-Header, ausfüllen.

eMail-Adressen

Ähnlich wie bei Briefen muß auf dem Briefumschlag die eMail-Adresse des Empfängers stehen, damit die eMail zugestellt werden kann. Hierzu tragen Sie die eMail-Adresse des Empfängers in die »To:«-Zeile ein.

Möchten Sie eine eMail an mehr als einen Empfänger schreiben, brauchen Sie eine Nachricht nicht mehrfach zu verschicken, sondern einfach alle Empfänger der Reihe nach in den eMail-Header eintragen. Wie im Bild 7.11 können Sie festlegen,

- ob der Empfänger in die TO-Zeile aufgenommen wird,
- der Empfänger nur einen Durchschlag (CC-Zeile) erhält oder
- eine verdeckte Kopie an den Adressaten geht, von dem die übrigen Empfänger nichts erfahren (BCC-Zeile).

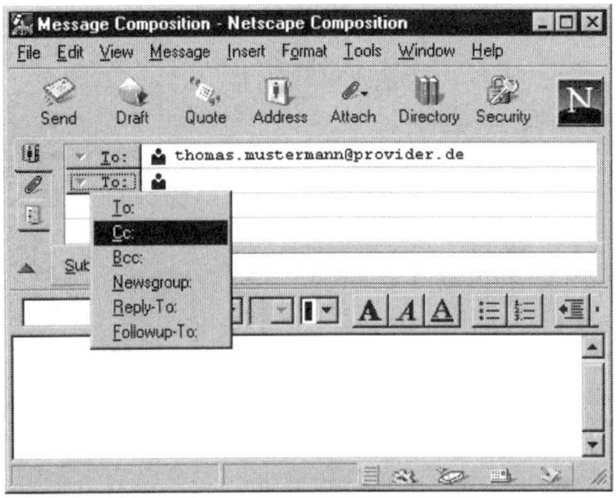

Bild 7.11: Weitere Empfänger eintragen

7.5.1 eMail-Nachricht schreiben

Nachdem der Briefumschlag ausgefüllt ist, schreiben wir mit unserem eMail-Programm den Nachrichtentext wie in Bild 7.12 gezeigt.

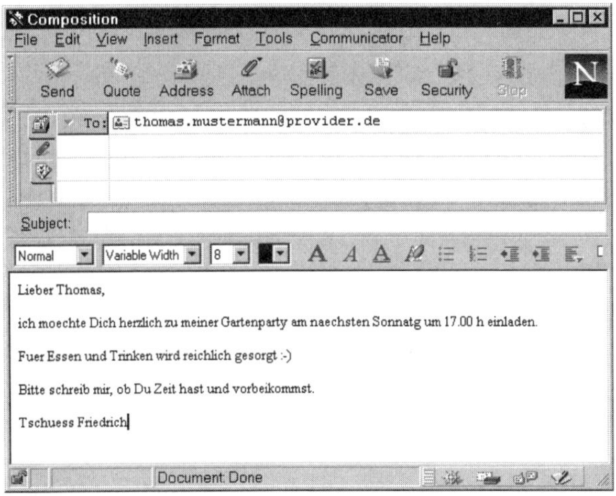

Bild 7.12: Eine eMail schreiben

Wenn Sie auf Ihr vertrautes Textprogramm nicht verzichten möchten, können Sie eMails auch mit diesem schreiben. Speichern Sie den Text anschließend als ASCII-Datei und laden ihn in das Editorfenster des Mail-Programms, oder fügen Sie den Nachrichtentext über die Windows-Zwischenablage ein.

Vorsicht bei Sonderzeichen: Vermeiden Sie in eMails deutsche Sonderzeichen, wie z.B. Umlaute oder den Buchstaben »ß«. Diese Zeichen werden nicht immer korrekt über das Internet transportiert oder vom veralteten Mail-Programm des Empfängers nicht verstanden. Anstelle Ihrer Sonderzeichen liest der Empfänger dann andere Zeichen. Wenn Sie sichergehen möchten, daß Ihre eMails unverändert ankommen, benutzen Sie also »ae« anstelle von »ä«, »ss« oder »sz« für »ß« usw.
Verantwortlich für diese »Schwachstelle« ist das in den USA geborene Übertragunsprotokoll für eMail, das auf den in den USA gebräuchlichen 7-Bit-ASCII-Zeichensatz eingestellt ist. Dieses Problem wird durch eine Erweiterung des Übertragungsprotokolls namens MIME behoben (siehe Abschnitt 7.1), das inzwischen alle aktuellen eMail-Programmen beherrschen.

7.5.2 Signatures – Die etwas andere Unterschrift

Natürlich sollten Sie jeden Brief auch mit Ihrem Namen »unterschreiben«, denn anonyme Post ist im Internet nur selten willkommen. Zur Unterschrift gehört neben Ihrem Namen auch die Angabe Ihrer eMail-Adresse unter den Brief.

Viele Internet-Nutzer fügen ihre »Unterschriften« automatisch in jede eMail ein. Hierzu kann man eine sogenannte »signature« anlegen, in der neben Namen, eMail- und Briefpost-Adresse häufig auch kleine ASCII-Graffitis, knallharte Sprüche oder philosophische Ansichten stehen. Hier einige Beispiele:

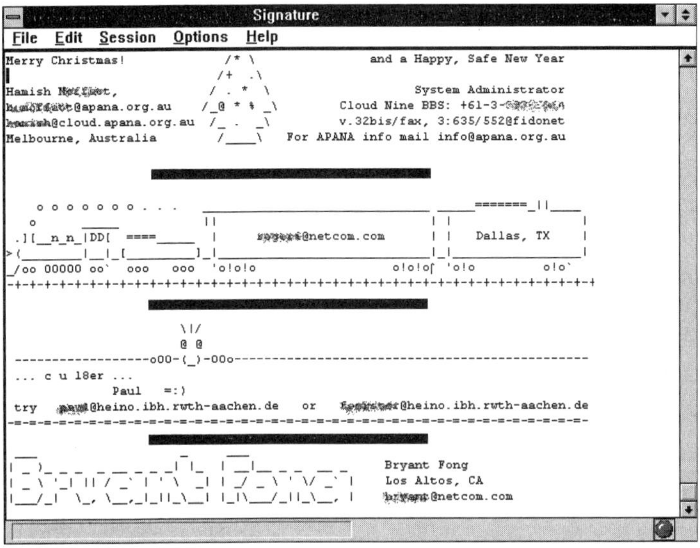

Bild 7.13: Beispiele für signatures

Worauf Sie in Ihrer signature achten sollten: Ihre signature können Sie ganz individuell gestalten, sie sollte aber nicht viel länger als 4 bis 5 Zeilen sein. Ansonsten reagieren Internet-Nutzer aufgeregt, weil zu lange signatures unnütz knappe Übertragungskapazität beanspruchen.

Leider sind eMail-signatures wie jeder andere Teil einer eMail beliebig fälschbar – Sie sollten sich also noch viel weniger als im realen Leben auf Unterschriften in eMails verlassen. Vertrauliche und fälschungssichere eMails bearbeiten Sie mit einem Verschlüsselungsprogramm wie PGP.

7.5.3 Ab geht die Post!

Nachdem wir alle Nachrichten geschrieben haben, versenden wir die Post. Einige Mail-Programme, wie der Netscape Messenger, unterscheiden zwei Sende-Modi:

- SEND NOW baut ggf. eine Internet-Anbindung auf und überträgt die Nachricht sofort zum Mail-Server.
- SEND LATER schiebt die Nachricht in die Warteschlange (Queue). Beim nächsten Abrufen der Eingangspost werden die auf den Versand wartenden Nachrichten automatisch verschickt.

Viele Mail-Programme zeigen Ihnen während der Verbindung zum Server an, wie Ihre Nachrichten an Ihren Mail-Server weitergereicht werden.

Welche Post haben Sie abgeschickt?

Viele Betriebe führen ein Postausgangsbuch, um jederzeit nachweisen zu können, welche Briefe versandt wurden.

Auch Mail-Programme führen eine Postausgangsliste, in der Empfänger, Absendedatum und Betreff-Zeile protokolliert werden. Sie finden diese Postausgangsliste unter verschiedenen Bezeichnungen, z.B. OUTBOX, GESENDETE OBJEKTE oder POSTAUSGANG.

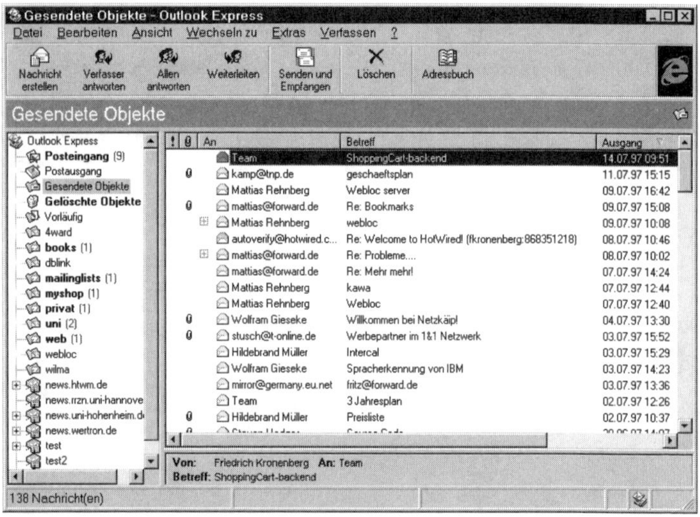

Bild 7.14: Ein Blick in die Postausgangsliste

Damit die Postausgangsliste nicht irgendwann überläuft oder unhandlich wird, können Sie die Liste regelmäßig in Dateien speichern und anschließend zurücksetzen.

7.5.4 Post beantworten

Oft werden Sie auf empfangene eMails antworten wollen. Hierfür wählen Sie nach dem Öffnen oder Auswählen einer Nachricht die Antwort-Funktion. Sie müssen dabei entscheiden, ob Sie

- nur dem Verfasser antworten oder
- die Antwort an alle Empfänger der Ausgangsnachricht senden.

Ihr Mail-Programm setzt für Sie den Absender der Eingangspost als Empfänger der Ausgangspost ein. Auch die Betreff-Zeile der eMail wird übernommen. Um zu kennzeichnen, daß Sie eine Antwort zu diesem Thema schreiben, wird das Kürzel »`Re`« (für engl.: Reply, dt.: Antwort) vorangestellt.

In dieser kurzen Datenreise antworten wir auf eine eMail:

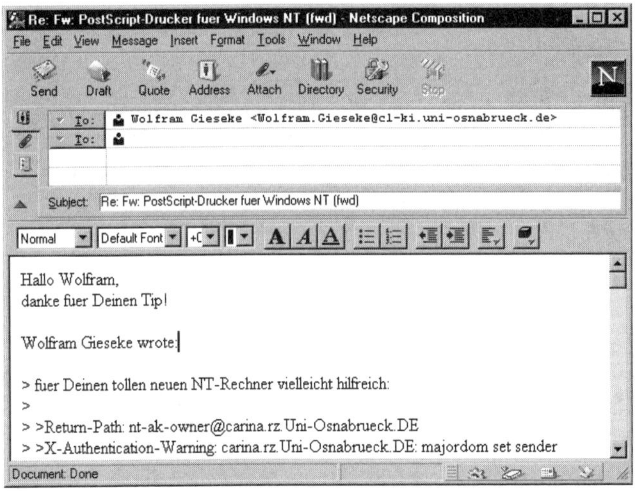

Bild 7.15: Post beantworten

Der Empfänger soll – so wollen es die Spielregeln im Internet (»Netiquette«) – sofort zwischen seinem ursprünglichen Text und der Antwort unterscheiden können. Damit der Empfänger auf den ersten Blick sieht, was aus seiner Feder stammt und was Sie dazu meinen, schreiben Sie vor jede Original-Textzeile das Zitatzeichen »>«. Damit Sie sich ganz leicht auf einen Text beziehen können, fügen viele Mail-Programme den Text der Ausgangsnachricht automatisch oder auf Anforderung in Ihre Antwort ein und setzen das Zitatzeichen an jeden Zeilenanfang der Original-Nachricht.

Damit der Empfänger sofort weiß, auf welche seiner Nachrichten Sie sich beziehen, können Sie eine Startzeile einfügen, in der steht, auf welche Nachricht Sie antworten. Gute Mail-Programme machen dies sogar automatisch, wenn Sie den Antwort-Befehl aufrufen.

7.5.5 Post weiterleiten

eMail bietet mehrere Möglichkeiten, Eingangspost weiterzuleiten:

- Während Ihres Urlaubs können Sie Ihre eMail automatisch an Ihre Vertretung oder an Ihren Urlaubsort umleiten.
- Sie können Eingangspost auch per Hand mit oder ohne eigene Kommentare an Freunde und Kollegen weiterreichen.

Wenn Sie eine eMail an einen Freund weiterleiten möchten, brauchen Sie die Original-Nachricht nicht extra in eine Datei zu speichern und anschließend wieder in eine eMail zu laden. Sie können ganz leicht die eMail an einen oder mehrere Empfänger weiterreichen (»forwarden«).

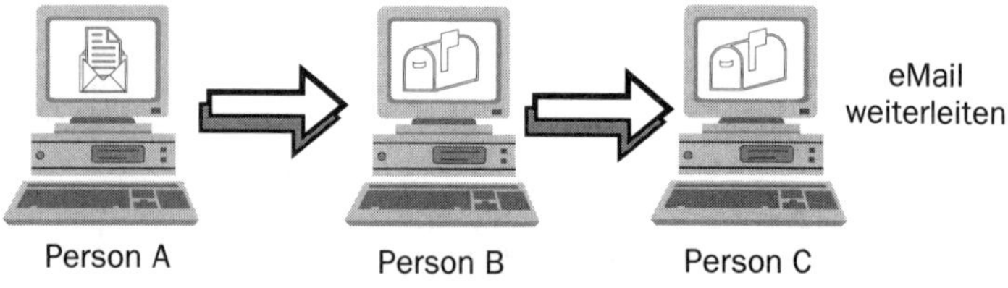

Bild 7.16: Funktionsweise: Weiterleiten einer eMail

Um eine empfangene Nachricht weiterzuleiten, wählen wir sie beim Lesen oder in der Postfachübersicht an und klicken auf das FORWARD/WEITERLEITEN-Symbol.

Hierdurch wird ein Editorfenster geöffnet, in dem bereits der Original-Text, mit Kommentar-Zeichen versehen, angezeigt wird. Sie müssen nur noch den Empfänger in die TO-Zeile des eMail-Kopfs eintragen. Darüber hinaus können Sie die Ausgangsnachricht verfälschen, ergänzen oder kommentieren.

7.6 Ein ausführlicher Blick auf den Briefkopf

Zu jeder eingehenden Mail gehört ein eMail-Kopf, der Sie über Herkunft und Thema der Mitteilung informiert. Eine Kurzfassung dieser Briefköpfe sehen Sie auf all unseren Bildschirmfotos. In diesem Abschnitt werfen wir einen genaueren Blick auf den Briefkopf, den eMail-Header. Der Header hilft Ihnen, wenn Sie

- das Thema der Mitteilung lesen möchten,
- den Absender feststellen möchten, falls dieser vergessen hat, den Brief zu unterschreiben,
- annehmen, daß der Absender gefälscht ist oder
- Fehler bei der Postzustellung suchen, wenn eine eMail »bounced«.

Sie haben bereits mit den Header-Zeilen aus Tabelle 7.2 gearbeitet. Darüber hinaus gibt es weitere Angaben zu jeder eMail. Mit vielen eMail-Programmen können Sie sich diesen ausführlichen Header ansehen.

Der ausführliche Header nennt zusätzlich:

- den Weg der eMail durchs Internet. Jeder Rechner, der die eMail weitergeleitet hat, fügt eine RECEIVED-Zeile in den eMail-Kopf ein.

- eine eindeutige Kennnummer (MESSAGE-ID), die jeder eMail zugeordnet ist. Sie können diese Kennummer in einer Antwort wiedergeben, um den Bezug zur Original-Nachricht klarzustellen.
- Angaben über das Mail-Programm des Senders (zum Beispiel: Windows Eudora Pro Version 3.0) und
- Angaben über den Typ des Nachrichtenformats (MIME-VERSION und CONTENT-TYPE). In Bild 7.17 erhalten wir eine Text-Nachricht (»plain ascii«). Empfangen Sie eine Grafikdatei, erkennen Sie an dieser Zeile das genutzte Grafikformat.

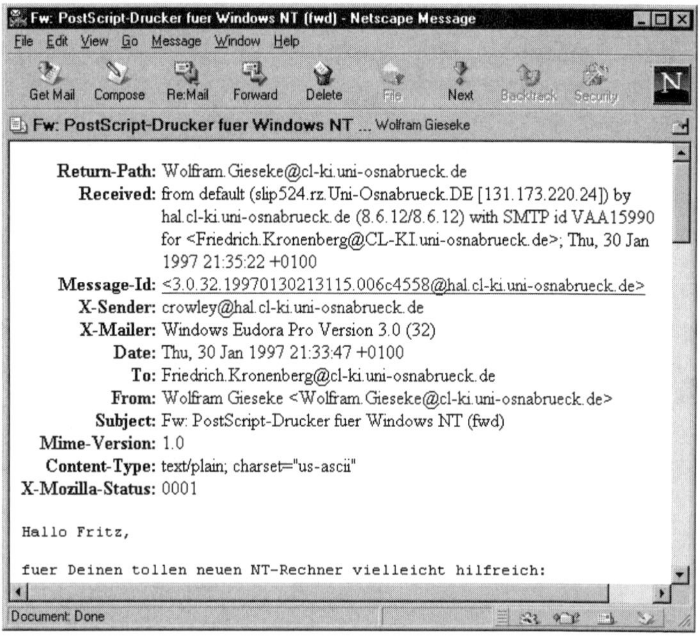

Bild 7.17: So sieht ein ausführlicher Briefkopf aus

Zeile	Beschreibung
To	enthält eine oder mehrere durch Komma getrennte eMail-Adressen der Empfänger. Anstelle einer eMail-Adresse können Sie auch einen Ihrem Mail-Programm bekannten Kurznamen einsetzen, der beim Versenden durch die zugehörige eMail-Adresse ersetzt wird.
Subject	Hier tragen Sie die Betreff-Zeile ein (bis zu 40 Zeichen lang). Mit dieser Angabe kann sich der Empfänger schnell in seinem Postfach orientieren und wichtige eMails heraussuchen.
From	enthält Ihre Absender-Adresse. Nahezu alle Mail-Programme tragen diese Angabe selbständig ein.
Date	In diese Zeile fügen viele Mail-Programme Datum und Zeit des Mail-Versands ein.

Tabelle 7.2: Wichtige Einträge des eMail-Headers

Neben diesen Angaben finden Sie noch weitere Angaben, die Sie oder Ihr Mail-Programm vor eMails einbauen: »`Cc`« steht für *Carbon Copy* – eine Bezeichnung, die in der Bürowelt für Briefdurchschläge aus Kohlepapier benutzt wurde. In diese Zeile können Sie weitere Empfänger-Adressen eintragen. In die »`Bcc`«-Zeile schreiben Sie, wer sogenannte *Blind Carbon copies* erhalten soll. Von den »Durchschlägen« an diese Empfänger erfahren alle anderen Empfänger nichts.

Die Tabelle 7.3 nennt Ihnen weitere Angaben im Mail-Header, die vom Post-Programm bei Bedarf selbständig eingesetzt werden. Bei einigen Mail-Programmen können Sie bestimmen, ob diese Angaben sichtbar oder unsichtbar sein sollen. Sie sehen viele dieser Einträge erst, wenn Sie eine ausführliche Anzeige der Briefköpfe der eingehenden eMails anfordern:

Zeile	Beschreibung
Received	zeichnet den »Weg« der Nachricht durch das Internet auf. Jeder Internet-Host, der Ihre Nachricht empfängt und ggf. weiterreicht, fügt eine »Received«-Zeile ein.

→

Zeile	Beschreibung
Message-ID	Automatisch vergebene, weltweit eindeutige Kennzeichnung der eMail; wird aus Rechner-Adresse, Datum und fortlaufender Nummer zusammengesetzt.
Reply-To	Nennt die Adresse, an die Antworten automatisch geleitet werden.
Resent-From	Eine Resent-From-Angabe sagt Ihnen bei weitergereichten Nachrichten, wer diese Mitteilung an Sie weitergeleitet hat.

Tabelle 7.3: Zusätzliche Angaben im Mail-Header

Und das kann beim Mailen schiefgehen

Bei der gelben Briefpost gibt es keine 100%ige Garantie für Postzustellung. Manchmal kommt es auch bei eMail zu Zustellproblemen. Die Ursachen hierfür sind vielfältig:

- Der Empfänger ist am Zielort unbekannt,
- der Zielrechner ist unbekannt, oder
- der Zielrechner kann aus technischen Gründen nicht erreicht werden.

In diesen Fällen kommt die eMail an den Absender zurück. Als Absender dieser »Bounced«-eMail tritt der sogenannte *Mailer-Daemon* auf. Dieses Hintergrundprogramm ist eine Art elektronischer Postbote. Im Fehlerbericht (engl.: message log) des Mailer-Daemon finden Sie eine genaue Beschreibung der Zustellprobleme. Anhand dieser Meldungen können Sie mögliche Fehler erkennen und beheben.

Die Tabelle 7.4 führt Gründe für eMail-Probleme auf und nennt die Meldungen des Mailer-Daemons:

Meldung	Ursache
unknown user	Empfänger ist am Zielort nicht bekannt. Prüfen Sie, ob Sie sich ggf. im Namensteil verschrieben haben.
host unknown/ unknown domain/ unresolvable	Rechner bzw. Domain gibt es nicht. Evtl. haben Sie sich in der Host-Adresse bzw. im Domain-Namen geirrt.

→

Meldung	Ursache
network unreachable	Probleme bei der Weiterleitung der Mail über sogenannte Gateway-Rechner zum Zielrechner. Aus technischen Gründen kann daher der Empfänger im Moment nicht erreicht werden.
service unavailable/connection refused	Der Zielrechner nimmt keine eMail an. Evtl. ist das Zielsystem defekt, nicht korrekt konfiguriert oder die Netzwerk-Software zur Postübermittlung ist nicht gestartet.

Tabelle 7.4: Probleme beim eMailen

Auf den folgenden Bildern zeigen wir typische Reaktionen des Mailer-Daemon, wenn eMail unzustellbar ist:

- Im ersten Beispiel (Bild 7.18) haben wir den Fall nachgestellt, daß ein Benutzer (hier: `frits` anstelle von `fritz`) am Zielort unbekannt ist.
- Der Empfängername stimmt im zweiten Beispiel, dafür haben wir aber einen Tippfehler in der Adresse des Zielcomputers.

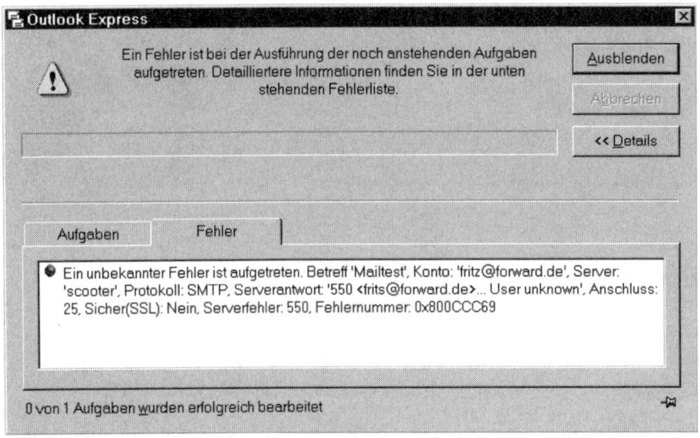

Bild 7.18: Empfänger ist nicht bekannt

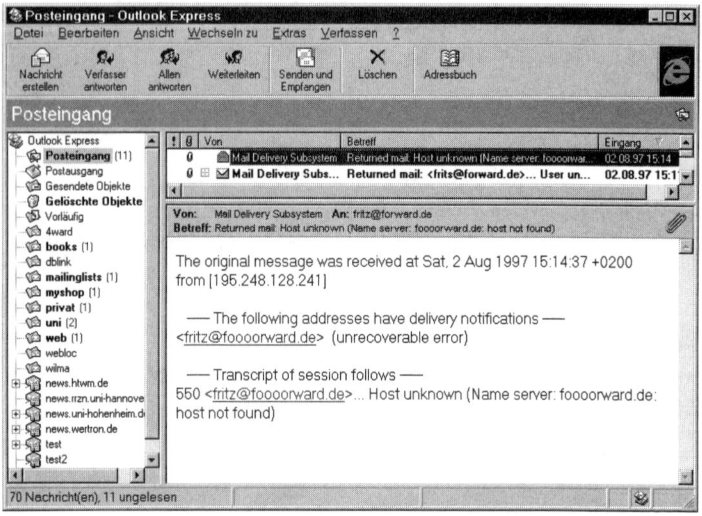

Bild 7.19: Zieladresse existiert nicht

Wenn nichts mehr geht: Falls Sie trotz zahlreicher Versuche keine eMail an den Empfänger zustellen können und Sendeprobleme auf Ihrer Seite ausschließen, sollten Sie auf andere Weise Kontakt aufnehmen und eine »funktionsfähige« Adresse erfragen. Sie können aber auch selbst versuchen, die richtige Adresse herauszufinden, indem Sie die Möglichkeiten zur Adressensuche im Internet nutzen.

Formatierungen in eMails

Netscape Messenger und Outlook Express können Ihre eMails attraktiver und lesbarer als andere eMail-Programme gestalten. Ihnen stehen, insbesondere mit dem Messenger, die vielfältigen Formatierungsmöglichkeiten der Web-Sprache HTML zur Verfügung, um Nachrichten zu setzen und Grafiken einzubinden. Nutzen Sie dieses neue Angebot, sollten Sie sich vorher vergewissern, daß auch der Empfänger den Netscape Messenger oder ein anderes HTML-fähiges eMail-Programm einsetzt. Ansonsten profitiert Ihr eMail-Partner nicht von Ihren Bemühungen, sondern wird durch im Klartext erscheinende Formatierungsanweisungen nur irritiert.

Die Bilder 7.20 und 7.21 zeigen Ihnen, wie eine eMail einerseits als reine »ASCII«-Mail und andererseits als HTML-eMail aussehen kann. In die HTML-eMail können Sie sogar Hyperlinks auf WWW-Dokumente einbauen. So kann sich hier in unserem Beispiel Melanie gleich eine Filmkritik im Web ansehen, bevor sie ins Kino geht.

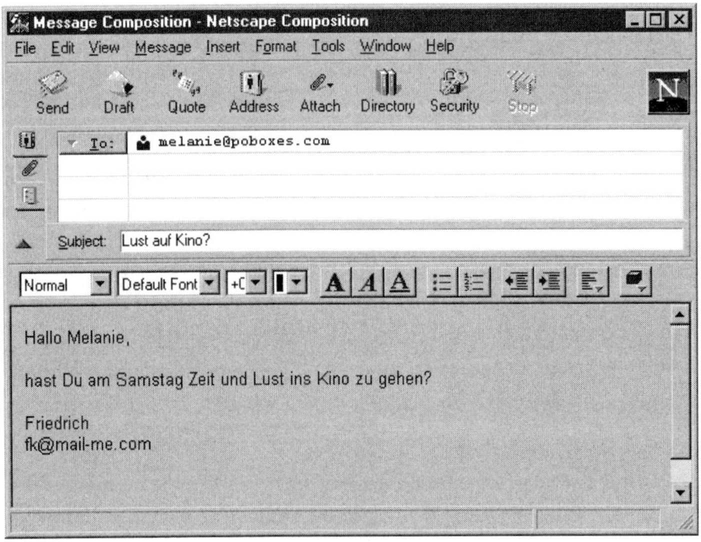

Bild 7.20: So sieht eine unformatierte Mail aus ...

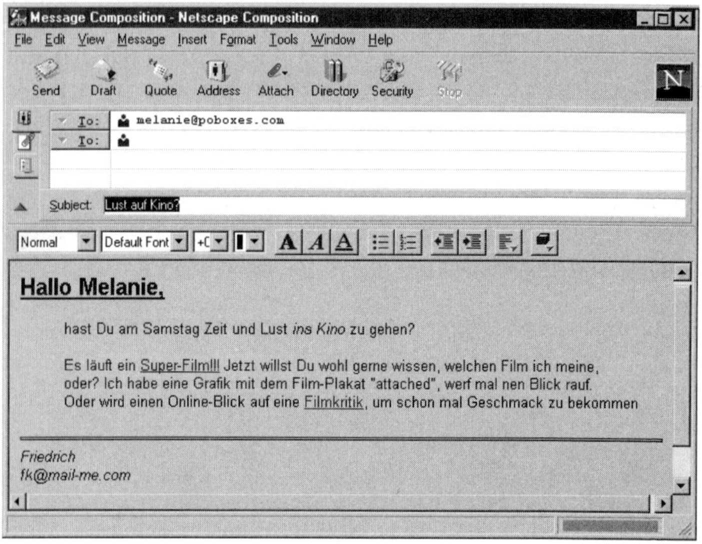

Bild 7.21: So sieht die Mail mit HTML-Erweiterungen aus

7.7 Dateien per eMail versenden

Mit elektronischer Post läßt sich nicht nur Text senden, sondern Sie können auch Dateien verschicken, die an die eMail-Nachricht angehängt werden. Diese angefügten Dateien nennt man »Attachments«.

Wenn Sie nur einen reinen eMail-Zugang zum Internet haben, dann ist dies sogar der einzige Weg, um an Dateien aus dem Internet zu kommen. Nutzen Sie einen Online-Zugang zum Internet, bewegen Sie größere Dateien am einfachsten mit dem Internet-Dienst FTP (siehe Kapitel 10). Weitere Vorteile beim Dateitransfer via eMail sind:

- Sie erreichen auch die vielen Rechner, die nicht im Internet, sondern in einem anderen, nur über eMail erreichbaren Netz hängen.
- Mit eMail können Sie eine Datei gleichzeitig an mehrere Empfänger verteilen. Wenn Sie andere Dienste nutzen, müßten Sie zu jedem Zielrechner einzeln eine Verbindung aufbauen.

Technischer Hintergrund

Wir haben Sie bereits gewarnt, Sonderzeichen und deutsche Umlaute in eMail zu verwenden. Das Problem hierbei ist das gleiche wie beim Übertragen von Binärdateien: die Verschlüsselung der verwendeten Zeichen.

Das Standard-Übertragungsprotokoll für eMail ist nur auf US-amerikanische 7-Bit-ASCII-Zeichen ausgelegt. Einfache Texte ohne Sonderzeichen können mit diesen 7-Bit-ASCII-Zeichen (ASCII-Werte 32 bis 127) dargestellt werden. Dieser Zeichenvorrat ist bei allen Rechnern, die Zeichen im ASCII-Format ablegen, gleich. Umlaute, deutsche Sonderzeichen, Textformatierungen oder Grafiken werden mit (Steuer-)Zeichen oberhalb der 7-Bit-Grenze dargestellt. Diese Zeichen sind von Rechner zu Rechner und Land zu Land uneinheitlich.

Multimedia-Dokumente und eMail

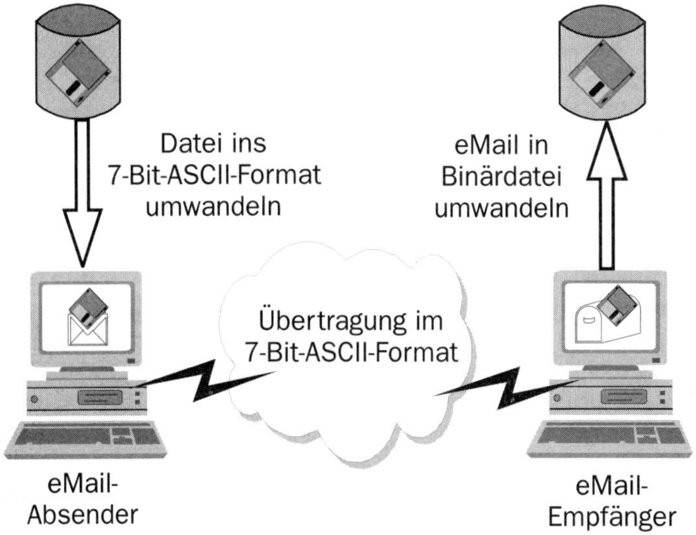

Bild 7.22: Umwandeln von Binärdateien ins ASCII-Format und zurück

Zum Glück gibt es Software-Lösungen für dieses Problem: Programme und erweiterte Übertragungstechniken wandeln Binärdateien vor der Übertragung in ASCII-Dateien um und danach wieder zu Binärdateien zurück. Bei der Vielzahl an Lösungen sollte man sich vor der Übertragung auf einen bei Empfänger und Sender verfügbaren Standard einigen.

Verbreitet sind die folgenden Wege, um Binärdateien per eMail zu versenden:

- Umwandeln von Binärdateien »per Hand« mit `uuencode` oder `btoa`;
- Nutzen des erweiterten eMail-Übertragungsstandards MIME (Multipurpose Internet Mail Extensions) zum »Anhängen« von Multimedia-Dateien an den Nachrichtentext.

7.7.1 uuencode und btoa

Per Hand können Sie Binärdateien in ASCII-Dateien, z.B. mit den Programmen

- `uuencode` und
- `btoa` (für binary to ascii),

umwandeln.

Zunächst werden wir eine Binärdatei mit dem weitverbreiteten `uuencode` bearbeiten. Das Kommando hat folgendes Format:

```
uuencode quelldatei name_nach_auspacken > uuencodete_datei
```

Wir wandeln nun eine Grafikdatei in eine 7-Bit-ASCII-Datei um, damit wir sie anschließend per eMail versenden können. Der Dateiname heißt vor und nach der Verwandlung *MELANIE.TIF*:

```
uuencode melanie.tif melanie.tif > melanie.uue
```

Durch das Abbilden von 8-Bit- auf 7-Bit-Zeichen kann sich die Datei melanie.uue im Vergleich zur Ursprungsdatei beträchtlich vergrößern.

Anschließend können Sie diese »verschlüsselte(n)« Datei(en) mit Ihrem Mail-Programm laden. Eine umgewandelte Datei startet mit einer »`begin`«-Zeile und dem Namen der Ursprungsdatei und endet mit dem Wort »`end`«.

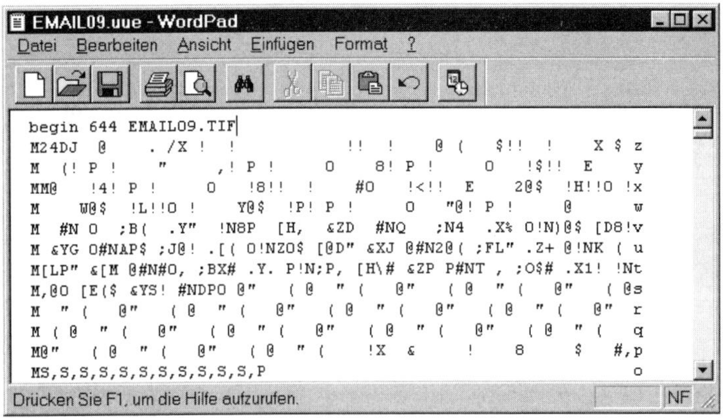

Bild 7.23: Ein Blick in eine »uuencodete« Datei

Der Empfänger kann eine verschlüsselte Nachricht(en)

- als Datei(en) speichern,
- ggf. mehrere Teilstücke in der richtigen Reihenfolge zusammenfügen und dann
- mit dem entsprechenden Konvertierer, z.B. `uudecode` oder `btoa -a`, zurückwandeln.

Tip: Durch die Vielzahl von Konvertierungsprogrammen gibt es leider ab und zu Verständigungsprobleme. Einigen Sie sich zuvor mit dem Empfänger auf einen Übertragungsstandard. Am sichersten ist das auf zahlreichen Betriebssystemen verbreitete uuencode zum Umwandeln von Binärdateien.

7.7.2 MIME – multimediale Erweiterung des Übertragungsprotokolls

Eine bequemere und in viele eMail-Programme integrierte Lösung zum Senden von Binärdateien heißt MIME (*Multipurpose Internet Mail Extensions*). Mit MIME ist ein Versenden von binären Dateien ohne Zusatzaufwand möglich.

Nutzen Sie und auch der Empfänger Mail-Programme mit MIME-Unterstützung, werden alle binären Daten in einer Nachricht, z.B. Grafiken und Textformatierungen, nach festgelegten Regeln selbständig umgewandelt – als Benutzer bemerken Sie das nicht mal! Mit dem herkömmlichen eMail-Übertragungsprotokoll werden anschließend die Daten zum Zielrechner übertragen. Auf der Seite des Empfängers wandelt ein MIME-fähiges Mail-Programm die Binärdaten wieder zurück und übergibt sie dem Anwender als Datei(en) zur Nutzung. Neuere Mail-Programme wie Outlook Express zeigen die Multimedia-Dokumente mit Grafiken und Sound automatisch an.

Mit MIME übertragen Sie mühelos eMails zusammen mit formatiertem Text, Grafiken, Sounds und Videoclips. Hierzu geben Sie in der Attachment-Zeile des eMail-Headers die Dateien an, die an die Textnachricht angefügt werden sollen.

Um z.B. mit dem Netscape Messenger eine Datei zu versenden,

1. klicken Sie auf die COMPOSE-Schaltfläche, um eine eMail zu erstellen,
2. füllen den eMail-Header im Nachrichten-Erstell-Fenster aus,
3. schreiben ins Textfeld eine kurze Notiz mit Informationen über die versendete Datei,
4. klicken auf das ATTACH-Symbol, oder klicken Sie auf das Büroklammer-Symbol unterhalb der Symbolleiste und wählen die Art der anzufügenden Information aus.
5. Wenn Sie eine Datei anfügen möchten, wählen Sie diese nun aus Ihrem Dateisystem aus.

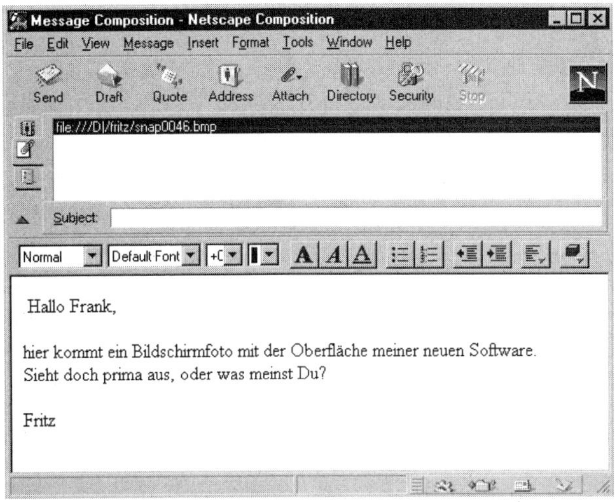

Bild 7.24: Datei anfügen mit Netscape Messenger

Mit Outlook Express geht es noch einfacher: Eine anzufügende Datei ziehen Sie aus dem Windows Explorer mit der Maus in das Textfeld der zu erstellenden Nachricht und schon erscheint diese als Attachment.

Der Empfänger muß aus dem Huckepack-Format wieder das Original-Dateiformat rekonstruieren. Hierzu benötigt der Empfänger eines Attachments entweder

- ein externes Programm, das das Umwandeln von eMails übernimmt (z.B. Wincode), oder
- ein MIME-fähiges eMail-Programm (wie den Netscape Messenger oder Outlook Express), das die Datei beim Empfang der Nachricht wiederherstellt, ggf. anzeigt und auf Wunsch im Dateisystem speichert.

Empfangen Sie selbst eine eMail mit Datei-Attachment, die nicht direkt im eMail-Programm angezeigt werden kann, sieht die eingehende eMail wie in Bild 7.25 aus.

So gut sich dies auch anhören mag, leider gibt's auch Schattenseiten. Nicht alle Mail-Programme unterstützen das MIME-Format – vor allem Anwender mit älterer eMail-Software haben Schwierigkeiten mit Multimedia-eMail. Wenn Sie eine Nachricht im MIME-Format ohne passende Mail-Software lesen, sehen Sie Zeichensalat und verstehen nur Bahnhof!

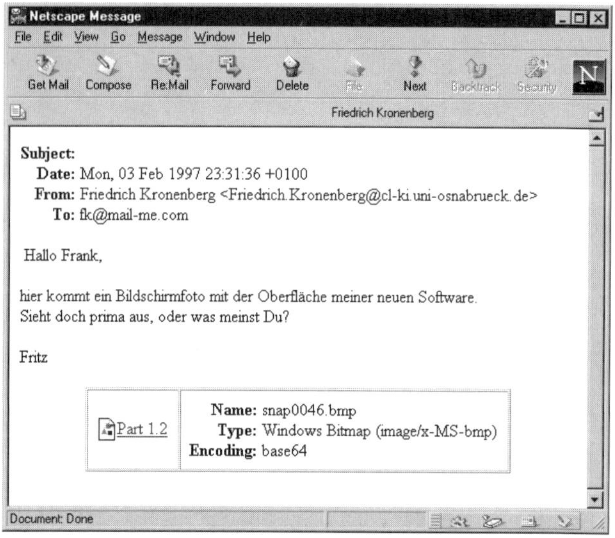

Bild 7.25: So sieht der Empfänger das Attachment

7.7.3 Exkurs: Die 64 KByte-Grenze

Wenn Sie sicherstellen möchten, daß Ihre eMail mit Datei auf jeden Fall und überall empfangen wird, sollte sie nicht größer als 64 KByte sein. Tritt bei der eMail-Kommunikation mit einem Empfänger das Problem auf, daß zu große eMails gar nicht oder unvollständig ankommen, müssen Sie die zu übertragende Datei per Hand überarbeiten:

- Versuchen Sie zunächst, die Datei vor dem Verschicken auf unter 64 KByte zu komprimieren (z.B. mit Packern wie PkZip oder WinZip). Klären Sie vorher mit dem Empfänger, ob ein entsprechender Entpacker auf seinem Rechner und für sein Betriebssystem verfügbar ist.

- Reicht eine Komprimierung nicht aus, um unter die 64 KByte-Grenze zu kommen, müssen Sie Ihre Datei häppchenweise versenden. Wandeln Sie die anzuhängende Datei zunächst mit einem externen Kodierprogramm ins MIME-Format um. Nun zerlegen Sie diese Datei (z.B. mit einem ASCII-Editor) in kleinere, maximal 64 KByte große Teile. Anschließend versenden Sie jedes Häppchen einzeln an den Empfänger. Stellen Sie dabei sicher, daß der Empfänger leicht die Reihenfolge der Dateifragmente erkennen und diese leicht wieder zusammenfügen kann. Anschließend muß der Empfänger die Datei aus dem Transportformat per Hand dekodieren.

In den meisten Fällen erreichen aber auch eMail-Nachrichten, die weitaus größer als 64 Kbyte sind, den Empfänger problemlos. Probleme mit dieser magischen Grenze haben nur uralte Mail-Gateways oder Mailbox-Systeme.

7.8 eMail archivieren und weiterverarbeiten

Die Eingangspost wird im »Posteingangskorb« in einer einzigen großen Datei fortlaufend gespeichert. Einzelne Briefe speichert und bearbeitet man aber üblicherweise in gesonderten Dateien. Anschließend können Sie den Brieftext mit einem Textprogramm weiterverarbeiten.

Eingehende Nachrichten können Sie auch

- drucken,
- als gelesen oder ungelesen markieren,
- speichern,
- in eine andere Postmappe verschieben bzw. kopieren oder
- löschen.

Tip: Haben Sie versehentlich eine eMail gelöscht, sehen Sie im Postfach TRASH/GELÖSCHTE OBJEKTE nach. Hier werden die gelöschten Nachrichten abgelegt, bis sie endgültig entfernt werden. Diese Sicherungsmaßnahme verbraucht allerdings Speicherplatz. Leeren Sie diesen »Mülleimer« in regelmäßigen Abständen, um Systemressourcen freizugeben.

Um einen Brief zu bearbeiten, speichern Sie den Nachrichtentext zunächst in eine Datei und laden diese dann mit Ihrem Textprogramm. Unter MS Windows und X-Windows können Sie natürlich auch die »Schnippel-und-Einkleb«-Funktion (engl.: copy and paste) nutzen, um Texte aus dem Mail-Programm über die Zwischenablage in andere Anwendungen zu übertragen.

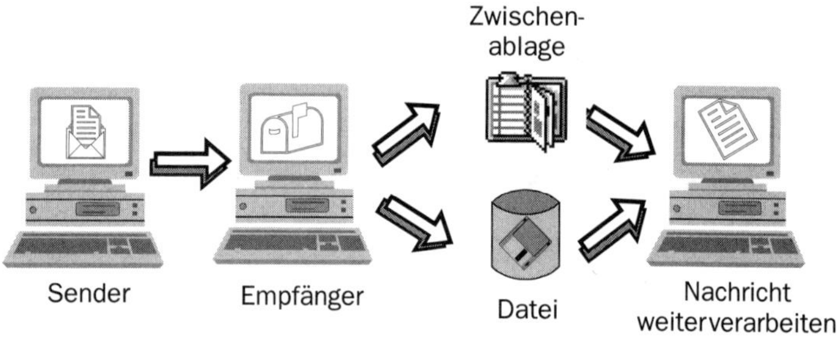

Bild 7.26: eMail weiterverarbeiten

Je nach Mail-Programm und Benutzeroberfläche benutzen Sie hierfür unterschiedliche Kommandos. Bei Windows-Anwendungen finden Sie einen Menübefehl wie DATEI • SPEICHERN UNTER (FILE • SAVE AS), während zeichenorientierte Mail-Programme häufig mit den Anfangsbuchstaben der Kommandos `write` oder `save` arbeiten.

Tip: Einige Textprogramme kann man heute bereits direkt oder über sog. Makro-Funktionen als Mail-Programm nutzen. Mit diesen Programmen können Sie eMails nicht nur weiterverarbeiten, sondern bereits erstellen. Da diese Programme jedoch keine Möglichkeit haben, ein- und ausgehende Nachrichten thematisch zu sortieren und zu archivieren, kommen Sie auch dann nicht um ein separates Mail-Programm herum, wenn Sie mit Word für Windows Ihre eMails schreiben.

7.8.1 eMails in Postmappen archivieren

Ihre POSTEINGANGSMAPPE kann schnell überlaufen und unübersichtlich werden, wenn Sie viele Nachrichten empfangen. Sie sollten deshalb eingehende Nachrichten nach dem Lesen löschen oder in Postmappen archivieren. Es empfiehlt sich nicht, nur eine Postmappe für zu speichernde eMails, sondern mehrere, nach Themengebieten oder Empfängergruppen geordnete Postmappen anzulegen.

Verschieben Sie Nachrichten in die entsprechende Mappe, wenn Sie sie gelesen haben, so sorgen Sie für mehr Übersicht. Werfen Sie später einen Blick in das entsprechende Postfach, finden Sie archivierte eMails schnell wieder.

Das Wechseln zwischen Postmappen ist bei Netscape Messenger und Outlook Express sehr einfach. Wählen Sie einfach in der Postmappen-Leiste (oberhalb der Postfach-Übersicht) den Ordner aus, den Sie einsehen wollen.

Sie bewegen eine eMail von einer Postmappe (z.B. aus der INBOX) in eine andere Postmappe, indem Sie die Nachricht mir der Maus in den Zielordner verschieben.

Postmappen können Sie hierarchisch ineinander schachteln, um eMails nach beliebig kombinierbaren Kriterien thematisch oder nach Empfängern zu ordnen. Das Bild 7.27 zeigt Ihnen, wie Postmappen strukturiert sein können.

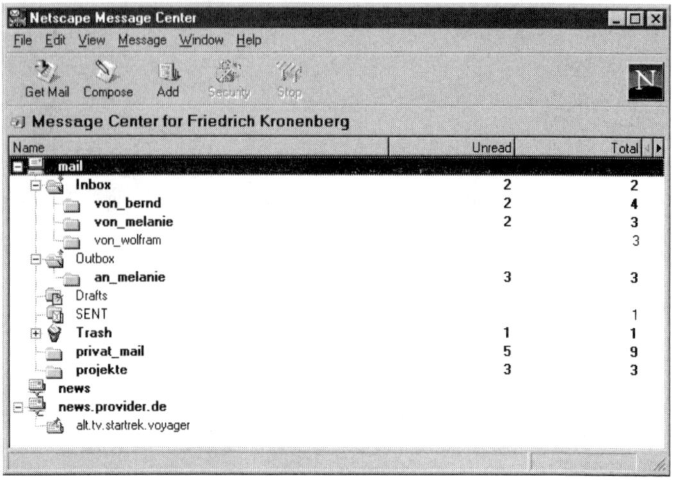

Bild 7.27: Ineinanderschachteln von Postmappen

7.8.2 Eingangspost automatisch archivieren

Ein Posteingangs-Assistent hilft Ihnen, empfangene eMails automatisch nach vorher definierten Filterregeln in bestimmte Ordner zu sortieren. So können Sie besonders wichtige eMails von Ihrem Chef von unwichtigen Nachrichten trennen und sammeln.

Legen Sie Filterkriterien fest, die eingehende eMail nach dem Auftreten

- eines bestimmten Absendernamens bzw. einer eMail-Adresse oder
- von Schlüsselwörtern in der SUBJECT-Zeile automatisch

sortieren.

Auf der folgenden Datenreise sehen Sie, wie wir einen eMail-Filter mit dem Netscape Messenger einrichten. Am besten arbeitet ein Filter, wenn Sie die zu filternde eMail an der Absender-Adresse erkennen können. Dann lassen Sie den Assistenten einfach prüfen, ob in der FROM-Zeile eine bestimmte eMail-Adresse steht. Nach diesem Schema werden in unserem Beispiel alle Nachrichten von Bernd automatisch in den Postordner *VON_BERND* bewegt.

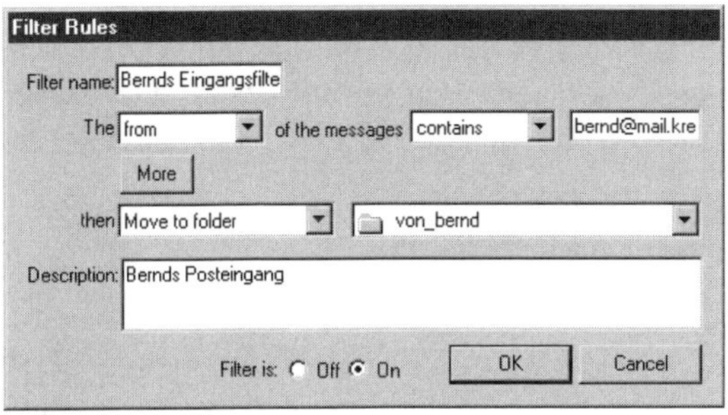

Bild 7.28: eMail-Filter einstellen

7.9 So merken Sie sich eMail-Adressen

Damit Ihre eMails sicher ankommen, müssen Sie immer die richtigen eMail-Adressen der Empfänger zur Hand haben. Wenn Sie eMail-Adressen »per Hand« eingeben, schleichen sich leicht Fehler ein. Bei fehlerhaften Adressen auf Briefen können »mitdenkende« Postler häufig noch die richtige Adresse herausfinden und Ihre Nachricht dann trotzdem zustellen. eMail-Zustellung ist leider nicht so fehlertolerant: Entweder benutzen Sie eine korrekte Adresse, oder Ihre eMail kommt an Sie zurück.

Vergessen Sie manchmal, so wie wir auch, Adressen? Kein Wunder, denn eMail-Adressen sind

- meist ziemlich lang und
- aus vielen z.T. recht verschlüsselten Bezeichnungen zusammengesetzt.

Damit Sie sich beim Schreiben von eMail-Adressen weniger oft vertippen und die grauen Zellen für wichtigere Dinge freihalten, führen Sie besser ein eigenes eMail-Adreßbuch und setzen Adressen aus diesem Buch ein.

Das private eMail-Adreßbuch

Es gibt verschiedene Möglichkeiten, sich ein Adreßbuch aufzubauen: Adreßbücher kann man

- selbst per Hand erstellen,
- von Kollegen und Freunden übernehmen oder
- aus den Absenderangaben der Eingangspost herausfiltern.

In Bild 7.29 sehen Sie ein eMail-Adreßbuch von Outlook Express. Sie ordnen einer oder mehreren eMail-Adressen einen Kurznamen, auch Nickname oder Mail-Alias genannt, zu. Über diesen Kurznamen können Sie den oder die Menschen künftig erreichen. Wenn Sie mehrere Empfänger mit einem Kurznamen verknüpfen, bauen Sie sich eMail-Verteilerlisten auf.

Diese Kurznamen lassen sich viel besser merken als die eMail-Adressen. Sie verwenden künftig einfach einen Kurznamen als Empfänger-Adresse, und das Mail-Programm sorgt dafür, daß die Nachricht an die richtige Adresse zugestellt wird.

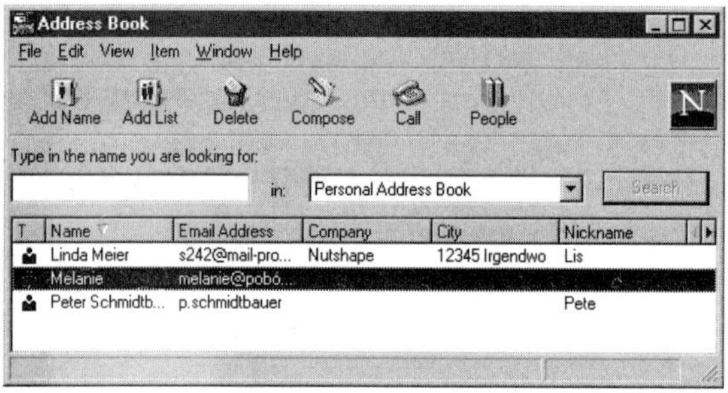

Bild 7.29: Ein Blick ins eMail-Adreßbuch

eMails an mehrere Empfänger

Manchmal möchte man eine eMail nicht an einzelne Personen, sondern an eine ganze Gruppe senden. Glücklicherweise müssen Sie nicht viele Durchschläge anfertigen, sondern Sie

- geben »per Hand« mehrere Empfänger im eMail-Header an oder
- senden Ihre Nachricht mit nur einem Befehl an eine Verteilerliste.

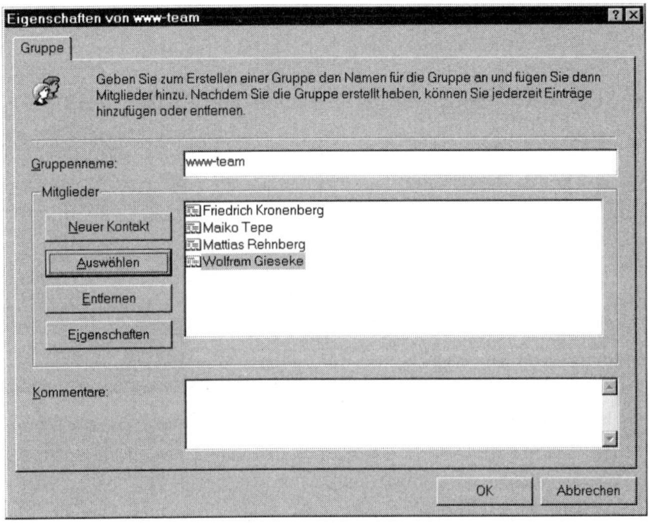

Bild 7.30: eMail an mehrere Empfänger gleichzeitig senden

In diesem Abschnitt zeigen wir Ihnen, wie Sie Verteilerlisten aufbauen und einsetzen. Typische Verteilerlisten können z.B. die Adressen Ihrer Arbeitskollegen oder Ihrer Freunde aufnehmen.

Wir bauen im eMail-Adreßbuch von Windows einen Verteiler auf. Zunächst haben wir eine Bezeichnung (»Nickname«) eingetragen, hier z.B. www-team, unter der wir den Verteiler künftig ansprechen. Anschließend haben wir die Adressen aller Personen, die Rundschreiben über diesen Verteiler erhalten sollen, aus unserem vorhandenen Bestand an Adressen ausgewählt.

Das war schon alles! Setzen wir künftig den Nickname `www-team` in die TO-Zeile des Mail-Programms ein, geht die Nachricht automatisch an alle Mitglieder des WWW-Teams an der Universität Osnabrück.

Eine ähnliche Form von Verteiler nutzen die Mailing-Listen, die wir Ihnen im Abschnitt 7.11 vorstellen. In Mailing-Listen werden Diskussionsbeitäge zu den unterschiedlichsten Themen zusammengetragen und über eine Verteilerliste an alle Interessierten weitergereicht.

7.10 Vertrauliche eMail per PGP-Verschlüsselung

Datenschutz und Vertraulichkeit – ist das überhaupt ein Thema, wenn man über eMail spricht? Gilt denn nicht das strikt gehandhabte Postgeheimnis?

Wenn Sie einen Brief empfangen, können Sie in unseren Breiten ziemlich sicher sein, daß niemand ihn gelesen hat. Wurde ein Brief aus technischen Gründen geöffnet, ist das auf dem Brief vermerkt. Bei eMails hingegen sieht das leider eher wie mit Postkarten aus! Auf jedem Rechner, über den eine eMail läuft, könnten gierige »Lauscher« nur darauf warten, Ihre eMail wie eine Postkarte zu lesen, denn so offen wie eine Karte mit Urlaubsgrüßen sind auch eMails aus reinem ASCII-Text.

Aus diesem Grund lesen Sie in diesem Abschnitt,

- welche Möglichkeiten des unbefugten Zugriffs auf eMail denkbar sind,
- wie manipulierte eMails einen falschen Absender vortäuschen,
- wie Sie Nachrichten fälschungssicher unterschreiben und
- wie Sie sich durch Verschlüsseln vertrauliche Nachrichten vor Fremdzugriff und Manipulation schützen.

Vertrauen ist gut – Verschlüsselung ist besser

Es gibt zwar eine allgemeine Übereinkunft, daß eMail nicht von Dritten gelesen werden soll. Auf die Vertrauenswürdigkeit anderer Menschen und insbesondere der Systemverwalter kann man als Benutzer aber nur hoffen. Netzbetreuer haben nahezu keine technischen Hürden zu überwinden, wenn sie fremde Nachrichten lesen wollen. Muß ein Systemverwalter eine fremde Nachricht wegen technischen Problemen bei der Postzustellung lesen, dann sollte auch er/sie eine entsprechende Mitteilung einfügen.

Eine weitere Hoffnung ist, daß niemand gern im Datenmüll wühlt. Bei der Größe des täglichen Daten-»Müllbergs« ist es zudem auch für Lauscher praktisch unmöglich, jede einzelne Mitteilung zu sichten.

Leider gibt es im Internet trotzdem Vorfälle, bei denen Systemverwalter z.B. an deutschen Universitäten meinten, eMails ihrer Benutzer zensieren und bei »mißbräuchlicher« Nutzung zu privaten Zwekken herausfiltern zu müssen. Diese Vorgehensweise ist zwar datenschutzrechtlich unzulässig, wiederholt sich aber immer wieder. In kommerziellen und privaten Netzen, in denen Kunden für die Nutzung von eMail-Diensten zahlen, ist dies völlig inakzeptabel.

Der Gedanke, daß Fremde die privaten Nachrichten lesen könnten und auf diese Weise auch an sensible Informationen wie z.B. Kreditkartennummern oder persönliche Daten kommen können, wirkt auf viele erschreckend! Aus diesem Grund sorgt man sich seit Jahren, wie man Datenkommunikation über Netze abhörsicher machen kann.

Ein Schritt in die richtige Richtung war der 1986 in den USA erlassene Electronic Communications Privacy Act (ECPA). Er legt fest, daß

- alle Formen elektronischer Kommunikation, einschließlich eMail, vor Eingriffen Unbefugter zu schützen und
- über öffentliche Netzte versendete Kommunikationsdaten Dritter, die jünger als 180 Tage sind, nicht zu sichten sind.

Leider macht der ECPA keine Aussagen über Netze, die privat oder kommerziell betrieben werden. Da das Internet aber Grenzen zwischen Netzen überspringt, hat ECPA nur wenige unmittelbare Auswirkungen.

Post von Boris Becker

Ein weiteres großes Problem liegt darin, daß man ganz einfach den Briefkopf, so z.B. die Absender-Adresse, manipulieren kann. Zwar setzen viele Mail-Programme selbständig die Absender-Adresse desjenigen ein, auf dessen Benutzer-Account gearbeitet wird, aber bereits mit wenig Know-how kann man eMails als Boris Becker wie in Bild 7.31 schreiben.

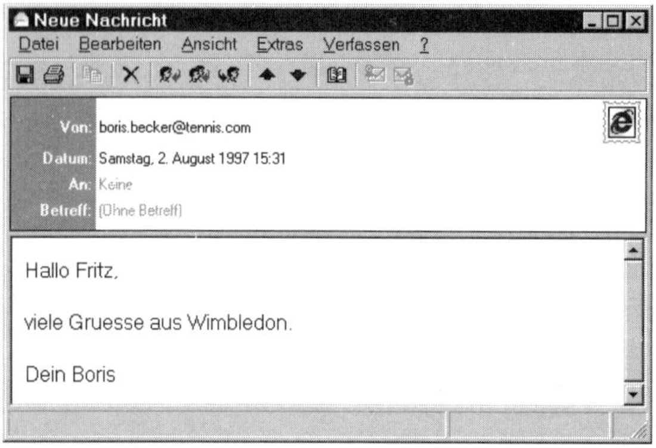

Bild 7.31: eMail mit »gefälschtem« Absender

Seien Sie also mißtrauisch, wenn Sie das nächste Mal Post vom Präsidenten oder vom Papst bekommen!

7.10.1 Technische Grundlagen für abhör- und fälschungsichere eMail

Die gefälschte eMail-Nachricht macht ganz deutlich, daß eMail ohne die notwendigen Vorkehrungen alles andere als eine sichere Form der elektronischen Kommunikation ist. Böswillige Zeitgenossen mit dem technischen Know-how könnten, ohne daß Sie es bemerken,

- Ihren Postverkehr mit anderen Personen überwachen,
- Ihre Nachrichten an andere manipulieren,
- unter Ihrem Namen Nachrichten verschicken,
- Ihnen Nachrichten mit gefälschtem Absender zustellen oder
- Nachrichten an Sie inhaltlich verändern.

Um sich davor zu schützen, können Sie Nachrichten verschlüsseln und digital unterschreiben. Dabei wird der Inhalt einer Nachricht durch ein mathematisches Verfahren in ein scheinbar sinnloses Zeichen-Wirrwarr umgewandelt (chiffriert). Der Zeichensalat kann gefahrlos verschickt werden. Nur der richtige Empfänger kann die Nachricht dechiffrieren und sich von der Echtheit überzeugen.

Damit Verschlüsselungsverfahren funktionieren, nutzen beide Partner dasselbe Verschlüsselungsverfahren und besitzen elektronische Schlüssel, um Nachrichten an den Gesprächspartner zu chiffrieren und zu dechiffrieren. Da eine Nachricht nur mit dem passenden Schlüssel wieder entschlüsselt werden kann, ist sie solange sicher, wie der geheime Schlüssel nicht in die falschen Hände gerät. Dabei wird das Problem der vertraulichen Weitergabe von Information auf das sichere Weitergeben von Schlüsseln verlagert.

Um auch Schlüssel gefahrlos über das Internet zu transportieren, wurde das bei eMail-Nutzern verbreitete System der asymmetrischen Kodierung erarbeitet. Bei diesem Verfahren gibt es zwei Schlüssel:

- ein privater Schlüssel, den man unter allen Umständen selbst behält und nicht herausgibt, und
- ein dazu passender öffentlicher Schlüssel, der gefahrlos an andere verteilt werden kann.

Dieses System bietet verschiedene Möglichkeiten, eine eMail-Übertragung zu sichern:

- Um eine diskrete Nachricht an jemanden zu verschicken, verschlüsselt man sie mit dem öffentlichen Schlüssel (!) des Empfängers. Sie kann nur vom Empfänger mit seinem passenden privaten Schlüssel dechiffriert werden.
- Um dem Empfänger die Echtheit einer Nachricht zu beweisen, verschlüsselt man Textteile (die Unterschrift) mit dem eigenen privaten Schlüssel. Wenn der Empfänger diese Unterschrift mit dem passenden öffentlichen Schlüssel reproduzieren kann, muß sie vom richtigen Absender stammen.

Das im Internet verbreitete System PGP (Pretty good privacy, dt.: (wörtlich) »sehr gute Privatsphäre«) benutzt diese asymmetrischen Schlüssel. PGP können Sie über die Windows-Zwischenablage mit jedem beliebigen eMail-Programm einsetzen oder über Plug-ins bequem in die eMail-Programme Eudora und Outlook Express integrieren.

Neben PGP untersützen Outlook Express und Netscape Messenger auch das alternative Verschlüsselungssystem S/MIME. Sie sollten deshalb darauf achten, daß Ihr Empfänger dasselbe Verschlüsselungsverfahren wie Sie verwendet, da die Systeme zueinander inkompatibel sind.

Im folgenden Abschnitt erfahren Sie, wie einfach es im Alltag ist, mit Hilfe von PGP abhör- und fälschungssicher zu kommunizieren.

7.10.2 Verschlüsselte Nachrichten mit PGP

PGP ist die im Internet meistgenutze Software, um eMail-Nachrichten verschlüsselt, fälschungssicher und mit Echtheitszertifikat zu erstellen. Installieren Sie PGP, müssen Sie sich zunächst einen eigenen Schlüsselbund anlegen. Dieser besteht aus

- dem privaten Schlüssel, mit dem an Sie gerichtete kodierte Nachrichten dekodiert werden und
- dem öffentlichen Schlüssel, den Sie an alle Gesprächspartner frei verteilen können, damit diese Nachrichten an Sie verschlüsseln können.

Der Zugriff auf den privaten Schlüssel wird über ein Paßwort, die sogenannte Passphrase geschützt. So wird sichergestellt, daß nur Sie selbst den privaten Schlüssel nutzen können, um Nachrichten zu dekodieren oder fälschungssicher zu unterschreiben.

Den öffentlichen Schlüssel hingegen können Sie guten Gewissens per eMail an alle Ihre Bekannten und Kollegen ohne Sicherheitsvorkehrungen senden. Er dient lediglich dazu, Nachrichten an Sie zu kodieren und ist nicht in der Lage, Nachrichten zu entschlüsseln. Wenn Sie Ihren öffentlichen Schlüssel verteilen, können Sie die Dialogpartner gleichzeitig darum bitten, Ihnen ihre eigenen öffentlichen Schlüssel zu schicken – nur so kann der sichere Nachrichtenaustausch in beide Richtungen funktionieren.

Erhalten Sie per E-Mail einen PGP-Key, sieht die eMail in etwa so aus:

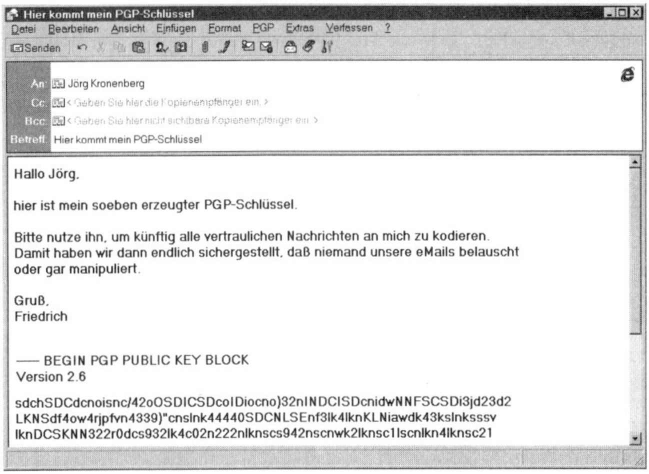

Bild 7.32: Öffentlicher PGP-Schlüssel per E-Mail

Mit PGP können Sie diesen Schlüssel in Ihren Schlüsselbund aufnehmen und künftig kodierte Nachrichten an seinen Besitzer senden.

Möchten Sie sich nicht die Mühe machen, den öffentlichen Schlüssel an alle Ihre Gesprächspartner zu senden, sollten Sie Ihren offenen PGP-Schlüssel über einen Key-Server veröffentlichen. Beim ersten Erstellen des Schlüsselbundes bietet Ihnen PGP diese Option an. Ein Key-Server sammelt zentral die öffentlichen Schlüssel tausender Benutzer. Internauten, die mit Ihnen sicher kommunizieren möchten, können sich an den Key-Server wenden, nach Ihrer eMail-Adresse suchen und den dazu passenden Schlüssel abrufen.

Nachrichten kodieren und dekodieren mit PGP

Frühe Versionen von PGP waren umständlich zu bedienende DOS-Anwendungen, die nur mit viel Mühe und Zeit mit dem eMail-Programm zusammenarbeiteten. Dank neuer Plug-ins fügen sich die aktuellsten PGP-Versionen nahtlos in die Arbeitsabläufe beim Erstellen und Versenden einer eMail-Nachricht ein. Jedoch sind diese Einbauten nur für einige wenige eMail-Programme wie z.B. Outlook Express oder Eudora verfügbar. Installieren Sie neben der PGP-Software das entsprechende PGP-Plug-in stehen Ihnen alle Funktionen zum Verschlüsseln, Entschlüsseln und Schlüssel-Management über Menübefehle oder Symbolleisten zur Verfügung.

Arbeiten Sie mit einem eMail-Programm, für das es kein Plug-in gibt und möchten nicht die Software wechseln, können Sie trozdem sicher kommunizieren: Die Verbindung zwischen jeder Mail-Software und PGP kann auch über die Windows-Zwischenablage hergestellt werden.

Um eine zu sendende Nachricht zu verschlüsseln und fälschungssicher zu unterschreiben, gehen Sie so vor:

1. Kopieren Sie den Nachrichtentext in die Zwischenablage,
2. starten Sie die PGP Anwendung PGP tools (Bild 7.33), und
3. klicken Sie auf die ENCRYPT + SIGN-Schaltfläche.
4. Im sich öffnenden Dialogfeld wählen Sie als Datenquelle die Windows-Zwischenablage aus.
5. Sie erhalten eine Übersicht der Gesprächspartner, mit denen Sie per PGP kommunizieren können (Bild 7.34). Wählen Sie für jeden Empfänger der Nachricht den dazugehörigen öffentlichen Schlüssel aus.
6. Im nächsten Schritt müssen Sie sich durch das geheime PGP-Paßwort ausweisen. So wird verhindert, daß jemand unter Ihrem Namen Nachrichten unterzeichnet und versendet.
7. Nun wird die Nachricht verschlüsselt, und der kodierte Text wird in die Zwischenablage kopiert.

8. Wechseln Sie zurück zur eMail-Software, und ersetzen Sie den ursprünglichen Nachrichtentext durch den chiffrierten Text, den Sie aus der Zwischenablage wieder einfügen.

Bild 7.33: PGP tools

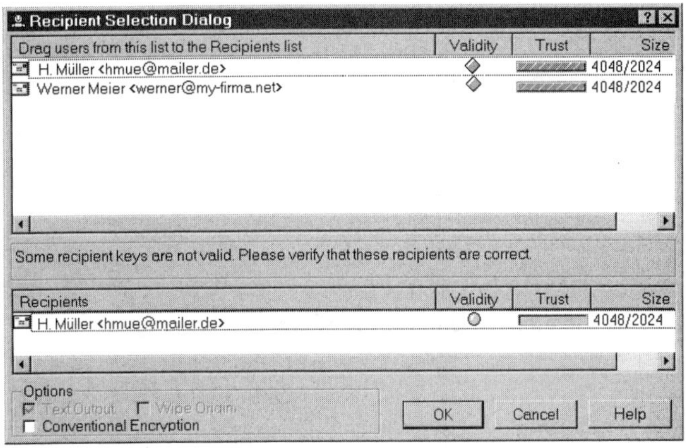

Bild 7.34: Schlüssel der Empfänger auswählen

Setzen Sie ein Mail-Programm mit PGP-Plug-in ein, entfallen alle Schritte, die mit der Zwischenablage oder PGP tools zusammenhängen. Sie nutzen einfach den entsprechenden Menübefehl zum Kodieren und digital Unterschreiben und die Daten werden automatisch zwischen Mail-Software und PGP hin- und herbewegt. Auch in dieser Variante kommen Sie jedoch nicht drumherum, die Empfänger auszuwählen und die Passphrase einzugeben.

Steht der verschlüsselte Text im Nachrichtenfenster, sollte dies wie in Bild 7.35 aussehen. Nur noch die von Ihnen ausgewählten Empfänger können die Nachricht wieder entschlüsseln – wenn Sie sich nicht selbst als Adressat eingetragen haben, gibt es sogar für Sie keinen Weg mehr, die Originalnachricht wieder herzustellen. Sie sollten den Originaltext daher bei Bedarf vor dem Kodieren in einer Textdatei speichern, wenn Sie zu einem späteren Zeitpunkt auf die Mitteilung zurückgreifen möchten.

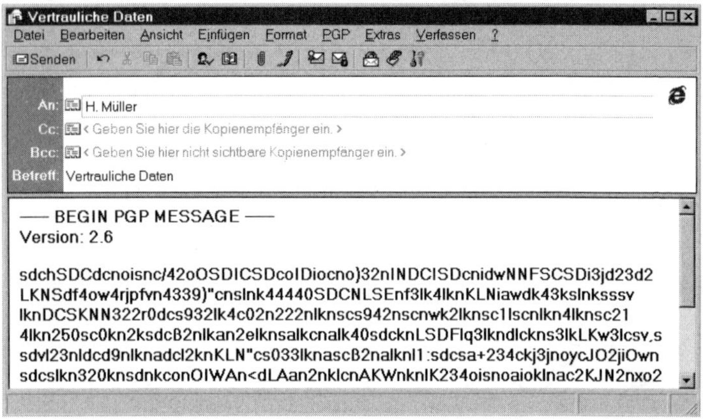

Bild 7.35: So sieht die kodierte Nachricht aus

Empfangen Sie eine an Sie gerichtete kodierte Nachricht, läuft der Vorgang in umgekehrter Richtung ab: Kopieren Sie den kodierten Text in die Zwischenablage, und nutzen Sie die DECRYPT-Schaltfläche von PGP tools, um den Klartext wiederherzustellen. Sie starten die Dechiffrierung mit Ihrer Passphrase und sichten den in der Zwischenablage bereitstehenden Klartext mit einem beliebigen Texteditor. Auch die Version mit PGP-Plug-in startet ein separates Textprogramm, um den Originaltext anzuzeigen – es entfallen mit Plug-in jedoch die umständlichen Schritte über die Zwischenablage, da die Decrypt-Funktion bereits in die eMail-Software integriert ist.

Stellt PGP beim Entschlüsseln fest, daß die Nachricht zudem digital unterschrieben wurde, können Sie im PGP log-Fenster einsehen, wer die Nachricht signiert hat und ob dieser Name mit dem im eMail-Header angegebenen Empfänger übereinstimmt.

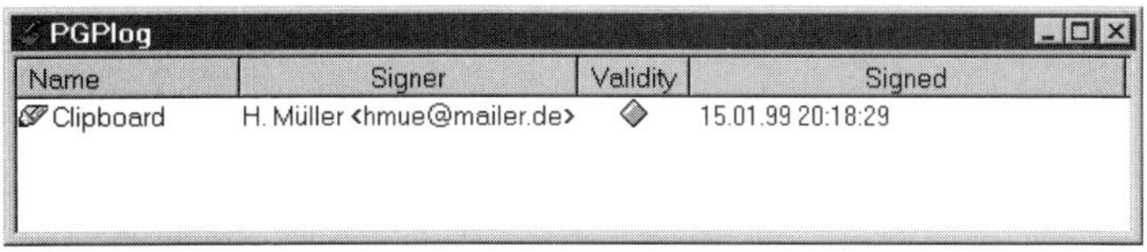

Bild 7.36: Überprüfen der digitalen Signatur

Tip zum Übertragen vertraulicher Informationen: Übermitteln Sie schützenswerte, vertrauliche Daten wie Kreditkarteninformationen oder Paßwörter nie unverschlüsselt über eMail. Wenn Sie nicht auf ein Verschlüsselungsprogramm wie PGP zurückgreifen können, übertragen Sie die Daten besser nicht übers Netz.

7.11 Mailing-Listen

Neben »persönlichen« Nachrichten werden über eMail auch öffentliche Diskussionen geführt und themenbezogene Informationsbretter zeitversetzt über sogenannte Mailing-Listen verteilt.

Die Themengebiete reichen von wissenschaftlichen und politischen Themen bis zu Hobbys, Sport, Musik und UFOs. Mailing-Listen senden Ihnen bei Bedarf laufend aktuelle Tagesnachrichten oder Wirtschaftsinfos. Neben Diskussionsrunden und Informationsbörsen nutzen viele Anwender die Listen, um Fragen oder Hilfegesuche zu stellen oder um Dienste anzubieten. Viele Listen sind sehr spezialisiert und richten sich ganz gezielt z.B. an Biochemiker, Historiker, Pädagogen, Kernphysiker, Bibliothekare, Literaturexperten oder Computerspezialisten.

Mailing-Listen können Sie über eMail abonnieren. Die Abonnenten erhalten in regelmäßigen Abständen die neueste Ausgabe der Mailing-Liste zugeschickt. Einige der vielen hundert Listen schicken einem täglich einen dicken Stapel Post zu und füllen das Postfach.

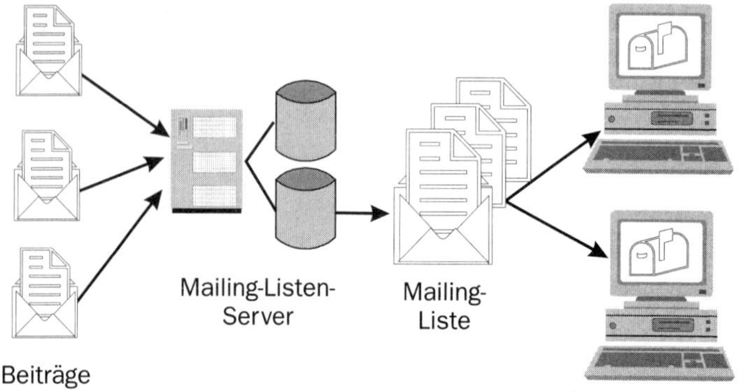

Bild 7.37: So arbeiten Mailing-Listen

So werden Mailing-Listen verwaltet

Im Internet gibt es mehrere Informationssysteme, die Mailing-Listen verwalten und verteilen. Hierzu gehören auch die drei Mailing-Listen-Verteiler

- Listserv aus dem Bitnet,
- Listbot und
- Majordomo.

Alle Systeme betreiben Mailing-Listen-Server, die Hilfe-Informationen und Übersichten über verfügbare Listen bereithalten. Die Bitnet-Listserver sind Großrechner mit »exotischen« Betriebssystemen. Wenn Sie mit den Jumbos der Computer Kontakt aufnehmen, um Mailing-Listen zu abonnieren, dürfen Sie sich daher nicht über kryptische Kommandozeilen wundern. Alle Kommandos müssen Sie, wenn Sie nicht gerade selbst auf einem Großrechner unter VM/CMS oder VAX/VMS arbeiten, per eMail an den Server senden. Die Antworten erhalten Sie nach einiger Bearbeitungszeit per eMail zurück.

Mailing-Listen abonnieren

Am Beispiel einer Mailing-Liste zeigen wir Ihnen, wie Sie an Diskussionen und Informationsaustausch über Listen teilnehmen. Auf der folgenden Datenreise schreiben wir uns in die Mailing-Liste `Weblotse` ein, die regelmäßig aktuelle Netz-Nachrichten in deutscher Sprache im Internet verteilt.

Um diese Liste künftig zu lesen, senden wir eine eMail an den Server `majordomo@pc-magazin.de`, der diese Liste führt. In den Nachrichtentext, nicht in die Subject-Zeile (!), schreiben wir das Kommando

```
SUBSCRIBE weblotse.
```

Nach kurzer Bearbeitungszeit erhalten Sie eine Bestätigung des Servers, daß Sie als Empfänger der Nachrichten-Liste aufgenommen sind. Wie im folgenden Bild erhalten Sie künftig den Weblotsen per eMail.

Bild 7.38: Lesen der Mailing-Liste

In dieser Mitteilung erfahren Sie auch, wie Sie die Liste wieder abbestellen.

Wie erhalte ich einen Überblick?

Bei der Vielzahl an Mailing-Listen ist es nicht ganz einfach, einen vollständigen Überblick zu gewinnen. Am besten werfen Sie zunächst einen Blick auf eine der vielen Listen.

Eine Liste mit Listserv-Gruppen erhalten Sie vom Network Information Systems Center. Hier übertragen Sie vom Server `ftp.nisc.sri.com` die Datei `/netinfo/interest-groups.Z` auf Ihren Rechner. Dort müssen Sie die Datei entpacken, um sie zu lesen.

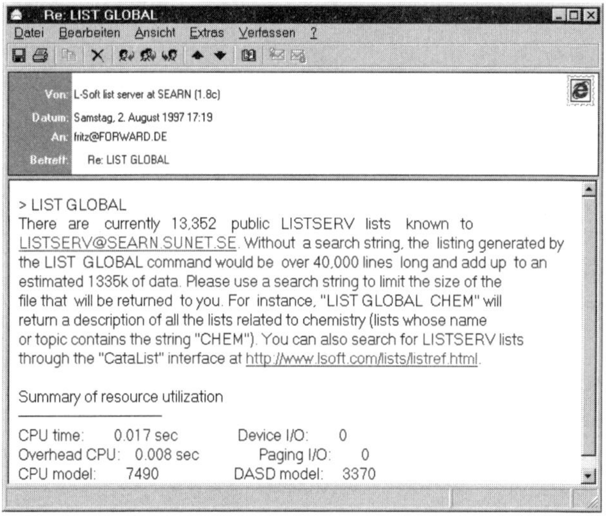

Bild 7.39: Übersicht über verfügbare Mailing-Listen

Sie können sich auch direkt an einen Listserv-Rechner wenden, um mit dem Kommando `LIST` oder `LIST GLOBAL` eine Übersicht der lokal verfügbaren Mailing-Listen abzurufen. Das Kommando übermitteln Sie einfach im Nachrichtentext an den Server. Auf der folgenden Datenreise fordern wir mit einer eMail an `LISTSERV@LISTSERV.NET` eine Übersicht der dort geführten Listen an. Weil dort über 13.000 Mailing-Listen verzeichnet sind, antwortet Ihnen das System wie in Bild 7.39. Sie müssen zu dem `LIST`-Kommando zusätzlich ein Suchmuster angeben, das auf den Namen der gewünschten Liste(n) paßt, damit die Treffermenge eingegrenzt wird.

Abonnieren Sie möglichst viele Listen, um zu testen, wie Sie Ihr Mail-Programm innerhalb weniger Tage in die Knie zwingen :-).

Moderierte vs. unmoderierte Mailing-Listen

Mailing-Listen werden in moderierte und unmoderierte Listen unterteilt:

- Bei unmoderierten Listen kann jeder Teilnehmer direkt Diskussionsbeiträge senden, die dann an alle anderen Leser der Liste verteilt werden.
- Bei einer moderierten Liste werden alle zugesandten Beiträge von einer »ModeratorIn« gesichtet und bewertet. Nur Artikel, die inhaltlich passend sind, werden auf die Liste gesetzt. In vielen Fällen macht sich die ModeratorIn auch die Mühe, mehrere ähnliche Kommentare oder den bisherigen Diskussionsverlauf zusammenzufassen.

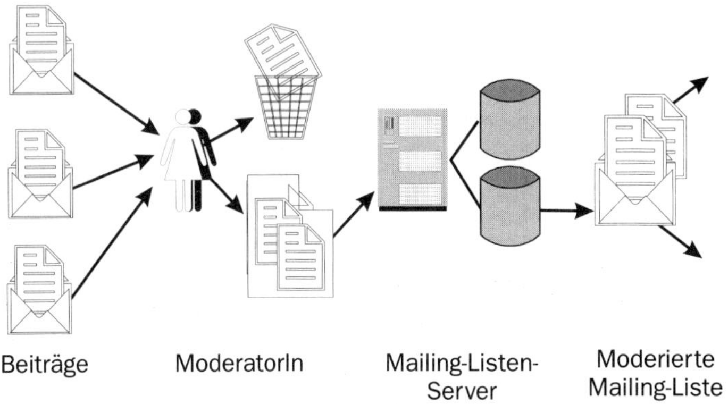

Bild 7.40: Arbeitsweise moderierter Mailing-Listen

Sobald Sie einen Einblick in die Themen und den Diskussionsstand einer Liste haben, werden Sie vielleicht selbst in das Gespräch eingreifen möchten. Hierzu senden Sie Ihren Beitrag als eMail an die Liste – und einige Zeit später liest die Welt, was Sie zu sagen haben.

Mailing-Listen und NetNews

Viele, aber bei weitem nicht alle Mailing-Listen können Sie auch über NetNews (Kapitel 8) lesen. Beide Möglichkeiten haben Vor- und Nachteile.

Vorteile von Mailing-Listen:

- Die automatische Zustellung der Mailing-Listen hält Sie ohne weiteres Zutun auf dem laufenden. Wenn Sie die Liste in den News lesen, müssen Sie regelmäßig, oft täglich, einen Blick in das entsprechende Diskussionsforum werfen.
- Wenn Sie einige Zeit nicht in die NetNews sehen, verpassen Sie u.U. Beiträge, weil Artikel nach einigen Tagen wieder gelöscht werden. Über Mailing-Listen erhalten Sie Beiträge auch dann, wenn Sie drei Wochen lang im Urlaub sind.
- Zum Lesen von News benötigen Sie zusätzliche Software, den Newsreader, und Zugang zu einem News-Server.

Vorteile von NetNews:

- Sind Sie nicht mehr an der Mailing-Liste interessiert, müssen Sie sie abbestellen. Beim Zugang über News lesen Sie einfach die entsprechende Gruppe nicht weiter.
- Wenn die Mailing-Liste sehr viele Beiträge liefert, läuft Ihr Postfach schnell über, und Sie haben es schwer, einen Überblick über die wichtigen, persönlichen Nachrichten zu bekommen. Verwalten Sie Ihren eigenen Internet-Knoten, dann können Sie pro Liste einen »Benutzer« mit eigenem Postfach für den Empfang der Mailing-Liste einrichten.

So bestellen Sie Mailing-Listen ab

Möchten Sie eine Mailing-Liste nicht mehr lesen, dann tragen Sie sich aus der Liste aus, indem Sie eine eMail an den Mailing-Listen-Server senden. In die eMail schreiben Sie das Kommando

```
UNSUBSCRIBE <liste> [<vorname> <name>].
```

Bestellen Sie die Liste von der gleichen Adresse aus ab, von der Sie das Abo angefordert haben. Bei der Anmeldung senden viele Listen auch eine Kurzanleitung mit, die Sie auch darüber infomiert, ob Sie beim jeweiligen Mailing-Listen-Server Ihren Vor- und Nachnamen bei der Abbestellung mitangeben müssen. Es ist sicherlich eine gute Idee, diese Hilfestellungen des Servers zu archivieren, damit Sie auch Jahre später noch nachschlagen können, wie Sie von einer Liste herunterkommen, die Sie nicht mehr interessiert.

7.12 Internet-Dienste via eMail

Wenn Sie ausschließlich eMail-Zugang zum Internet haben, können Sie die zahlreichen anderen Internet-Dienste nicht unmittelbar nutzen.

Glücklicherweise bieten viele Server eine eMail-Schnittstelle zu den Informationen, die über andere Dienste abrufbar sind. Über eMail indirekt zugängliche Dienste sind unter anderem

- FTP (Kapitel 10),
- News (Kapitel 8) und sogar
- WWW (Kapitel 4).

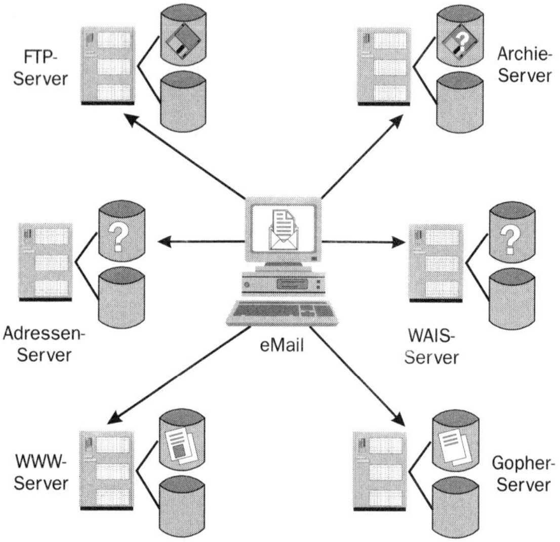

Bild 7.41: Zugriff auf andere Internet-Dienste über eMail

7.13 Kettenbriefe und Co.

Leider gibt es auch im Internet Kettenbriefe. In diesen eMails werden Sie aufgefordert, in kürzester Zeit Dutzende von Kopien im Internet zu verschicken. Spielen Sie nicht mit, droht Ihnen angeblich ein schlimmes Schicksal.

Briefe dieser Art ärgern viele Internet-Nutzer und Netzverwalter, denn der durch Kettenbriefe unnütz verursachte Datenverkehr führt zur zusätzlichen Verstopfung der Datenleitungen.

Unser Tip zu Kettenbriefen: ab in den elektronischen Papierkorb! Sie können natürlich auch eine eMail-Bombe auslösen: Schicken Sie und alle anderen Empfänger des Kettenbriefs die eMail jeweils 10.000 Mal an den Absender zurück, wird ihn sein zuständiger »Postmaster« schnell vom Netz abklemmen. Sowohl Kettenbriefe als auch eMail-Bomben widersprechen völlig der eMail-Netiquette!

7.14 Im Netz Adressen suchen

Wenn Sie jemandem schreiben möchten, benötigen Sie seine Adresse – dies gilt für Briefpost genauso wie für eMail. Suchen Sie eine Adresse, die Sie verlegt haben, ist das im Internet genauso schwer wie im richtigen Leben! Es gibt kein zentrales »Einwohnermeldeamt«, in dem alle eMail-Teilnehmer verzeichnet sind. Aber es gibt

- viele öffentliche Adreßbücher und
- Dienste, die für Sie Personen im Internet suchen.

Diese Adreßbücher und Suchhilfen möchten wir Ihnen in diesem Abschnitt vorstellen.

7.14.1 Suchhilfen

Suchen Sie eine Telefonnummer, schlagen Sie im Telefonbuch nach oder rufen die Auskunft an. Ganz ähnlich bringen Sie auch Internet-Adressen in Erfahrung. Es gibt jedoch kein einzelnes großes Telefonverzeichnis, sondern eine Vielzahl an Suchhilfen.

7.14.2 Benutzerverzeichnisse

Zahlreiche große und kleinere Organisationen oder Netzbetreiber führen Benutzerverzeichnisse. Diese sind in vielen Fällen über WWW zugänglich und bieten jedermann die Möglichkeit, sich zu registrieren. Wir möchten Ihnen auf den folgenden Datenreisen zwei der Benutzerverzeichnisse vorstellen, über die Sie eMail-Adressen leicht finden können:

- `Yahoo! People search` (früher: `Four11`), eines der weltweit größten Verzeichnisse, und
- `Suchen.de` – ein deutsches eMail-Adreßverzeichnis.

Bei Yahoo! (`people.yahoo.com`) und Suchen.de (`www.suchen.de`) geben Sie, wie auf den folgenden Datenreisen zu sehen, möglichst genaue Angaben zur Person, deren Adresse Sie suchen. Haben Sie Glück, hat sich die Gesuchte bei einem der Adreßverzeichnisse registriert, und Sie erhalten eine Trefferliste mit der benötigten Information.

Bild 7.42: Suchen nach eMail-Adressen bei Yahoo! People search

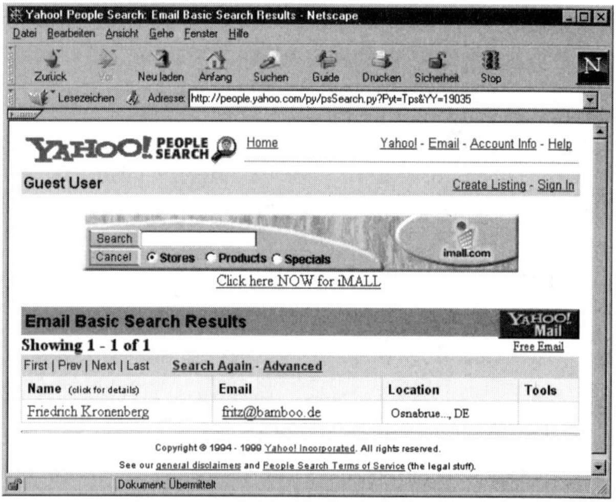

Bild 7.43: Ergebnis der Suche mit Yahoo! People search

Sind Sie auf der Suche nach einer Adresse eines deutschsprachigen Internet-Nutzers, sind Sie beim Dienst `Suchen.de` richtig. Im folgenden Bild sehen Sie, was die gleiche Anfrage nach »`Friedrich Kronenberg`« bei Suchen.de liefert.

Möchten Sie, daß andere Internauten auch Ihre Adresse über diese eMail-Verzeichnisse herausfinden können, sollten Sie sich bei diesen kostenlosen Diensten registrieren.

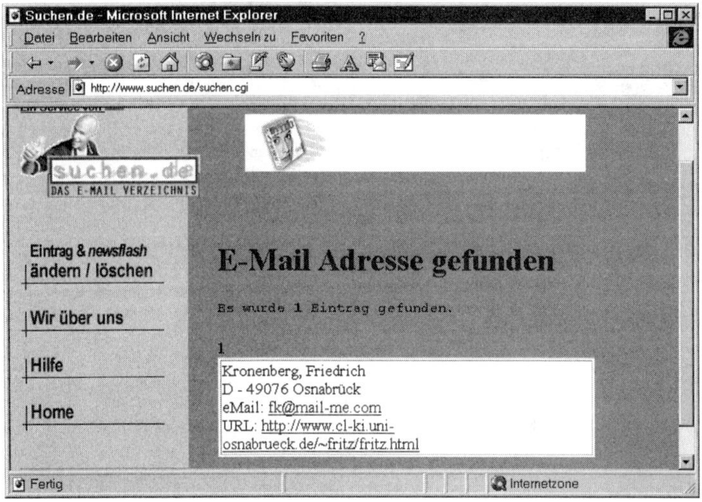

Bild 7.44: Suchergebnis bei Suchen.de

7.14.3 Usenet-Adressen-Server

Eine weitere umfangreiche Datenbank mit eMail-Adressen wird an der Forschungseinrichtung MIT auf dem Server `rftm.mit.edu` geführt. Dieser Server scannt die News-Postings der wichtigsten Diskussionsforen der NetNews. Aus jeder Nachricht wird die Absender-Adresse gelesen und mit der Adreß-Datenbank verglichen. Wenn Sie das erste Mal einen Artikel veröffentlichen, kann der Usenet-Adressen-Server Ihre eMail-Adresse in seine Datenbank eintragen.

So erhalten Sie Zugriff auf eMail-Adressen von Personen, die in jüngerer Zeit in den NetNews gepostet haben. Wenn Sie eine Adresse suchen möchten, senden Sie per eMail eine Anfrage an `mail-server@rtfm.mit.edu`. Das Suchkommando hat folgendes Format:

```
send usenet-addresses/<nachname>
```

In Bild 7.45 stellen wir eine Anfrage über den Namen »`Kronenberg`«. Schreiben Sie das `send`-Kommando nicht in die Subject-Zeile, sondern in die erste Zeile des Nachrichtentexts:

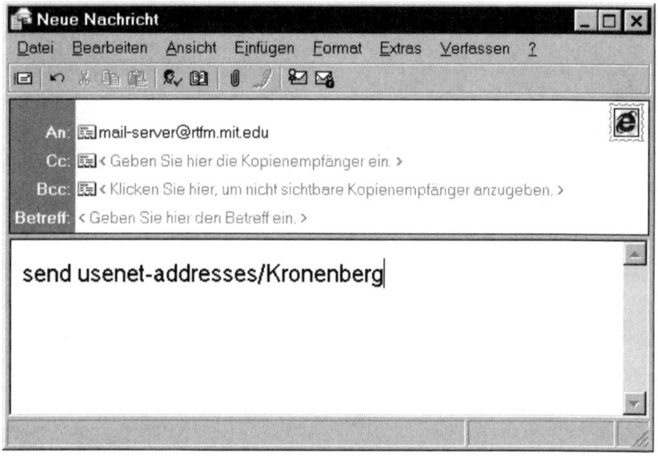

Bild 7.45: Adressensuche per eMail auf dem Usenet-Adreß-Server

Wenn Sie Erfolg haben, erhalten Sie nach einiger Bearbeitungszeit eine eMail über maximal 40 Personen mit dem gesuchten Namen.

Neben Anfragen über eMail bietet der Server auch eine interaktive WAIS-Schnittstelle. WAIS steht für *Wide Area Information Services*. Mit Hilfe eines WAIS-Clients können Sie direkte Verbindung zur Datenbank auf `rtfm.mit.edu` herstellen.

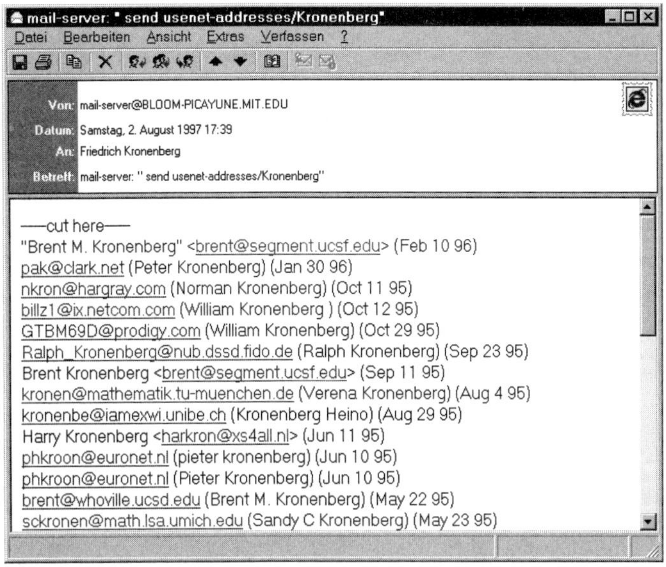

Bild 7.46: Liste mit passenden eMail-Adressen

8 Die Schwarzen Bretter des Internets

Im Netz wird oft und ausgiebig diskutiert. Das größte Diskussionsforum im Netz sind die NetNews, auch unter dem Namen Usenet bekannt. Mit Usenet wird, vereinfacht gesagt, ein Verteilerdienst für eMails, Mailing-Listen und NetNews zusammengefaßt, der nicht nur das Internet, sondern auch zahlreiche Mailbox-Netze versorgt. Nachrichten werden über die NetNews wie über Schwarze Bretter verteilt: Die Botschaft, die jemand an ein bestimmtes Brett heftet, können alle Interessierten lesen und mit einer neuen Nachricht beantworten oder kommentieren.

Damit die NetNews einigermaßen handhabbar sind, gibt es nicht ein großes Schwarzes Brett, sondern viele kleine Newsgruppen. Jede beschäftigt sich mit einem speziellen Thema. Da es weltweit deutlich über 10.000 Diskussionsgruppen gibt, werden alle denkbaren Themen in vielen verschiedenen Sprachen behandelt. Von der Lieblings-Musikgruppe über Kochrezepte und Hilfen rund um den Computer bis zu wissenschaftlichen Spezialthemen bieten die NetNews viel Interessantes. Natürlich finden Sie in den NetNews auch das Neuste aus den Bereichen Politik, Unterhaltung, Sport und Technik.

Wir werfen auf den folgenden Datenreisen einen gemeinsamen Blick in die Möglichkeiten dieses spannenden Kommunikationsmediums. Sie erfahren, wie Sie sich in den NetNews

- über Neuigkeiten informieren,
- Fachwissen aufbauen,
- Antworten zu themenspezifischen Fragen finden,
- in Diskussionen mit Experten Probleme lösen und
- Kontakt zu anderen Menschen im Netz aufbauen.

Damit Sie diese Möglichkeiten nutzen können, zeigen wir, wie Sie

- mit News-Servern Kontakt aufnehmen,
- einen Überblick über Diskussionsthemen bekommen,
- sich aus dem Berg von Newsgruppen die besten herauspicken,
- in NetNews-Archiven auch noch alte Beiträge wiederfinden,
- Mitteilungen und darauf bezogene Kommentare und Antworten lesen,

- auf Mitteilungen öffentlich und ganz individuell per eMail antworten oder neue Ideen veröffentlichen und
- wie Sie Nachrichten weiterverarbeiten.

Darüber hinaus lesen Sie, wie die NetNews organisiert sind und welchen Weg eine NetNews-Nachricht zurücklegt, bis Sie sie lesen.

Zum Lesen der Artikel in Newsgruppen brauchen Sie ein spezielles Programm – den sogenannten Newsreader. Wir verwenden auf unseren Datenreisen als Newsreader die Programme Netscape Collabra und Outlook Express, die Bestandteil des Netscape Communicators bzw. des Microsoft Internet Explorer-Pakets sind.

Wenn Sie noch keinen Newsreader auf dem PC haben, können Sie mit einem Web-Browser Testversionen sofort aus dem Internet herunterladen und ausprobieren:

Newsreader	Download-Adresse
Microsoft Outlook Express	http://www.microsoft.com/ie/ie40/oe/?/ie/ie40/oe/main.htm
Forte Free Agent	http://www.forteinc.com/agent/freeagent.htm
Pine	http://dir.yahoo.com/Computers_and_Internet/Software/Internet/Electronic_Mail/Pine/
TIP (für Unix)	http://www.tin.org/

Tabelle 8.1: Laden Sie Newsreader auf Ihren PC

> **Hinweis:** Sie können anstelle der in den Browser integrierten Komponenten separate Newsreader wie beispielsweise Forte FreeAgent einsetzen. Der Vorteil, der von uns genutzten Programme besteht darin, daß sie nahtlos an die ebenfalls im Paket enthaltenen Web-Browser und eMail-Programme anschließen. Der Übergang zwischen den verschiedenen Internet-Diensten ist problemlos, wenn Sie ausschließlich die Anwendungen eines Browser-Pakets nutzen.

8.1 So entstanden die NetNews

1979 hatten US-amerikanische Studenten die Idee, zwischen ihren UNIX-Rechnern Nachrichten über eine Telefonverbindung auszutauschen. Dazu entwickelten Sie UUCP (UNIX to UNIX Copy Protocol). Der Informationsaustausch funktionierte so gut, daß immer mehr Rechner an dieses Netz angeschlossen wurden. Da auch die Zahl der Themen und damit die Zahl der Nachrichten ständig stieg, wurden sie schon damals thematisch gruppiert.

Parallel dazu entwickelte sich das weltweite Internet und so kam man in den 80ern auf die Idee, anstatt der teuren Telefonleitungen Internetverbindungen zum Nachrichtenaustausch zu nutzen. Dazu wurde das News-Protokoll NNTP (Network News Transport Protocol) entwickelt, über das die beteiligten Internet-Rechner heute Nachrichten untereinander austauschen.

8.2 Welche »Schwarzen Bretter« möchten Sie lesen?

NetNews bieten Ihnen mehrere tausend verschiedene Diskussionsforen. Damit Sie nicht vom Angebot erschlagen werden, sind die NetNews hierarchisch

- nach Themen und
- nach Sprachen oder Regionen

gegliedert.

Sie können aus dem NetNews-Angebot die für Sie interessanten Newsgruppen heraussuchen und »abonnieren«, um sich Ihren eigenen Lesestoff zusammenzustellen.

- Die »Schwarzen Bretter« werden von Newsserver zu Newsserver weitergereicht. Einige Server filtern dabei »ungeliebte« Newsgruppen heraus, beispielsweise wenn die Inhalte oder die Sprache aus Sicht des Server-Betreibers anstößig oder irrelevant sind.

Daher wird das Angebot an »Schwarzen Brettern« auf Ihrem Newsserver anders als die Übersicht aussehen, die wir Ihnen hier präsentieren.

8.2.1 Ein Blick auf die Newsgruppen-Hierarchie

Einen Überblick über Themen und Organisation der NetNews bietet die Newsgruppen-Hierarchie. Diese Hierarchie teilt sich zunächst in verschiedene Haupt-, Alternativ- und regionale Hierarchien auf.

Die Hauptäste der Hierarchie werden weltweit verbreitet. Innerhalb eines Astes werden die Verzweigungen aufgrund immer speziellerer Themen immer feiner. Die Gliederung in verschiedene Spezialisierungsstufen wird in den NetNews immer durch das Trennzeichen ».« angezeigt.

Hierarchie	Beschreibung
biz	Newsgruppen zu kommerziellen Themen
comp	Rund um den Computer
misc	Newsgruppen unter `misc` (engl.: miscellaneous – Verschiedenes) sind unter keine andere Hierarchie einzuordnen
news	Organisatorisches und Technisches zu den NetNews, Hilfen für Neueinsteiger
rec	Alles, was unter die Themen Freizeit, Kunst, Kultur, Hobby, Erholung und Sport fällt
sci	Wissenschaft und Technik
soc	Soziale Themen
talk	Kommunikation über verschiedene, häufig sehr umstrittene Themen
alt	»Alternative« Gruppen. Hier herrscht keine straffe Ordnung: Alle Themen sind erlaubt. Vom Austausch erotischer Bilder (`alt.bi-naries.pictures` und `alt.sex`) über verschiedene Fangruppen (z.B. `alt.fan.monty-python`) reicht das Spektrum bis zu religiösen Themen.

Tabelle 8.2: Haupt-Hierarchien der NetNews

Der Ursprung der Newsgruppen in diesen Hierarchien ist sehr vielfältig. Viele Gruppen werden aus anderen (Mailbox-)Netzen, wie z.B. dem Fidonet oder aus Mailing-Listen übernommen. Neben den Haupthierarchien finden Sie Newsgruppen, die für Themen und/oder Personen aus bestimmten Regionen und Ländern bestimmt sind. Hierzu zählen z.B. die Hierarchien aus der Tabelle 8.3.

Hierarchie	Bedeutung
de	deutschsprachige Diskussions- und Informationsgruppen zu vielen Themengebieten
fj	japanische Newsgruppen
aus	australische Newsgruppen
bln	rund um Berlin

Tabelle 8.3: Regionale Hierarchien

Die Verbreitung dieser Newsgruppen ist meist geographisch begrenzt. Lokale Newsgruppen amerikanischer Universitäten finden Sie beispielsweise nur auf wenigen deutschen News-Servern.

Die Namen von Newsgruppen spiegeln von »links nach rechts« gelesen die Spezialisierung wieder, wie z.B.

- `talk.environment`
- `rec.music.beatles`
- `rec.music.funky`
- `rec.pets`
- `rec.pets.dog`
- `rec.sport.basketball.college`
- `soc.culture.china`

8.2.2 Newsgruppen

Bis Sie die für Sie interessanten Newsgruppen gefunden haben, kann einige Zeit vergehen. Lassen Sie sich aber nicht davon abschrecken, daß Sie in einer Newsgruppe nicht nur passende Mitteilungen, sondern auch Mehrfachantworten auf Anfragen und dumme Sprüche finden. Sie müssen sich häufig zunächst durch einen Berg an Mitteilungen wühlen, bis Sie an die gesuchten Informationen herankommen.

Beliebte Newsgruppen

Am Zeitungsstand ertappt Sie vielleicht Ihr Nachbar beim Kauf von Playgirl oder Playboy. In den NetNews sieht hingegen niemand, welche Themengruppen Sie lesen. Daher finden Sie unter den fünf beliebtesten internationalen Newsgruppen (Tabelle 8.4) auch drei Gruppen mit »freizügigen« Themen und Bildern. Aktuelle Daten zur Nutzung der NetNews finden Sie in der Gruppe `news.list`.

Rang	Newsgruppe
1.	news.answers.newusers
2.	alt.sex.stories
3.	alt.binaries.pictures.erotica
4.	alt.sex
5.	news.answers

Tabelle 8.4: Die 5 meistgelesenen Newsgruppen

Neben den offensichtlich besonders begehrten Sex-Themen finden Sie je nach Angebot des Newsservers weitere 10.000 Newsgruppen. Bei dieser Auswahl sollte für jeden Geschmack etwas Lesenswertes dabei sein.

Das Thema eines Diskussionsforums ist meist aus dem Gruppen-Namen ersichtlich. Wenn es zu einem Thema mehrere Gruppen gibt, unterscheiden sie sich meist in den Themenschwerpunkten oder in der Art der Diskussion:

- `*.answers` sind Gruppen für Fragen und Antworten zum Themengebiet. Hier finden Sie oft FAQs (Frequently Asked Questions – Listen mit Antworten auf häufig gestellte Fragen).
- `*.binaries` sind Gruppen, in denen statt Textnachrichten binäre Daten (z.B. Bilder) ausgetauscht werden. Textnachrichten sind hier unerwünscht, ebenso wie binäre Daten in nicht-binären Gruppen.
- `*.d` sind Diskussionsgruppen. Z.B. wird in `alt.binaries.multimedia.d` über die Multimedia-Dateien diskutiert und geurteilt, die in `alt.binaries.multimedia` verteilt werden.

- `*.misc` sind Gruppen, in denen verschiedene Fragen eines Themas diskutiert werden. Während `alt.music.punk` den Nachrichten über die Punk-Musik vorbehalten ist, darf in `alt.music.misc` auch über Klassik, Pop und tibetanische Mönchsgesänge debattiert werden.

Liste der verfügbaren Newsgruppen abrufen

Bei der ersten Verbindung mit Ihrem Newsserver sollten Sie sich eine Liste der verfügbaren Newsgruppen übertragen lassen. Arbeiten Sie mit Netscape Collabra, klicken Sie hierzu auf die Schaltfläche GET GROUPS. Je nach Anzahl der bereitgestellten Gruppen und der Zugangsgeschwindigkeit zum Internet kann dies einige Zeit dauern. Die Liste der verfügbaren Gruppen wird allerdings auf Ihrem lokalen PC gespeichert und muß nicht jedesmal wieder abgerufen werden.

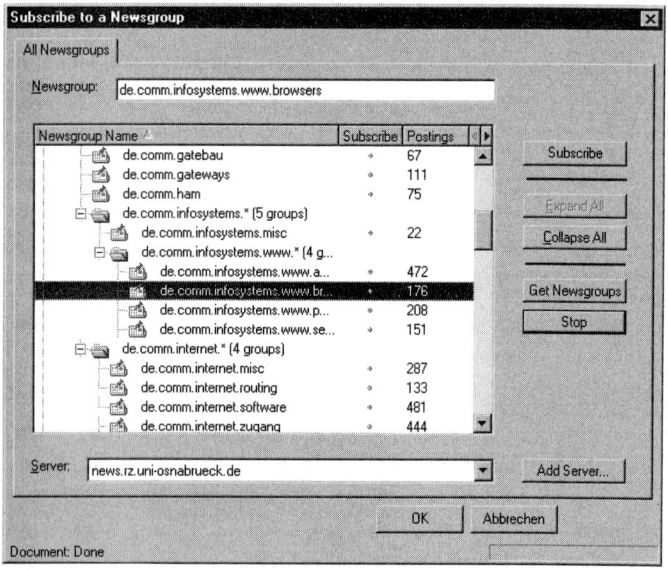

Bild 8.1: Newsgruppen-Liste abrufen

Damit Sie die Hierarchien schneller sichten können, ist über die Schaltflächen EXPAND ALL bzw. COLLAPSE ALL die Gesamtübersicht aller Gruppen auf einen Schlag entfaltbar bzw. auf die Hauptäste reduzierbar.

Newsgruppen abonnieren

Damit Sie bei den vielen Diskussionsrunden nicht den Überblick verlieren, können Sie über diese Liste die für Sie interessanten Gruppen abonnieren. Wie beim Zeitungsabonnement bekommen Sie dann bei jedem Einwählen die neuesten Nachrichten in diesen Newsgruppen angezeigt. Um aus der Liste im vorhergehenden Bild 8.1 eine oder mehrere Gruppen auszuwählen, markieren Sie den entsprechenden Eintrag und klicken auf SUBSCRIBE.

Bild 8.2: Neue Newsgruppe abonnieren

Tip: Die Liste der Newsgruppen des Servers ändert sich fast täglich. Bei jeder neuen Verbindung mit dem Newsserver wird die Liste automatisch ergänzt.

Wenn Sie Ihren Internet-Provider nach Datenvolumen, d.h. nach der übers Netz transportierten Datenmenge bezahlen, sollten Sie ganz sorgfältig die Newsgruppen auswählen, die Sie lesen werden. Laden Sie täglich sehr viele Newsgruppen mit vielen neuen Veröffentlichungen (»Postings«) auf Ihren Rechner, greifen Sie bei der Abrechnung wahrscheinlich tief ins Portemonnaie. Auch die Telekom wird sich freuen.

8.2.3 Artikel

Artikel, d.h. die Mitteilungen in den Newsgruppen, sind wie Zettel am Schwarzen Brett angeheftet. Jeder darf Nachrichten in einer Gruppe veröffentlichen. Damit die Zahl der Artikel nicht ständig wächst, werden veraltete Artikel automatisch gelöscht. Dies geschieht je nach Newsgruppe innerhalb einiger Tage oder einiger Wochen. Um einen Artikel zu lesen, sind mehrere Schritte zu erledigen:

1. Wählen Sie mit einem Newsreader (wie dem Netscape Collabra oder Outlook Express) eine bestimmte Newsgruppe aus, indem Sie sich durch die Hierarchie-Ebenen dorthin bewegen. Um z. B. die Gruppe `rec.games.chess` zu lesen, wählen Sie zuerst die Haupthierarchie `rec`, als nächstes die Unterkategorie `games` und schließlich `chess`.

2. Haben Sie die Newsgruppe erreicht, werden die Überschriften der aktuellen Artikel angezeigt. Sie enthalten Absender, Datum und Thema des Artikels.

3. Wählen Sie aus der Liste einen Artikel aus. Er wird daraufhin zum Lesen geladen und geöffnet.

4. Möchten Sie die Nachricht kommentieren, verfassen Sie eine Antwort und veröffentlichen sie in der Newsgruppe oder senden sie per eMail an den Verfasser.

8.3 So werden News verteilt

Nachrichten in den Newsgruppen werden durch Newsserver weltweit verbreitet. Alle Newsserver sind direkt oder über andere Newsserver indirekt miteinander verbunden und tauschen ihre verfügbaren Artikel regelmäßig untereinander aus. Allerdings kann nicht jeder Newsserver alle weltweit verfügbaren, aktuellen Gruppen und Artikel speichern, da die große Zahl an Newsgruppen die meisten Server überfordern würde. Deshalb bietet jeder Server einen individuell eingestellten Ausschnitt aus dem Gesamtangebot an Gruppen an. Die Haupt-Hierarchien gehören meist dazu – Unterschiede gibt es vor allem in den Neben-Hierarchien und bei regionalen Gruppen. So wird die de-Hierarchie fast nur von deutschen, österreichischen und Schweizer Newsservern geführt.

Viele Server filtern außerdem einzelne, »ungeliebte« Newsgruppen heraus, z.B. wenn

- das Diskussionsthema zu heikel oder umstritten ist,
- die Sprache nicht die des eigenen Landes ist oder
- die Gruppen nur begrenzte regionale Bedeutung haben.

Die Aufgaben von Newsservern können in drei Bereiche unterteilt werden. Sie

- beliefern News-Leser auf Anfrage mit Gruppen-Übersichten und News-Artikeln,
- nehmen neue Artikel von Nutzern auf und veröffentlichen sie in Newsgruppen und
- tauschen aktuelle Artikel mit anderen Newsservern aus und sorgen für ein nahezu gleiches Angebot im gesamten Netz.

Das Verteilerprinzip läßt sich mit einem Stein vergleichen, den man ins Wasser wirft. Ausgehend von der Eintauchstelle (dem Newsserver, der einen neuen Artikel angenommen hat) entsteht eine Welle, die sich langsam über das gesamte Wasser (alle anderen Newsserver) verteilt. Bis Ihre Nachricht Wellen schlägt, kann es also einige Zeit dauern. Aufgrund des Verteilerprinzips tauschen die meisten Newsserver nur ein- oder zweimal am Tag Nachrichten mit anderen, erreichbaren Newsservern aus. Innerhalb von Deutschland werden neue Nachrichten meist in ein bis zwei Tagen verbreitet. Über den großen Teich kann es auch schon mal länger dauern, bis auch der letzte amerikanische Newsserver Ihre Botschaft erhalten hat.

8.4 Ein erster Blick aufs Brett

Aus der Liste abonnierter Newsgruppen wählen Sie ein Diskussionsforum aus, indem Sie in die entsprechende Zeile der Gruppenübersicht klicken. Ein erster Weg sollte Sie in die Gruppen `de.newusers.info`, `de.newusers.questions` und `news.announce.new-`

users führen, weil hier nützliche und aktuelle Online-Hilfen zu NetNews bereitliegen. Mit unserem Newsreader Outlook Express klicken wir einfach auf diese abonnierte Newsgruppe, um uns die Artikelübersicht anzuzeigen.

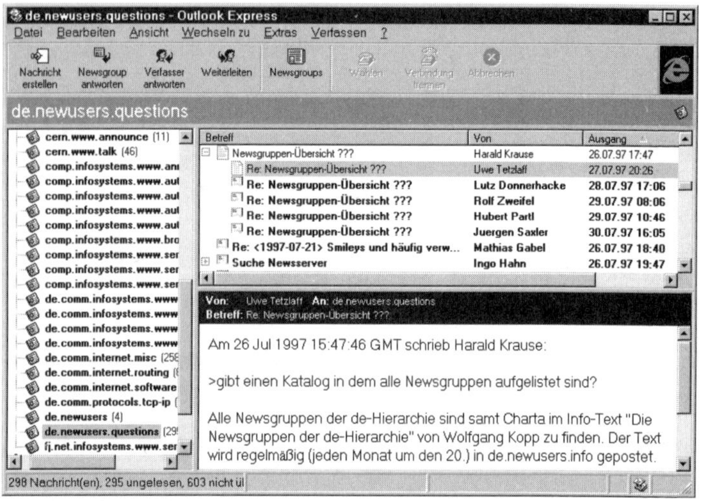

Bild 8.3: Ein Blick in die Newsgruppe de.newusers.questions

In unserem Beispiel finden wir 298 Artikel. Zu jedem Artikel erhalten wir, ähnlich wie im eMail-Postfach, eine Kurzübersicht über

- die eMail-Adresse des Verfassers,
- das Thema des Artikels,
- das Absendedatum und
- die Länge des Artikels.

Viele Newsreader zeigen Ihnen neue Artikel und darauf eingehende Antworten und Kommentare (wie in Bild 8.3) gebündelt, d.h. nicht chronologisch, sondern diskussionsorientiert, an. Durch Einrückungen in der Artikelübersicht können Sie schnell erkennen, welche Mitteilung sich auf welchen Artikel bezieht. Da natürlich auch Kommentare kommentiert werden, finden Sie häufig eine vielstufige Hierarchie der Mitteilungen. Eine solche Abfolge von sich aufeinander beziehenden Artikeln zu einem Diskussionspunkt nennt man in den NetNews »Thread«.

Kommentare und Antworten auf Artikel erkennen Sie genauso wie bei eMails durch den Vorspann »Re:« in der Thema-Zeile. Am »+«-Zeichen sehen Sie, daß auf einen Beitrag geantwortet wurde. Klicken Sie auf dieses Icon, um wie in Bild 8.4 die Reaktion sichtbar zu machen. In umfangreichen Diskussionen finden Sie eine Vielzahl von Reaktionen auf einen Beitrag. Sie können durch gezieltes Anzeigen und Verdecken von Antwort-Beiträgen einzelne Diskussionsstränge genauer verfolgen und andere außer acht lassen.

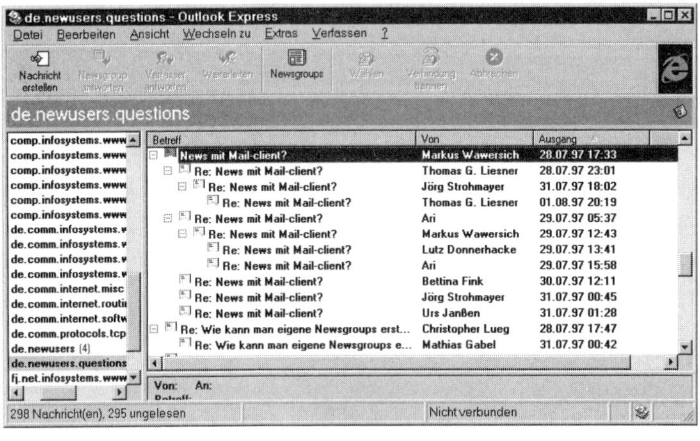

Bild 8.4: Reaktionen auf einen Artikel verfolgen

Im SUBJECT-Feld finden Sie oft Abkürzungen vor der eigentlichen Titel-Angabe. Gebräuchliche Abkürzungen sind:

- `RE:` für Antwort (engl.: reply) auf eine Nachricht,
- `Q:` oder `?:` für eine Anfrage (engl.: question) und
- `FAQ:` für häufig gestellte Fragen samt Antworten (engl.: Frequently Asked Questions).

8.4.1 Artikel lesen

Sie können nun den ersten informativen Artikel lesen, indem Sie ihn mit der Maus anklicken.

In Bild 8.5 rufen wir einen Artikel ab, der Antworten auf Fragen liefert, die NetNews-Neueinsteiger zum Thema »News lesen mit Netscape« stellen. Hilfen dieser Art nennt man im Internet FAQs (engl. für frequently asked questions – dt.: häufig gestellte Fragen).

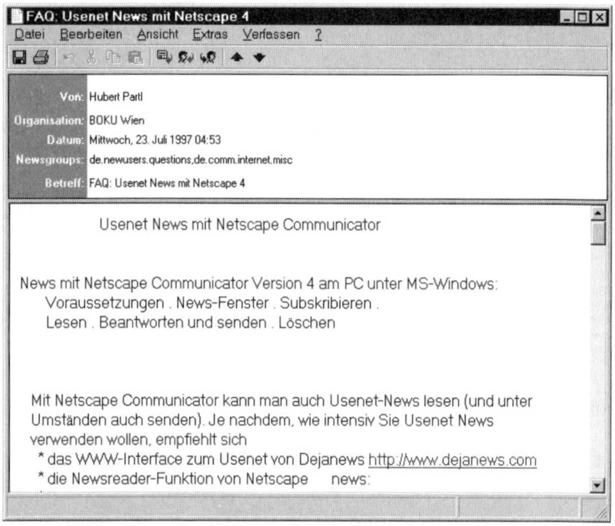

Bild 8.5: Lesen eines News-Postings mit Infos für Neueinsteiger

Artikel mit Meinungen, die andere verletzen oder irritieren könnten, werden auch »verschlüsselt«. Ein einfaches Verfahren ist das alphabetische Verschieben aller Buchstaben um 13 Zeichen des Alphabets (ROT13). Auf diese Weise wird z.B. aus einem A ein N. Alle, die den Artikel trotz »gefährlichem« Inhalt lesen möchten, müssen die Nachricht mit ROT13 zunächst »per Hand« entschlüsseln. Auf diese Weise wird sichergestellt, daß niemand versehentlich diese Artikel zu Gesicht bekommt. Einige Newsreader haben für diesen Zweck eingebaute Verschlüsselungskommandos.

8.4.2 Alte und neue Nachrichten erkennen

Der Newsreader merkt sich, welche Artikel bereits gelesen und welche neu eingetroffen sind. Hierzu wird jede Mitteilung, die Sie für mehrere Sekunden öffnen, als gelesen markiert und beim nächsten Lesen der Newsgruppe nur noch auf Anfrage angezeigt.

Ihr Newsserver hält alle Artikel nur eine kurze Zeit bereit. Nach einem Zeitraum von wenigen Tagen werden »alte« Mitteilungen gelöscht, um Speicherplatz zu sparen. Sie sind damit auf dem Server nicht mehr verfügbar.

Sie haben jedoch auch über Jahre hinaus die Möglichkeit, ältere Artikel wiederzufinden und zu lesen. Hierzu bedienen Sie sich eines News-Archivs, wie z.B. »Dejanews«. Diesen kostenlos verfügbaren Dienst stellen wir Ihnen am Ende des Kapitels genauer vor.

8.4.3 Artikel offline lesen

NetNews können Sie nicht nur »online«, d.h. bei laufender Telefonverbindung ins Internet, sondern auch »offline« lesen und so die Telefonkosten deutlich senken. Um NetNews offline zu nutzen, müssen Sie im Vorfeld die für Sie interessanten Newsgruppen auswählen und deren Mitteilungen auf Ihren PC herunterladen. Dann trennen Sie die Telefonverbindung und arbeiten mit lokal verfügbaren Kopien der Newsgruppen. Schreiben Sie Antworten oder neue News-Artikel, müssen Sie zu einem späteren Zeitpunkt wieder »online« gehen, um die Mitteilungen im Internet zu versenden.

So lesen Sie mit Netscape Collabra NetNews offline

Entscheiden Sie sich dafür, News mit Netscape Collabra offline zu lesen, wählen Sie über EDIT • PREFERENCES im Abschnitt OFFLINE zunächst den Arbeitsmodus OFFLINE WORK MODE (Bild 8.6). Somit werden Sie darüber informiert, sobald ein Programm versucht, eine Verbindung zum Internet aufzubauen. Sie können dann selbst entscheiden, ob die Internet-Anbindung hergestellt werden soll oder erst zu einem späteren Zeitpunkt erfolgt.

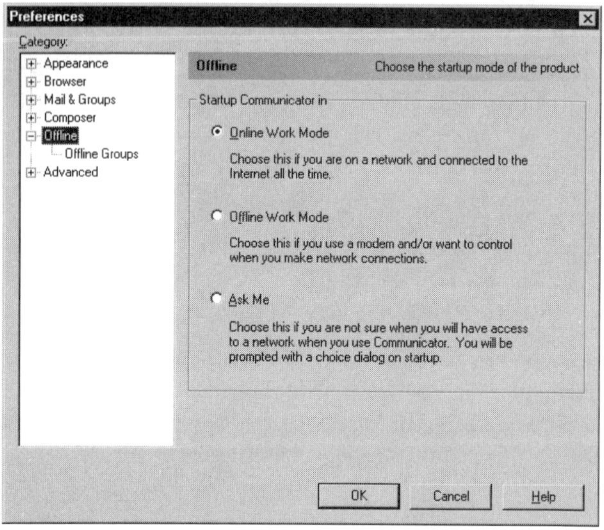

Bild 8.6: Auswählen des Arbeitsmodus

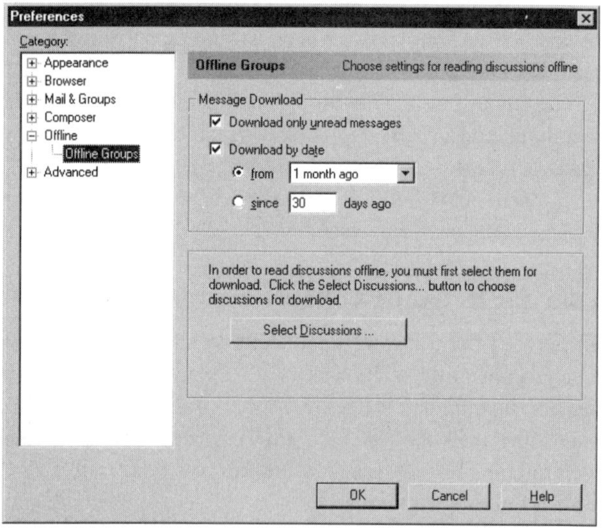

Bild 8.7: Nur ungelesene, aktuelle Daten herunterladen

Nun geben Sie an, welche Mitteilungen Sie vom Newsserver herunterladen und offline sichten möchten. Hierzu legen Sie wie in Bild 8.7 fest, wie aktuell die Mitteilungen sein müssen, die übertragen werden sollen.

Anschließend klicken Sie auf SELECT DISCUSSIONS und suchen sich die für Sie interessanten Gruppen aus der langen Übersichtsliste heraus (Bild 8.8).

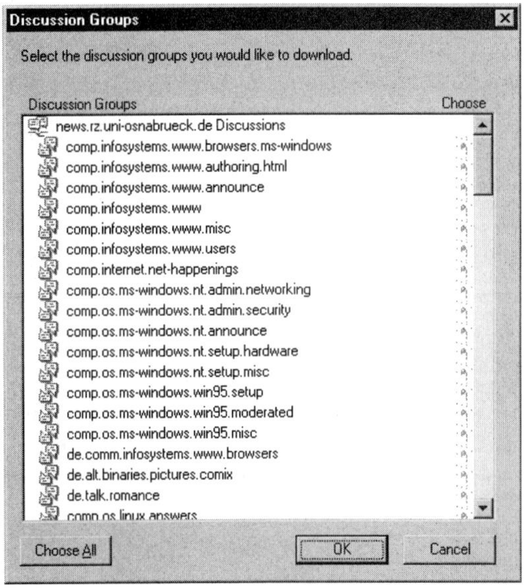

Bild 8.8: Auswählen der herunterzuladenden Gruppen

Wenn Sie mit dem Internet verbunden sind und zum Abschluß Ihrer »Sitzung« Artikel aus den NetNews herunterladen möchten, wählen Sie FILE • GO OFFLINE. Markieren Sie wie in Bild 8.9 alle verfügbaren Optionen, dann lädt Collabra vor dem Trennen der Netz-Anbindung alle abonnierten Newsgruppen und eingegangenen eMail-Nachrichten herunter. Anschließend können Sie »offline« durch die lokal gespeicherten News-Artikel stöbern.

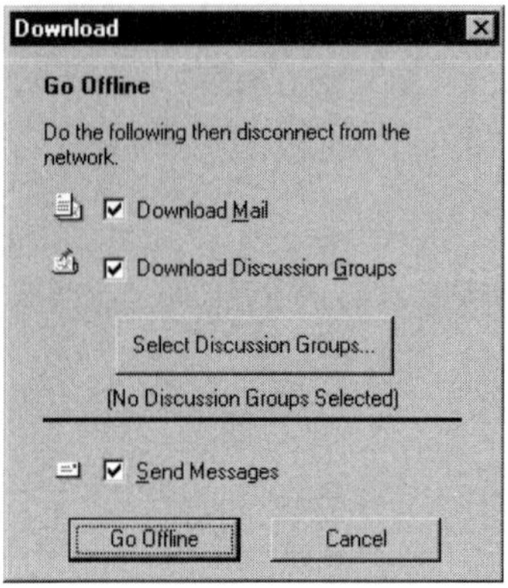

Bild 8.9: Jetzt gehen wir »offline«

8.5 Kommentare und Netiquette

Menschen im allgemeinen und NetNews-Leser im speziellen sagen gerne ihre Meinung zu dem, was andere denken!

Falls Ihr Newsreader die Artikel diskussionsorientiert ordnet, können Sie leicht verfolgen, welche Original-Artikel, Antworten und Kommentare aufeinander bezogen sind und einen »Thread« bilden. Auf diese Weise informieren Sie sich auch über den Diskussionsstand in einer Newsgruppe.

Im Laufe der Diskussion kommt es oftmals vor, daß unter einem »SUBJECT« Punkte diskutiert werden, die mit dem ursprünglichen Gesprächsthema nichts mehr zu tun haben.

Wenn Sie mitreden möchten, halten Sie sich besser an bestimmte Spielregeln (»Netiquette«) beim Kommentieren oder Beantworten eines Artikels. Ansonsten erwarten Sie unter Umständen selbst »böse« Kommentare oder Verrisse. Einen kurzen Blick auf die Spielregeln haben wir bereits im eMail-Kapitel geworfen.

Zur Netiquette bei Kommentaren gehört es,

- zu sagen, auf welchen Verfasser (Name oder eMail-Adresse) und auf welche Nachricht (Message-ID oder Datum) Sie sich im folgenden beziehen und
- Zitate wie beim eMailen zu kennzeichnen.

Zitate helfen anderen Lesern, Ihre Vorstellungen unmittelbar mit der Meinung anderer NetNews-Nutzer zu vergleichen. Dies ist insbesondere dann wichtig, wenn Leser keinen Zugriff mehr auf den Original-Artikel haben und spart allen anderen das umständliche »Zurückblättern«.

In den NetNews werden auch Kommentare kommentiert und Zitate zitiert. So »schachteln« sich im Laufe der Diskussion immer mehr Zitatzeichen hintereinander, damit Sie einen Diskussionspunkt leicht verfolgen können.

8.6 Ein Blick in den Artikel-Header

Die NetNews-Artikel sind ganz ähnlich wie eMails aufgebaut: Beide bestehen aus einem »Kopf« (engl.: header) und einem Textteil. Der Header eines Artikels informiert Sie über

- den Absender (Adresse, Name und evtl. Organisation),
- das Thema der Nachricht,
- den Absendezeitpunkt und
- die Länge des Artikels (in Textzeilen).

Je nach Artikel, verwendetem Newsreader und Einstellung des Newssystems finden Sie im Header noch weitere, sehr unterschiedliche technische Angaben. In Bild 8.10 sehen Sie ein Detail eines umfangreichen Artikel-Kopfs. Die Tabelle 8.5 gibt Ihnen einen Überblick über vielbenutzte Kopfzeilen.

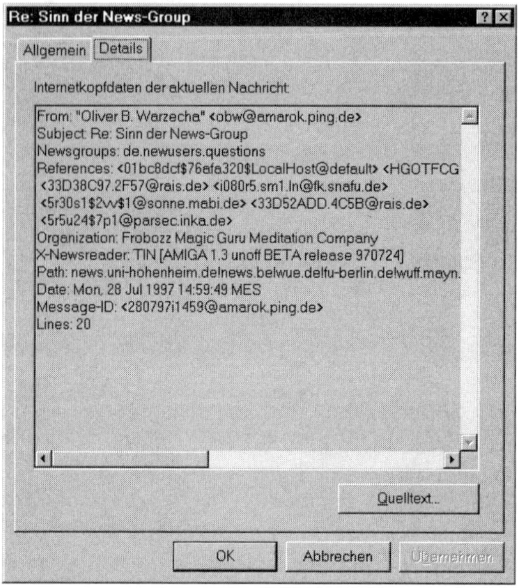

Bild 8.10: Ein Blick auf den Artikel-Header

Header	**Bedeutung**
Newsgroups	Namen der Gruppen, an die der Artikel geschickt werden soll. Der Absender kann Nachrichten in mehr als einer Gruppe gleichzeitig veröffentlichen. NetNews-Spezialisten nennen diese Methode »Crossposting«, d.h. Aushängen einer Nachricht auf mehreren Schwarzen Brettern.
Path	Enthält die Internet-Adressen der Rechner, die ein Artikel durchlaufen hat, um auf Ihren Newsserver zu gelangen.
From	Informationen über den Absender (eMail-Adresse und voller Name des Verfassers).
Organization	Name der Einrichtung, Firma, Universität oder Domain, über die der Empfänger im Internet zu erreichen ist.

→

Header	Bedeutung
Reply-To	eMail-Adresse, an die private Antworten auf den Artikel zu richten sind. Wird dann benutzt, wenn der Empfänger seine eMail nicht an die Adresse in der FROM-Zeile erhält, sondern an diese Adresse umlenken möchte.
Subject	BETREFF-Zeile der Nachricht. Nennt in wenigen Worten, worüber der Verfasser schreibt.
Message-ID	Weltweit eindeutige Kennzeichnung jedes Artikels. Enthält auch die Rechner-Adresse, von der aus die Nachricht »gepostet« (veröffentlicht) wurde.
References	Nur bei Kommentaren und Antworten: Nennt die MESSAGE-ID des Artikels, auf den sich der Kommentar bezieht.
Date	Datum und Uhrzeit, zu der der Artikel auf die Reise geschickt wurde.
Distribution	Angabe, die die Verbreitung eines Artikels einschränken kann. Wenn Sie weltweit alle Leser einer Gruppe erreichen möchten, tragen Sie hier das Kennwort »`world`« ein. Andere Angaben erfragen Sie beim Verwalter Ihres Newsservers, da sie von systeminternen Vereinbarungen abhängig sind.
Lines	Länge des Artikels in Textzeilen.

Tabelle 8.5: Wichtige Headerzeilen in den NetNews

8.7 News speichern und weiterleiten

Besonders interessante Nachrichten werden Sie vielfach

- in Dateien aufbewahren und
- an Freunde und Kollegen weiterleiten (»forwarden«).

Zum Speichern der Nachricht nutzen Sie die jeweiligen Kommandos oder Menübefehle Ihres Newsreaders. Damit sich im Laufe der Zeit nicht unübersichtliche Datenberge ansammeln, sollten Sie für jede Newsgruppe, die Sie lesen, ein eigenes Unterverzeichnis anlegen und News dort auch speichern.

Wenn Ihre Freunde an den interessantesten Themen teilhaben sollen, können Sie aus vielen Newsreadern Artikel direkt per eMail »forwarden«. Sie müssen sich gar keine Mühe geben, den Text des News-Artikels per Windows-Zwischenablage in eine eMail zu kopieren oder temporär in einer Datei zu speichern. Am einfachsten ist es für Sie, wenn Sie einen Newsartikel mit Hilfe des ATTACH-Symbols als Attachment an eine eMail anfügen.

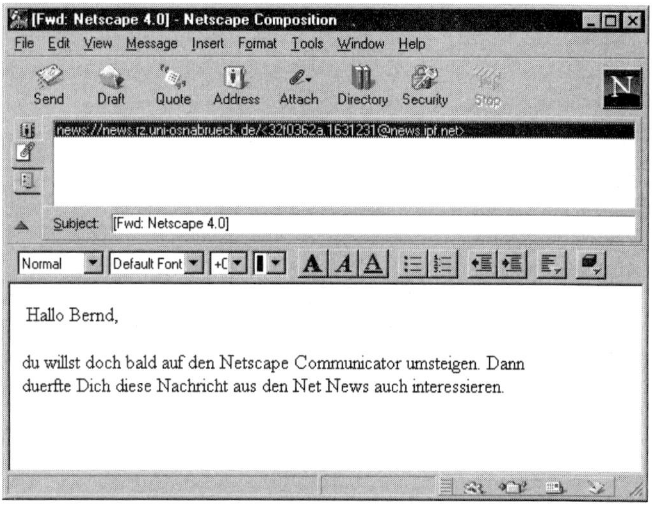

Bild 8.11: News-Artikel als Attachment per eMail senden

8.8 Jetzt melden wir uns zu Wort

Nachdem wir bislang nur still mitgelesen haben, wollen wir nun unsere Meinung mitteilen. Sie haben drei Möglichkeiten, aktiv zu werden:

- Sie antworten dem Verfasser eines Artikels persönlich per eMail, wenn Ihre Antwort nicht von allgemeinem Interesse ist,

- Sie veröffentlichen Ihren Kommentar in derselben und ggf. weiteren passenden Newsgruppen, damit alle von Ihren Informationen profitieren, oder
- Sie teilen allen Interessierten Ihre Ideen zu einem neuen Thema (»Subject«) mit und starten dadurch einen neuen Diskussionsast.

8.8.1 Nachrichten per eMail beantworten

Bei Anfragen, die sehr spezielle Bedürfnisse ausdrücken, antworten Sie dem Autor direkt per eMail. Sie erreichen auf diese Weise unmittelbar denjenigen, den die Information interessiert.

Aus vielen Newsreadern können Sie eine persönliche Antwort auf eine Nachricht direkt schreiben. Die Empfänger-Adresse wird dabei automatisch in die eMail eingefügt. Falls Ihr Newsreader das nicht kann, schreiben Sie, wie in Kapitel 7 gezeigt, die Antwort mit Ihrem eMail-Programm.

8.8.2 Nun »posten« wir unseren Kommentar

Genauso einfach wie das Versenden einer eMail ist das Veröffentlichen (»Posten«) von Kommentaren in einer Newsgruppe. Sie schreiben dabei jedoch nicht an eine Person, sondern an ein Schwarzes Brett. Ein Kommentar auf eine Mitteilung wird auch als »Follow Up« bezeichnet. Jeder Newsreader stellt Ihnen einen FOLLOW UP- oder RE:NEWS-Menüpunkt zur Verfügung. Markieren Sie zunächst die Nachricht, auf die Sie reagieren möchten und wählen anschließend die FOLLOW UP-Funktion.

Die Newsgruppe(n), an die Sie »posten«, und der Betreff der Mitteilung werden von der News-Software selbständig aus der Ausgangs-Nachricht übernommen. Die Abkürzung `RE:` wird vor der SUBJECT-Zeile eingefügt, damit andere Leser schnell erkennen, daß Ihr Beitrag eine Reaktion auf eine vorhergehende Mitteilung ist.

Wie im Beispiel in Bild 8.12 können Sie Ihre Meinung sagen. Denken Sie dabei an die Netiquette: Schreiben Sie, auf wessen Beitrag Sie antworten, und zitieren Sie aus der Ausgangs-Nachricht.

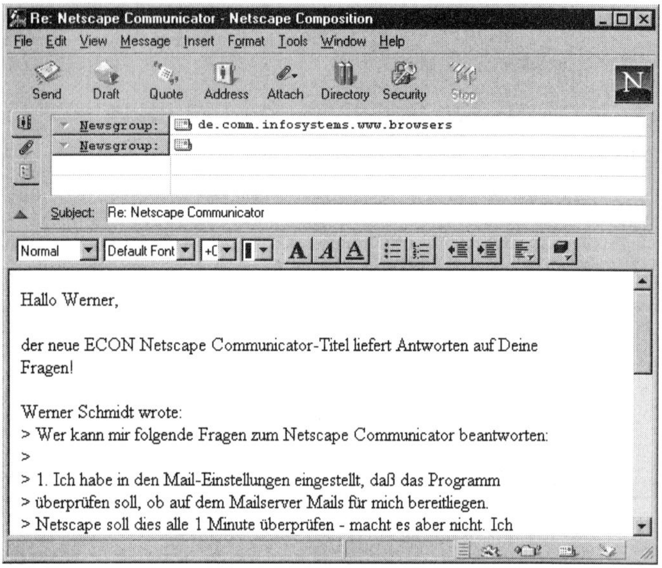

Bild 8.12: Schreiben eines Kommentars

Damit Sie Zitate aus der Ausgangs-Nachricht nicht per Hand abtippen müssen, können Sie mit Ihrem Newsreader die Originalnachricht in Ihren Kommentar automatisch einfügen lassen. Der zitierte Text ist dabei mit dem Zitatzeichen »>« gekennzeichnet. Damit können die Leser Ihren Kommentar vom Ursprungstext leicht unterscheiden. Bei umfangreichen Originalnachrichten kürzen Sie das Zitat sinnvoll. Vor die zitierte Textstelle schreiben Sie, auf welchen Autor Sie sich beziehen. Wenn ein Autor mehrere Beiträge gleichzeitig in einer Gruppe veröffentlicht, sollten Sie außerdem noch das Erstelldatum der Originalnachricht hinzufügen.

Unterschreiben nicht vergessen: Bitte denken Sie daran, jedes Posting zu unterschreiben. Zu einer Unterschrift gehören mindestens Ihr Name und Ihre eMail-Adresse. Sie können Ihre Unterschrift aber auch ganz individuell gestalten. Hierzu fügen Sie Ihre elektronische »Signature« am Ende des Textes ein. Signatures haben wir im Abschnitt 7.5.2 vorgestellt.

8.8.3 Neue Ideen veröffentlichen

So wie Kommentare, können Sie auch neue Nachrichten, d.h. Artikel ohne Bezug zu vorhergehenden Mitteilungen, veröffentlichen. Der einzige Unterschied liegt darin, daß Sie die Newsgruppe(n) angeben müssen, in denen Sie zu Gehör kommen möchten.

Wenn Sie bereits in einer Newsgruppe arbeiten, setzen viele Newsreader die aktuell geöffnete Gruppe als Empfänger ein.

8.8.4 Netiquette beim Schreiben

Die NetNews-Gemeinde achtet sehr auf das Einhalten einiger Spielregeln beim Veröffentlichen von Beiträgen. Verstößt man dagegen, wird man mit sogenannten *Flames*, bösen, kritischen Mail-Reaktionen, eingedeckt. Damit Sie bei Ihren ersten Diskussionsversuchen nicht unter die Räder geraten, geben wir Ihnen ein paar nützliche Tips:

- Achten Sie darauf, daß Ihre Nachricht thematisch in die Newsgruppe paßt.
- Wenn es eine FAQ-Liste in der Gruppe gibt, werfen Sie zuerst einen Blick hinein. Vielleicht ist Ihre Frage dort schon beantwortet und Sie müssen nicht der X-te sein, der diese Frage wiederholt.
- Respektieren Sie die Sprache der Newsgruppe. Veröffentlichen Sie in englischsprachigen Gruppen nur englische Artikel.

- Seien Sie vorsichtig mit satirischen und ironischen Äußerungen. Die kommen bei rein schriftlicher Kommunikation oft nicht richtig an. Außerdem kommen manche Leser vielleicht aus einem anderen Kulturkreis und verstehen Ihre Anspielungen nicht oder falsch.
- Werbung ist in den meisten Newsgruppen ungern gesehen – auch wenn gegen dieses Tabu immer häufiger verstoßen wird.
- Sehen Sie großzügig darüber hinweg, wenn ein anderer etwas falsch macht. Freundliche Hinweise genügen fast immer. Auf Beschimpfungen sollten Sie verzichten. Der allgemeine Umgangston in den News ist freundschaftlich – man ist auf Du und Du.
- Großgeschriebene Wörter und Sätze werden im Internet *als Schreien verstanden.* Das machen nur unhöfliche Leute, die unbedingt auf sich aufmerksam machen wollen.
- Seien Sie kein Spielverderber! In `alt.movies` wird heftig über Filme diskutiert. Auch Sie dürfen hier gerne Ihre Kritik zum neusten Star Trek-Kinofilm loswerden. Aber verraten Sie anderen nicht gleich die ganze Story oder das überraschende Ende. Wenn doch, dann warnen Sie die Leser wenigstens mit dem Zauberwort `Spoiler!` in der Themenzeile.

8.9 Emoticons und Abkürzungen

Emoticons oder Smileys sind kleine Grafiken, mit denen man einfache Gefühle wie Freude, Ärger und Trauer ausdrückt. Mit diesen Symbolen versuchen manche Verfasser, Kommunikationsprobleme zu vermeiden. Die einfachsten Smileys sind:

- `:-)` »Ich freue mich« oder »Ich mache nur Spaß«,
- `:-|` »Ich meine es ernst« oder »Mir geht es nicht gut« und
- `:-(` »Ich bin traurig« oder »Ich bin sauer«.

Drehen Sie das Buch um 90 Grad im Uhrzeigersinn, um das Geheimnis der Smileys zu lüften.

Aus den einfachen Smileys stellen manche Internet-Nutzer kunstvolle Kreationen zusammen. Da beim Kommunizieren in Newsgruppen immer alles eingetippt werden muß, kürzen schreibmüde Verfasser häufig benutze Begriffe ab. Abkürzungen sind eine Sprache für sich, die man schon kennen muß, um Diskussionen zu folgen. Die Tabelle 8.6 zeigt einige Beispiele.

Abkürzung	Bedeutung
BTW	Nebenbei bemerkt (engl.: by the way)
IMO	Meiner Meinung nach (engl.: in my opinion)
IMHO	Höflich: Meiner bescheidenen Meinung nach (engl.: in my humble opinion)
IOW	Mit anderen Worten (engl.: in other words)
OTOH	Andererseits (engl.: on the other hand)
RTFM	Lies das schei** Handbuch (engl.: read the f**king manual)
ROTFL	Liege vor Lachen auf dem Boden (engl.: Rolling on the floor laughing)
TIA	Danke im voraus (engl.: Thanks in advance)

Tabelle 8.6: Häufig verwendete Abkürzungen in den NetNews

8.10 Und so bleiben Sie unerkannt

In manchen Diskussionsforen möchte man nicht unter dem eigenen Namen, sondern anonym auftreten.

Gründe hierfür sind:

- Sie sprechen über Themen, in denen Sie sich als Opfer eines Gewaltakts, Mitglied einer Minderheit oder Randgruppe zu erkennen geben.
- Das Diskussionsthema ist öffentlich umstritten oder wird normalerweise nicht öffentlich besprochen.
- Sie möchten nicht, daß Bekannte, Kollegen oder Ihr Chef mitbekommen, was Sie meinen.

Typische Newsgruppen, in denen anonyme Postings auftreten, findet man in der `alt`-Hierarchie, z.B. in `alt.sexual.abuse.recovery` aber auch in `alt.sex.bestiality` oder `alt.satanism`. In anderen Hierarchien werden anonyme Teilnehmer sehr ungern gesehen.

Um anonyme News-Postings oder eMails zu schreiben, schicken Sie eine eMail an help@anon.penet.fi. Dieser Server kann Sie als anonymer Benutzer registrieren und Ihnen eine anonyme Adresse z.B. an999@anon.penet.fi zuordnen. Über die anonyme Adresse können Ihnen dann auch Reaktionen via eMail zugestellt werden. Ein News-Posting können Sie per eMail an eine Auswahl von Newsgruppen über folgendes Adressenformat senden.

<name_der_newsgruppe>@anon.penet.fi

Hinweis: Leider öffnet das anonyme »Posten« auch die Möglichkeit, unerkannt strafbare Handlungen zu begehen. Es ist nicht ausgeschlossen, daß Nutzer diesen Dienst mißbrauchen, um zu Straftaten aufzufordern oder z.B. Nazi-Propaganda zu verbreiten. Da die Rechtsgrundlagen im Internet in vielen Bereichen noch unklar sind, kommen viele schwarze Schafe ungeschoren davon.

8.11 News-Archive: So finden Sie auch alte Beiträge wieder

Manchmal ärgert man sich, daß man einen vor Tagen oder Wochen gelesenen NetNews-Artikel nicht gespeichert hat, weil er Informationen enthält, die man nun dringend benötigt. Wenn der Artikel mehrere Wochen oder gar Monate alt ist, hat es auch keinen Sinn, auf dem Newsserver noch nach dem Beitrag zu suchen, da ältere Nachrichten regelmäßig gelöscht werden, um Platz für neue zu schaffen. Hilfe bietet in diesem Fall das News-Archiv Dejanews, das Sie im Web unter www.dejanews.com erreichen. Dieser Dienst speichert nahezu alle NetNews-Beiträge der letzten Jahre. Sie finden dort nicht nur den benötigten News-Artikel wieder, sondern können mit den umfangreichen News-Funktionen auch gleich mal prüfen, wieviele und welche Artikel Sie selbst oder Ihre Bekannten in letzter Zeit in den NetNews veröffentlicht haben.

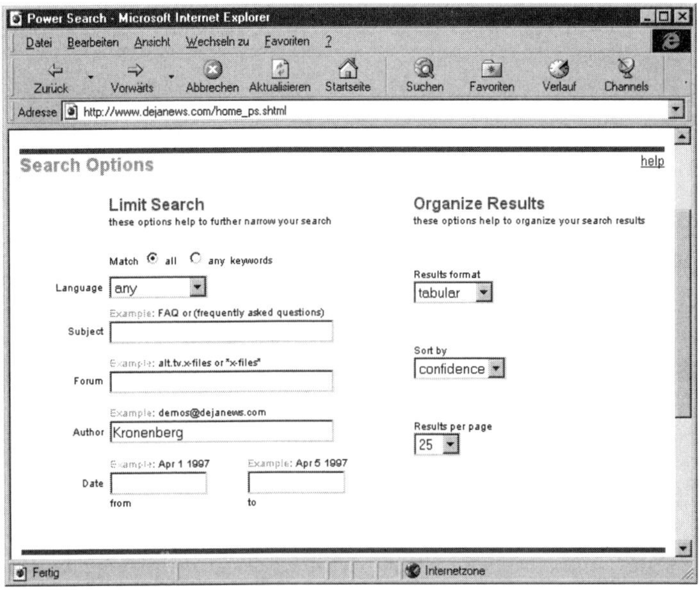

Bild 8.13: Die Suchfunktionen in Dejanews

Technisch problemlos, aus Sicht des Datenschutzes jedoch bedenklich, läßt sich mit Dejanews sogar ein Autorenprofil anfertigen, indem man verfolgt, welche Beiträge zu welchen Themengebieten ein Autor veröffentlicht hat. Vielleicht prüft ja bereits der eine oder andere Arbeitgeber, ob ein Stellenbewerber berufliche oder private Probleme über die NetNews offengelegt hat?

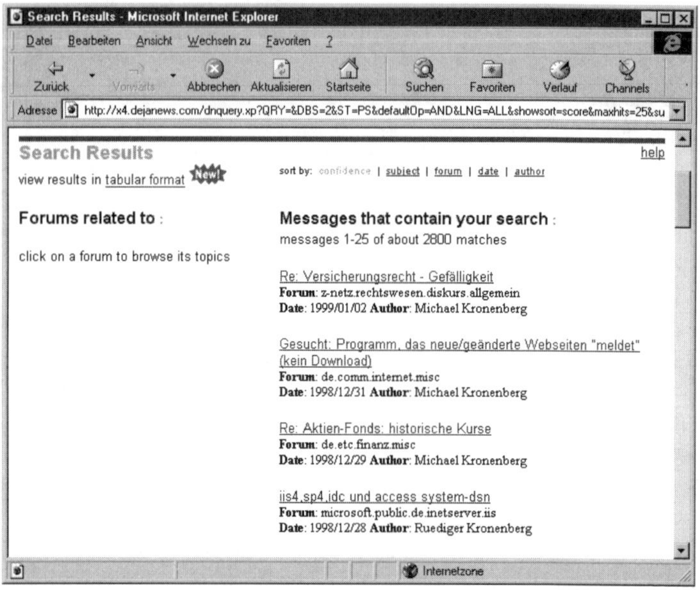

Bild 8.14: Auflisten aller Beiträge zum Nachnamen Kronenberg

8.12 Online-Informationen über News

Weitere Detailinformationen zum Thema News finden Sie per FTP auf dem Server `rtfm.mit.edu` im Verzeichnis `/pub/usenet`.

Hier finden Sie

- Übersichten über verfügbare Newsgruppen,
- Listen und Quellen verfügbarer Newsreader und
- FAQs (Frequently Asked Questions) rund um das Thema News.

Online-Hilfen in den NetNews

In den NetNews finden Sie u.a. in der Newsgruppe `de.answers` zahlreiche Online-Hilfen, die den Einstieg ins Internet erleichtern. Häufig erkennen Sie Postings, die Hilfen für Einsteiger bieten, am

Wort »FAQ« (Frequently Asked Questions; Antworten auf häufig gestellte Fragen) in der SUBJECT-Zeile.

In der folgenden Tabelle sehen Sie eine Übersicht über FAQs, die regelmäßig in den NetNews veröffentlicht werden. Sie finden diese Hilfen in der Newsgruppe `de.answers` oder im angegebenen Forum.

Name (in: Newsgruppe)	Hilfe-Thema
de-answers/richtlinien (in: de.admin.news.misc)	Richtlinien zum Veröffentlichen von Mitteilungen in der `de`-Newsgruppen-Hierarchie
de-gateways/faq (in: de.comm.gateways)	Fragen & Antworten zur Mail-Adressierung
de-gateways/list (in: de.comm.gateways)	Liste der deutschen Usenet/Internet-Gateways
de-inet-mailboxen (in: de.etc.lists)	Liste mit Mailboxen in Deutschland
de-isdn-tcp-ip (in: de.comm.isdn)	Oft gestellte Fragen zur Nutzung der Protokollsoftware TCP/IP über ISDN in Deutschland
de-pub-unix (in: de.etc.lists)	Liste mit öffentlich zugänglichen UNIX-Rechnern in Deutschland
de-rec-fahrrad-faq/part0 bis part5 (in: de.rec.fahrrad)	Rund ums Thema Radfahren
de-studium/netinfo (in: de.soc.studium)	Information, Kontakte und Ressourcen im Internet für studentische Gruppen
de-studium/usa_faq (in: de.soc.studium)	Studieren in den USA
de-talk-chat-faq (in: de.talk.chat)	Alles über Online-Kommunikation (z.B. talk und IRC)
de-telefon-faq (in: de.comm.misc)	Fragen und Antworten rund ums Telefonieren
news-answers/guidelines (in: news.answers)	Weltweite Richtlinien zum Veröffentlichen von Postings in den NetNews

Tabelle 8.7: Online-Hilfen (FAQs) in NetNewsgruppen

Diese FAQs finden Sie auch in zahlreichen Dateiarchiven. Aus diesen Archiven (z.B. `ftp.germany.eu.net` und `ftp.leo.org`) können Sie die Hilfe-Dateien auf Ihren Rechner herunterladen.

9 Terminalverbindung zu Internet-Rechnern

Das Internet verbindet Sie mit Millionen anderer Rechner. Warum nutzen Sie dann nicht schnelle Großrechner, um umfangreiche Berechnungen in einem Bruchteil der Rechenzeit, die Ihr PC benötigt, erledigen zu lassen? Und warum stehen Sie jeden Morgen auf der Fahrt zum Büro im Stau, wenn Sie einen Teil der Arbeiten auf dem Firmenrechner auch von zu Hause über das Internet erledigen können? In diesem Kapitel zeigen wir Ihnen, wie Sie

- sich auf entfernten Rechnern über das Netz »anmelden«,
- dort Programme starten und
- mit entfernten Geräten, wie beispielsweise Druckern, umgehen.

9.1 Öffentliche und private »Accounts« nutzen

Im Internet haben Sie Verbindung zu Rechnern aller Größenordnungen und Betriebssysteme. Viele diese Rechner stellen öffentliche Zugänge, sogenannte PUBLIC ACCOUNTS, zur Verfügung. Über diese Zugänge erreichen Sie Informationssysteme und Anwendungsprogramme. Wenn Sie zudem »persönliche« Benutzerzugänge (sogenannte Accounts) auf Rechnern haben, die mit dem Internet verbunden sind, können Sie alle Ressourcen dieser Rechner von zu Hause aus oder unterwegs nutzen, z.B. um auf dem entfernten Rechner Anwendungen laufen zu lassen, die Sie nicht lokal installiert haben, und um Geräte, wie Farblaserdrucker oder Plotter, anzusprechen.

Sie können so den Firmenrechner oder den Großrechner Ihrer Universität nutzen, ohne direkt vor Ort anwesend zu sein. Sie melden sich einfach auf dem entfernten Rechner an (im Fachjargon spricht man von »Einloggen«) und telearbeiten dann von zu Hause, aus dem Hotel oder mit dem Mobiltelefon vom Boot, Auto oder Flugzeug aus. Wenn Sie überhaupt nicht mehr im Büro erscheinen, kann Telearbeit zwar besonders angenehm und umweltschonend sein, aber auch den persönlichen Kontakt zu Kollegen und Vorgesetzten gefährden.

Was setzt Telnet voraus?

Damit Sie von Ihrem lokalen Rechner aus direkt mit anderen Internet-Rechnern arbeiten können, benötigen Sie einen Direktzugang zum Internet per Wähl- oder Standleitung. Außerdem muß der entfernte Rechner für den Telnet-Zugriff durch eine entsprechende Server-Software vorbereitet sein. Fehlt diese auf der gegenüberliegenden Seite oder ist der Server gerade nicht gestartet, scheitert jeder Telnet-Zugriffsversuch.

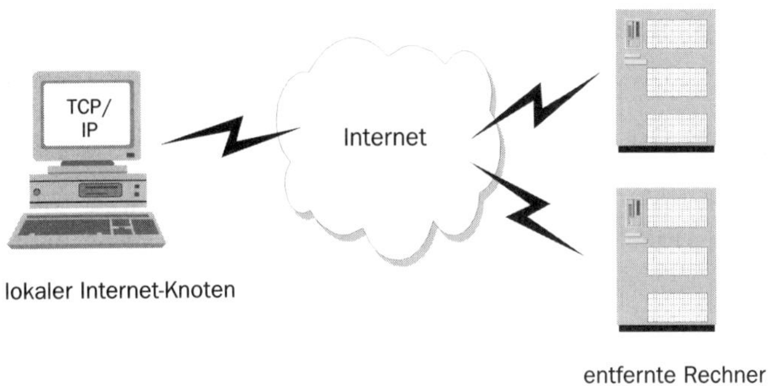

Bild 9.1: Direktzugang zu anderen Rechnern

Als Minimal-Lösung für Telearbeiter reicht bereits ein Zugang über Terminalemulation zum Internet-Rechner aus. Dieser Internet-Knoten kann Sie dann bei Bedarf zu anderen Rechnern »weitervermitteln«.

Im Unterschied zum Direktzugang können Sie bei einem Zugang über Terminalemulation nur eine Direktverbindung zum Internet-Host des Providers aufbauen. Alle weiteren Internet-Rechner erreichen Sie »indirekt« über den Internet-Knoten des Dienstanbieters.

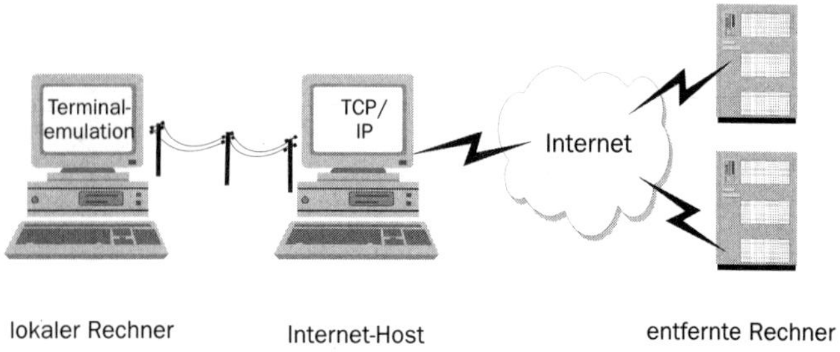

Bild 9.2: Zugang über Terminalemulation zum Host des Providers

Details über die verschiedenen Wege ins Internet können Sie in Kapitel 3, »So kommen Sie ins Internet«, nachlesen.

Mit einem Direktzugang steuern auf der Übertragungssoftware TCP/IP aufbauende Programme die Verbindung zum anderen Rechner:

- Auf den folgenden Datenreise verwenden wir das bekannteste dieser Programme, `telnet` oder kurz `tn`.
- Aus dem UNIX-Umfeld kommt das Programm `rlogin`. Mit `rlogin` können Sie sich sehr einfach zu UNIX-Rechnern verbinden lassen, da dieses Dienstprogramm z.B. Ihre Benutzerkennung automatisch einsetzt.

Damit Sie sich auf dem entfernten Rechner einloggen können, muß dieser eingehende Anfragen akzeptieren. Wenn der andere Rechner sich mit einer Anmelde-Aufforderung (»LOGIN«) bei Ihnen meldet, tragen Sie Ihre persönliche oder eine öffentliche Zugangsberechtigung ein. Eine persönliche Zugangsberechtigung setzt sich aus

- Benutzerkennung (Login-Name) und
- Paßwort zusammen.

9.2 Wie baut man die Verbindung auf?

Auf der folgenden Datenreise verbindet das Telnet-Programm, das zum Umfang von Windows gehört, unseren PC in München mit einem UNIX-Rechner an der Universität Osnabrück. Hierzu rufen wir das Kommando `telnet` aus einem DOS-Fenster auf und

- nennen bereits in der Kommandozeile die Internet-Adresse des Zielrechners oder
- tragen die Adresse mit dem Menübefehl VERBINDEN • NETZWERKSYSTEM in den Anmeldedialog von Telnet ein (Bild 9.3).

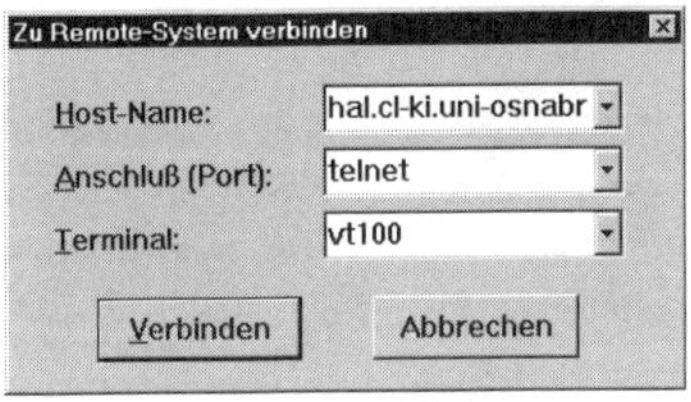

Bild 9.3: Verbindungsaufbau zum entfernten Rechner

Wie in Kapitel 2 vorgestellt, können Sie anstelle der Rechnernamen auch die numerischen Internet-Adressen (IP-Nummern) verwenden. Den Zielrechner bezeichnet man im Netz auch als Server oder Host, Ihr lokaler Rechner ist in diesem Fall der anrufende Client-Rechner. Die Internet-Verbindung zwischen den Rechnern in München und Osnabrück wird über eine Vielzahl anderer Internet-Hosts in ganz Deutschland vermittelt.

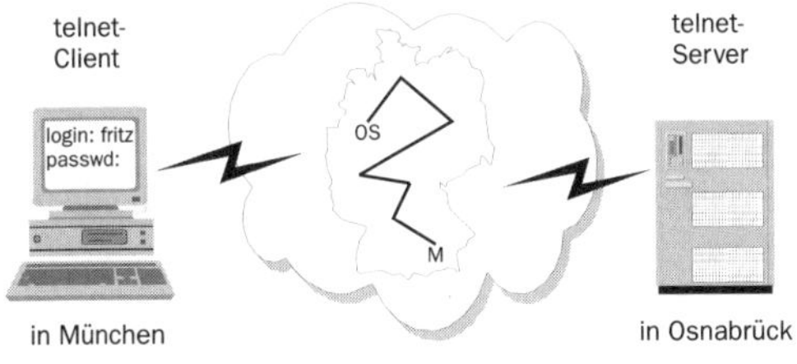

Bild 9.4: Telnet-Verbindung über das Internet

Der angerufene Rechner antwortet wie in Bild 9.5 mit einer Begrüßungsmitteilung und fordert in der Login-Zeile zur Eingabe einer gültigen Benutzerkennung auf. Wir setzen unseren Login-Namen ein und weisen uns mit einem geheimen Paßwort aus. Dieses Paßwort wird bei der Eingabe nicht angezeigt, damit Dritte nicht durch einen Blick über Ihre Schulter unter Ihrem Namen arbeiten können.

Tips für Paßwörter: Ungenügender Paßwortschutz ist die weit geöffnete Eingangstür, durch die Hacker in Rechnersysteme eindringen können und dort Daten ausspähen, verändern, unbrauchbar machen oder löschen.

Aus diesem Grund sollte man einige Anforderungen an sein Paßwort berücksichtigen:

- Wählen Sie kein schnell erratbares Paßwort! Vermeiden Sie vor allem Namen und Wörter aus der englischen oder deutschen Sprache.
- Ihr Paßwort sollte aus mindestens acht Zeichen bestehen.
- Kombinieren Sie Buchstaben, Zahlen und Sonderzeichen wie `!$%&/()={[]}#+-*<>|`. Vermeiden Sie aber deutsche Umlaute und Sonderzeichen. Diese Zeichen finden Sie nicht auf allen Tastaturen.
- Wählen Sie trotz Sonderzeichen ein Paßwort, das sich merken läßt. Z.B. können Sie Abkürzungen aus Sätzen bilden: Die Anfangsbuchstaben des Satzes »`1 Woche 7 Tage und 1 Jahr 12 Monate`« liefert das Paßwort »`1W7T+1J12M`«.
- Kombinieren und unterscheiden Sie Groß- und Kleinbuchstaben.
- Ändern Sie Ihr Paßwort regelmäßig!
- Benutzen Sie für verschiedene Rechner-Zugänge verschiedene Paßwörter.
- Schreiben Sie Ihr Paßwort nicht auf einen Zettel und heften diesen dann an den Monitor oder legen ihn unter die Tastatur.

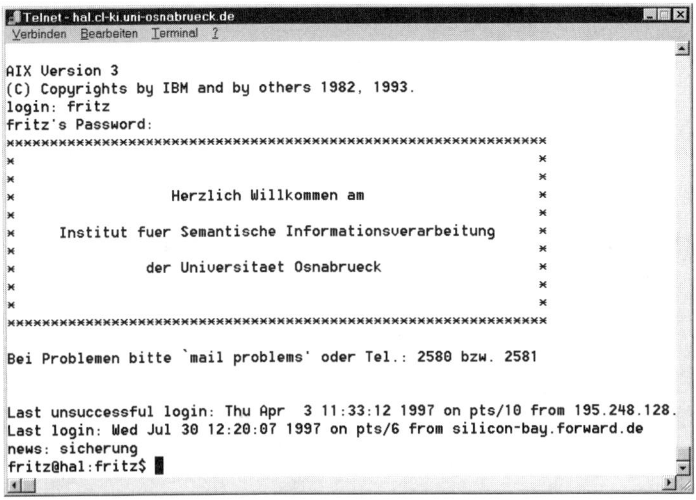

Bild 9.5: Begrüßung und Login auf einem UNIX-Rechner

9.3 Arbeiten auf dem Host-Rechner

Haben Sie sich auf dem entfernten Rechner eingeloggt, startet in der Regel eine zeichenorientierte Benutzeroberfläche (unter UNIX auch Shell genannt). Der »Host« meldet sich mit einer Eingabeaufforderung (»Prompt«); in unserem Beispiel besteht diese Eingabeaufforderung aus der Zeichenfolge `bash$`. Der Host ist jetzt bereit, unsere Kommandos entgegenzunehmen. Auch innerhalb der UNIX-Welt reagieren viele Rechner etwas freundlicher: Sie bieten Ihnen z.B. ein Menü an, aus dem Sie Anwendungen oder Kommandos auswählen können.

Auf der UNIX-Maschine `hal` arbeiten wir auf einer zeichenorientierten Benutzeroberfläche. Auf dieser Oberfläche rufen wir – wie Sie es selbst aus dem DOS-Fenster kennen – Betriebssystem-Kommandos des entfernten Rechners auf:

- Zunächst geben wir auf der UNIX-Maschine das Kommando `who` ein (Bild 9.6), um anzuzeigen, welche anderen Benutzer zusammen mit uns auf `hal` arbeiten.
- Anschließend liefert uns das Kommando `hostname` den vollen Namen des Internet-Knotens, auf dem wir gerade eingeloggt sind.

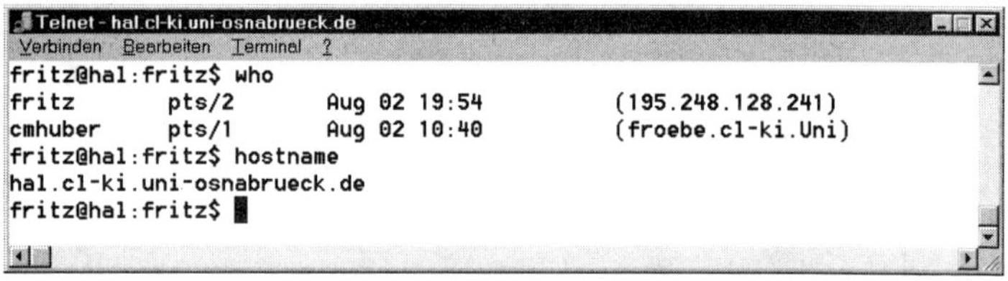

Bild 9.6: Kommandos auf der entfernten UNIX-Maschine starten

9.4 Starten von Anwendungen

Über Betriebssystem-Kommandos hinaus können Sie nun alle zeichenorientierten Anwendungen starten, die auf dem Server verfügbar sind. Auf der nächsten Datenreise verbinden wir uns mit einem IBM-3090-Großrechner und starten dort das Textprogramm XEDIT, das auf DOS-PCs nicht verfügbar ist.

Leider ist bei Großrechnern vieles anders als in der PC-Welt. Aus diesem Grund benötigen wir für den Telnet-Zugang zu Großrechnern auch die Variante `tn3270` des Telnet-Programms, das noch unter Windows 3.1 läuft. Dieses Programm verhält sich wie ein IBM-3270-Terminal, die bei Großrechnern sehr verbreitetet sind.

Das Telnet-Kommando zur Verbindungsaufnahme heißt nun

`tn3270 dosuni1.rz.uni-osnabrueck.de.`

Der Großrechner antwortet mit einem Begrüßungsbildschirm. Wir geben nun unsere Benutzerkennung und das Paßwort ein.

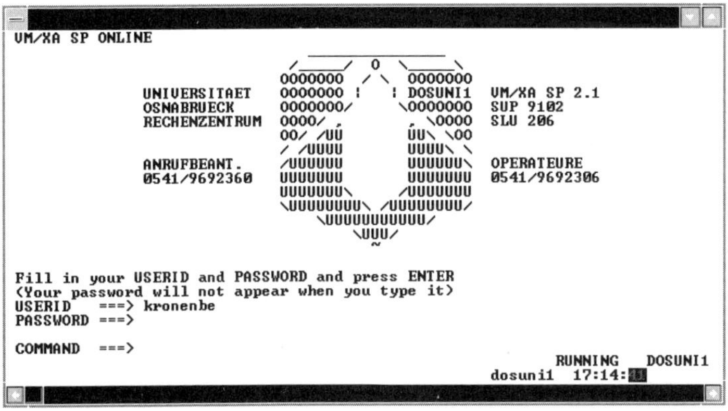

Bild 9.7: Anmeldung auf einem Großrechner

Anschließend können wir mit dem Befehl `xedit` das Textprogramm des Großrechners starten und, wie in Bild 9.8 zu sehen, den Text bearbeiten.

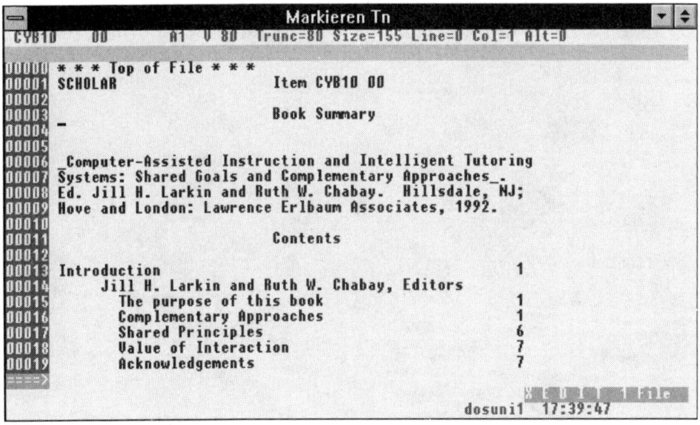

Bild 9.8: Arbeiten mit dem Textprogramm des Großrechners

9.5 Telnet verbindet Rechnerwelten

Das Programm Telnet gehört zur Familie der TCP/IP-Dienstprogramme. Mit TCP/IP bezeichnet man eine Gruppe von Kommunikationsprotokollen, die Grundlage für die Verständigung der verschiedensten Rechner im Internet sind. Da es TCP/IP-Lösungen für jede Art von Hardware und Betriebssystem gibt, kann Telnet hardwareübergreifend DOS-, VM/CMS- und UNIX-Rechner genauso wie Macs und Ataris miteinander verbinden (vgl. Bild 9.9).

Alle Telnet-Versionen verhalten sich einheitlich, so daß z.B. ein OS/2-Client mit einem UNIX-Server arbeiten kann. Auf unseren Datenreisen haben wir Ihnen bereits einen Eindruck davon vermittelt, daß im Internet eine Vielzahl verschiedenster Rechnertypen, z.B. Großrechner und Intel-PCs, sowie Betriebssysteme, wie UNIX oder DOS, friedlich zusammenleben.

Wir möchten aber nicht verheimlichen, daß multitasking-fähige (d.h. Mehr-Prozeß-)Betriebssysteme wie Windows NT oder UNIX die besseren Umgebungen für Server-Dienste sind. Unter DOS blockieren Server-Programme im Regelfall die gesamte Maschine und verhindern die Nutzung des Rechners für andere Aufgaben.

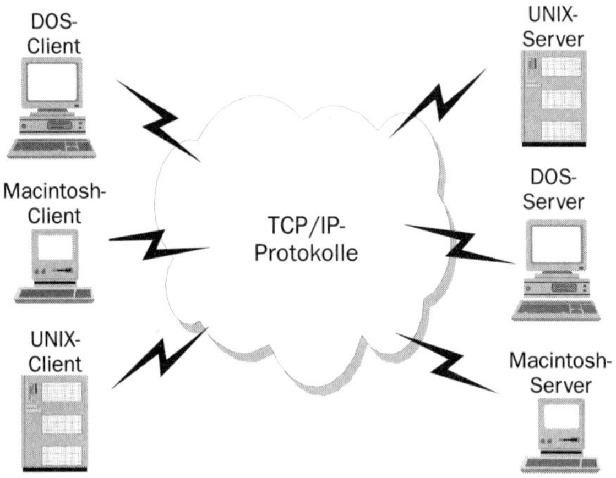

Bild 9.9: Client-Server-Architektur bei Telnet

Damit die Verständigung zwischen Telnet-Client und -Server reibungsfrei funktioniert, müssen sich beide Seiten auf einen gemeinsamen Terminaltyp einigen. Einen etwas ausgefallenen Terminaltyp für IBM-Großrechner haben Sie bereits kennengelernt. Üblicherweise stellen Sie Ihren Telnet-Client auf eine der gebräuchlichen VT100- oder VT220-Emulationen ein. Viele Hosts fragen Sie beim Einloggen, welchen Terminaltyp Sie voreingestellt haben, damit auch seitenweise Bildschirmausgaben richtig dargestellt werden.

Voraussetzungen für Clients und Server

Grundsätzlich kann jeder Rechner, der als eigenständiger Internet-Knoten ans Internet angebunden ist, sowohl Server- als auch Client-Rechner sein. Einen Internet-Knoten erkennen Sie daran, daß

- auf dem Rechner die TCP/IP-Software läuft,
- dem Rechner eine weltweit eindeutige, numerische Adresse (IP-Nummer) und ein Rechner- und Domain-Name (Internet-Adresse) zugeordnet sind und
- über Modem, Netzwerk- oder ISDN-Karte eine »IP-Verbindung« (als Wähl- oder Standleitung) zu anderen Internet-Knoten aufgebaut werden kann und
- alle Daten ins Internet über die TCP/IP-Software in Datenpakete zerlegt und an erreichbare Internet-Knoten weitergeleitet (»geroutet«) werden (siehe Kapitel 2).

9.6 Öffentliche Telnet-Server

Bei den bisherigen Datenreisen war es Voraussetzung, daß wir einen persönlichen Zugang (engl.: Account) auf den Rechnern haben, mit denen wir verbunden waren. Diese Rechner sind nicht für jedermann zugänglich. Neben privaten Accounts gibt es weltweit unzählige über Telnet erreichbare öffentliche Accounts. Diese öffentlichen Zugänge bieten u.a.

- Zugang zu Datenbanken und Archiven (z.B. CIA-Factbook),

- Nachschlagemöglichkeit in Wörterbüchern,
- Zugang zu astronomischen und geographischen Informationen,
- Börseninformationen,
- Wetternachrichten,
- öffentliche Software-Suche,
- Abfrage von Bibliothekskatalogen und Literaturinformationen,
- Nutzung von Informationssystemen öffentlicher Einrichtungen,
- Zugang zu öffentlichen Diskussions-Foren, sog. Bulletin Boards,
- Teilnahme an Spielen (z.B. Schach, GO, Adventure-Spiele MUDs)
- und Zugang zu öffentlichen Clients für viele Internet-Dienste.

Wir zeigen Ihnen als Beispiel für öffentlich zugängliche Dienste über Telnet

1. eine Online-Software-Suche auf dem Software-Informationssystem ASK-SISY an der Universität Karlsruhe und

2. einen Zugang zu öffentlichen Client-Programmen für WWW, Wais und Archie über den finnischen Informationsserver `info.funet.fi`.

9.6.1 Online-Software-Suche

In diesem Abschnitt beschreiben wir den Zugang zu einem öffentlichen Software-Informationssystem namens ASK-SISY über Telnet. Dieser Informationsdienst verwendet eine Datenbank mit Softwarebeschreibungen zu

- frei verfügbarer Shareware und Public-Domain-Programmen und
- kommerzieller Software.

Wir verbinden uns auf der folgenden Datenreise mit dieser Datenbank und suchen nach Software.

Verbindungsaufbau

Wir wählen das Software-Informations-System über die Adresse `ask-hp.ask.uni-karlsruhe.de` an. Wie in Bild 9.10 geben Sie sowohl für die Benutzerkennung als auch für das Paßwort das Wort `ask` ein.

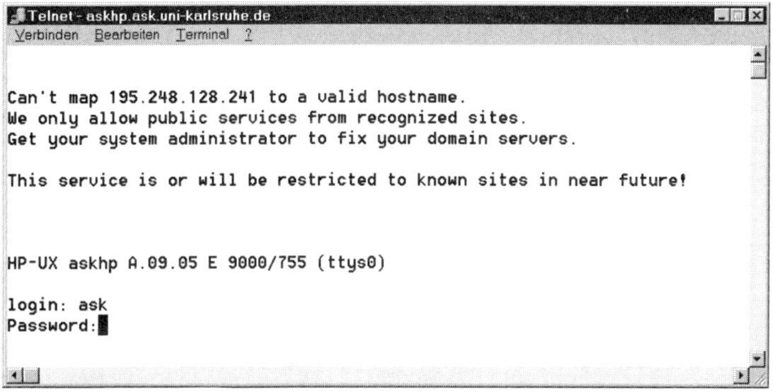

Bild 9.10: Telnet-Verbindung zum öffentlichen Software-Informationssystem

Auf der Suche nach Software

Über das deutschsprachige Auswahlmenü (Bild 9.11) kommt man in den Arbeitsmodus »Recherche«.

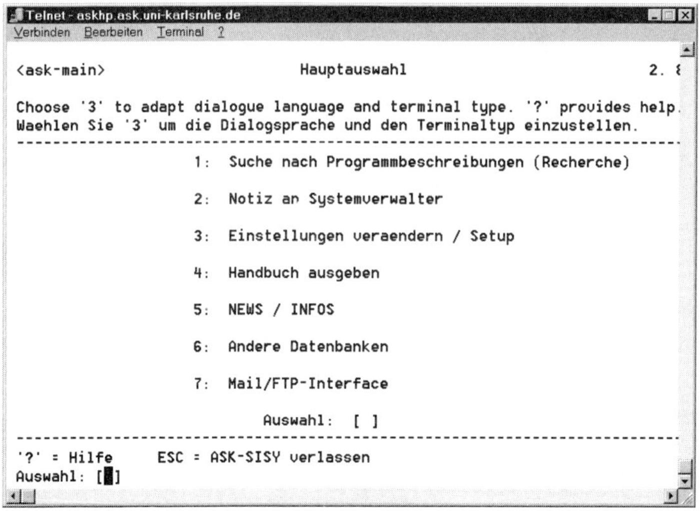

Bild 9.11: Auswahl des Informationssystems

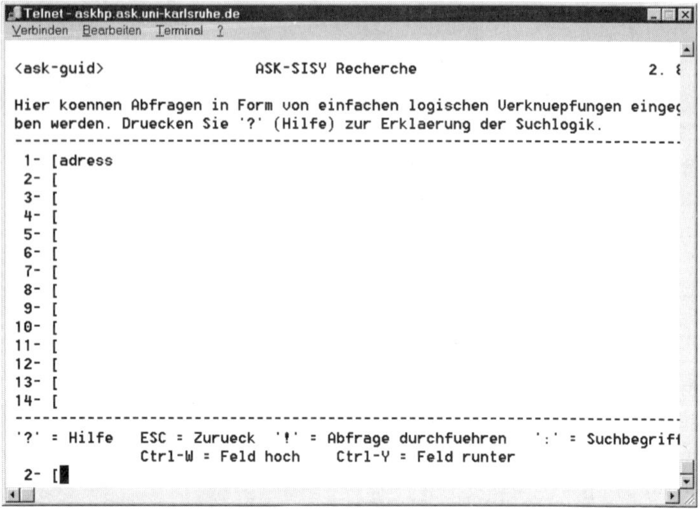

Bild 9.12: Eingabe des Suchbegriffs

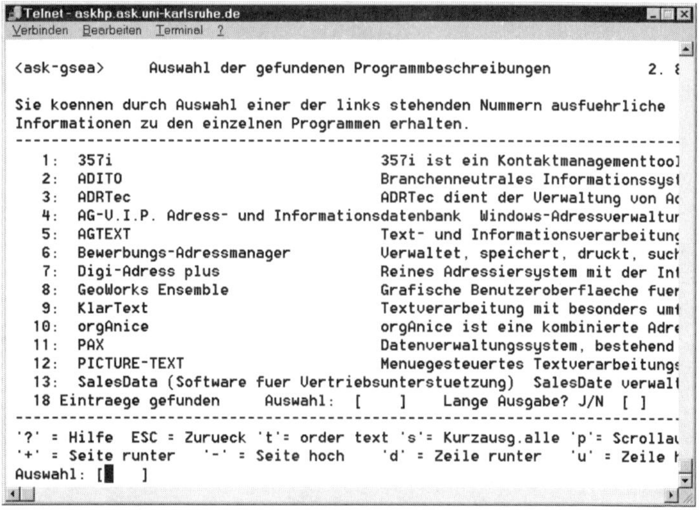

Bild 9.13: Liste der gefundenen Software-Infos

Sie können nun Suchbegriffe eingerahmt in Anführungszeichen eingeben. Auf der folgenden Datenreise suchen wir eine Adreßverwaltung unter Windows. Hierzu geben wir als Suchbegriff »`adress`« ein. Auf den Bildern 9.12 und 9.13 sehen Sie die Anfrage und die Trefferliste.

Aus der Trefferliste können Sie einen vielversprechenden Eintrag auswählen und eine ausführliche Beschreibung anfordern. In dieser Beschreibung erhalten Sie neben Programminfos auch

- Anforderungen an Hard- und Software,
- Ansprechpartner für weitere Produktinfos und
- Bezugsbedingungen.

Diese Software-Informationen und zahlreiche frei zugängliche Programme können Sie aus dieser Datenbank direkt auf Ihren Rechner herunterladen.

9.6.2 Zugang zu öffentlichen Clients

Internet-Dienste erreichen Sie über

- lokale Client-Programme auf Ihrem Internet-Knoten oder
- öffentliche, für jedermann zugängliche Clients auf großen Informationsservern.

Wir beschreiben Ihnen in diesem Abschnitt, wie Sie über Telnet Zugang zu öffentlichen Client-Programmen erhalten. Für Internetnutzer, die keine WWW-, Archie- und Wais-Software auf ihrem lokalen Rechner installiert haben oder deren Internet-Host diese Dienste nicht anbietet, stellt der Informationsserver des finnischen Forschungsnetzes öffentliche Clients bereit.

Sie erreichen diesen Server über die Adresse `info.funet.fi`. In Bild 9.14 haben wir mit unserem Telnet-Client die Verbindung hergestellt und werden mit dem Startmenü des Informationsservers begrüßt. Als Benutzerkennung geben Sie `info` ein.

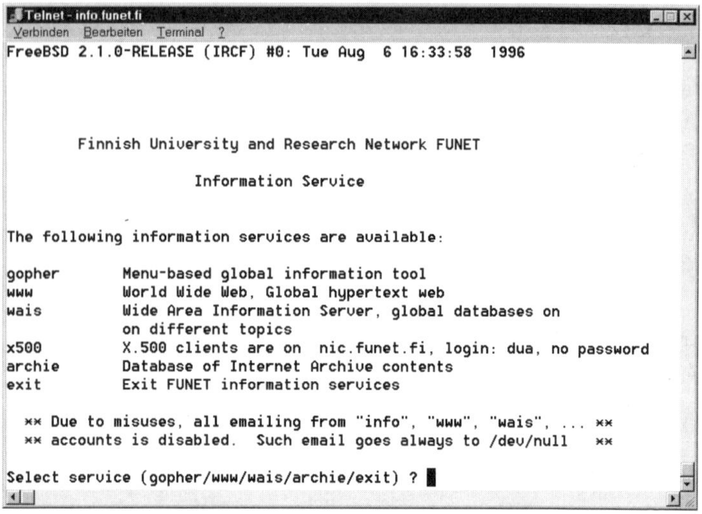

Bild 9.14: Begrüßung auf info.funet.fi

In der `Select interface`-Zeile tragen Sie direkt den gewünschten Internetdienst ein.

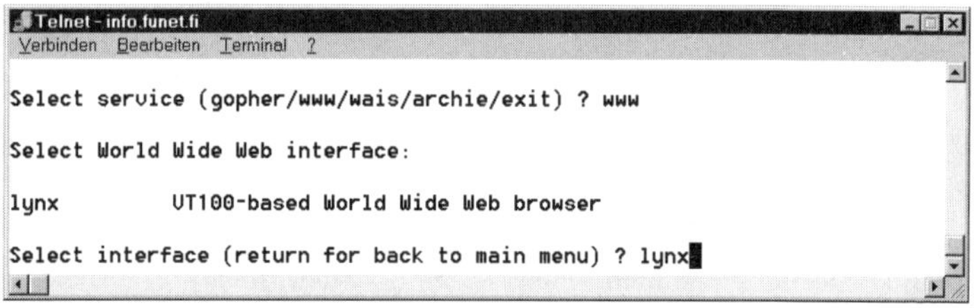

Bild 9.15: Angebot an öffentlicher Client-Software

Im folgenden Bild sehen Sie, wie wir mit dem zeichenorientierten WWW-Browser `lynx` die Web-Site `www.cl-ki.uni-osnabrueck.de` sichten:

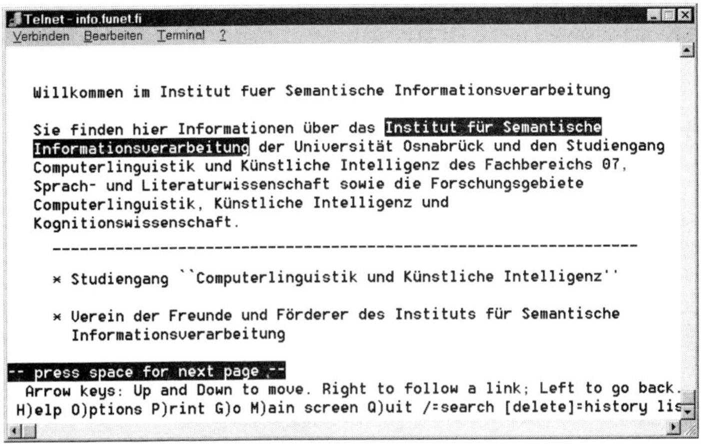

Bild 9.16: Nutzen des öffentlichen Web-Clients

Wenn Sie häufiger die hier angebotenen Dienste nutzen möchten, empfehlen wir Ihnen, auf Ihrem lokalen Internet-Rechner entsprechende Client-Programme zu installieren. Dies hat ganz klare Vorteile:

- Sie können neben den angebotenen, zeichenorientierten Oberflächen lokal auch menü- und grafikorientierte Versionen installieren. Diese sind in der Lage, den vollen Multimedia-Reichtum und nicht nur Texte anzuzeigen.
- Sie belasten das Netz weniger und senken damit ggf. Ihre persönlichen Kosten, falls Ihr Internet-Provider die Netznutzung volumenmäßig abrechnet.
- Sie können über lokale Clients auch eMails versenden. Öffentliche Clients, wie auf `info.funet.fi`, sperren den Postversand, weil früher einige Internauten die für jedermann verfügbaren eMail-Schnittstellen manipuliert (z.B. Absenderadressen gefälscht) haben.

9.7 Telnet-Verbindungen beenden

Der entfernte Rechner bietet Ihnen Kommandos oder Menüpunkte an, um eine Telnet-Verbindung abzubauen. Falls Sie die server-seitige Anwendung nicht mehr bedienen können, läßt sich die Verbindung auch über den Menüpunkt TRENNEN des Telnet-Programms schließen. Wenn Sie eine Verbindung zu einer UNIX-Shell beenden möchten, können Sie auch die Kommandos `logout`, `exit` oder [Strg]+[D] eingeben.

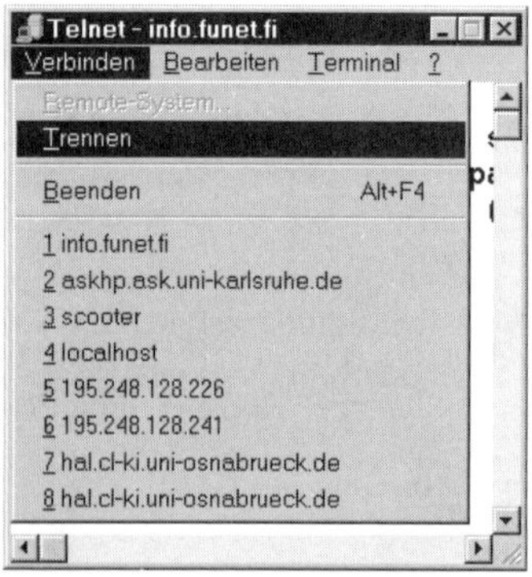

Bild 9.17: Telnet-Verbindung beenden

9.8 Ports: Erweiterung der Internet-Adressen

Wenn auf einem Rechner mehrere öffentliche Dienste gleichzeitig über Telnet erreichbar sein sollen, müssen Sie hinter die Rechneradresse noch eine sogenannte Portnummer setzen. Jedem Dienst auf einem Host ist eine häufig standardisierte Portnummer zugeordnet. Wenn Sie die Verbindung zu einem bestimmten Port eines Hosts aufbauen, werden Sie automatisch mit dem zugehörigen Dienst verbunden. Bislang konnten Sie die Portnummer für das Telnet-Kommando weglassen, weil alle vorgestellten Dienste auf dem Telnet-»Standardport« 23 laufen.

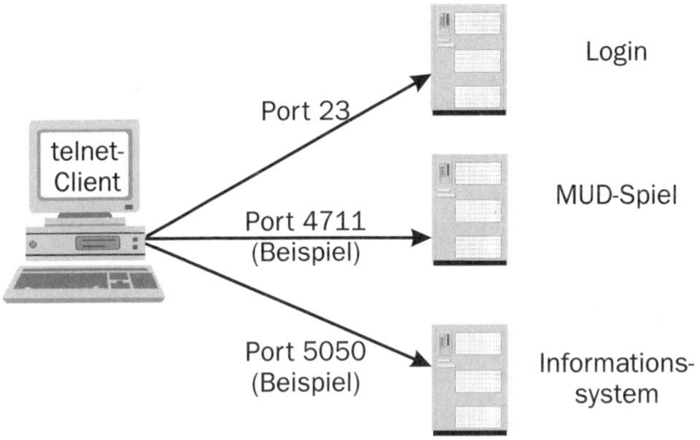

Bild 9.18: Telnet und Portnummern

Auch allen anderen Internet-Diensten ist ein Standardport zugeordnet. Arbeitet eine Anwendung an einem Nicht-Standard-Port, müssen Sie diesen Port auf der Kommandozeile oder im Dialogfeld beim Verbindungsaufbau angeben. Der Port ist damit eine Art »Durchwahlnummer«, die Sie nicht zur »Telefonzentrale«, sondern zu einem ausgewählten »Telefonanschluß«, d.h. zu einem besonderen Internet-Dienst, führt. In Bild 9.19 verbinden wir uns mit einem MUD-Server auf dem Rechner `134.176.139.60` am Port `3000`. MUD (Multi User Dungeon) ist eine Form interaktives Phantasiespiel im Internet.

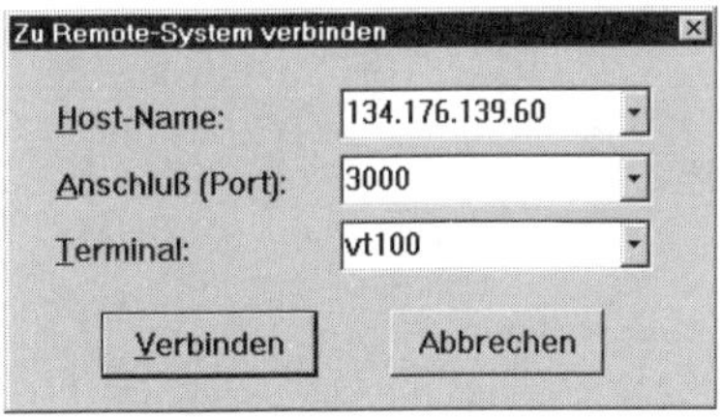

Bild 9.19: Verbindung zu einem MUD-Spiel am Port 3000

Ist die Verbindung hergestellt, können Sie sich einen Spielernamen in der Phantasiewelt des MUD-Spiels geben und mit anderen MUDern virtuelle Monster bekämpfen oder durch die virtuellen Räume streifen.

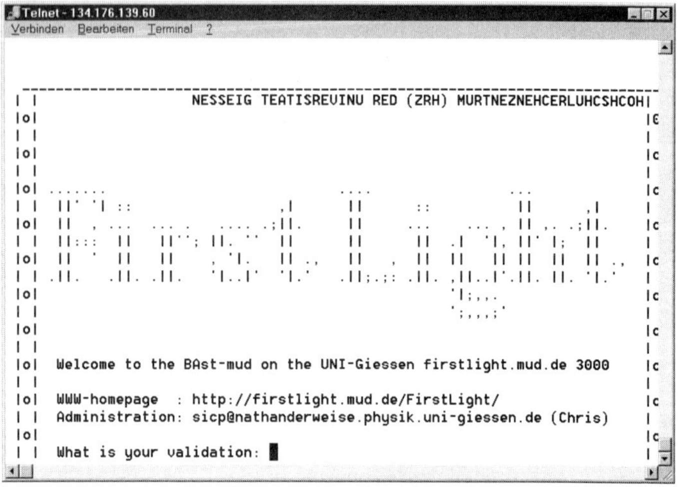

Bild 9.20: Einstieg in die MUD-Phantasiewelt

Tip: MUDs werden nicht nur zum Monster jagen, sondern auch für ernsthafte Konferenzen und Diskussionen von Interessengruppen eingesetzt. Da MUDs in viele »Räume« aufgeteilt sind, kann man sich bequem zu kleinen Diskussionsgruppen zusammenfinden und bei Bedarf durch weitere Räume zu anderen Diskussionsgruppen wandern. In der virtuellen Welt eines MUDs kann man auf diese Weise große Tagungen mit vielen kleinen Vorträgen und Diskussionen durchführen, ohne daß eine der Teilnehmerinnen ihr Büro verlassen muß.

9.9 Verbindungsstörungen

Nicht immer kommt man auf die Maschinen, mit denen man arbeiten möchte. Ab und zu kann keine Verbindung zum Zielrechner aufgebaut werden. Dafür gibt es zahlreiche Ursachen:

- Vielleicht haben Sie sich in der Adresse des entfernten Rechners verschrieben. In diesem Fall erhalten Sie eine Meldung (wie in Bild 9.21), die Ihnen mitteilt, daß im Internet kein Rechner unter dem Namen `fuke.germany.eu.net` bekannt ist.

Bild 9.21: Zielrechner ist nicht bekannt

- Wenn die Rechner-Adresse stimmt und der Rechner im Netz bekannt ist, kann auch der Fall eintreten, daß der Zielrechner oder ein Gateway zwischen Ihrem lokalen Rechner und dem entfernten Rechner nicht betriebsbereit ist. Nach einiger Zeit und einigen Fehlversuchen erhält der Telnet-Client ein »time out«-Abbruchsignal und teilt Ihnen mit, daß der Zielrechner im Moment nicht erreichbar ist.

Haben Sie erfolgreich eine Verbindung aufgebaut, benötigen Sie eine Zugangsberechtigung aus Login-Name und Paßwort. Falls Sie sich bei diesen Eingaben vertippen oder »falsche« Login-Namen und Paßwörter ausprobieren, antwortet der angerufene Rechner z.B. mit `login incorrect` (Kennung falsch) oder zum Beispiel so:

```
login: frits
passwd:
You entered an invalid login name or password!
login:
```

Nach mehreren Fehlversuchen brechen die meisten Server die Telnet-Verbindung zu Ihnen ab. Auf einigen Zielsystemen ist der Zugang zudem so eingestellt, daß nach einer bestimmten Anzahl fehlgeschlagener Login-Versuche dieser Benutzerzugang (»Account«) komplett gesperrt wird. Falls Sie eines Tages trotz vermeintlich »korrekter« Eingaben nicht in das System kommen oder vor einem gesperrten Account stehen, müssen Sie den zuständigen Systemverwalter verständigen. Nur dieser kann Ihren Account »entsperren« und Ihnen ein neues Paßwort zuteilen.

10

Dateien per FTP herunterladen

Rechner im Internet halten nicht nur Dienste wie WWW und Anwendungen zur Online-Nutzung bereit. Darüber hinaus kann man

- Daten auf Speichermedien entfernter Rechner aufspielen (engl.: »upload«) und
- Daten von entfernten Servern auf den lokalen Rechner herunterladen (engl.: »download«).

Die entfernten Ziel- oder Quellrechner müssen dazu als »FTP-Server« eingerichtet sein. Dann können Sie Daten sowohl zwischen Rechnern, auf denen Sie persönliche Benutzerkennungen (»Accounts«) besitzen, als auch mit öffentlichen Softwarearchiven (»Anonymous-FTP-Server«) austauschen.

Öffentliche FTP-Server bieten gigabyteweise Daten und Programme an, die Sie auf Ihren lokalen Rechner herunterladen können. In diesem riesigen Berg an Daten finden Sie nützliche und hilfreiche

- Literatur und Infomationsdateien aller Art,
- Anwendungen,
- Betriebssysteme,
- Dienstprogramme und Werkzeuge,
- Spiele,
- Treiber,
- Updates und Bug-Fixes zu kommerziellen Programmen,
- Grafik- und Ton-Dateien und
- Demo-Software,

für die Sie im Laden Geld bezahlen müßten. Das Internet liefert Ihnen die Dateien als Public-Domain, Freeware oder als sehr preiswerte Shareware (fast) frei Haus.

Statt Disketten mit der Post zu versenden, nutzen Sie das Internet, um Dateien zu übertragen. In diesem Kapitel lesen Sie deshalb, wie Sie Dateien per FTP von öffentlichen Servern herunterladen und private Dokumente zwischen Ihren persönlichen Accounts bewegen.

Wir zeigen Ihnen, wie Sie

- Binärdateien (z.B. Programme, Archive, Grafiken) und
- ASCII-Textdateien

übertragen und wie Sie sowohl einzelne Dateien als auch Dateigruppen transportieren. Außerdem lesen Sie, wie man mit komprimierten Dateiformaten wie ZIP und GZ (GZIP) zurechtkommt, die in der Welt des Internets alltäglich sind.

10.1 FTP – lokal und weltweit

Der Programmname FTP ist zugleich die Abkürzung für »File Transfer Protocol«. Dieses Protokoll gehört zur Familie der TCP/IP-Übertragungsprotokolle (siehe Kapitel 2) und regelt die Übertragung von Dateien zwischen Rechnern verschiedenster Betriebssysteme. Dabei spielt es – abgesehen von den Übertragungsraten – keine Rolle; wo der Rechner steht, mit dem Sie Daten austauschen. Das Programm FTP verhält sich bei der Datenübertragung innerhalb eines lokalen Netzes genauso wie beim Dateitransfer z.B. vom oder zum FTP-Server der Universität von Sydney.

Checkliste

Um Dateien mit FTP zu bewegen, müssen Sie einen Direktzugang oder einen Zugang über Terminalemulation zum Internet haben.

Bei einem Direktzugang können Sie Dateien aus dem Internet unmittelbar auf Ihren lokalen Rechner herunterladen oder von dort aufspielen:

- Sie benötigen auf Ihrem Internet-Rechner einen zeichen- oder menüorientierten FTP-Client oder einen FTP-tauglichen Web-Browser (z.B. Navigator oder Internet Explorer). Mit einem menüorientierten FTP-Werkzeug ist das Bewegen von Dateien zwischen Rechnern so einfach wie das lokale Kopieren mit dem Windows-Explorer.

Bei Internet-Zugang über Terminalemulation:

- Die mit FTP übertragenen Dateien werden zunächst auf dem Host des Providers zwischengespeichert. Sie müssen diese Dateien anschließend mittels Ihrer Kommunikationssoftware auf den lokalen Rechner herunterladen.

In Bild 10.1 stellen wir die Dateiübertragung bei direkter Internetnutzung und bei Online-Zugang über Terminalemulation gegenüber:

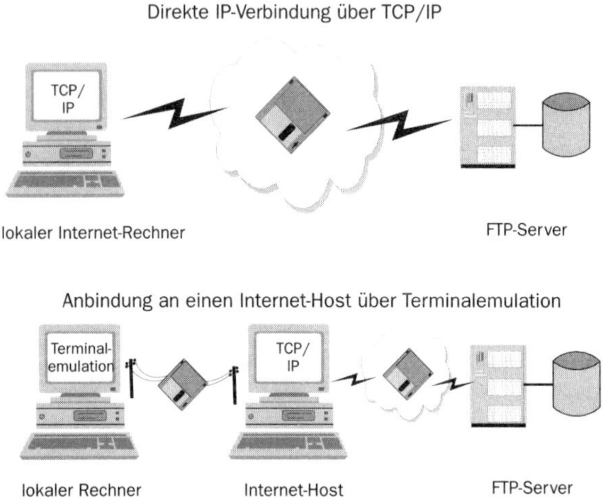

Bild 10.1: FTP bei Direktzugang und über Terminalemulation

Auf den folgenden Datenreisen übertragen wir Dateien über das Internet mit

- dem menügesteuerten FTP-Client WS_FTP und
- den Browsern Netscape Navigator und Microsoft Internet Explorer.

Wenn Sie noch keinen FTP-Client auf dem PC haben, können Sie mit einem Web-Browser Testversionen sofort aus dem Internet herunterladen und ausprobieren:

FTP-Client	Download-Adresse
WS_FTP	http://www.ipswitch.com/pd_wsftp.html
CuteFTP	http://www.cuteftp.com/
Fetch for Macintosh	http://www.dartmouth.edu/pages/softdev/fetch.html
File Dog for Win95	http://www.edgepub.com/fd/
FTP Explorer	http://www.ftpx.com/

Tabelle 10.1: Laden Sie FTP-Clients auf Ihren PC

10.2 FTP-Server und Anonymous-FTP

Mit einem FTP-Client kann man Dateien mit Rechnern austauschen, auf denen sogenannte FTP-Server laufen. Diese Server steuern die Übertragung von Dateien. Auch Ihren Internet-Rechner können Sie als FTP-Server so einrichten, daß andere Benutzer auf (ausgewählte) Datenbestände zugreifen dürfen.

Zu unterscheiden sind FTP-Server, die

- nur eingetragenen Nutzern Zugang erlauben und
- öffentlichen Zugriff auf Software-Archive ermöglichen.

Weltweit bieten einige tausend FTP-Server Anonymous-FTP. »Anonymes FTPen« ermöglicht beliebigen, auch nicht lokal-registrierten Internet-Nutzern den Zugang zu öffentlichen Software-Archiven.

Wenn Sie einen persönlichen Benutzerzugang auf einem Internet-Host haben, dürfen Sie auch private Dateien auf einen Internet-Rechner überspielen oder von dort auf den lokalen Rechner herunterladen. In diesem Fall müssen Sie sich zunächst auf dem FTP-Server durch eine Zugangsberechtigung ausweisen. Auf diese Weise schützen Sie sich davor, daß Unbefugte Zugang zu Ihrem privaten Datenbestand erhalten. Wenn Sie Daten dagegen internetweit allgemein verfügbar machen möchten, sollten Sie diese nicht auf Ihrem privaten Account, sondern auf einem Anonymous-FTP-Server ablegen.

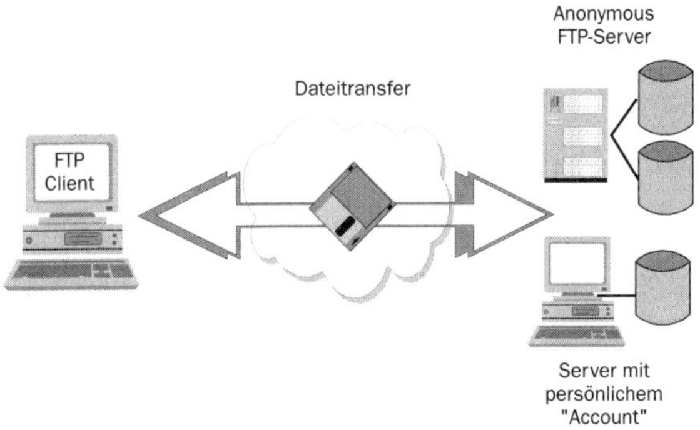

Bild 10.2: Dateitransfer über das Internet

10.3 Dateien zwischen Accounts übertragen

Auf der folgenden Datenreise übertragen wir Dateien von unserem PC in Göttingen auf einen persönlichen Benutzerzugang auf einem Rechner in Osnabrück.

Hierzu stellen wir mit dem menüorientierten WS_FTP-Client eine Verbindung zum Osnabrücker `scooter.forward.de` her (Bild 10.3) und setzen in das Anmelde-Dialogfenster unseren Benutzernamen und unser Paßwort ein.

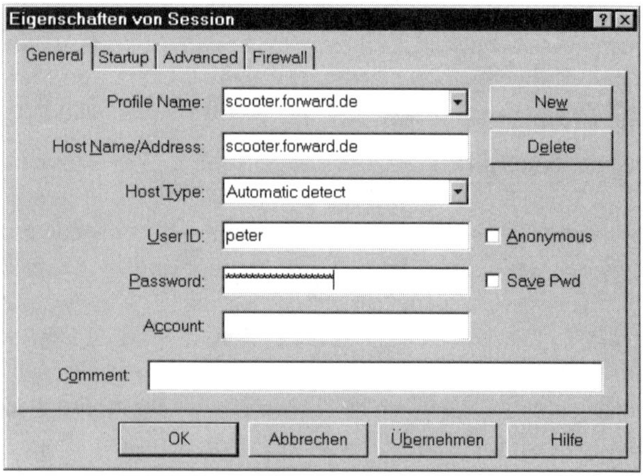

Bild 10.3: Aufbau der FTP-Verbindung

Nach dem erfolgreichem Einloggen befinden wir uns im »Heimatverzeichnis« des Benutzers Fritz. Das FTP-Programm zeigt die Verzeichnisinhalte auf der lokalen (Markierung: `Local system`) und auf der entfernten Maschine (Markierung: `Remote system`) direkt an. Lokale und entfernte Verzeichnisse lassen sich per Mausklick wechseln. In Bild 10.4 haben wir die Datei *PROORDER.WRI* zunächst markiert und anschließend per Mausklick auf den hervorgehobenen Kopier-Pfeil zum entfernten Rechner in Osnabrück übertragen – im unteren Bereich der Anzeigefläche von WS_FTP sehen Sie die Bestätigung, daß die Übertragung erfolgreich war (engl. Transfer succeded).

Möchten Sie Dateien in die andere Richtung bewegen, das heißt von dem entfernten Rechner auf Ihren eigenen PC herunterladen, nutzen Sie einfach den Kopier-Pfeil, der auf Ihren lokalen Datenbestand zeigt.

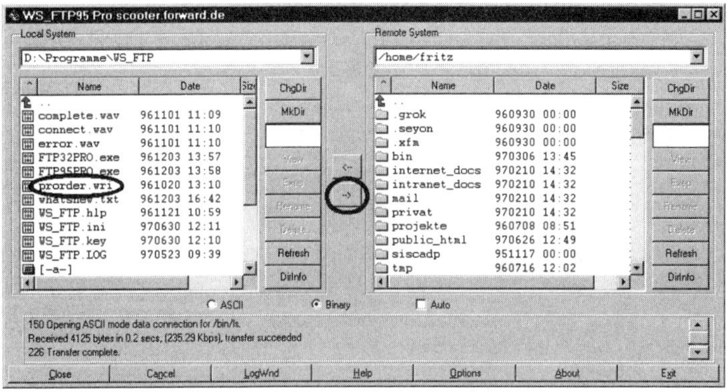

Bild 10.4: Kopieren einer Datei auf den Zielrechner

Mit dieser sehr komfortablen FTP-Oberfläche lassen sich Dateien leicht von Servern herunterladen, aneinanderhängen, umbenennen, löschen und einsehen.

10.4 Programme von Anonymous-FTP-Servern herunterholen

In diesem Abschnitt erfahren Sie, wie Sie an die riesigen Software-Schätze aus dem Internet herankommen. Öffentlich zugängliche Software finden Sie auf vielen hunderten Anonymous-FTP-Servern. Diese Server halten jede Menge nützliche Anwendungen, Dienstprogramme, Informationen, Daten und sogar ganze Betriebssystempakete (z.B. Linux) bereit.

Wir arbeiten auf der folgenden Datenreise mit dem Anonymous-FTP-Archiv von UUnet in Dortmund. Um vom Server Daten zu »saugen«, nutzen wir wieder das WS_FTP-Programm. Als erstes stellen wir eine Verbindung zum Anonymous-FTP-Server her. Hierzu übergeben wir dem FTP-Programm im Anmeldedialog die Internet-Adresse `ftp.germany.eu.net` des Rechners. Da wir keinen persönlichen Account haben und Zugang zum öffentlichen Software-Archiv erhalten möchten, melden wir uns mit der Kennung `ftp` (oder auch: `anonymous`) an (Bild 10.5). Als Paßwort möchte der FTP-Server unsere eMail-Adresse wissen.

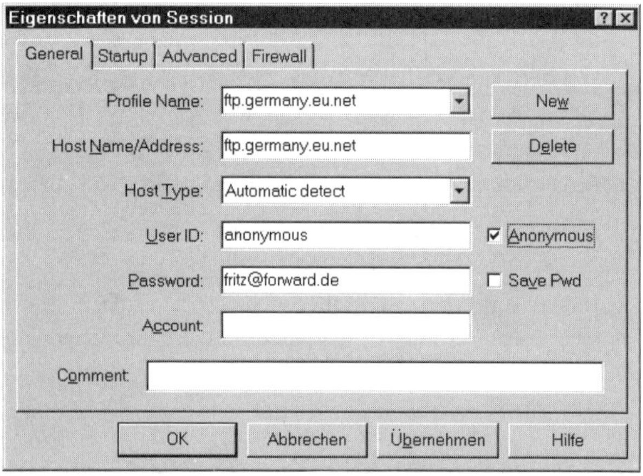

Bild 10.5: Anonymer Zugang zum Software-Archiv

Der entfernte Rechner begrüßt uns (Bild 10.6) und zeigt uns sein Stammverzeichnis an. Sie erkennen dies am »/«-Zeichen unterhalb der Markierung `Remote System`. Bewegen Sie sich durch die Verzeichnisebenen, erkennen Sie an dieser Stelle immer Ihre aktuelle Position im Datenbestand des Servers.

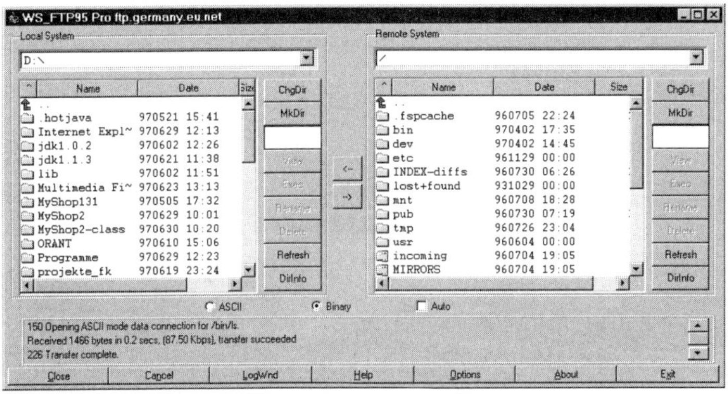

Bild 10.6: Begrüßung im EUnet Software-Archiv

Einige FTP-Server nutzen die eMail-Adressen zu statistischen Zwekken. Bei mißbräuchlicher Nutzung des FTP-Servers, z.B. beim Verteilen Copyright-geschützter Software, kann diese Angabe u.U. auch zum Zurückverfolgen des »Übeltäters« dienen. Nicht alle FTP-Server prüfen, ob Ihre eMail-Adresse stimmt, jedoch vergleichen zahlreiche Server zumindest Ihre tatsächliche Rechneradresse mit Ihrer Eingabe.

10.4.1 Wenn's mal wieder zu voll ist ...

Öffentliche Software-Archive werden als freiwillige und uneigennützige Leistung betrieben. Um die zahlenden Systemnutzer durch Anonymous-FTP-Dienste weniger zu belasten,

- schränken viele Server den Anonymous-Zugang auf bestimmte Tages- und Nachtzeiten ein, in denen die Übertragungskapazität weniger stark ausgelastet ist und
- erlauben nur wenigen Nutzern einen gleichzeitigen Zugang.

Wenn Sie versuchen, auf einen FTP-Server zu gelangen, der bereits »voll« oder »geschlossen« ist, erhalten Sie eine Fehlermeldung.

10.4.2 Überblick über die Software-Schätze

Wurden Sie in das Software-Archiv hineingelassen, sollten Sie zunächst nachsehen, welche Softwareschätze dort zur Verfügung stehen.

Hilfreich sind bei der Orientierung im Angebot Dateien mit den Namen

- *README*,
- *LIESMICH*,
- *00INDEX* oder *INDEX* sowie
- *LS-LR*.

In den *README*- und *LIESMICH*-Dateien finden Sie nützliche, allgemeine Angaben zum Server und zu den Nutzungsbedingungen. Dateien mit den Namen *00INDEX*, *INDEX* und *LS-LR* sind Listen mit den verfügbaren Dateien und Software-Paketen. Die Datei *LS-LR* enthält eine Komplettübersicht über den Verzeichnisbaum des FTP-Servers: Sie hat den gleichen Namen wie das UNIX- und FTP-Kommando, das die Inhalte eines Verzeichnisses mit allen Unterverzeichnissen anzeigt.

Die Software ist auf FTP-Servern immer in eine klare Verzeichnisstruktur eingeordnet. Meist findet man alle öffentlichen Dateien unterhalb des Verzeichnisses *PUB*. Unterhalb dieses Verzeichnisses verzweigen Äste für die unterschiedlichen Betriebssysteme oder für die verschiedenen Anwendungsgebiete. Leider sind die Verzeichnisnamen nur selten selbsterklärend und nicht genormt.

10.4.3 Die Suche geht los!

Auf der folgenden Datenreise sehen wir uns auf dem FTP-Server von UUnet nach Client-Software zu Internet-Diensten für unseren Windows-PC um. Mit diesen Client-Programmen können Sie die vielfältigen Dienste zur Informationsbeschaffung, wie z.B. WWW, nutzen.

Auf dieser Datenreise arbeiten wir mit dem zeichenorientierten FTP-Kommando, das zum Leistungsumfang von Windows gehört. Sie finden zeichenorientierte FTP-Clients aber auch in zahlreichen Internet-Softwarepaketen.

Die Kommandos von FTP-Servern kennen Sie aus der DOS- oder UNIX-Welt:

- mit `cd` wechseln Sie zwischen Verzeichnissen,
- `pwd` zeigt Ihnen das aktuelle Arbeitsverzeichnis und
- zum Anzeigen von Verzeichnisinhalten finden sowohl DOS- wie auch UNIX-Benutzer die vertrauten Kommandos:

  `dir [verzeichnisname]`

  `ls [verzeichnisname]`

Die beiden Kommandos liefern je nach Zusatzoptionen unterschiedlich ausführliche Verzeichnisinformationen. Wir nutzen häufig das Kommando `ls` mit der Option `-C`. Mit dieser Zusatzoption werden die Dateien im Verzeichnis spaltenweise und ohne weitere Informationen (wie z.B. Größe) angezeigt. In Anhang finden Sie eine Übersicht über die wichtigen FTP-Kommandos und ihre Zusatzoptionen.

In Bild 10.7 wechseln wir zunächst in das öffentliche Verzeichnis *PUB*, listen dort mit dem Kommando `ls -C` spaltenweise die Verzeichnisinhalte auf und verzweigen weiter in das Unterverzeichnis *INFOSYSTEMS*. Hier liegt üblicherweise Software, mit der man Zugang zu Informationssystemen im Internet bekommt. An die Stelle von `ls -C` können Sie auch das unter DOS bekannte Kommando `dir` einsetzen. Jedoch sind die Informationen, die `dir` liefert, viel ausführlicher und damit nicht so schnell zu überblicken.

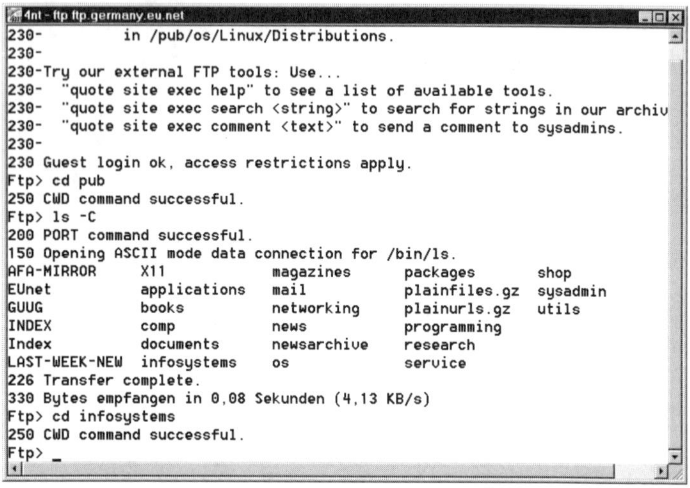


```
230-        in /pub/os/Linux/Distributions.
230-
230-Try our external FTP tools: Use...
230-  "quote site exec help" to see a list of available tools.
230-  "quote site exec search <string>" to search for strings in our archiv
230-  "quote site exec comment <text>" to send a comment to sysadmins.
230-
230 Guest login ok, access restrictions apply.
Ftp> cd pub
250 CWD command successful.
Ftp> ls -C
200 PORT command successful.
150 Opening ASCII mode data connection for /bin/ls.
AFA-MIRROR     X11            magazines      packages       shop
EUnet          applications   mail           plainfiles.gz  sysadmin
GUUG           books          networking     plainurls.gz   utils
INDEX          comp           news           programming
Index          documents      newsarchive    research
LAST-WEEK-NEW  infosystems    os             service
226 Transfer complete.
330 Bytes empfangen in 0,08 Sekunden (4,13 KB/s)
Ftp> cd infosystems
250 CWD command successful.
Ftp> _
```

Bild 10.7: Bewegen im Verzeichnisbaum des FTP-Servers

10.4.4 Anzeigen von Informationsdateien

In vielen Verzeichnissen finden wir eine Übersichtsdatei mit dem Namen *INDEX*. Sie können sich

- diese Datei sofort am Bildschirm anzeigen lassen. Dabei werden große Dateien über den Bildschirmrand hinausgehen.
- Informationsdateien auf Ihren Rechner übertragen und dann später mit einem Editor lesen.
- mit FTP-Programmen wie WS_FTP die Übersichtsdateien direkt in einen Texteditor übertragen.

Wir sichten die Übersichtsdatei erst mal direkt am Bildschirm. Hierzu geben wir das Kommando `get Index -`ein (Bild 10.8). Lassen Sie das Minuszeichen weg, dann wird die Datei nicht auf den Bildschirm, sondern auf die Festplatte Ihres lokalen Rechners übertragen. Das unmittelbare Anzeigen von entfernten Dateien unterstützen nicht alle FTP-Clients und Betriebssysteme.

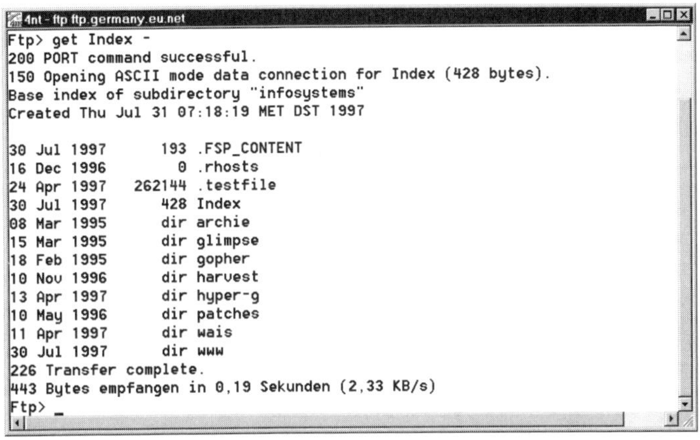

```
4nt - ftp ftp.germany.eu.net
Ftp> get Index -
200 PORT command successful.
150 Opening ASCII mode data connection for Index (428 bytes).
Base index of subdirectory "infosystems"
Created Thu Jul 31 07:18:19 MET DST 1997

30 Jul 1997        193 .FSP_CONTENT
16 Dec 1996          0 .rhosts
24 Apr 1997     262144 .testfile
30 Jul 1997        428 Index
08 Mar 1995        dir archie
15 Mar 1995        dir glimpse
18 Feb 1995        dir gopher
10 Nov 1996        dir harvest
13 Apr 1997        dir hyper-g
10 May 1996        dir patches
11 Apr 1997        dir wais
30 Jul 1997        dir www
226 Transfer complete.
443 Bytes empfangen in 0,19 Sekunden (2,33 KB/s)
Ftp> _
```

Bild 10.8: Anzeigen einer Datei auf dem Bildschirm

Diese Index-Datei zeigt Ihnen die Verzeichnis- und Dateinamen, die Sie in diesem Verzeichnisast antreffen. Mit dieser und weiteren Übersichten finden Sie den Weg durch den Verzeichnisbaum bis zu den gesuchten Programmen. Wir möchten den WWW-Client Mosaic für Windows vom Server laden und gehen deshalb tiefer in die Verzeichnisstruktur bis wir im Verzeichnis

/PUB/INFOSYSTEMS/WWW/NCSA/WEB/MOSAIC/WINDOWS/V3.0

fündig werden. Aus diesem Verzeichnis übertragen wird den WWW-Client auf unseren lokalen Rechner.

10.4.5 ABC... oder 1001001110

Bevor wir die Datei herunterladen können, müssen wir uns aber überlegen, ob wir eine (ASCII-)Text- oder eine Binärdatei übertragen werden. Bei Binärdateien muß man zuvor unbedingt auf den Binär-Übertragungsmodus umschalten.

Leider ist für FTP bei weitem nicht alles, was aus Buchstaben besteht, eine Textdatei. Wenn der Text z.B. formatiert ist, Umlaute und Sonderzeichen enthält oder im Word-Format vorliegt, müssen Sie die »Textdatei« als Binärdatei herunterladen.

Auch wenn Sie, wie in Bild 10.9 gezeigt, eine komprimierte oder ausführbare Datei übertragen möchten, schalten Sie mit dem Kommando `bin` auf die Binärübertragung um.

10.4.6 Datei herunterladen

Anschließend können wir mit `get mos30.exe` die gewünschte Datei aus dem aktuellen Verzeichnis auf unseren Rechner »saugen«.

```
4nt - ftp ftp.germany.eu.net
Ftp> ls -l
200 PORT command successful.
150 Opening ASCII mode data connection for /bin/ls.
total 2938
-rw-r--r--   1 X11adm   X11adm       175 Feb 27 16:31 README
drwxr-xr-x   2 X11adm   X11adm       512 May 21 03:02 disks
-rw-r--r--   1 X11adm   X11adm   3006241 Feb 27 16:11 mos30.exe
226 Transfer complete.
203 Bytes empfangen in 0,04 Sekunden (5,08 KB/s)
Ftp> pwd
257 "/pub/infosystems/www/ncsa/Web/Mosaic/Windows/v3.0" is current director
Ftp> bin
200 Type set to I.
Ftp> get mos30.exe
200 PORT command successful.
150 Opening BINARY mode data connection for mos30.exe (3006241 bytes).
```

Bild 10.9: Übertragen einer Datei auf den lokalen Rechner

10.4.7 Dateigruppen übertragen

Mit FTP können Sie sowohl

- einzelne Dateien als auch
- Dateigruppen übertragen.

Möchten Sie mehrere Dateien gleichzeitig bewegen, benutzen Sie das Kommando `mget`. Mit diesem Kommando können Sie mit einem Schwung alle Dateien »saugen«, die zum benötigten Software-Paket aus Bild 10.9 gehören. Da dieses Paket aus mehreren Dateien besteht, benutzen wir nun das Jokerzeichen »*«. Mit dem Kommando `mget *` erhalten Sie in einem Rutsch alle Dateien aus dem aktuellen Verzeichnis. Sie werden bei jeder Datei gefragt, ob Sie sie auch wirklich übertragen möchten. Dies kann man bei Bedarf mit dem Kommando `prompt` abschalten. Weitere FTP-Befehle haben wir im Anhang D, »FTP-Kommandos«, zusammengestellt.

Tip zum Sichten umfangreicher Verzeichnisse: Wenn Sie sich die Inhalte umfangreicher Verzeichnisse mit einem zeichenorientierten FTP-Programm anzeigen lassen, dann »rauschen« die Ausgaben schneller als Sie lesen können über Ihren Bildschirm. Wir empfehlen Ihnen, menüorientierte FTP-Clients zu benutzen, mit denen Sie per Maus die Verzeichnisinhalte »durchscrollen« können. Sollten Sie jedoch ausschließlich die zeichenorientierte Variante nutzen, stoppen Sie mit der Tastenkombination [Strg]+[S] die laufende Ausgabe. Drücken Sie [Strg]+[Q], läuft das Verzeichnislisting weiter.
Besser können Sie lange Verzeichnisse sichten, wenn Sie die Übersichtsdateien auf Ihren Rechner kopieren und anschließend mit einem Editor lesen.

10.5 Aufspielen von Dateien auf FTP-Server

Dateien können Sie nicht nur von Anonymous-FTP-Servern abholen, sondern auch aufspielen. Im Fachjargon nennt man dies »Upload« (dt.: Aufspielen).

Um Dateien vom lokalen Rechner zum Zielrechner zu kopieren, benutzen Sie auf zeichenorientierten FTP-Clients die Kommandos

- `put`, um einzelne Dateien, und
- `mput`, um ganze Dateigruppen zu bewegen.

Beim Arbeiten mit FTP werden Sie feststellen, daß Sie nicht in jedem Verzeichnis von FTP-Servern Dateien anlegen dürfen. In Bild 10.10 versuchen wir, die Datei *TOUR.DOC* in ein Verzeichnis zu kopieren, in dem wir kein Schreibrecht besitzen:

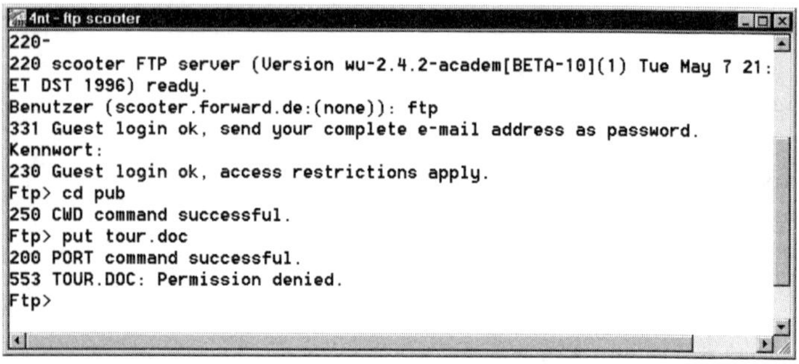

Bild 10.10: Keine Schreibrechte im Zielverzeichnis

Ihre Uploads werden Sie nur in ausgewählten Verzeichnissen los. Diese Verzeichnisse heißen standardmäßig *INCOMING*, *IMPORT* oder *UPLOADS*. Hier richten Sie mit `mkdir` ein Unterverzeichnis für Ihre Dateien ein. Anschließend legen Sie Ihre Dateien mit `put` oder `mput` auf dem FTP-Server ab.

Zusätzlich zu Ihren Programmen oder Dateien sollten Sie in einer Info-Datei stets

- Art und Inhalt der Dateien,
- Hard- und Softwarevoraussetzungen und
- Größe der Dateien in KBytes nennen.

Anschließend können Sie die Verwalter des Softwarearchivs per eMail über Ihren Upload informieren.

Die Verwalter des FTP-Servers werden Ihre Dateien prüfen und, falls sie »funktionsfähig«, virenfrei und rechtlich unbedenklich sind, in die entsprechenden Verzeichnisse schieben, wo sie dann der Internet-Gemeinde frei zugänglich sind.

Bevor Sie Dateien auf einen FTP-Server aufspielen, sollten Sie sich zunächst in dort verfügbaren Info-Dateien informieren,

- für welche Betriebssysteme und Aufgabengebiete Software angenommen wird,
- welche Regeln für Dateinamen auf dem Server gelten und

- in welchem Format z.B. komprimierte Dateien oder Grafiken abzulegen sind.

Tip zum Übertragen kompletter Verzeichnisse: Mit den Kommandos `mget` und `mput` können Sie zwar mehrere Dateien gleichzeitig übertragen, Sie können aber keine Verzeichnisse oder sogar Verzeichnisäste in einem Schritt bewegen.
Wenn Sie ein oder mehrere Verzeichnisse auf einen FTP-Server legen möchten, sollten Sie zunächst auf Ihrem lokalen Rechner eine einzelne Archivdatei erzeugen, in der alle Dateien und Verzeichnisse zusammengefaßt sind. Diese Archivdatei (mit Verzeichnisstrukturen) laden Sie anschließend auf den FTP-Server. Im Anhang geben wir Ihnen eine Übersicht über die Archiv- und Komprimierungsprogramme, die diese Aufgabe erfüllen.

10.6 Beenden der FTP-Verbindung

Nachdem Sie alle gesuchten Dateien »gesaugt« oder alle Dateien aufgespielt haben, können Sie die FTP-Verbindung abbrechen.

Sie beenden eine laufende Verbindung mit einem der folgenden Kommandos

- `bye`,
- `quit` oder
- `close`

oder mit einem entsprechenden Menübefehl bei menügesteuerten FTP-Clients.

Eine FTP-Verbindung wird automatisch unterbrochen, wenn Sie innerhalb eines bestimmten Zeitraums (z.B. 900 Sekunden) nichts eingegeben haben und auch keine Dateien übertragen werden.

10.7 ASCII- und Binärmodus

In der Computerwelt begegnen Sie zahlreichen Dateiformaten. Glücklicherweise müssen Sie beim Übertragen von Dateien mittels FTP nur entscheiden, ob es sich um Binär- oder ASCII-Dateien handelt.

Sollten Sie aus Versehen einmal Binärdateien im ASCII-Modus übertragen, werden diese Dateien unbrauchbar auf Ihrem lokalen Rechner ankommen. Im Binärmodus übertragen Sie auch Grafik-, Sound-, komprimierte Dateien und formatierte Texte.

Sie wechseln den Übertragungsmodus mit den Kommandos

- `bin` und
- `ascii`

oder setzen mit einem menüorientierten FTP-Client den entsprechenden Schalter.

10.8 FTP mit dem WWW-Browser

Neben »Spezialisten« wie FTP-Clients können Sie auch mit WWW-Browsern auch Dateien über FTP saugen. Im Unterschied zu zeichenorientierten FTP-Clients bieten Ihnen die WWW-Browser – ähnlich wie menüorientierte FTP-Clients – eine komfortable Oberfläche. In Bild 10.11 sehen Sie die Startseite des FTP-Servers der Universität Stuttgart im Netscape Navigator.

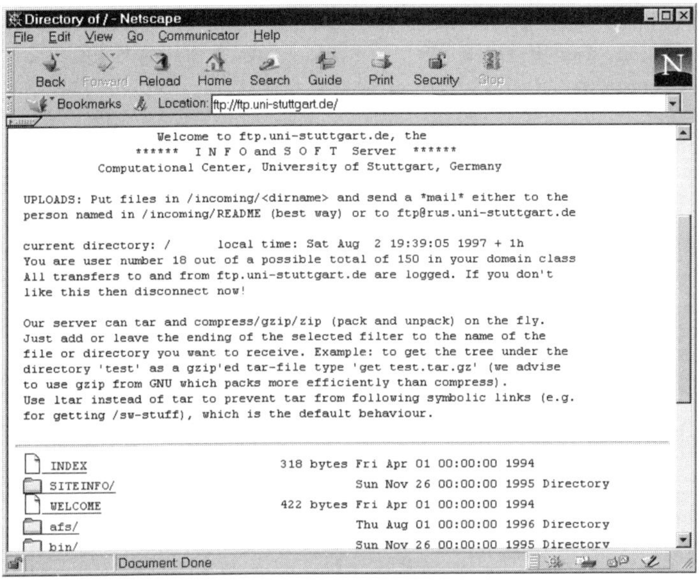

Bild 10.11: FTP-Dienste über WWW-Software

Um von FTP-Servern mit dem Browser Daten zu »saugen«, tippen Sie die Adresse des FTP-Servers in die `Location/Adreß`-Zeile ein. Vor die Internet-Adresse schreiben Sie die Protokollkennzeichnung `ftp://`, wie in Bild 10.11. Auf diese Weise teilen Sie dem Browser mit, daß das FTP-Protokoll zur Kommunikation mit diesem Server genutzt werden soll – und nicht das standardmäßig benutzte HTTP (Hypertext Transfer Protocol).

Ähnlich wie bei menüorientierten FTP-Clients können Sie umfangreiche Verzeichnisse Schritt für Schritt sichten. An den kleinen Symbolen vor jeder Datei erkennen Sie zudem leicht den Dateityp. Per Mausklick auf Verzeichnisnamen bewegen Sie sich mit dem Browser in den Verzeichnisstrukturen. Um eine Datei auf Ihren lokalen Inter-net-Rechner zu übertragen, klicken Sie auf den entsprechenden Dateinamen – hierbei wird selbständig zwischen ASCII- und Binärmodus umgeschaltet. ASCII-Dateien zeigt der Browser sogar automatisch an.

Mit dem Netscape Navigator können Sie nicht nur Dateien herunterladen, sondern über den Menübefehl FILE • UPLOAD FILE auch auf entfernte Server aufspielen.

10.9 FTP via eMail

Nicht alle Internet-Nutzer haben Online-Zugang zum Netz. Viele können nur über eMail und NetNews das Angebot im Internet nutzen. Aber auch Benutzer, die keinen direkten Online-Zugang zu FTP-Servern haben und nur eMail senden und empfangen, können mit ein wenig Mühe an die Softwareschätze des Internets herankommen

Das Stichwort heißt: »FTP per eMail«! Sie senden bestimmten Mail-Servern eine eMail, die FTP-Kommandos enthält, welche Sie sonst online eingeben müßten. Als Antwort erhalten Sie die gewünschte Datei per eMail zurück. Für die vielen Benutzer, die nur einen eMail-Zugang zum Internet haben, ist dies der einzige Weg, um am FTP-Dienst teilzuhaben!

Jede Textzeile der eMail-Anfrage verarbeitet der FTP-Mail-Server wie das entsprechende FTP-Kommando, so daß Sie – wie für zeichenorientierte FTP-Clients beschrieben – mit `cd`-, `binary`- und `get`-Kommandos arbeiten können. Sie müssen aber schon genau wissen, welche Dateien wo liegen, damit Sie genaue Anfragen stellen können. Ein interaktives »Herumstöbern« gibt es bei FTP via eMail nicht.

Wenn Sie noch nicht wissen, wo die benötigten Dateien zu finden sind, können Sie

- mit der Suchhilfe »Archie« (auch über eMail zu erreichen) Dateinamen auf FTP-Servern auffinden oder
- Gesamtübersichten von FTP-Servern anfordern, die Sie dann »per Hand« auswerten.

Wenn Sie auf diese Weise Dateien ausgewählt haben, können Sie sie über eMail anfordern. Je nachdem, wie schnell und häufig Ihre »Ausgangspost« abgeholt und Ihre »Eingangspost« zugestellt wird, kann die Übertragung von Dateien per eMail einige Minuten oder aber mehrere Tage dauern.

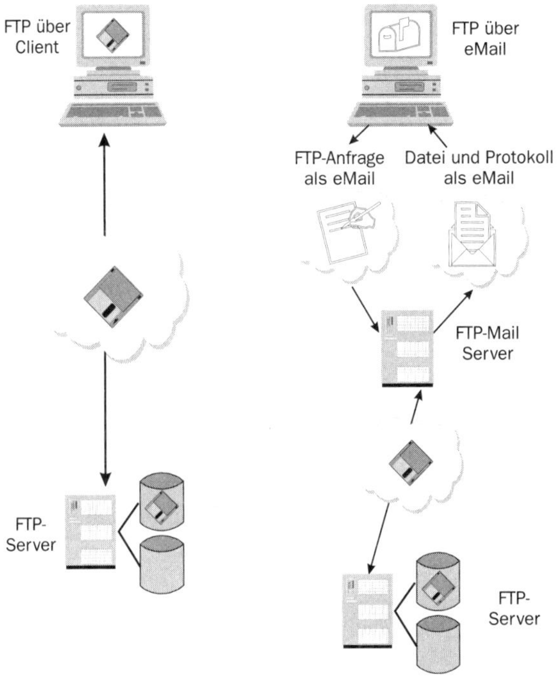

Bild 10.12: So funktioniert FTP per eMail

Auf der folgenden Datenreise nehmen wir Kontakt zum Informationsserver des Internet-Providers XLINK auf und bitten diesen zunächst um Informationsdateien zum Thema FTP via eMail. Hierzu schreiben wir eine eMail, wie in Bild 10.13, an `infoadm@xlink.net`. In dieser eMail sind die FTP-Kommandos durch die Schlüsselwörter `Begin` und `End` eingerahmt. Dazwischen schreiben wir FTP-Mail-Kommandos, die uns die Informationsdateien *HELP* und *POPS* zusenden. Die `Subject`-Zeile dieser eMail kann leer bleiben.

Das Ergebnis unserer Anfrage erhalten wir per eMail. Neben den Dateien `help` (Bild 10.14) und `pops` liefert der Mail-FTP-Server ein Bearbeitungs-Protokoll zu unserer Anfrage. Anhand dieses Protokolls erkennen Sie, ob alle Anfragen (»Commands«) erfolgreich bearbeitet werden konnten.

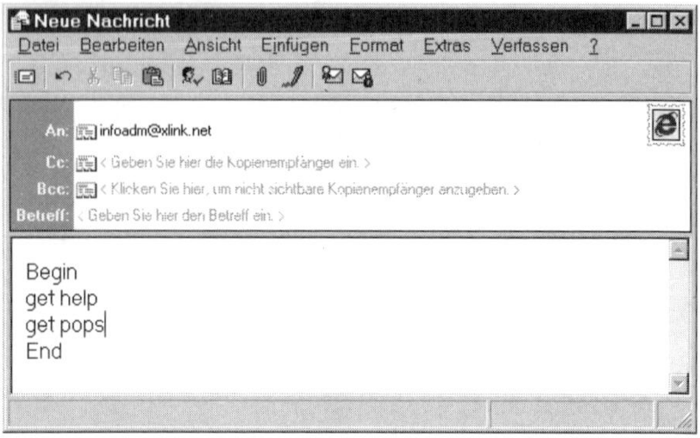

Bild 10.13: Dateiabruf von FTP-Servern über eMail

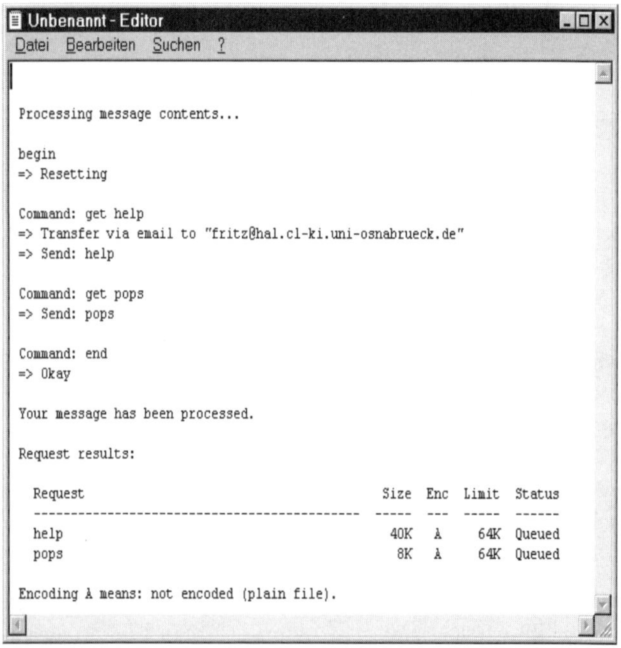

Bild 10.14: Protokoll zur Kommandobearbeitung

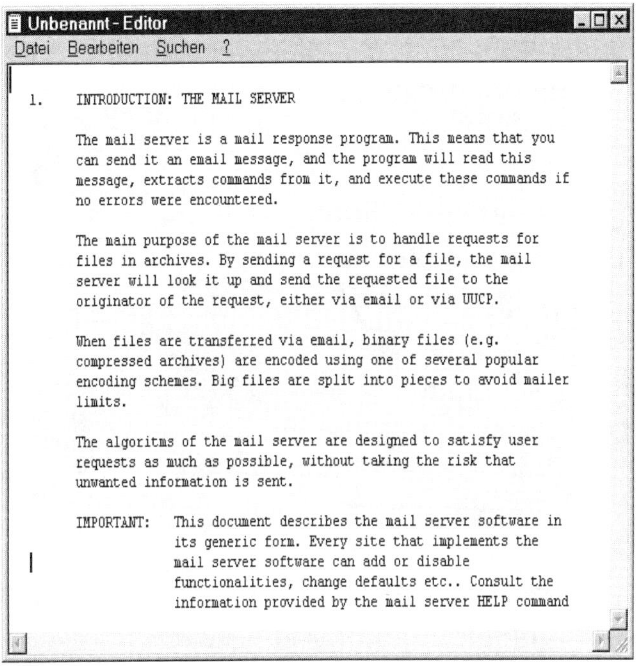

Unbenannt - Editor
Datei Bearbeiten Suchen ?

```
1.      INTRODUCTION: THE MAIL SERVER

        The mail server is a mail response program. This means that you
        can send it an email message, and the program will read this
        message, extracts commands from it, and execute these commands if
        no errors were encountered.

        The main purpose of the mail server is to handle requests for
        files in archives. By sending a request for a file, the mail
        server will look it up and send the requested file to the
        originator of the request, either via email or via UUCP.

        When files are transferred via email, binary files (e.g.
        compressed archives) are encoded using one of several popular
        encoding schemes. Big files are split into pieces to avoid mailer
        limits.

        The algoritms of the mail server are designed to satisfy user
        requests as much as possible, without taking the risk that
        unwanted information is sent.

        IMPORTANT:  This document describes the mail server software in
                    its generic form. Every site that implements the
                    mail server software can add or disable
                    functionalities, change defaults etc.. Consult the
                    information provided by the mail server HELP command
```

Bild 10.15: Ein Blick in eine angeforderte Datei

Bei der Verbreitung von Software über eMail treten einige Unterschiede im Vergleich zum Online-FTP auf:

- Bedingt durch das Protokoll zur Postübertragung müssen große Dateien vor dem Transport in kleinere Teilstücke von höchstens 64 KByte Größe zerlegt werden. Diese Häppchen müssen anschließend wieder zu einem ganzen Stück zusammengebaut werden.
- Eine weitere Schwierigkeit machen Binärdateien. Wie in Kapitel 2 gesagt, können über eMail nur 7-Bit-ASCII-Zeichen problemlos übertragen werden. Binärdateien bestehen auch aus Zeichen außerhalb dieses Bereichs. Aus diesem Grund können Binärdateien, wie z.B. komprimierte Archivdateien und Grafikdateien, nicht direkt transportiert werden, sondern müssen in ein Format umgewandelt werden, das nur noch 7-Bit-ASCII-Daten enthält.

- In Kapitel 7 haben wir Ihnen gezeigt, wie Sie mit Programmen wie *UUENCODE* oder *BTOA* diese Dateien konvertieren. Meist nutzen Mail-FTP-Server das Programm *UUENCODE*. Falls Binärdateien vom FTP-Mail-Server verschlüsselt werden mußten, wird Ihnen dieses in der Protokolldatei angezeigt. Die verschlüsselten eMails müssen Sie dann per *UUDECODE* wieder entschlüsseln, bevor Sie sie weiterverarbeiten können.

Mail-FTP-Server unterscheiden sich darin, ob Sie

- nur aus dem »lokal« verfügbaren Software-Angebot auswählen dürfen oder
- von beliebigen FTP-Servern Dateien anfordern können.

FTP-Mail-Server wie z.B. `ftpmail@decwrl.dec.com` können Sie mit dem `connect`-Kommando veranlassen, die gesuchten Dateien von anderen FTP-Servern zu besorgen.

10.10 Komprimierte Dateien und Archive

Die meisten Dateien auf FTP-Servern liegen archiviert und komprimiert vor. Durch die Archivierung können Sie viele einzelne Dateien zu einer einzigen Datei zusammenfassen. Mit einem Kompressionsprogramm können Dateien beträchtlich, Textdateien und Datenbanken oft sogar auf einen Bruchteil der ursprünglichen Größe, »gepackt« werden.

Die Vorteile dieses Verfahrens liegen klar auf der Hand: Der FTP-Server spart wertvollen Speicherplatz, und Sie sparen Zeit beim Herunterladen der Datei, weil weniger Daten übertragen werden müssen.

Nur beim Dekomprimieren oder »Auspacken« von Archiven und komprimierten Dateien wird es manchmal schwierig, denn leider gibt es »Packer« in Hülle und Fülle, und Sie müssen immer den richtigen »Entpacker« zur Hand haben. Zum Glück erkennt man an den Dateiendungen der gepackten Programme, welches Kompressionsprogramm benutzt wurde. Dateien mit der Endung *.ARJ* sind z.B. mit dem Programm *ARJ* komprimierte Dateiarchive. Mit dem gleichen Programm können Sie in diesem Fall das Archiv dekomprimieren und in die einzelne Dateien aufschlüsseln.

In Anhang G haben wir die häufigsten verwendeten »Packer« und »Entpacker« zusammengestellt. Auf den meisten FTP-Servern finden Sie die im Softwarearchiv eingesetzten Packprogramme – und zwar in unkomprimierter oder in sich (unter DOS) selbst auspackender Form. Sich selbst auspackende DOS-Archive erkennen Sie an der Dateiendung *.EXE*. Sie führen diese Archive wie ein Kommando aus, um an die eigentlichen Packprogramme zu kommen.

Tips zum »FTPen« komprimierter Dateien: Komprimierte Dateien und Archive müssen Sie im Binärmodus übertragen. Vergessen Sie das Umschalten, kommen die Dateien unbrauchbar auf Ihrem Rechner an.

Entpacken »On the Fly«

Einige FTP-Server bieten Ihnen einen besonderen Service: sie entpakken mit bestimmten Packern komprimierte Dateien während der Übertragung auf Ihren lokalen Rechner. Dadurch müssen zwar mehr Daten als in »gepackter« Form über das Internet gesendet werden, andererseits müssen Sie den passenden »Entpacker« nicht auf der lokalen Maschine verfügbar haben. Sie haben also weniger Arbeit auf Kosten einer längeren (und damit ggf. teureren) Übertragung. FTP-Server teilen Ihnen in der Begrüßungsmitteilung mit, ob sie diesen Service anbieten:

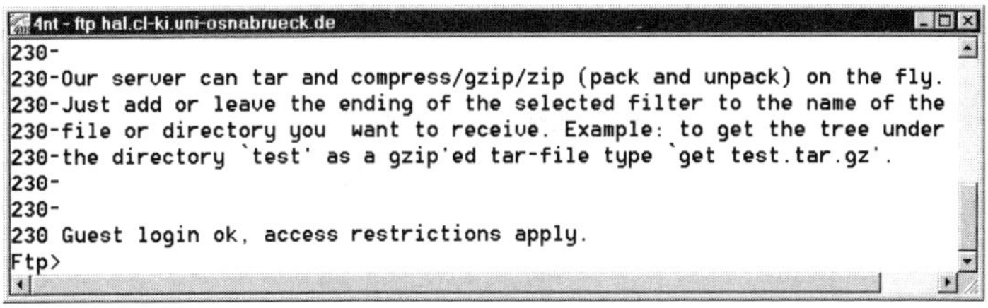

Bild 10.16: Entpacken während der Übertragung ist möglich

10.11 Vertippt!

Nicht immer machen FTP-Server das, was man von Ihnen erwartet. Häufig liegt das dann daran, daß man sich einfach vertippt hat. Auf den folgenden Bildern zeigen wir Ihnen, wie Server reagieren, wenn

- der Zielrechner nicht bekannt ist,
- Sie in Verzeichnisse wechseln möchten, die es (für Sie) nicht gibt,
- und wenn Sie Tippfehler in Kommandonamen einbauen.

Die Reaktionen sehen auf den verschiedenen FTP-Servern ähnlich aus.

Wenn Ihr FTP-Client aus übertragungstechnischen Gründen keine Verbindung zum genannten FTP-Server aufbauen kann, erhalten Sie eine Mitteilung wie im folgenden Beispiel:

```
> ftp fake.isdn.germany.eu.net
ftp: connect: connection timed out
```

Haben Sie schon mal versucht, in ein Verzeichnis zu wechseln, das es gar nicht gibt, oder eine Datei zu bewegen, die weder auf dem lokalen Rechner noch dem Zielrechner vorhanden ist? Typische Fehlermeldungen für diese Fälle sehen Sie hier:

```
ftp> cd imbort
550 imbort: No such file or directory
ftp> get iiiindex
550 iiiindex: No such file or directory
```

Computer mögen es auch nicht, wenn man unbekannte Kommandonamen wie `geeeet` erfindet:

```
>geeeet Index
?invalid command
```

10.12 Viren – Was Sie beim Software-Download beachten sollten

Die Vielfalt an Software und Dateien, die Sie aus dem Internet beziehen können, hat nicht nur positive, sondern auch negative Seiten. Bei weitem nicht alle öffentlichen Software-Archive sind so vertrauenswürdig, daß Sie jede x-beliebige Software herunterladen und einsetzen sollten. Dabei ist die Gefahr nicht auszuschließen, daß auf diesem Weg Viren oder heimtückische Trojanische Pferde den Weg auf Ihren Rechner finden.

Für Viren ist das Internet ein wahres Paradies: Vor der Zeit der weltweiten Vernetzung mußten sie sich per Diskette von einem Rechner zum nächsten tragen lassen. Mit dem Internet können sie sich hingegen sekundenschnell verteilen, und eine einzelne infizierte Datei kann zeitgleich an Dutzende, noch nicht infizierte Rechner verschickt werden. Als sicherheitsbewußter Anwender haben Sie mit aktueller Anti-Viren-Software jedoch gute Karten, diese Eindringlinge aufzuspüren, sobald sie sich bei Ihnen einnisten wollen.

Schwieriger als Viren sind vor allem die sogenannten Trojanischen Pferde zu entdecken, die unter dem Mantel eines scheinbar nützlichen Programms weitere Funktionen verstecken, die Ihr System manipulieren oder geheime Daten unbemerkt nach außen schleusen.

Aus diesen Gründen sollten Sie beim Software-Download stets wachsam sein und einige elementare Grundregeln beachten, mit denen Sie verhindern, daß Ihr Datenbestand in Gefahr gerät:

- Laden Sie Software, sofern möglich, immer direkt vom Server des Herstellers oder von einer der offiziellen Mirror-Sites, die das Original-Angebot unverändert übernehmen. So sinkt das Risiko, Programmpakete zu erhalten, die von Dritten ohne Wissen des Herstellers verändert oder in die Viren eingeschleust wurden.
- Beziehen Sie Software aus Archiven, sollten Sie stets den großen, renommierten Servern den Vorzug vor Anbietern geben, deren Namen Sie noch nie gehört haben.
- Bevor Sie eine aus dem Internet geladene Software starten oder ein per Internet verschicktes Dokument öffnen, prüfen Sie es zuvor mit einem aktuellen Virenscanner. So geben Sie Viren keine Chance, sich heimlich bei Ihnen einzunisten und anschließend Daten zu verändern oder zu löschen.

Diese Tips beschränken sich natürlich nicht nur auf Daten, die per FTP bei Ihnen eintreffen. Mindestens genau so wichtig ist der Virenscan bei WWW-Downloads oder eMail-Attachments, die Sie empfangen.

10.13 Online-Hilfe abrufen

Für Online-Hilfen zu FTP-Kommandos geben Sie `help` ein. Ihr zeichenorientierter Client liefert daraufhin eine Liste der verfügbaren Befehle. Mit dem Kommando `help <kommandoname>` erhalten Sie eine Kurzbeschreibung zum angegebenen Kommando (Bild 10.17).

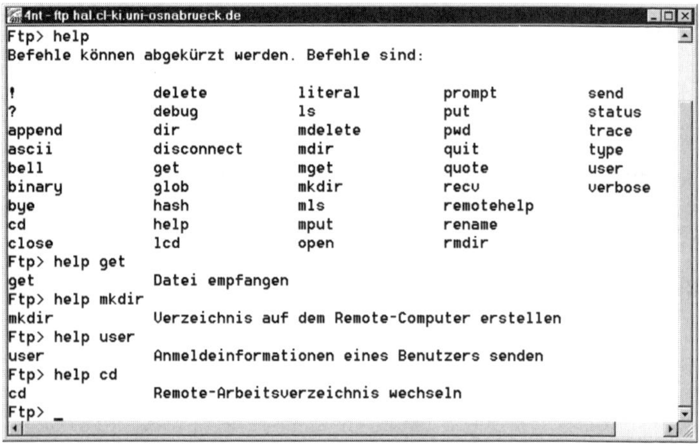

Bild 10.17: Übersicht zu FTP-Kommandos

In Anhang D finden Sie als Hilfestellung eine Übersicht zu den wichtigsten FTP-Kommandos.

10.14 FTP-Netiquette

Wenn man einen ersten Eindruck von den Softwareschätzen des Internets gewonnen hat, mag man oft gar nicht aufhören zu »FTPen«!

Zur Netiquette gehört jedoch, keinen unnützen Datenverkehr im Internet zu erzeugen. Manche deutschen Internet-Bücher nennen Ihnen nur Server auf der anderen Seite des Atlantik, Sie finden aber fast alle Programme und Daten auf FTP-Servern in Deutschland und Europa, denn viele hiesige FTP-Server »spiegeln« große Softwarearchive auf der ganzen Welt. Daher finden Sie hier auch immer Beispiele, bei denen wir Programme nicht aus Amerika »saugen«, sondern eine für uns nahegelegene Quelle wählen.

Es ist zwar genauso einfach, sich mit dem Softwarearchiv `wuarchive.wustl.edu` in den USA zu verbinden wie mit dem FTP-Server der Universität Paderborn. Arbeiten Sie im Internet beispielsweise über eine Universität, beanspruchen Sie die Netzressourcen aber weniger und sparen häufig auch Übertragungszeit, wenn Sie organisatorisch naheliegende Server anzapfen. Auch wenn Sie den Internet-Zugang nicht aus dem eigenen Geldbeutel bezahlen, weil z.B. Ihre Firma oder die Universität die Abrechnung übernehmen, sollte man die Datenautobahn nicht unnütz verstopfen. Die Solidargemeinschaft Internet funktioniert nur, wenn alle Teilnehmer die verfügbaren Mittel überlegt einsetzen.

Wenn möglich, sollten Sie FTP vor der regulären Arbeitszeit nutzen, da die Datenkanäle ab ca. 10 Uhr bis tief in die Nacht durch kommerzielle und private Nutzer vollgestopft sind. Bei dieser Zeitangabe müssen Sie natürlich auch die unterschiedlichen Zeitzonen berücksichtigen. Wenn Sie z.B. bereits vormittags mit einem Server in Kalifornien arbeiten, nutzen Sie aus, daß viele Kalifornier noch tief schlafen und das Netz dort noch kaum bevölkert ist.

10.15 Online-Informationen zu FTP

Zahlreiche FTP-Server halten Listen mit umfangreichen und aktuellen Informationen zu Anonymous-FTP-Servern bereit. Diese Listen liefern Ihnen die Adressen und Themengebiete vieler FTP-Server.

Übersichten zu FTP-Servern finden Sie unter folgenden Adressen:

`ftp.uni-stuttgart.de`	Datei: */PUB/DOC/FTPSITES.GZ*
`garbo.uwasa.fi`	Datei: */PC/DOC-NET/FTP-LIST.ZIP*

Aktuelle Informationen zu FTP-Servern werden in den folgenden Newsgruppen regelmäßig veröffentlicht:

- `alt.bbs.internet`
- `de.comm.internet`
- `de.admin.archiv`

Eine Anleitung zur Nutzung von FTP finden Sie unter

- `info2.rus.uni-stuttgart.de`
  Datei: */PUB/DOC/NETWORKS/INTERNET/HOW.TO.FTP*

- `ftp.sura.net`
  Datei: */PUB/NIC/NETWORK.SERVICE.GUIDES/HOW.TO.FTP.GUIDE*

10.16 Software suchen mit Archie

Damit Sie sich auf der Suche nach Daten auf dem »Information Highway« nicht verfahren, nutzen wir in diesem Kapitel eine Suchhilfe, mit der Sie gewünschte Dateien schnell aufstöbern.

Wenn Sie sich bereits auf einigen FTP-Servern umgesehen haben, haben Sie bestimmt bemerkt, daß das Internet eine unüberschaubare Menge an Daten und Programmen bereithält. Um nicht unsystematisch viele FTP-Server nach der Nadel im Heuhaufen absuchen zu müssen, gibt es Datenbanken, die eine Übersicht darüber haben, welche Dateien wo zu finden sind. Mit dem Internet-Dienst Archie können Sie erfolgreich in diesen Datenbanken nach Dateien suchen.

10.16.1 Archie-Clients

Ähnlich wie bei FTP kennen Archie-Clients zahlreiche Erscheinungsformen:

- Archie als menüorientierter Client,
- Archie als zeichenorientierter Client,
- Archie über World Wide Web (WWW)-Schnittstellen,
- eMail Anfragen an Archie-Server und
- direktes Arbeiten auf dem Archie-Server.

Am bequemsten arbeiten Sie mit einer Archie-Schnittstelle im WWW, denn hierzu benötigen Sie kein separates Programm und können ohne Software-Installation sofort loslegen.

Menüorientierte und zeichenorientierte Archie-Clients finden Sie für zahlreiche Betriebssysteme und Oberflächen, wie z.B. für Windows 95/NT, DOS, OS/2, VMS, X-Windows, UNIX oder für NeXT und Macintosh.

Arbeiten auf dem Archie-Server

Falls Ihnen kein Archie-Client zur Verfügung steht, können Sie auch »direkt« über telnet mit einem Archie-Server Kontakt aufnehmen:

- Den deutschen Archie-Server erreichen Sie über die Adresse `archie.th-darmstadt.de` und
- einen der österreichischen Server unter `archie.univie.ac.at`.

Eine weltweite Übersicht über Archie-Server finden Sie in Anhang I.

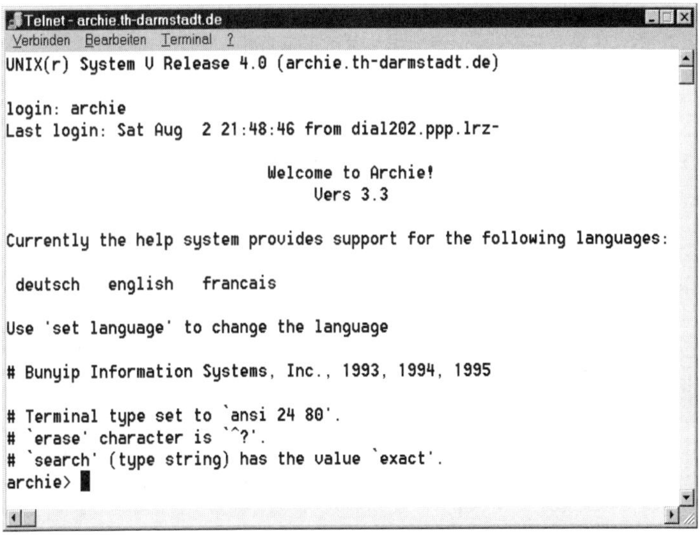

Bild 10.18: Verbindungsaufbau zum Archie-Server

Wenn Sie per telnet die Archie-Datenbank der TH Darmstadt abfragen möchten, stellen Sie mit dem Kommando `telnet archie.th-darmstadt.de` die Verbindung her. Anschließend tragen Sie die Benutzerkennung `archie` in die `login`-Zeile ein. Der Server begrüßt Sie wie in Bild 10.18. Sie erhalten u.a. Copyrightmeldungen des Archie-Entwicklers »Bunyip Information Systems« und die Information, daß Sie sich bei Problemen per eMail an `archie-admin@archie.th-darmstadt.de` wenden können.

Tips zur Auswahl des richtigen Archie-Zugangs: Wenn Sie einen direkten Online-Zugang zum Internet haben, installieren Sie am besten einen menüorientierten Archie-Client auf Ihrem Rechner. Die Vorteile sind:

- Sie können die Suchergebnisse besser sichten. Bei umfangreichen Trefferlisten »rauschen« mit telnet-Verbindungen die Ergebnisse oft zu schnell über den Bildschirm.
- Treffer können Sie mit den im Archie-Client eingebauten FTP-Funktionen oder über automatisch aufgerufene FTP-Programme direkt auf Ihren Rechner überspielen, ohne noch extra einen FTP-Client bedienen zu müssen.

10.16.2 Archie auf der Suche

Wir werden nun mit Archie ganz systematisch nach »nützlicher« Software suchen.

In diesem Abschnitt nutzen wir zunächst einen menüorientierten Archie-Client unter Windows, um ein Biorhythmus-Programm im Internet zu finden. Zunächst trägt man ein Suchmuster, das auf die gesuchten Datei- oder Verzeichnisnamen paßt, in der SEARCH FOR-Zeile des Clients ein. Anschließend starten wir per Mausklick auf den SEARCH- oder QUERY-Knopf die Suche. In Bild 10.19 sehen Sie unsere Suche nach dem Muster `biorythm` und die dazu ermittelten FTP-Server und Dateien.

Im unteren Fensterbereich erhalten Sie zur aktuell ausgewählten Datei eine Vielzahl von Details, wie z.B. Größe und Datum der Archivierung.

Wenn Sie aus der Ergebnisliste eine geeignete Datei zum Transfer auf Ihren Rechner ausgewählt haben, markieren Sie die Datei mit der Maus und wählen anschließend, wie in Bild 10.20 gezeigt, die Menüpunkte FILE • RETRIEVE oder klicken auf den ausgewählten Dateinamen. Die Datei wird nun über einen externen FTP-Client vom FTP-Server, auf dem sie gefunden wurde, auf Ihren lokalen Rechner kopiert.

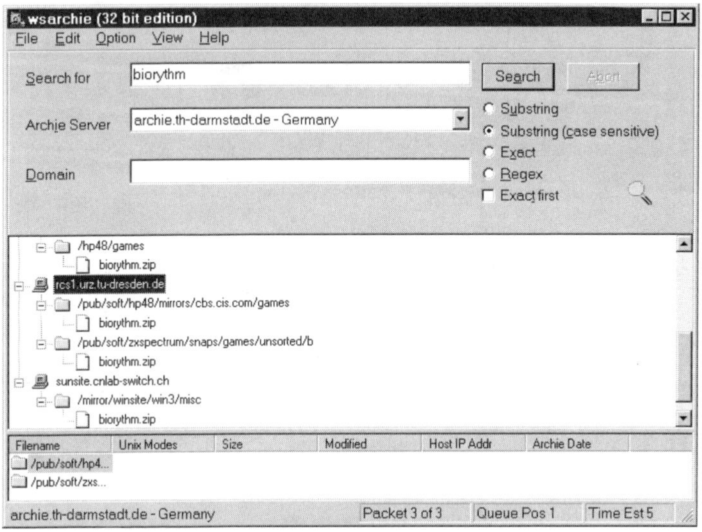

Bild 10.19: Trefferliste mit Biorhythmus-Software

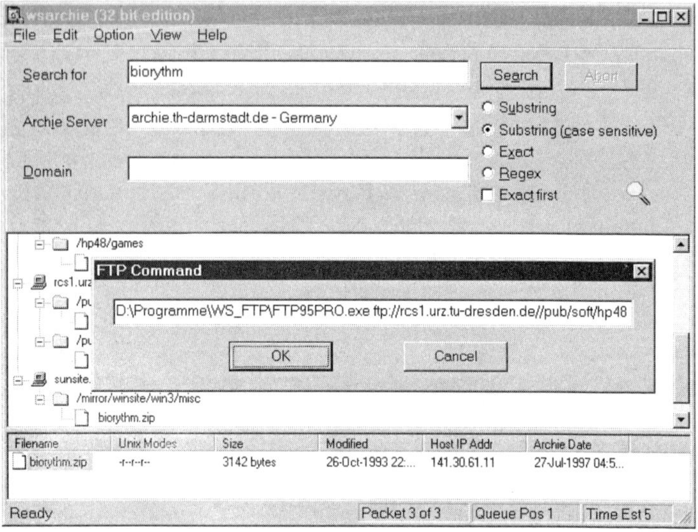

Bild 10.20: Übertragen einer Datei mit Archie

Und so wählen Sie aus der Trefferliste: Beim Bearbeiten der Trefferliste sollten Sie vor allem darauf achten, Versionen des gesuchten Programms herauszugreifen, die für Ihren Computertyp und Ihr Betriebssystem geeignet sind. In vielen Fällen finden Sie das gesuchte Programm sowohl für DOS, Windows, UNIX, Macintosh, OS/2 usw.

Zum Glück strukturieren die meisten FTP-Server die Software in unterschiedliche Verzeichnisäste nach Betriebssystemen, so daß Sie Verzeichnisnamen wie *DOS*, *WINDOWS* oder *UNIX* in den Detailinformationen zu jeder Datei finden können. Anhand dieser Verzeichnisnamen erkennen Sie zweifelsfrei die jeweilige Betriebssystem-Version.

Wenn Sie mehrere alternative Quellen für ein gesuchtes Programm finden, belasten Sie das Netz am wenigsten, wenn Sie aus einem geographisch oder organisatorisch möglichst naheliegendem Archiv auswählen. Die schnellsten Übertragungsleitungen finden Sie innerhalb von Netz-Strukturen. Deshalb raten wir,

- an der Uni auf FTP-Server im Wissenschaftsnetz (WIN) zuzugreifen oder
- bei Zugang über kommerzielle Provider Daten von FTP-Servern Ihres Internet Service-Providers herunterzuladen.

Zwischen verschiedenen Netzen sitzen immer Gateway-Rechner, die häufig nur über »Klingeldraht« Daten austauschen und daher den Datendurchsatz stark verringern.

10.16.3 Archie über WWW

Viele Dienste und Angebote im Internet werden im World Wide Web (WWW) unter einheitlichen Oberflächen zusammengeführt. Auch Archie-Server sind über WWW abfragbar; die gefundenen Dateien überträgt Ihr WWW-Browser auf Anfrage auch sofort auf Ihren Rechner. Statt mit einer Vielzahl spezialisierter Clients zu arbeiten, nutzen Sie ein einziges »Allround«-Werkzeug.

Archie-Abfrage übers Web

Um im WWW mit Archie-Datenbanken zu arbeiten, bieten zahlreiche WWW-Server Archie-Schnittstellen (»gateways«) an. In dem Bild 10.21 sehen Sie das Abfrage-Formular des Archie-Gateways in Oldenburg unter der Adresse `http://marvin.physik.uni-oldenburg.de/Docs/net-serv/archie-gate.html`. Wir tragen in dieses Formular das Suchmuster ein. Wir suchen auf der folgenden Datenreise nach einem Backgammon-Spiel für unseren Macintosh. Daher verwenden wir als Suchbegriff `backgammon`.

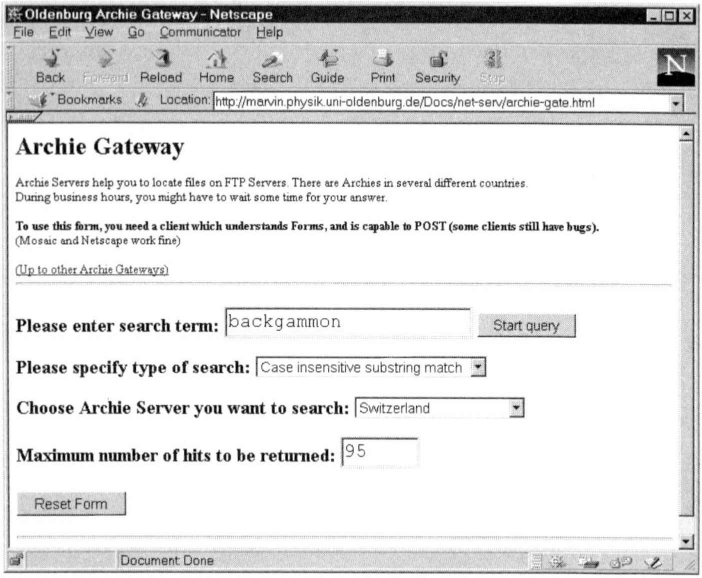

Bild 10.21: Archie-Gateway im World Wide Web (WWW)

Bei Bedarf können Sie weitere Einstellungen vornehmen, wie z.B.

- die Einstellung des Suchmodus,
- die Archie-Datenbank (Standard: »Germany«, d.h. Archie an der TH-Darmstadt),
- die Länge der maximalen Trefferliste (Voreinstellung: 95 Treffer) und
- die Sortierung der Trefferliste (nach FTP-Servern oder nach Datum).

Suchergebnisse über WWW auswerten

Die Ergebnisse der Suche nach `backgammon` sehen Sie in Bild 10.22. Die Trefferliste ist nach FTP-Servern sortiert, die Backgammon-Software bereitstellen. Zu jedem Server finden Sie Verzeichnis- und Dateiinformationen, auf die Ihr Suchmuster paßt.

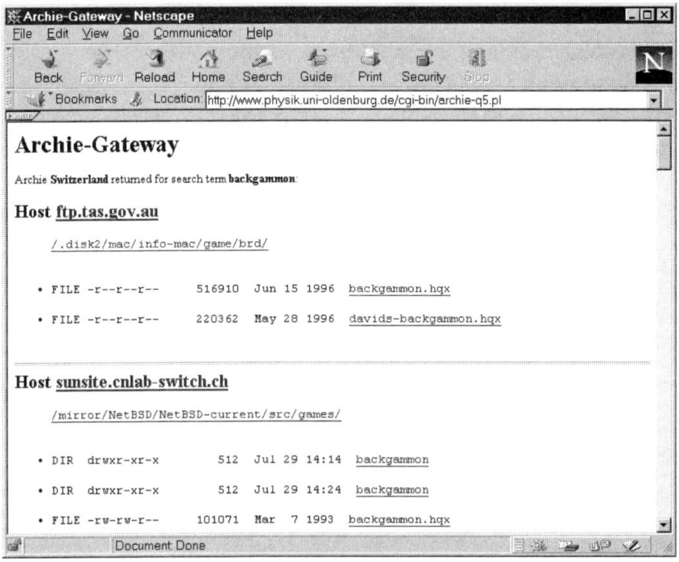

Bild 10.22: Anzeige der Trefferliste über WWW

Die Verzeichnis- und Dateinamen in dieser Liste sind farblich und durch Unterstreichung als sog. »Links« (Verweise) hervorgehoben. Sie können auf einen Link klicken, um

- Übersichten der markierten Verzeichnisse anzuzeigen und um
- aufgelistete Dateien auf Ihren lokalen Internet-Rechner herunterzuladen.

Wir übertragen und speichern aus dieser Liste eine Macintosh-Version per Mausklick. Anschließend entpacken und installieren wir dieses Programmpaket.

10.16.4 Einstellen des Suchmodus

Bei der Arbeit mit Archie geben Sie eine Zeichenkette, ein sog. Suchmuster, ein, die möglichst gut mit den zu findenden Dateinamen übereinstimmt. Über den Parameter SUCHMODUS (engl.: search mode) des Archie-Clients können Sie steuern, wie »genau« das Suchmuster mit den Einträgen in der Archie-Datenbank verglichen werden soll. So steuern Sie wesentlich den Umfang und die Genauigkeit der Trefferliste. Als Faustregel gilt: Je besser Sie den zu suchenden Dateinamen kennen und eingeben können, um so genauer sollte der Suchmodus eingestellt sein.

Unser Windows Archie-Client bietet – ähnlich wie die Archie-Schnittstelle im WWW – die Auswahl zwischen den Modi

- Substring (das Suchmuster ist ein Bestandteil des gesuchten Dateinamens),
- Substring case sensitive, (dt.: Unterscheidung zwischen Groß- und Kleinschreibung),
- Exact (genaue Übereinstimmung zwischen Muster und Dateiname) und
- Regex.

Im Modus »Exact« findet Archie ausschließlich Dateien, die hundertprozentig mit Ihrem Suchmuster übereinstimmen. Statt dessen sollten Sie »Substring« nutzen. Dann findet Archie alle Dateinamen, die das Suchmuster an beliebiger Stelle enthalten. In Bild 10.19 erhalten Sie auch Dateien, die hinter dem Wort `biorythm` noch Versionsnummern oder Dateikürzel von Kompressionsprogrammen enthalten.

Suchen Sie Dateien, deren Namen Sie nicht vollständig kennen, können Sie auf den Modus »Regex« umschalten. »Regex« ist aus dem englischen Begriff »Regular Expression« (dt.: regulärer Ausdruck) zusammengesetzt. Dieser Fachbegriff bezeichnet einen unter UNIX verbreiteten Typ von Suchbegriffen. Im »Regex«-Modus können Sie an beliebiger Stelle im Suchmuster Jokerzeichen (siehe Tabelle 10.2) verwenden. Jokerzeichen werden als Stellvertreter für andere Zeichen im Dateinamen benutzt. Dieser Suchmodus ist besonders rechenaufwendig und wird deshalb von einigen Archie-Servern nicht mehr zugelassen.

Jokerzeichen	als Stellvertreter für
*	beliebig viele andere Zeichen
.	genau ein anderes Zeichen
^	Anfang des Dateinamens
$	Ende des Dateinamens

Tabelle 10.2: Jokerzeichen im Suchmodus »Regex«

Arbeiten Sie direkt mit telnet auf einem Archie-Server, setzen Sie den Suchmodus einfach mit dem Kommando `set search <modus>`. Als `<modus>` können Sie ähnlich wie auf menüorientierten Clients wählen zwischen `exact`, `regex` (s.o.), `sub` (entspricht Substring) und `subcase` (entspricht Substring mit Unterscheidung der Groß- und Kleinschreibung). Die aktuelle Einstellung des Suchmodus fragen Sie mit `show search` ab.

Über diese Einstellung hinaus können Sie noch zahlreiche weitere Variablen und Optionen, wie z.B. Länge der maximalen Trefferliste, einstellen. Nähere Informationen zu den Kommandos des Archie-Servers erhalten Sie über den Befehl `help`. Die aktuellen Einstellungen aller Variablen und Optionen liefert das Kommando `show`.

10.16.5 Wenn der Archie-Server nicht antwortet ...

Sollten Sie auf einem Archie-Server nicht fündig werden, oder ist der Server im Moment überlastet, wählen Sie einfach einen anderen Server an. Da Archie bei der Suche nur wenig Datenverkehr über das Netz transportieren muß, kann man ruhig auch entfernte Archie-Server nutzen. Archie-Clients bieten Ihnen hierfür eine Liste der erreichbaren Archie-Server an, aus der Sie wie in Bild 10.23 auswählen können.

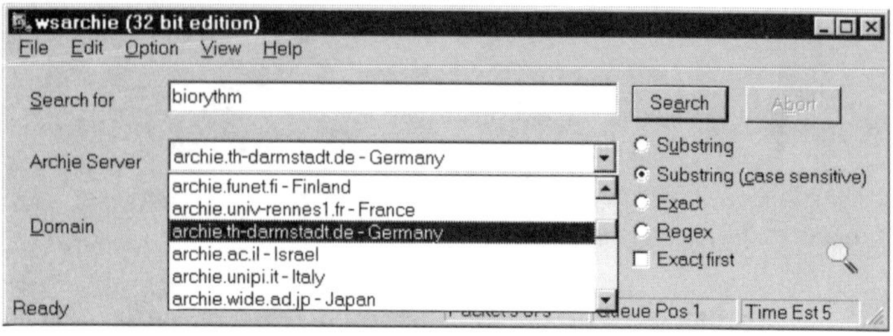

Bild 10.23: Auswahlliste mit Archie-Servern

In Anhang I führen wir Adressen aktiver Archie-Server auf. Sie können zu jedem dieser Server auch telnet-Verbindungen herstellen. Beim Telnet-Zugang zu einigen Servern müssen Sie als Benutzerkennung `archie` eingeben.

10.16.6 So organisiert Archie seine Datenbank

Die Datenbank des Archie-Servers soll immer auf einem aktuellen Stand sein, damit Sie nicht nach Software suchen, wo schon lange keine mehr zu finden ist.

Dazu läuft jeder archiv-Server regelmäßig, z.B. wöchentlich oder monatlich, einige hundert FTP-Servern an und lädt von diesen Gesamtübersichten der öffentlichen Software-Archive. Mit diesen Informationen baut Archie seine Datenbank auf oder aktualisiert seinen Daten-Bestand (vgl. Bild 10.24). Diese Datenbanken gleichen die verschiedenen Archie-Server auch untereinander ab.

Insgesamt verwalten die zur Zeit 22 Archie-Server über 2 Millionen Verweise auf Dateien, die einen dreistelligen Gigabytebereich auf ca. 1.500 FTP-Servern belegen.

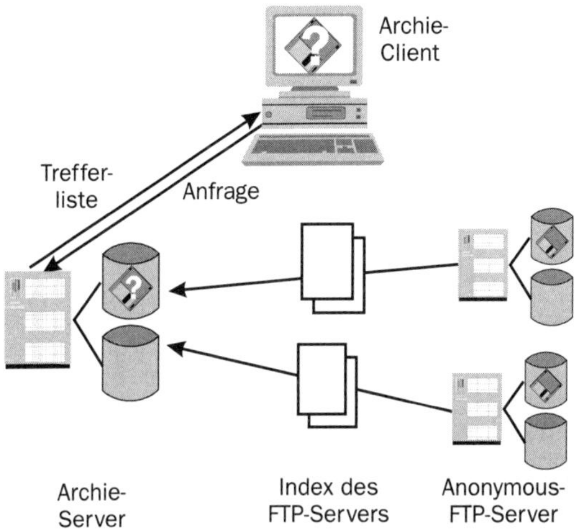

Bild 10.24: Aufbau und Verwaltung des Archie-Systems

11

Das Internet als Spielwiese

Das Internet bietet neben Informationen auch jede Menge Spaß und Unterhaltung. In Kapitel 6 haben Sie bereits Möglichkeiten kennengelernt, per Internet mit anderen Menschen direkt in Kontakt zu treten. Eine anderer Weg, Menschen auf der ganzen Welt kennenzulernen, sind die Spiele im Internet. Sie bieten Abwechslung und Spaß und sind darüber hinaus ein beliebter Treffpunkt.

Das Spielangebot im Netz der Netze ist so groß, daß für jeden etwas dabei ist:

- Im World Wide Web finden Sie jede Menge kurzweilige Spiele für jedermann. Ob einfaches Quiz oder interaktiver Abenteuerfilm, diese Spiele sind leicht zu erlernen und durch die große Auswahl findet man praktisch täglich etwas Neues.
- Wer es etwas rauher mag, kann sich als Rollenspieler in den MUDs (Multi User Dungeons) – riesigen virtuellen Abenteuerspielplätzen – versuchen. Hier muß man schon mal Drachen bekämpfen und darf dafür Prinzessinnen küssen.
- Für die Friedliebenderen gibt es Online-Spiele wie Schach und Go, bei denen man sich mit Gegnern aus der ganzen Welt messen kann.
- Für die engagierten und geduldigen Spieler gibt es die Internetversion der Postspiele. Beim PBEM (Play by eMail) gilt es, durch geschickte Züge ganze Galaxien zu erobern oder langwährende Schachpartien durchzuführen.

11.1 Die Spielarten im Internet

Im Netz der Netze wurde schon immer gespielt. In der Internet-Urzeit, als nur der Austausch elektronischer Briefe (eMails) möglich war, entstanden bereits die ersten eMail-basierten Spielformen. Mit dem Fortschritt der technischen Entwicklung wurden auch die Spiele attraktiver. Das World Wide Web ermöglicht heute aufregende, multimediale Abenteuer.

11.1.1 Textbasierte Spiele

Die traditionsreichsten Spiele im Internet sind textorientiert. Das liegt daran, daß vor der Entwicklung des World Wide Web das Übertragen grafischer Informationen sehr umständlich war. Texte hingegen konnten sehr einfach weitergegeben werden, so daß eine Reihe verschiedener Spielformen entstanden:

Play by eMail

Die ältesten Spiele sind die PBEM (Play by eMail, dt.: Spiele per eMail). Sie übertragen das schon lange bekannte Prinzip der Postspiele auf die elektronische Kommunikation. Ähnlich wie beim Fernschach nehmen zwei oder mehr Spieler teil, die in regelmäßigen Abständen (z.B. wöchentlich) einen Zug per eMail abschicken. Dieser Zug kann z.B. die Bewegung einer Raumschiff-Flotte oder den Angriff auf einen gegnerischen Planeten bedeuten. Ein Spielleiter sammelt die Züge der Mitspieler und wertet sie aus. Anschließend schickt er allen Spielern eine Zusammenfassung, denen sie die Auswirkungen ihrer Züge entnehmen können.

Online-Spiele

Die nächste Entwicklungsstufe waren die Online-Spiele. Sie nutzen eine Weiterentwicklung aus, mit der zwei oder mehr Internet-Rechner zeitgleich Daten austauschen konnten. Online-Spiele basieren häufig auf der Telnet-Technik, d.h., der Spieler benötigt ein Telnet-Programm, mit dem er sich anmelden kann. Da Telnet ein textorientiertes Protokoll ist, sind nur bestimmte Spiele möglich, die sich mit den gängigen Zeichen darstellen lassen. Sehr beliebt sind Brettspiele wie Dame, Schach oder Go.

Multi User Dungeons

Die MUDs (Multi User Dungeons, dt.: Multi-Benutzer-Welten) sind eine spezielle Form der Online-Spiele, die aufgrund ihrer Besonderheiten und ihrer Beliebtheit genauer vorgestellt werden soll. Ein MUD ist ein virtueller Abenteuerspielplatz. Sie betreten ihn mit einem Telnet-Programm, schlüpfen in die Rolle eines Kriegers oder

Zauberers, erkunden eine geheimnisvolle Welt und bestehen Abenteuer und Kämpfe. Die MUDs funktionieren ähnlich wie die Text-Adventures aus der Heimcomputer-Ära. Sie geben Ihre Aktionen als Kommandos (z.B. `gehe nach Norden`) ein und erhalten als Antwort eine Beschreibung der Umwelt, die Sie so betreten. Im Unterschied zu den Text-Adventures sind Sie in einem MUD aber nie alleine. Neben Ihnen tummeln sich zahlreiche andere Spieler aus aller Welt. Sie können mit oder gegen sie kämpfen, Abenteuer mit ihnen gemeinsam bestehen oder einfach nur ein bißchen quatschen. Gerade diese kommunikative Komponente hat die MUDs zum erfolgreichsten Spielgenre im Internet gemacht.

11.1.2 Grafische Spiele

Neuere Spielarten sind meist grafikorientiert. Sie nutzen die neuen Techniken und Übertragungsprotokolle des Web und die leistungsfähigeren Rechner der Benutzer.

WWW-Spiele

Die meisten Grafik-Spiele sind über das World Wide Web spielbar. Daher benötigt man keine zusätzliche Software, sondern nur den üblichen Web-Browser. Das Spiel selbst ist als Web-Seite gestaltet. Die Spielarten sind dabei so vielfältig wie das Web selbst. Von einfachen Quiz-Spielen bis hin zu komplexen multimedialen Abenteuerspielen finden Sie alles, was spannend ist und Spaß macht. Lediglich HTML – die Seitenbeschreibungssprache des World Wide Webs – begrenzt die Phantasie der Spielemacher.

Java-Applets

Eine besondere Form von Spielen im World Wide Web sind die Java-Applets. Sie sind keine Web-Seiten, sondern in Web-Seiten eingebettete ausführbare Programme. Da sie in einer leistungsfähigen Programmiersprache (Java) geschrieben sind, können sie über die Beschränkungen von HTML hinausgehen und interessantere, interaktivere Spiele enthalten.

Online-Action-Spiele

Ein besonders anspruchsvolles Genre sind die Online-Action-Spiele. Anspruchsvoll sind sie in bezug auf ihre grafische Qualität, aber auch was Rechner-Kapazitäten und Internetverbindung betrifft. Sie arbeiten nach dem Client-Server-Prinzip, d.h., das eigentliche Spiel läuft auf einem speziellen Internet-Rechner, dem Server. Die Spieler benötigen spezielle Software, um sich als Client beim Server anzumelden und mitzuspielen. Da viele grafische Informationen zwischen dem Server und den Clients übertragen werden müssen, laufen solche Spiele nur mit einer schnellen und leistungsfähigen Internetverbindung. Glücklicherweise sind heutzutage auch Modem-Benutzer nicht davon ausgeschlossen.

11.1.3 Technische Voraussetzungen

Wenn Sie ohnehin schon im Internet aktiv sind, sollte es Ihnen nicht schwerfallen, die technischen Voraussetzungen zum Spielen zu erfüllen:

- PBEM-Spiele erfordern lediglich ein eMail-Programm,
- Online-Spiele werden mit einem Telnet-Programm gestartet, und
- WWW-Spiele sowie Java-Applets besuchen Sie mit Ihrem Web-Browser. Hier sollten Sie darauf achten, eine möglichst aktuelle Version des Browsers zu benutzen. Die Web-Spielemacher nutzen gerne die neuesten Techniken, um ihre Spiele noch attraktiver zu gestalten.

Nur für die aufwendigen Online-Action-Spiele benötigen Sie spezielle Software.

11.2 Play by eMail

Play by eMail-Spiele sind selten kostenlos. Immerhin hat der Spielleiter ja einen gewissen Aufwand und stellt den Computer für das Berechnen der Züge zur Verfügung. Die Kosten für die Teilnahmen sind aber meist nicht sehr hoch.

Um am Spiel selbst teilzunehmen, benötigen Sie nur ein übliches eMail-Programm. Viele PBEM-Spiele sind aber inzwischen auch im World Wide Web präsent. Ein Beispiel ist das Spiel »Olympia« (`http://www.pbm.com/oly/`).

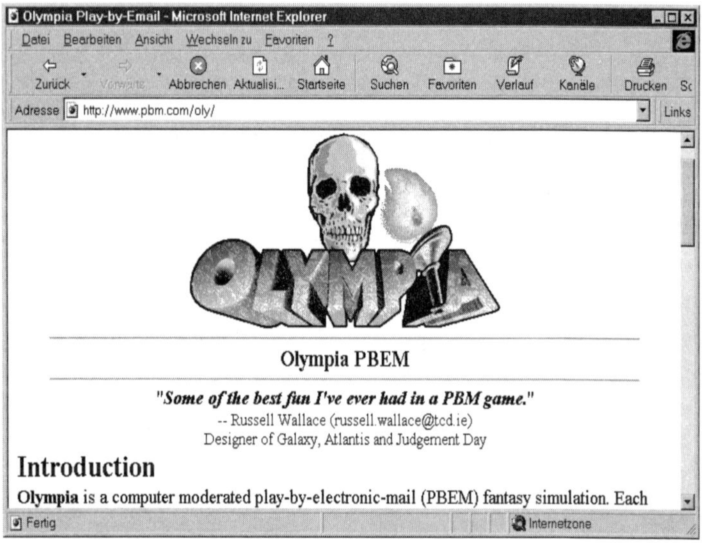

Bild 11.1: Olympia im World Wide Web

Um als Spieler an einem PBEM teilzunehmen, müssen Sie sich zunächst registrieren. Das geht mit einer eMail an den Spielleiter oder häufig ebenfalls schon per WWW (siehe Bild 11.2).

Nach der Anmeldung bekommen Sie die notwendigen Informationen und die Start-Daten des Spiels zugesandt. Damit haben Sie Gelegenheit, sich mit dem Spiel vertraut zu machen und Ihren ersten Zug zu planen. PBEM-Spieler sind übrigens keine Einzelkämpfer. Bei den meisten Spielen ist es ausdrücklich erlaubt bzw. sogar erwünscht, sich mit anderen Mitspielern gegen Dritte zu verbünden.

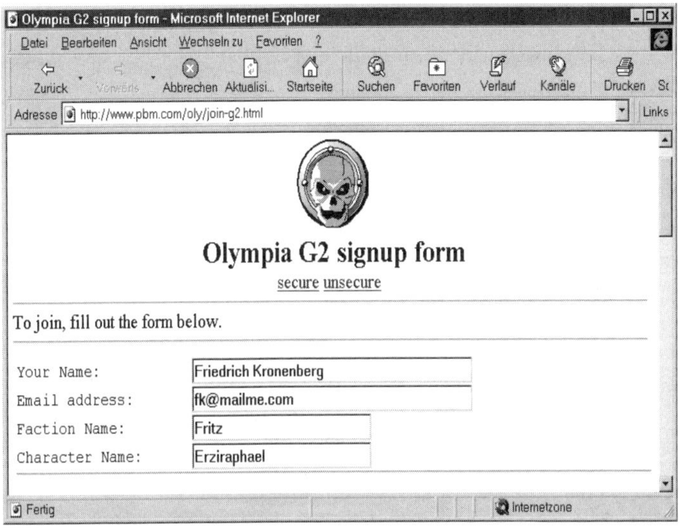

Bild 11.2: Teilnahme-Formular

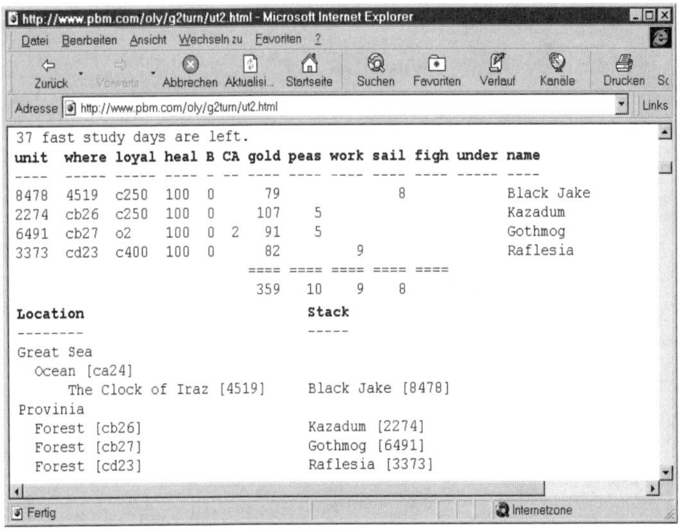

Bild 11.3: Ein Turn-Report von Olympia

Nach der Zugabgabe per eMail benötigt der Spielleiter etwas Zeit, um die Züge auszuwerten und die neuen Spieldaten zu berechnen. Diesen Turn-Report schickt er Ihnen zu, so daß Sie die Auswirkungen Ihres Zuges beurteilen und das weitere Vorgehen planen können.

So finden Sie PBEM-Spiele

Wenn Sie selbst ein PBEM-Spiel ausprobieren wollen, finden Sie eine aktuelle Liste der bekannten Spiele unter

`http://www.pbm.com/~lindahl/pbm.html`.

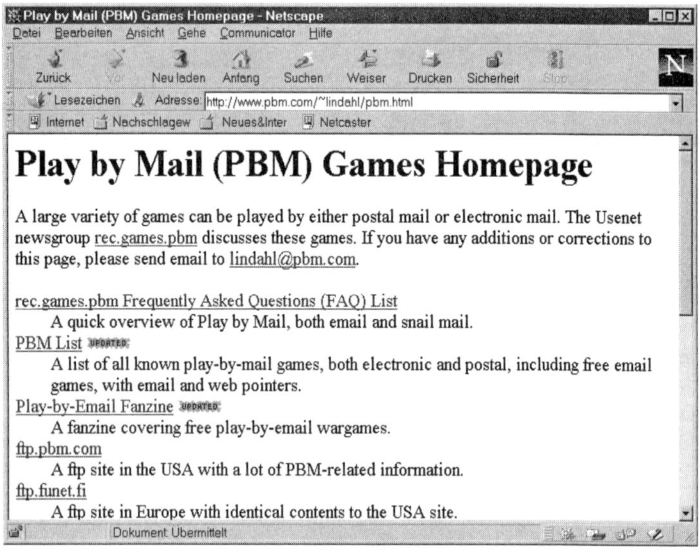

Bild 11.4: Eine Liste der bekannten PBEM-Spiele

11.3 Online-Spiele

Während bei PBEM-Spielen die Spieler ihre Züge zu verschiedenen Zeiten abgeben, sind bei Online-Spielen alle Mitspieler gleichzeitig an ihren Rechnern versammelt. Dadurch sind viele interaktive Spiele möglich. In der Regel benötigen Sie dazu ein Telnet-Programm, inzwischen rüsten einige der Spieleanbieter auch schon auf Java-Applets um und sind dann über das Web erreichbar.

Anmelden

Um an einem Online-Spiel teilzunehmen, benötigen Sie zunächst die Adresse des Spiele-Servers (mehr dazu im letzten Abschnitt dieses Kapitels). Damit bauen Sie mit Ihrem Telnet-Programm eine Verbindung zum Server auf. Dabei melden Sie sich zunächst an. Da viele Spieler gleichzeitig mit dem Server kommunizieren, muß jeder einen eindeutigen Namen haben, an dem der Server und die anderen Mitspieler ihn erkennen. Wenn Sie zum ersten Mal Kontakt zu einem bestimmten Spiele-Server aufnehmen, registrieren Sie sich deshalb als neuer Benutzer.

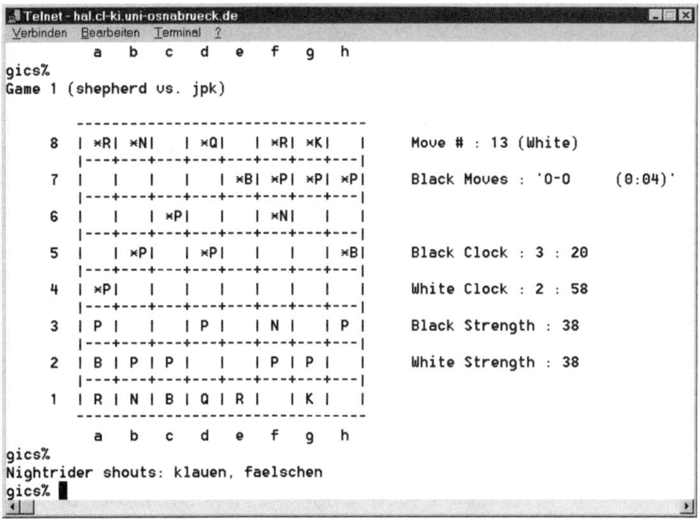

Bild 11.5: Online-Schach per Telnet

Die Spiele

Die Bedienung der Spiele erfolgt vollständig über die Tastatur, also über Text-Befehle. Das ist zwar umständlich, aufgrund der Telnet-Technik aber unumgänglich (siehe Bild 11.5). Die neueren Bemühungen, solche Spiele auf Java-Applets umzustellen, sollen dem Benutzer mehr Komfort verschaffen.

Die Befehle unterscheiden sich von Spiel zu Spiel. Das Kommando `hilfe` – bzw. `help` bei englischen Spielen – ermöglicht aber meist einen schnellen Einstieg.

MUDs

Eine besonders beliebte Spielart der Online-Spiele sind die MUDs, die Multi User Dungeons. In diesen komplexen, virtuellen Welten können Sie aufregende Abenteuer erleben und sich mit Spielern aus der ganzen Welt treffen.

Jedes MUD hat ein bestimmtes Genre zum Thema. Am beliebtesten sind tolkiensche Fantasy-Welten, die von Zauberern, Elfen, Einhörnern und Drachen bevölkert sind. Es gibt auch Science-fiction-Welten, in denen Sie das Schwert gegen eine Laserpistole eintauschen. Außerdem gibt es MUDs, die bestimmte reale oder fiktive Welten möglichst detailgetreu nachbilden (z.B. DISCWORLD nach der erfolgreichen Buchserie von Terry Pratchett).

Ebenso wie die zuvor beschriebenen Online-Spiele sind MUDs textorientiert. Ihre momentane Umgebung und die Ergebnisse Ihrer Aktionen werden als Texte ausgegeben. Ihre Eingaben geschehen durch Textbefehle, die bei MUDs in Form von kurzen »natürlichsprachlichen« Anweisungen gegeben werden, z.B.

- `gehe nord`, um sich zu bewegen,
- `sage Hallo!`, um mit anderen Spielern zu kommunizieren,
- `nimm Axt`, um Gegenstände aufzuheben, oder
- `schlage Drachen`, um Monster zu bekämpfen.

Jedes MUD hat seine eigenen Befehle, deshalb können keine allgemeingültigen Tips gegeben werden. Auch hier hilft das Zauberwort `hilfe` bzw. `help` meist weiter.

Die meisten der weltweit über tausend MUDs sind englischsprachig. Ein einigermaßen fundiertes Schulenglisch reicht aber für die ersten Versuche völlig aus. Außerdem ist MUD-Spielen ein hervorragender Weg, Englisch zu lernen oder alte Kenntnisse aufzufrischen. Es gibt auch sehr gute deutschsprachige MUDs, dort werden Sie naturgemäß überwiegend deutsche Mitspieler treffen.

Das Ziel des Spiels

Jeder Spieler-Charakter (also die Figur, deren Rolle Sie im MUD spielen) wird durch bestimmte Werte wie Kraft, Ausdauer, Geschicklichkeit etc. beschrieben. Durch erfolgreich bestandene Abenteuer und Kämpfe gewinnen Sie Erfahrungspunkte, die Sie benutzen können, um die Eigenschaften Ihres Spieler-Charakters zur verbessern. So werden Sie im Lauf des Spiels stärker, schneller oder klüger und können die folgenden Abenteuer noch besser durchstehen bzw. sich an größere Aufgaben heranwagen. Zusätzlich haben Charaktere meist einen bestimmten Level (Erfahrungsstufe), der von der Erfahrung abhängt. Mit einem höheren Level sind oft zusätzliche Fähigkeiten wie das Erlernen von Zaubersprüchen und das Kämpfen mit schwereren Waffen verbunden.

Damit das ganze auch Spaß macht, müssen Sie nicht jedesmal bei Null anfangen. Beim Verlassen des MUDs werden die Werte Ihres Charakters gespeichert, und Sie können beim nächsten Mal an gleicher Stelle weitermachen.

Vordergründig ist das Ziel bei MUD-Spielen also, durch erfolgreiche Aktionen Erfahrungspunkte zu gewinnen und damit die Fähigkeiten des Spieler-Charakters zu erweitern. Tatsächlich sehen viele MUD-Spieler das aber nicht so eng. Der Erfolgsdruck im wirklichen Leben ist schon groß genug. Deshalb nutzen sie die virtuelle Welt des MUDs vor allem zum Kommunizieren mit den anderen Spielern. Wenn mal nichts los ist, kann man ja immer noch losziehen und einen Drachen abschlachten.

Datenreise: UNItopia

Damit Sie einen genaueren Eindruck von MUDs bekommen, nimmt die folgende Datenreise Sie mit ins deutschsprachige MUD UNItopia. Es ist eine Mischwelt aus dem detailgetreu abgebildeten Campus der Universität Stuttgart und der Fantasywelt Magyra. Sie betreten es am besten über die UNItopia-Webseite:

`http://unitopia.uni-stuttgart.de/`

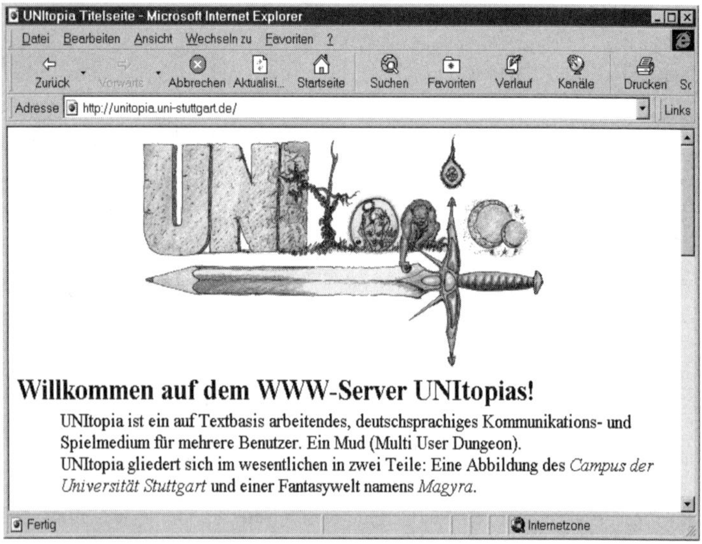

Bild 11.6: Die Web-Seite von UNItopia

Dort finden Sie eine Menge Hintergrundinformationen und eine ausführliche Spielanleitung. Wenn Sie genügend vorbereitet sind, betreten Sie UNItopia mit einem Telnet-Programm unter der Adresse `unitopia.uni-stuttgart.de` und der Portnummer `3333`.

Wenn Sie sich nur kurz umschauen wollen, wählen Sie den Namen `gast`. Als richtiger Spieler sollten Sie sich einen geeigneten Namen aussuchen, mit dem Sie sich später jeweils anmelden.

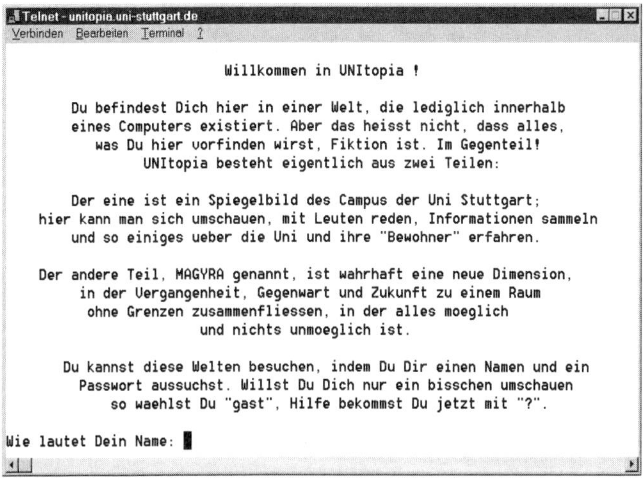

Bild 11.7: Herzlich willkommen in UNItopia

Mit dem Kommando `hilfe` bekommen Sie eine Übersicht der Befehle, die Ihnen zur Verfügung stehen.

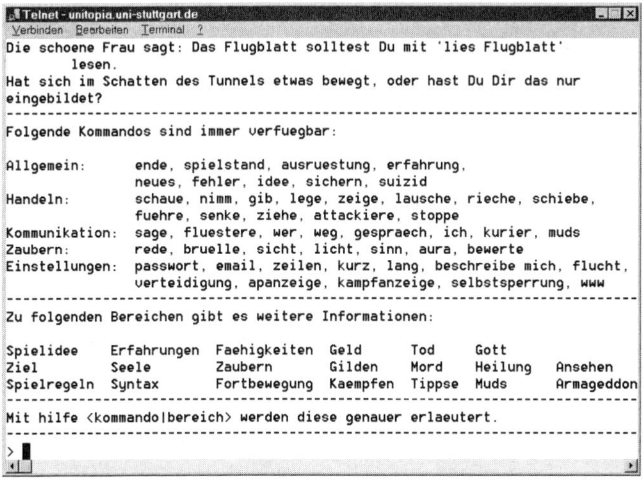

Bild 11.8: Die Hilfe von UNItopia bringt Sie weiter

Mit `schau` sehen Sie sich um. So erfahren Sie, wo Sie sich gerade befinden und wo es weiter geht.

```
Telnet - unitopia.uni-stuttgart.de
Verbinden  Bearbeiten  Terminal  ?
      Weiter: Runter und Westen.
Ein VVS-Fahrkartenautomat.
> Du befindest Dich auf dem Bahnsteig 2 der S-Bahn-Haltestelle UNIVERSITAET.
Es sieht hier eigentlich recht gepflegt aus, nur die ueberquellenden
Muelleimer stoeren das Bild von der sauberen Schwaben-Metropole.
An der Wand haengt ein Streckenplan der VVS und eine breite Treppe fuehrt
nordwaerts hinauf zum Campus, im Sueden erstreckt sich der Bahnsteig bis zu
einer aehnlichen Treppe.
An der Decke haengt eine Uhr.
      Weiter: Hoch und Norden.
> Du befindest Dich am Nordende der S-Bahn-Haltestelle Universitaet
auf dem oestlichen Bahnsteig.
Eine Aufzugstuer nimmt fast die ganze Breite des hier nur noch
schmalen Bahnsteigs ein. Daneben geht ein Steg hinter einer Sperre
weiter in den Tunnel hinein.
Neben der Aufzugstuer sind eine Lampe und ein Knopf angebracht.
      Weiter: Norden und Sueden.
> Du befindest Dich am Nordende der S-Bahn-Haltestelle Universitaet
auf dem oestlichen Bahnsteig.
Eine Aufzugstuer nimmt fast die ganze Breite des hier nur noch
schmalen Bahnsteigs ein. Daneben geht ein Steg hinter einer Sperre
weiter in den Tunnel hinein.
Neben der Aufzugstuer sind eine Lampe und ein Knopf angebracht.
      Weiter: Norden und Sueden.
>
```

Bild 11.9: So sieht UNItopia aus

```
Telnet - unitopia.uni-stuttgart.de
Verbinden  Bearbeiten  Terminal  ?
Kardinal Nazgul
Nepomuck, der neue Alchemist (neutral)
Habibi Nicki NEIN Pluntze ist NICHT mein Zweitie (ochlassmichdochinruhe!!!)
Das wurschtelnde Parsec (gut)
Parselix der Neue (neutral)
Reigam, der geheimnisvoll magisch Blickende (neutral)
Salto, das teeschluerfende Bienchen (*summmm* *schluerf* *summ*)
Mehrjungfrau Sandrine
Schnuffel (traurig)
Reh Sissi, das Sehungeheuer
Talla, der Aspirant (nett)
Allwissender Theokrates Lachmix (gut)
Thomar der Neue (nett)
Thomy der ruehrseelige - bisweilen auch schelmische - Nachwuchs-muddler (einfa
 niedlich) (gut)
Tiamat, die mit Magie bezaubert.. (verwirrend!) (verlobt) (neutral)
Turtle mit Krise (...EGAL!)
Wasserleiche Undine (blub, bubble)
Weiss das Neue (neutral)
--Mehr--Zork der Neue (neutral)

Insgesamt 41 Spieler/innen bzw. spielende Etwasse
Heute waren bisher 187 Leute in UNItopia, maximal 54 gleichzeitig.
Am Donnerstag 9. Januar 1997 15:17:05 waren 140 Spielende gleichzeitig da.
>
```

Bild 11.10: Ein Teil der Mitspielerliste

Das Kommando `wer` verrät, wer außer Ihnen gerade noch mitspielt (s. Bild 11.10). Viele der Mitspieler sind auch gerne bereit, Sie beim ersten Mal ein wenig herumzuführen und Ihnen alles Wichtige zu zeigen.

MUD	Adresse
Avalon	avalon.fh-augsburg.de 7777
FinalFrontier	csmd50.cs.uni-magdeburg.de 7600
MorgenGrauen	mg.uni-muenster.de
Regenbogen	mud.inf.tu-dresden.de 4711
Seifenblase	zeus.stud.fh-heilbronn.de 3333
UNItopia	unitopia.uni-stuttgart.de 3333
Virrel	virrel.rz.uni-karlsruhe.de 20001
Wunderland	rzaix340.rz.uni-leipzig.de 4711

Tabelle 11.1: Deutschsprachige MUDs

11.4 WWW-Spiele

Mit dem Aufkommen des World Wide Web haben auch die Online-Spiele einen Quantensprung gemacht. Plötzlich gab es nicht mehr nur ASCII-Grafiken und Textbefehle, sondern die Spiele wurden multimedial und durch die Möglichkeiten von HTML und Eingabeformularen fast beliebig programmierbar. Dadurch entstanden und entstehen die verschiedensten Spielarten.

Web-Spiele werden häufig zu Werbezwecken eingesetzt. Auf der Spielseite befinden sich dann neben dem eigentlichen Spiel Werbebanner. Oder das Spiel selbst ist die Werbung. So machen beispielsweise die amerikanischen Filmfirmen wie Paramount (http://www.paramount.com) regelmäßig mit aufwendig gestalteten interaktiven Abenteuern auf ihre kommenden Kassenschlager aufmerksam.

Es gibt aber auch viele kleine Spiele, die eine originelle Idee haben und schnell zu lernen sind. Die spielt man ein paar Tage lang in jeder Kaffeepause und wenn man genug davon hat, sucht man sich ein neues, witziges Spiel.

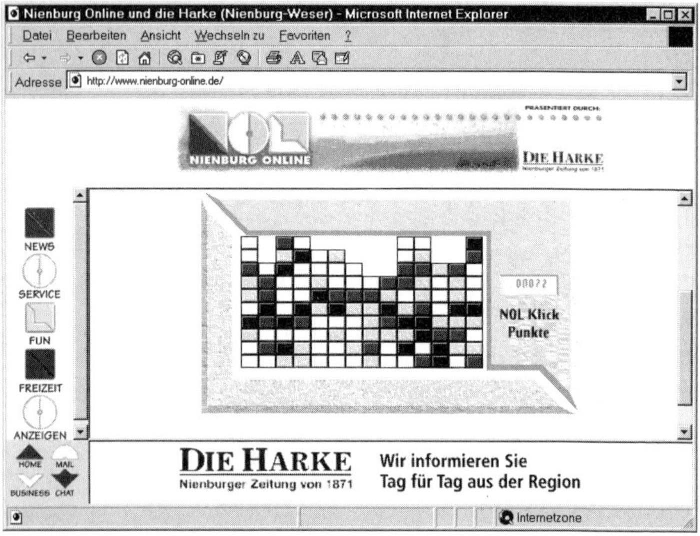

Bild 11.11: NOL Klick – ein einfaches, aber originelles Web-Spiel

11.5 So finden Sie Spiele im Netz

Im Netz der Netze gibt es jede Menge Spielplätze für große und kleine Internauten. Sie wollen nur gefunden werden. Hilfreich sind dabei die WWW-Suchmaschinen (siehe auch Kapitel 5). So haben z.B. Web-Indizes wie Web.De oder Bellnet eigene Index-Seiten für Online-Spiele.

Bei reinen Suchmaschinen bringt Sie der Suchbegriff `Spiele` bzw. `Games` weiter. Da dies allerdings sehr viele Treffer bringen dürfte, sollten Sie gezielter suchen, z.B. `MUD` oder `PBEM`.

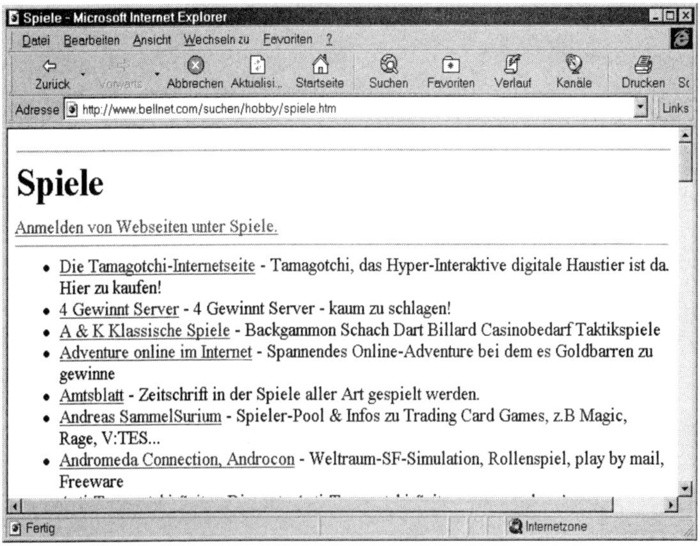

Bild 11.12: Die Online-Spiele-Seite von Bellnet

A Smileys und Abkürzungen

Da man bei der Kommunikation über den Computer keine Mimik vermitteln kann, bedient man sich hier anderer Hilfsmittel.

Die folgenden Tabellen zeigen Ihnen, was gemeint ist, wenn Sie beim Chatten oder eMailen den aus wenigen Zeichen zusammengesetzten Smileys oder anderen kryptischen Buchstabenfolgen begegnen.

Smiley	Verwendung
:-)	Der Ur-Smiley, bedeutet: ich lächle, nimm das nicht so ernst.
;-)	Augenzwinkernder Smiley, soll bei ironischen Bemerkungen Mißverständnisse vermeiden.
:-(	Mir geht's gar nicht gut!
:-I	Ich habe dazu keine Meinung.
:->	Extrem sarkastische Bemerkungen
>:->	Teuflischer Smiley

Tabelle A.1: Smileys

Natürlich gibt es auch etwas ausgefallenere Modelle:

Smiley	Verwendung
(-:	Ich bin Linkshänder.
%-)	Ich sitze seit 15 Stunden am Computer.
=8-)	Ich bin ein Punk mit Brille.
:-{)	Ich habe einen Bart.
{:-)	Ich trage ein Toupet.
:-[	Ich bin ein Vampir.

→

Smiley	Verwendung
;-(	Ich weine.
:^)	Ich habe eine gebrochene Nase.
+-:-)	Ich scheine der Papst zu sein.
:-Q	Ich rauche eine Zigarette.
:-P	Ich strecke Dir die Zunge raus.
:-D	Ich lache herzlich.
*<:-)	Ich trage eine Weihnachtsmann-Mütze.
[:-)	Ich habe einen Kopfhörer auf dem Kopf.
@:-)	Ich trage einen Turban.
C=}>;*{O)	Ich bin ein betrunkener, teuflischer Chef, dessen Toupet gerade vom Wind weggeweht wird, der darüber hinaus noch einen Oberlippenbart und ein Doppelkinn hat.

Tabelle A.2: Seltene Smileys

Manchmal verwendet man anstatt der Zeichensprache auch Abkürzungen aus dem englischsprachigen Raum.

Abkürzung	Bedeutung
BTW	By the way (Was ich noch sagen wollte)
IMHO	In my humble opinion (Meiner Meinung nach)
FYI	For your information (Zur Information)
ROTFL	Rolling on the floor laughing (Der User kugelt sich am Boden vor Lachen)
BRB	Be right back (Bin gleich wieder da)
MOMPL	Moment please (Einen Moment)
RL	Real life (Das wahre Leben)
VL	Virtual life (Das virtuelle Leben)
RSN	Real soon now (sofort)
ASAP	As soon as possible (So schnell wie möglich)
RTFM	Read the fine manual (Lies' doch das schöne Handbuch!)
BFN	Bye for now (bis später)
g,d&r	Grinning, ducking and running (Grinsen, ducken und weglaufen)
2 l8	too late (zu spät)
OIC	Oh, I see (Ach, SO ist das)

Tabelle A.3: Abgekürzte Redewendungen

FTP-Server mit interessanten Informationen zum Thema

Deutschland

ftp.uni-stuttgart.de	/pub/doc
ftp.uni-paderborn.de	/doc
ftp.uni-paderborn.de	/doc/FAQ (FAQs zu sämtlichen UseNet-Gruppen)
ftp.uni-koeln.de	/doc/Internet (viele Informationen, u.a. Big Dummys Guide to the Internet etc.)

Schweiz

ftp.switch.ch	/network/internet

Österreich

ftp.univie.ac.at	/netinfo
ftp.wu-wien.ac.at	/pub/lib/info

B

Providerübersicht

Planen Sie erst noch Ihren Internet-Zugang, stellt sich die Frage nach dem preiswertesten und leistungsfähigsten Provider in Ihrer Nähe. Da es weit über 100 Provider im ganzen Bundesgebiet gibt, können wir Ihnen in diesem Buch keine Komplettübersicht geben. Die im folgenden aufgeführten Adressen nennen Ihnen dafür einige der größten, überregional tätigen Provider und Online-Dienste, die vielleicht auch in Ihrer Nähe einen Einwahl-Knoten betreiben.

Werden Sie in diesem Angebot nicht fündig, können Sie ganz gezielt nach Providern suchen lassen. Bitte Sie einen Freund mit Internet-Zugang, nach Providern in Ihrer Region zu suchen. Bei der Recherche unterstützen Sie die folgenden Suchdienste:

- `http://www.internet-provider.org`
- `http://www.providerliste.com`
- `http://www-cache.rrzn.uni-hannover.de/such-prov.html`
- `http://www.heise.de/ct/provider`

B.1 Überregionale Provider

1&1 Internet GmbH & Co. KG

Elgendorfer Str. 57
56410 Montabaur
Tel.: 02602-16-00-06 Fax: 02602-16-00-4-23
eMail: info@online.de http://www.online.de/

callisto germany.net GmbH

Kennedyalle 89
60596 Frankfurt/Main
Tel.: 069-6339890
eMail: info@germany.net http://www.germany.net/

CERFnet Germany Inc.

Stephanstr. 3
60313 Frankfurt am Main
Tel.: 069-2998960 Fax: 069-29989666
eMail: info@germany.cerf.net http://www.germany.cerf.net/

contrib.net (TCP/IP GmbH)

Wörther Str. 16
10405 Berlin
Tel: 030-443366-0 Fax: 030-443366-15
eMail: info@contrib.com http://www.contrib.com/

Cybernet AG

Stefan-George-Ring 19
81929 München
Tel.: 089-99315-200 Fax: 089-99315-199
eMail: info@cybernet-ag.net http://www.cybernet-ag.net/

ECRC GmbH

Arabellastrasse 17
81925 München
Tel: 089-92699-0 Fax: 089-92699-170
eMail: internet@ecrc.de http://www.ecrc.de/

Individual Network e.V.

Scheideweg 65
26121 Oldenburg
Tel. 0441-9808556 Fax: 0441-9808557
eMail: in-info@individual.net http://www.rhein.de/IN/index.html

IPS Deutschland

Rhinstr. 139
10315 Berlin
Tel.: 030-540055-0 Fax: 030-540055-3
eMail: ips@ak1.net http://www.ips1.de

IS - Internet-Services GmbH

(früher MAZ GmbH)
Harburger Schloßstr. 6-12
21079 Hamburg
Tel. 040-766291623 Fax: 040-76629199
eMail: info@maz.net http://www.maz.net/

IPF.NET GmbH (Okay.net)

Mainzer Landstr. 46
60325 Frankfurt
Tel. 069-170840 Fax: 0698433
eMail: info@ipf.net http://www.ipf.net/ bzw. http://www.okay.net

mediaWays GmbH

Postfach 185
33311 Gütersloh
Tel.: 05241-80-2223 Fax: 05241-80-6624
eMail: info@mediaways.net http://www.mediaways.net/

Nacamar Data Communications GmbH

Frankfurter Str. 141
63303 Dreieich
Tel: 06103-993-0 Fax: 06103-993-199
eMail: info@nacamar.net http://www.nacamar.net/

NTG/Xlink GmbH

Vincenz-Priessnitz-Str. 3
76131 Karlsruhe
Tel. 0721-96520 Fax: 0721-9652210
eMail: info@xlink.net http://www.xlink.net/

roka/TopNet AG

Elbestr.25
47800 Krefeld
Tel: 02151-49750 Fax: 02151-4975-53
eMail: info@topnet.de http://www.topnet.de/

SpaceNet GmbH

Frankfurter Ring 193a
80807 München
Tel.: 089-32356-0 Fax: 089-32356-299
eMail: info@space.net http://www.space.net/

Systematics

Ifflandstrasse 81-83
22087 Hamburg
Tel.: 040-22666-0 Fax: 040-222948
eMail: systematics@magicvillage.de
http://www.hh.magicvillage.de/

UUnet Deutschland GmbH

Emil-Figge-Str. 80
44227 Dortmund
Tel. 0231-97200 Fax: 0231-9721111
eMail: info@germany.eu.net http://www.germany.eu.net/

Vossnet

Otto-Lilienthal-Str. 21
28199 Bremen
Tel: 0421-5376-0 Fax: 0421-5376-111
eMail: staff@vossnet.de http://www.vossnet.de/

B.2 Online-Dienste

T-Online

Anbieter: Deutsche Telekom AG
Zentrale Beratung: 0130-0190
http://www.t-online.de/

AOL

Anbieter: AOL/Bertelsmann Online GmbH & Co. KG
Baumwall 7
20459 Hamburg
Tel.: 0180-55220 Fax: 0180-5313168
eMail: internetde@aol.com http://germany.web.aol.com/

Compuserve

Anbieter: Compuserve Deutschland GmbH
Postfach 1169
82001 Unterhaching
Tel. Info: 0130-3732
Tel. Support: 01805-258146, 01805-258147
Fax: 089-66535241
eMail: 70006.101@compuserve.com
http://www.compuserve.com/

C Telnet-Kommandos

Kommando	Wirkung
Verbindung	
close	Schließen der Verbindung
exit	Schließen der Verbindung
open	Öffnen einer Telnet-Verbindung zu einem anderen Host
quit	Schließen der Verbindung
status	Abrufen des aktuellen Status der Telnet-Verbindung
z	Verlassen des Telnet-Programms, ohne die Verbindung zu beenden
Information	
display	Parameter der Terminal-Emulation
?	Abrufen der Hilfe zu Telnet
Steuerung	
mode	Verschiedene Eingabe-Modi
send	Senden bestimmter Zeichenfolgen
set	Setzen von bestimmten Variablen (z.B. `set escape @` zum Setzen des Escape-Zeichens auf "@")

D FTP-Kommandos

Befehl	Wirkung
Verbindung	
abort	Beenden einer Aktion
bye	Beenden der Verbindung
login	Einloggen in den FTP-Server
open	Eröffnet eine Verbindung zum Host
Verzeichnisse	
cd [Name]	In das Verzeichnis [Name] wechseln
cd ..	Ein Verzeichnis nach oben wechseln
chdirup	In das höchste Verzeichnis wechseln
dir	Anzeigen des Verzeichnisinhalts in Langform (DOS-Befehl)
lcd [Name]	Wechselt auf Ihrem Host in das angegebene Verzeichnis
ls	Verzeichnisinhalt in Kurzform (Unix-Befehl)
mdelete [Name]	Löschen mehrerer Dateien
mkdir [Name]	Erstellen eines Verzeichnisses
pwd	Anzeigen des aktuellen Arbeitsverzeichnisses (`print working directory`)
rename	Ändern eines Dateinamens
Datenübertragung	
ascii	Einstellen des Textmodus zum Übertragen von Dateien (get und put)
bell	Signal beim Beenden der Übertragung einstellen
binary	Einstellen des Binärmodus zum Überragen von Dateien (get und put)
case	Umwandeln des Dateinamens in Kleinbuchstaben
file	Übertragungsmodus auf file setzen

→

Befehl	Wirkung
hash	Anzeigen des Übertragungsfortschritts durch #-Zeichen (ein #-Zeichen pro 1024 übertragene Bytes; dies empflieht sich bei weiniger stabilen Verbindungen!)
ignore_icc	Steuerzeichen innerhalb der übertragenen Datei werden nicht beachtet
interactive	Bestätigen jeder Datei bei mget, mput und mdelete (vgl. prompt)
nobell	Ausschalten des aktustischen Signals beim Ende der Übertragung (siehe bell)
nohash	Ausschalten der Anzeige des Übertragungsfortschritts (siehe hash)
noignore_icc	Berücksichtigen von Steuerzeichen in der übertragenen Datei (siehe ignore_icc)
nointeractive	Kein Bestätigen der Dateien bei mget, mdelete und mput (siehe interactive)
prompt	Das Übertragen jeder einzelnen Datei muß bestätigt werden (mget, mdelete, mput)
quiete	Ausschalten der Anzeige der Übertragungsstatistik
stat	Zeigt den Inhalt des aktuellen Verzeichnisses in Kurzform
unix	Setzt den Systemtyp auf Unix
verbose	Zeigt die Antworten des Servers und die Übertragungsstatistik
Upload	
bput	Übertragen einer Binärdatei vom eigenen Host auf den FTP-Server
mput [Name]	Übertragen mehrerer Dateien vom Host-Rechner auf den FTP-Server
put	Übertragen einer Datei vom eigenen Host zum FTP-Server
quote	Senden einer Zeichenfolge zum FTP-Server
rput	Übertragen einer Datei mit Satzstruktur vom eigenen Host auf den FTP-Server

Befehl	Wirkung
Download	
bget	Übertragen einer Binärdatei vom FTP-Server auf den eigenen Host
get	Übertragen einer Datei vom FTP-Server auf den eigenen Host
mget [Name]	Übertragen mehrerer Dateien vom FTP-Server auf den Host-Rechner
rget	Übertragen einer Datei mit Satzstruktur vom FTP-Server zum eigenen Host
Hilfe	
help [FTP-Befehl]	Hilfe zu einem Befehl abrufen
remotehelp	Zeigt eine Liste der auf dem FTP-Server verfügbaren Befehle

E IRC-Kommandos und Server

Kommando	Wirkung
Verbindung	
/BYE	Beendet die IRC-Sitzung
/DCC	Stellt direkte Verbindungen zu entfernten Rechnern her
/EXIT	Beenden der IRC-Sitzung
/QUERY	Starten einer privaten Unterhaltung
/QUIT	Beenden der IRC-Sitzung
/SERVER	Zum Standard-Server wechseln
/SIGOFF	Beenden der IRC-Sitzung
Information	
/ADMIN	Zeigt Informationen über den Server an
/AWAY	Hinterläßt die Mitteilung, daß Sie gerade nicht da sind
/DATE	Zeigt das aktuelle Datum und die aktuelle Uhrzeit an
/DESCRIBE	Sendet Informationen über Sie an eine Person oder einen Kanal
/HELP	Ausgabe der Hilfe
/HISTORY	Zeigt die bisher eingegebenen Befehle an
/INFO	nützliche Informationen über IRC
/LASTLOG	Ausgabe der letzten Meldungen
/LINKS	Anzeigen der IRC-Server eines Netzwerkes
/LIST	Liste aller Kanäle, der Anzahl der User und der Themen
/LUSERS	Ausgabe einer Liste von Usern, Servern und Operatoren
/ME	Informationen über Sie an einen Kanal oder eine andere Person schicken

Kommando	Wirkung
/MOTD	Anzeigen der Tagesmeldung des Servers
/TIME	Anzeigen der aktuellen Uhrzeit und des aktuellen Datums
/USERS	Ausgabe der User, die an dem IRC-Rechner eingeloggt sind
/VERSION	Versionsnummer der Client- und Server-Software
/WHOIS	Informationen über jemanden abrufen
/WHOWAS	Informationen über jemenanden, der IRC gerade verlassen hat (»Wer war das denn?«)
Steuerung	
/CHANNEL	Auswahl eines IRC-Kanals
/CLEAR	Löschen des Bildschirms
/IGNORE	Sperren des Bildschirms gegen die Ausgabe bestimmter Personen
/INVITE	Einladung an einen anderen User schicken
/JOIN	Auswahl eines Kanals
/KICK	Jemanden aus einem Kanal herausschmeißen
/LEAVE	Verlassen eines Kanals
/MODE	Wechseln des Kanalmodus
/MSG	Senden einer (privaten) Nachricht
/NAMES	Kurznamen der User aller Kanäle anzeigen
/NICK	Ändern des eigenen Kurznamens
/NOTICE	Senden einer privaten Nachricht
/NOTIFY	Warnung vor denjenigen, die sich gerade ein- oder ausloggen
/PART	Verlassen eines Kanals
/TOPIC	Ändern des Themas eines Kanals

Tabelle E.1: Wichtige IRC-Kommandos

Im folgenden haben wir einige FTP-Server aufgelistet, auf denen Sie IRC-Software für MSDOS finden:

```
freebie.engin.umich.edu/pub/irc/clients
nic.funet.fi/pub/unix/irc/msdos
```

Wenn Sie einmal nicht wissen, welchen IRC-Server Sie nehmen sollen, helfen Ihnen die folgenden Zeilen vielleicht weiter:

- irc.informatik.rwth-aachen.de
- irc.fu-berlin.de
- irc.uni-erlangen.de
- irc.rz.uni-karlsruhe.de
- sokrates.informatif.Uni-KL.de
- irc.uni-paderborn.de
- irc.informatik.uni-rostock.de
- irc.rus.uni-stuttgart.de
- irc.informatik.tu-muenchen.de
- csd.bu.edu
- ucsu.colorado.edu
- badger.ugcs.caltech.edu
- coombs.anu.edu.au
- ug.cs.dal.ca
- nic.funet.fi
- irc.nada.kth.se
- suntrax1.cern.ch
- poly.polytechnique.fr

F Deutschsprachige Newsgruppen

Da es eine Vielzahl deutschsprachiger Nachrichtengruppen gibt, möchten wir Ihnen eine Auswahl vorstellen, die Ihnen hilft, sich im umfangreichen Angebot zu orientieren und die für Sie interessanten Angebote herauszugreifen:

de.admin.archiv
de.admin.lists
de.admin.mail
de.admin.misc
de.admin.net-abuse.announce
de.admin.net-abuse.mail
de.admin.net-abuse.misc
de.admin.net-abuse.news
de.admin.news.announce
de.admin.news.groups
de.admin.news.misc
de.admin.news.software
de.admin.submaps
de.alt.admin
de.alt.arnooo
de.alt.astrologie
de.alt.bbs.waffle
de.alt.binaries.msdos
de.alt.binaries.msdos.d
de.alt.binaries.pictures.comix
de.alt.binaries.pictures.d
de.alt.binaries.pictures.female
de.alt.binaries.pictures.male
de.alt.binaries.pictures.misc
de.alt.binaries.pictures.natur
de.alt.binaries.pictures.relay-party
de.alt.binaries.pictures.tech
de.alt.binaries.sounds
de.alt.binaries.sounds.d
de.alt.binaries.startrek
de.alt.binaries.startrek.d
de.alt.binaries.tos
de.alt.comics
de.alt.comm.isdn4linux
de.alt.comm.mgetty
de.alt.comp.dependability

de.alt.comp.sap-r3
de.alt.dummschwatz
de.alt.eisenbahn
de.alt.fan.badesalz
de.alt.fan.dudenhoeffer
de.alt.fan.fruehstyxradio
de.alt.fan.furry
de.alt.fan.haraldschmidt
de.alt.fan.helgeschneider
de.alt.fan.n8schicht
de.alt.fan.pluesch
de.alt.fan.prince
de.alt.fan.rrr
de.alt.fan.schlager
de.alt.fan.sputnik
de.alt.fan.swf3
de.alt.fan.tastische4
de.alt.fan.warlord
de.alt.flame
de.alt.folklore.computer
de.alt.games.pbem
de.alt.games.quake
de.alt.games.tradingcards.marketplace
de.alt.games.tradingcards.misc
de.alt.gblf
de.alt.geschichten
de.alt.gravenreuth
de.alt.megatest
de.alt.messe
de.alt.messe.cebit
de.alt.mitbewohner
de.alt.motorroller
de.alt.naturheilkunde
de.alt.netdigest
de.alt.radio-scanner
de.alt.religion.rbabelogy
de.alt.religion.usenet
de.alt.sources.linux.patches
de.alt.studienreform
de.alt.test
de.alt.tierrechte
de.alt.tv.akte-x
de.alt.tv.mash
de.alt.tv.quarks
de.alt.tv.simpsons
de.alt.ufo
de.alt.umfragen
de.alt.windsurfen
de.comm.chatsystems
de.comm.gatebau
de.comm.gateways
de.comm.ham
de.comm.infosystems.misc
de.comm.infosystems.www.authoring

de.comm.infosystems.www.-browsers
de.comm.infosystems.www.pages
de.comm.infosystems.www.servers
de.comm.internet.misc
de.comm.internet.routing
de.comm.internet.software
de.comm.internet.zugang
de.comm.isdn.computer
de.comm.isdn.misc
de.comm.isdn.technik
de.comm.isdn.telefon
de.comm.isdn.tk-anlage
de.comm.misc
de.comm.mobil
de.comm.modem
de.comm.protocols.misc
de.comm.protocols.tcp-ip
de.comm.protocols.zconnect
de.comm.service+tarife
de.comm.software.crosspoint
de.comm.software.pmail
de.comm.software.ums
de.comm.uucp
de.comp.advocacy
de.comp.cad
de.comp.datenbanken.misc
de.comp.datenbanken.ms-access
de.comp.gnu
de.comp.graphik
de.comp.lang.c
de.comp.lang.c++
de.comp.lang.forth
de.comp.lang.java
de.comp.lang.javascript
de.comp.lang.misc
de.comp.lang.pascal.delphi
de.comp.lang.pascal.misc
de.comp.lang.perl
de.comp.misc
de.comp.os.bsd
de.comp.os.linux.hardware
de.comp.os.linux.misc
de.comp.os.linux.networking
de.comp.os.linux.x
de.comp.os.misc
de.comp.os.ms-windows.misc
de.comp.os.ms-windows.programmer
de.comp.os.msdos
de.comp.os.os2.advocacy
de.comp.os.os2.apps
de.comp.os.os2.misc
de.comp.os.os2.networking
de.comp.os.os2.programmer
de.comp.os.os2.setup

de.comp.os.sinix
de.comp.os.unix
de.comp.os.vms
de.comp.periph.cdrom
de.comp.periph.misc
de.comp.security
de.comp.shareware
de.comp.standards
de.comp.sys.amiga.advocacy
de.comp.sys.amiga.archive
de.comp.sys.amiga.comm
de.comp.sys.amiga.misc
de.comp.sys.amiga.tech
de.comp.sys.amiga.unix
de.comp.sys.ibm-pc
de.comp.sys.mac
de.comp.sys.misc
de.comp.sys.newton
de.comp.sys.next
de.comp.sys.novell
de.comp.sys.st
de.comp.text.dtp
de.comp.text.ms-word
de.comp.text.tex
de.comp.x
de.etc.finanz
de.etc.finanz.boerse
de.etc.lists
de.etc.misc
de.etc.notfallrettung
de.etc.selbsthilfe.gehoer
de.etc.selbsthilfe.misc
de.etc.sprache.deutsch
de.etc.sprache.klassisch
de.etc.sprache.misc
de.markt.arbeit.angebote
de.markt.arbeit.d
de.markt.arbeit.gesuche
de.markt.arbeit.selbstaendig
de.markt.comp.hardware
de.markt.comp.misc
de.markt.misc
de.markt.wohnen
de.newusers
de.newusers.questions
de.org.announce
de.org.announce.d
de.org.auge
de.org.ccc
de.org.dfn.d
de.org.in
de.org.in.d
de.org.mensa
de.org.politik.misc
de.org.politik.spd
de.org.sub
de.org.sub.d
de.org.xlink

de.org.xlink.d
de.rec.alpinismus
de.rec.buecher
de.rec.fahrrad
de.rec.film.misc
de.rec.fotografie
de.rec.games.computer
de.rec.games.misc
de.rec.games.rpg
de.rec.games.rpg.misc
de.rec.garten
de.rec.heimwerken
de.rec.luftfahrt
de.rec.mampf
de.rec.misc
de.rec.modelle.bahn
de.rec.modelle.misc
de.rec.motorrad
de.rec.music.elektronisch
de.rec.music.klassik
de.rec.music.misc
de.rec.orakel
de.rec.outdoors
de.rec.reisen
de.rec.sf.babylon5
de.rec.sf.misc
de.rec.sf.perry-rhodan
de.rec.sf.startrek
de.rec.sf.starwars
de.rec.sport.eishockey
de.rec.sport.fussball
de.rec.sport.misc
de.rec.sport.segeln
de.rec.sport.tanzen
de.rec.sport.tauchen
de.rec.tiere.aquaterra
de.rec.tiere.katzen
de.rec.tiere.misc
de.rec.tiere.pferde
de.rec.tv.lindenstrasse
de.rec.tv.misc
de.sci.announce
de.sci.astronomie
de.sci.biologie
de.sci.chemie
de.sci.electronics
de.sci.geschichte
de.sci.informatik.ki
de.sci.informatik.misc
de.sci.ing
de.sci.mathematik
de.sci.medizin.diabetes
de.sci.medizin.logopaedie
de.sci.medizin.misc
de.sci.misc
de.sci.paedagogik
de.sci.philosophie
de.sci.physik

de.sci.politologie
de.sci.psychologie
de.sci.soziologie
de.sci.theologie
de.soc.arbeit
de.soc.datenschutz
de.soc.drogen
de.soc.familie.misc
de.soc.familie.vaeter
de.soc.handicap
de.soc.jugendarbeit
de.soc.kontakte
de.soc.kultur
de.soc.medien
de.soc.menschenrechte
de.soc.misc
de.soc.netzwesen
de.soc.pflichtdienste
de.soc.politik
de.soc.recht.announce
de.soc.recht.misc
de.soc.senioren
de.soc.studium
de.soc.studium.verbindungen
de.soc.umwelt
de.soc.verkehr
de.soc.weltanschauung.buddhismus
de.soc.weltanschauung.christentum
de.soc.weltanschauung.misc
de.soc.weltanschauung.scientology
de.soc.wirtschaft
de.soc.zensur
de.talk.bizarre
de.talk.jokes
de.talk.jokes.d
de.talk.misc
de.talk.romance
de.talk.sex
de.test

G Dateiformate und Archive

Endung	Programm	Bemerkung
arc	ARChive	selten
arj	ARJ, UNARJ	meist DOS
gz	GNU Zip	nicht kompatibel mit Zip!
lzh	LHa, LHarc, Larc	DOS
tar	Tape Archive	nur Unix
uue	uuencode, uudecode	nur Unix
Z	compress	nur unix
zip	PKZIP, PKUNZIP...	Unix, DOS, Mac (sehr verbreitet)
jpeg	keines	gepacktes Grafikformat, wird beim Anzeigen ausgepackt
zoo	ZOO	Unix, PC, Mac

Tabelle G.1: Wichtige Archiv-Formate und Entpacker

Nicht gepackte Dateien

Natürlich findet man nicht nur gepackte Dateien auf FTP-Servern. Da nicht alle diese Dateien auch mit jedem Betriebssystem gelesen und verarbeitet werden können, zeigen wir hier einige Formate und Ihre Verwendung.

Endung	Beschreibung
asc	reiner ASCII-Text, mit allen Betriebssystemen lesbar
doc	Word-Dokument
gif	grafics interchange format; Grafikformat mit Mac, Unix und DOS lesbar

→

Endung	Programm (Verwendung)
hqx	Macintosh-Dateiformat
jpg	JPG-Grafiken
mpg	Video-Dateien, MPEG-Standard
sit	Stuffit (Mac)
txt	reine Textdatei
uu bzw. uue	reine Textdatei, mit uuencode (Unix) verschlüsselt

Tabelle G.2: Wichtige Dateiformate

H TopLevel-Domains

Kennnung	Land	Kennnung	Land
at	Österreich	li	Liechtenstein
be	Belgien	lu	Luxemburg
bg	Bulgarien	mx	Mexiko
cl	Chile	nl	Niederlande
cn	China	no	Norwegen
ch	Schweiz	nz	Neuseeland
cs	Tschechische Republik	pl	Polen
de	Deutschland	pt	Portugal
dk	Dänemark	ru	Rußland
es	Spanien	se	Schweden
fi	Finnland	sp	Singapur
fr	Frankreich	si	Slowenien
gr	Griechenland	su	frühere Sowjetunion
hk	Hongkong	th	Thailand
hu	Ungarn	tw	Taiwan
ie	Irland	uk	Großbritannien
il	Israel	us	USA
it	Italien	yu	Rest-Jugoslawien
jp	Japan	za	Südafrika

I Archie-Kommandos und -Server

Server	Standort
archie.doc.ic.ac.uk	Großbritannien
archie.hensa.ac.uk	Großbritannien
archie.edvz.uni-linz.ac.at	Österreich
archie.univie.ac.at	Österreich
archie.funet.fi	Finnland
archie.th-darmstadt.de	Deutschland
archie.rediris.es	Spanien
archie.luth.se	Schweden
archie.switch.ch	Schweiz
archie.unipi.it	Italien
archie.au	Australien
archie.uqam.ca	Kanada
archie.ac.il	Israel
archie.wide.ad.jp	Japan
archie.kr	Korea
archie.sogang.ac.kr	Korea
archie.ncu.edu.tw	Taiwan
archie.unl.edu	USA
archie.internic.net	USA
archie.rutgers.edu	USA
archie.ans.net	USA
archie.sura.net	USA

Tabelle I.1: Archie-Server

Kommando	Wirkung
bye	Beenden der Archie-Sitzung
exit	Beenden der Archie-Sitzung
help <Thema>	Beschreibung eines bestimmten Themas
prog <Zeichenkette>	Suche nach der Datei <Zeichenkette>
set <Variable> <Wert>	Einstellen von Suchoptionen
quit	Beenden der Archie-Sitzung
whatis<string>	Suche nach Softwarebeschreibungen

Tabelle I.2: Archie-Kommandos

J Glossar

In diesem Abschnitt finden Sie eine Übersicht der wichtigsten Begriffe aus den Bereichen Internet, World Wide Web und HTML.

ActiveX-Control

Ein ActiveX-Control ist ein kleines Programmelement, das sich in eine Web-Seite einbinden läßt und Seiten interaktiver gestaltet. Durch die geringen Sicherheitsvorkehrungen lehnen viele Internet-Nutzer das Ausführen von ActiveX-Controls ab.

Alias

Ein leicht zu merkender Name oder Begriff, den man stellvertretend für einen anderen Begriff verwendet.

Anchor

Dtsch.: Anker; ein Link innerhalb eines Dokuments.

Animated GIF

Variante des GIF-Formats, bei der mehrere GIFs zu einer Animation zusammengefügt werden.

Anonymous

Zugriff auf einen Server (hauptsächlich FTP) ohne eine individuelle Zugangsberechtigung.

ANSI

»American National Standards Institute«; Organisation für Standardisierung in den USA, ähnlich dem DIN-Institut in Deutschland.

AOL

America Online; großer internationaler Online-Dienst.

Applet

Java-Programm, das auf einer virtuellen Java-Maschine (z.B. Web-Browser) läuft. Applets machen Web-Seiten bewegter und interaktiver.

Archie

Datenbanksystem, das die Suche im Bestand von Anonymen FTP-Servern erlaubt. Findet über FTP abrufbare Dateien.

ASCII

American Standard Code for Information Interchange; Tabelle, die jedem Zeichen der Tastatur einen eindeutigen Zahlenwert zuordnet.

Attribut

Eigenschaften, durch die ein HTML-Tag genauer bestimmt werden kann.

AU

Audioformat, das besonders im UNIX-Bereich weit verbreitet ist.

Bandbreite

Engl. Bandwith, maximaler Datendurchsatz der auf einer physikalischen Verbindung möglich ist. Meist viel kleiner als die Übertragungskapazität.

Baud

Maßeinheit der Datenübertragung.

Benutzer-ID/Kennung

Name, unter dem sich ein Anwender (zusammen mit einem Paßwort) auf einem Server-Rechner anmeldet.

BinHex

Verschlüsselungssystem, um binäre Dateien per eMail zu übertragen. Ist vor allem im Macintoshbereich verbreitet.

Bit

Kleinste Informationseinheit mit dem Wert 1 oder 0. Acht Bits bilden ein Byte. Ein Byte kann genau ein Zeichen darstellen.

Bookmarks

Die Lesezeichen im WWW; der Web-Browser speichert eine interessante Adresse in einer hierarchisch strukturierbaren Liste, so daß Sie sie später schneller wiederfinden.

Browser

Programm, mit dem man durchs World Wide Web surfen, d.h. Web-Seiten betrachten kann. Der Netscape Navigator und der Microsoft Internet Explorer sind die am meisten verbreiteten Browser. Sie beherrschen neben der Darstellung von Web-Seiten auch den Zugriff auf andere Internet-Dienste wie z.B. FTP.

Bug

Ein Fehler im Programm.

Byte

Kombination aus acht Bits. Da ein Bit zwei Zustände haben kann, kann ein Byte 256 (2 hoch 8) verschiedene Zustände annehmen. Zweitausend Byte (2 Kilobyte) speichern etwa eine Schreibmaschinenseite.

Bytecode

Java-Compiler erzeugen keine ausführbaren Programme, sondern einen sog. Bytecode, der von einer virtuellen Maschine auf dem jeweiligen Rechner abgearbeitet wird.

Cache

Zwischenspeicher. Wird bei WWW-Browsern zum Zwischenspeichern bereits geladener Seiten verwendet, um zusätzliche Übertragungen zu vermeiden.

CERN

»Conseil Européen pour la Recherche Nucleaire«; europäisches Labor für Teilchenphysik, die Väter des World Wide Webs.

CGI

Common Gateway Interface; ermöglicht das Übertragen von Benutzereingaben zum Web-Server.

CIS

Abkürzung für »CompuServe Information System«, also den Online-Dienst CompuServe.

Client

Ein Rechner, der Verbindung zu einem Server aufnimmt und von dort Daten abruft; oft auch für das dabei benutzte Programm verwendet (z.B. Web-Client = Web-Browser).

Compiler

Übersetzt den Quellcode eines Programms in eine ausführbare Binärdatei. Java-Compiler erzeugen den plattformunabhängigen Bytecode.

Control

siehe ActiveX-Control.

Cookies

Umstrittene Datenspuren, die Web-Server auf Client-Rechnern ablegen. Sie werden z.B. benutzt, um Besucher wiederzuerkennen.

Dämon

Name für Server-Programme vom englischen »damon«.

Datenkompression

Dateien lassen sich durch Kompimierungsverfahren mittels sogenannter Packer verkleinern. Dadurch wird das Übertragen schneller und billiger.

DE-NIC

Das »Deutsche Network Information Center« in Karlsruhe ist für die deutschen .de-Domains zuständig.

Dekodieren

Wiederherstellen des Klartextes aus verschlüsselten Daten.

DNS

Domain Name Service; symbolische Adressen (`www.provider.de`) werden in IP-Adressen (z.B. `123.45.78.9`) umgewandelt.

ECash

Electronic Cash, elektronisches Geld im Internet.

eMail

Eletronic Mail; elektronische Briefe, die den Absender via Internet innerhalb von Minuten erreichen.

FAQ

Frequently Asked Questions; Fragen- und Antwort-Listen die z.B. in den Newsgruppen häufig zu finden sind.

Firewall

Elektronische Brandschutzmauer, die ein Firmen-Netz und vertrauliche Daten vor Eindringlingen von außen schützen soll.

Formulare

In Formular-Seiten machen Benutzer Eingaben, die vom Web-Server per CGI-Programmen weiterverarbeitet werden.

Frames

Dt.: Rahmen; Aufteilung von Web-Seiten in mehrere unabhängige Darstellungsbereiche.

Freeware

Software, die kostenlos benutzt werden darf.

FTP

File Transfer Protocol; Internet-Protokoll zum Übertragen von Dateien.

Gateway

Übergang; Schnittstelle zwischen verschiedenen Netzen oder Protokollen.

GIF

Graphics Interchange Format; das bislang meistbenutzte Grafik-Format im World Wide Web, das aber von JPEG und PNG bedroht wird.

Gopher

Textorientierter Informationsdienst, dessen Tage dank des multimedialen World Wide Webs gezählt sind.

Heimat-Verzeichnis

Jeder Benutzer hat auf dem Server seinen eigenen Speicherbereich, auf dem Dateien abgelegt werden.

Hits

Anzahl der Zugriffe auf Elemente einer bestimmten Web-Seite.

Homepage

Die digitale Visitenkarte im Internet. Auf seiner Homepage kann sich jeder Internet-Teilnehmer selbst präsentieren.

Host

Engl. für »Wirt«, auch Server genannt; der Rechner, der die Anfragen der Clients bedient.

HTML

Hypertext Markup Language, eine Textbeschreibungssprache; die Programmiersprache des World Wide Webs.

HTTP

Hypertext Transfer Protocol; Übertragungsprotokoll für Web-Seiten im Internet.

Hypertext

Verketten von Informationen durch Querverweise, sog. Hyperlinks; die Windows-Hilfe ist ein Hypertextsystem.

Internet

Weltweites Rechnernetzwerk.

Intranet

Das firmenweite Intranet benutzt Internet-Protokolle und -Dienste wie eMail, News, WWW für unternehmensinterne Netze.

IP

Internet Protocol; legt fest, wie die Datenpakete im Internet übertragen werden.

IP-Adresse/IP-Nummer

Internet-Adresse aus vier Zahlengruppen, z.B. 123.45.67.8, die genau einen Rechner im Internet bezeichnet. Es kann auch eine symbolische Adresse (Host-Name) abgebildet werden.

IRC

Internet Chat Relay; Auf diesem Kommunikationsmedium setzt Microsoft sein Chat-Programm auf.

ISDN

Integrated Services Digital Network; System für digitales Telefonieren und Datenübertragen mit bis zu 64 KBit/s.

ISP

Internet Service Provider (Kurz: Provider) stellen gegen Entgelt Internetzugänge z.B. per Modem zur Verfügung.

Java

Objektorientierte und plattform-unabhängige Programmiersprache der Zukunft.

JPEG

Ein Grafik-Format, das von der JOINT PHOTOGRAPHIC EXPERTS GROUP entwickelt wurde. Durch hohe Datenkompression brauchen JPEG-Bilder weniger Speicher, erleiden aber teilweise Qualitätseinbußen.

Kodieren

Verschlüsseln von Daten, um sie geschützt weiterzugeben.

LAN

Local Area Network; ein lokal begrenztes Rechnernetzwerk.

Link

Verweis auf eine andere Web-Seite oder ein anderes HTML-Objekt.

Log-Dateien

Internet-Server protokollieren alle Anfragen und Benutzeraktivitäten in Log-Dateien.

Mailbox

Elektronischer Briefkasten.

Mailing-Listen

eMail-Verteiler für Informationsdienste und Diskussionsforen.

MIME

Multipurpose Internet Mail Extensions; eine Erweiterung des eMail-Standards, mit der man auch Nicht-ASCII-Texte verschicken darf.

Modem

Modulator-Demodulator; der Anschluß des heimischen PCs an die Datenkommunikation via Telefon.

MPEG

Von der »Motion Pictures Expert Group« entwickeltes Datei-Format für Videosequenzen.

Name-Server

siehe DNS.

NCSA

National Center for Supercomputing Applications an der University of Illinois, USA; bekannt für den gleichnamigen Web-Server und den Web-Browser Mosaic.

Netikette/Netiquette

Ein Kunstwort aus Net (Netz) und Etikette; beschreibt die Spielregeln für den Umgang der Internauten miteinander.

Netscape Navigator

Einer der meistverbreitetsten und leistungsfähigsten WWW-Browser der Firma Netscape.

Newsgroup

Schwarze Bretter im Internet, auf denen zu bestimmten Themengebieten diskutiert wird.

NIC

Das »Network Information Center« vergibt u.a. die `*.com`-Domains.

Online

Eine aktive Verbindung zu einem Server (ins Internet) besteht (z.B. per Modem); Gegenteil: offline.

Pack-Programm/Packer

Programm zur Datenkompression.

Perl

Practical Extraction and Reporting Language; Skriptsprache für UNIX-Rechner, wird häufig zum Erstellen von CGI-Skripts verwendet.

PGP

Pretty Good Privacy; leistungsfähiges Verschlüsselungssystem, mit dem Daten nur für den Empfänger lesbar gemacht werden. Wird für den sicheren eMail-Verkehr genutzt.

Plug-in

Erweiterungsmodule für WWW-Browser können zusätzliche Dateiformate (z.B. VRML) darstellen. Erweitern die Fähigkeiten des Browsers.

PNG

Portable Network Graphic, der designierte Nachfolger von GIF.

POP

Post Office Protocol. Wird zur Übertragung von eMails vom Mail-Server zum lokalen Rechner verwendet.

PPP

Point to Point Protocol. Verfahren zur Übertragung von TCP/IP-Daten über Telefonleitungen; leistungsfähiger als das ältere SLIP.

Proxy-Server

Ein Cache-Server, der Web-Seiten von entfernten Web-Servern zwischenspeichert, um erneute Anfragen schneller beantworten zu können.

Public Key

Öffentlicher Schlüssel, der zum Kodieren von Nachrichten in einem asymmetrischen Verschlüsselungssystem genutzt wird.

RFC

Request for Comments. Dokumente, die Internet-Standards beschreiben.

Secret Key

Geheimer/privater Schlüssel, der zum Entschlüsseln von Nachrichten in einem asymmetrischen Verschlüsselungssystem genutzt wird.

Server

Bezeichnung für einen Internet-Rechner bzw. ein auf ihm laufendes Programm, das auf Anfrage Daten an Client-Rechner übermittelt.

Shareware

Software, die zunächst kostenlos ausprobiert werden darf. Bei Gefallen kann der Nutzer die Software gegen eine Gebühr registrieren lassen.

SHTTP

Secure-Hypertext Transfer Protokoll; eine sicherheitstechnische Weiterentwicklung des Hypertext Transfer Protokolls (kurz HTTP).

SLIP

Serial Line Internet Protocol. Ein Verfahren zur Übertragung von TCP/IP-Daten über Telefonleitungen. Alternative zu PPP.

SMTP

Simple Mail Transfer Protocol; damit werden im Internet eMails vom Absender zum Empfänger-Rechner übertragen.

SSI

Server Side Includes; der Web-Server fügt beim Abruf aktuelle Informationen in eine Web-Seite ein.

Symmetrische Verschlüsselung

System zur Kodierung von Daten, bei dem Empfänger und Sender denselben Schlüssel verwenden.

T-Online

Der Online-Dienst der Deutschen Telekom, früher als Datex-J bezeichnet, noch früher als BTX.

Tags

Die »Befehle« von HTML. Sie bestimmen, welche HTML-Elemente wo in die Web-Seiten eingefügt werden.

TCP

Transmission Control Protocol; sorgt für das Zerlegen der Daten in Pakete und setzt die Pakete zum Schluß auch wieder zusammen.

TCP/IP

Die Mutter aller Internet-Protokolle; TCP zerlegt Dateien in Pakete und setzt sie wieder zusammen, IP überträgt die Pakete durchs Internet.

Terminal

Von: Datensichtstation. Nur zur Ein- und Ausgabe von Daten. Die Rechner-Arbeit wird auf einem »Host« geleistet.

Unix

Multiuser- und Multitasking-Betriebssystem mit vielen Varianten. Die kostengünstige Version für den Privat-PC heißt LINUX.

Upload

Dateiübertragung vom Client zum Server.

URL

Uniform Resource Locator, die Adresse jedes Infomationshäppchens im Internet (und World Wide Web).

UUCP

UNIX to UNIX Copy Protocol. Übertragungsprotokoll im Usenet.

V34

Übertragungsnorm für Modems mit bis zu 28.800 Bit/s.

Viewer

Betrachter-Programme, die in HTML-Dokumente eingebundene Dateien wiedergeben können.

Virus

Bösartige Software, die sich selbst über Datenträger und Netzverbindungen verbreitet und Schaden im »Wirts«-Rechner anrichten kann.

VRML

Virtual Reality Modelling Language, Beschreibungssprache zum Erschaffen dreidimensionaler Welten.

WAIS

Wide Area Information Service; verteiltes Informationssystem im Internet, inzwischen etwas in die Jahre gekommen.

WAVE

Format für Klang-Dateien im Windows-Bereich.

Web

Kurz- und Koseform für World Wide Web.

Web-Server

Internet-Rechner, der Web-Angebote speichert und auf Anfrage an Client-Rechner übermittelt.

WWW

World Wide Web, Web oder W3; die Gesamtheit der weltweit verknüpften Web-Dokumente. Client-Server-System.

Zine

Magazine in digitaler Form. Statt Papier werden sie im World Wide Web veröffentlicht.

Index

!

A

B

C

D

E

F

G

H

I

J

K

L

M

P

Q

R

S

T

U

Das Buch bietet eine Einführung und einen Überblick über die vielfältigen unübersichtlich gewordenen Funktionen der Textverarbeitung *Word 2000*, die heute nahezu auf jedem Computer installiert ist. In 87 Kursen wird der Leser Schritt für Schritt in die praktischen Möglichkeiten von *Word 2000* eingeführt. Jeder Kurs wird durch einen oder mehrere Video-Clips auf der Buch-CD ergänzt, die einen bestimmten Lösungsweg zu einem konkreten Problem auf dem Bildschirm illustrieren. So leitet es den Anwender auf schnellem und einfachem Weg an, die vielfältigen Möglichkeiten der gängigen Textverarbeitung auszuschöpfen.

Windows 98 wird heutzutage auf fast allen neuen Computern verwendet. Daher ist Grundwissen zu Windows eine Voraussetzung, um den PC beruflich oder privat erfolgreich zu nutzen. Das nötige Know-how vermittelt dieses Buch und versetzt den Leser in die Lage, *Windows 98* schnell und optimal einzusetzen. Das Buch enthält 87 Kurse zu allen wichtigen Themen von *Windows 98* und *Windows 98. Zweite Ausgabe.* Jeder Kurs zeigt Schritt für Schritt, wie Sie mit Windows eine bestimmte Aufgabe lösen. Alle Themenbereiche, die für Einsteiger wichtig sind, werden behandelt. Die Kurse werden von einem oder mehreren Video-Clips ergänzt, die dem Anwender auf dem Bildschirm zeigen, wie es geht. Diese mehr als 100 Video-Clips können mit wenigen Mausklicks direkt von *Windows 98* aus gestartet werden.

Rainer G. Haselier
Klaus Fahnenstich

Windows 98
Zweite Ausgabe
Sehen und verstehen

Das Buch führt den Leser in 87 Kursen in alle wichtigen Themenbereiche von *Excel 2000* ein, dem Standardprogramm für Tabellenkalkulationen, das sowohl im privaten als auch im beruflichen Umfeld immer mehr an Bedeutung gewinnt. Die Kurse werden jeweils von Video-Clips ergänzt, die Schritt für Schritt den Lösungsweg einer Aufgabe illustrieren. Da gerade *Excel 2000* über einen gigantischen Funktionsumfang verfügt, liegt die Stärke dieses Buches in der einzigartigen Kombination aus verständlichen Anleitungen mit Screenshots sowie Video-Clips auf der Buch-CD.

Rainer G. Haselier
Klaus Fahnenstich

Excel 2000 sehen und verstehen